业财一体化实验教程
（用友 U8V10.1 版）

沈爱荣　编著

东华大学出版社
·上海·

图书在版编目(CIP)数据

业财一体化实验教程 / 沈爱荣 编著. —上海:东华大学出版社,2020.12

ISBN 978-7-5669-1853-6

Ⅰ. ①业… Ⅱ. ①沈… Ⅲ. ①会计信息—财务管理系统—高等职业教育—教材 Ⅳ. ①F232

中国版本图书馆 CIP 数据核字(2020)第 270650 号

业财一体化实验教程
Yecai Yitihua Shiyan Jiaocheng

沈爱荣 编著

责任编辑 刘 宇
封面设计 孙 瑛

出版发行 东华大学出版社(上海市延安西路1882号 邮政编码:200051)
联系电话 021-62373511
营销中心 021-62193056 62373056
天猫旗舰店 http://dhdx.tmall.com
出版社网址 http://dhupress.dhu.edu.cn
印　　刷 上海颛辉印刷厂有限公司
开　　本 787mm×1092mm 1/16 印张 18.75 字数 450 千字
版　　次 2020 年 12 月第 1 版　　印次 2020 年 12 月第 1 次印刷
书　　号 ISBN 978-7-5669-1853-6 定价 68.00 元

PREFACE 前言

信息技术持续推动着会计行业的变革,财务与业务一体化是企业信息化的必然趋势。财务业务一体化依托管理软件平台,将企业经营中的业务、财务、管理三个流程有机融合,建立基于业务事件驱动的财务业务一体化的信息处理流程,使财务数据和业务数据融为一体。通过信息系统使信息采集同步、数据共享、业务财务协同发挥管理职能,从而实现企业价值最大化。我国财税体制改革已进入攻坚阶段,国家财税新政频出,而市场上能体现最新财税政策变化的财务业务一体化教材较少,因此编写一本基于信息技术将业务与财务融合、体现最新财税变化的教材显得尤为迫切。《业财一体化实验教程》以用友 U8V10.1 版本为平台,系统讲解了用友 U8V10.1 软件的相关理论,详细介绍了该软件的操作流程和方法,编写了一整套实验资料,分项目进行实验。本教材的实验任务以服装商贸企业购销存活动贯穿始终,将财务渗透到业务的全过程,依托企业信息系统,将业务流、资金流、信息流的一致性、实时性、共享性进行体现,并执行了最新的财税政策。为了更好地辅助教学活动的顺利开展,本教材提供了详细的操作指导、微课视频、实验账套,可作为高等院校经济管理类专业的教材,也可供从事会计、财务管理、税务等相关工作的人员系统的学习。

本教材在结构和内容上呈现以下几方面的特点:

(1)教材的项目呈现多维布局,突出实践性、应用性。教材项目的整体布局是按照业财一体化各子系统的重要程度及难易程度,主次分明、由浅入深的来安排,并用时间轴串联各项目中的实验任务,将企业完整的一个月的业务与财务一体化活动进行展示,有助于学生更好地理解各子系统之间的关系。教材中增加了财务分析的内容,增强学生用信息化的方式实施管理会计的能力。教材的每个项目都是按照"教学目标→情境导入→系统学习→实验任务→操作指导→项目小结→基础练习"的顺序来设计,考虑到学生的差异性,在实验任务中增加了拓展任务满足不同层次学生的需求。

(2)教材的内容凸显行业特色。以服装商贸企业购销存业务与财务的一体化活动贯穿整个实验任务的始终。该教材中案例公司为虚构,如有雷同,纯属巧合。

(3)教材体现了最新的财税法规变化。本教材以 2019 年 4 月 1 日起执行的最新财税法规为依据,增值税按财政部、税务总局、海关总署《关于深化增值税改革有关政策的公告》(财政部 税务总局 海关总署公告 2019 年第 39 号)执行。

(4)教材配备了立体化教学资源。本教材提供实验过程的账套数据,方便了教师教学的同时,也使学生可以从任一任务节点开始分阶段、分任务学习,满足不同学习进度的学生需求;录制了 136 个主要操作的微课视频,并制作成二维码放置在对应章节,可以手机扫码播放,为自主学习提供极大的便利。

　　本教材共由十一个项目构成，项目一讲解了用友U8V10.1软件的系统管理模块，包括公司账套的建立、修改、删除、备份等相关操作及用户管理及其权限设置等；项目二讲解了企业应用平台的主要功能及基础档案资料的设置；项目三～项目九讲解了总账系统、薪资管理系统、固定资产管理系统、供应链管理系统、采购与应付款管理系统、销售与应收款管理系统、库存管理与存货核算系统的初始设置及日常业务；项目十讲解了公司在期末要处理的主要会计业务；项目十一讲解了报表编制的方法。

　　本教材由浙江纺织服装职业技术学院沈爱荣编著，浙江纺织服装职业技术学院教务处、东华大学出版社的相关工作人员为本教材的出版给予了大力支持，在此深表感谢。编写过程中，参考了相关的教材和文献，在此向其编写人员表示衷心的感谢。由于编者水平有限，书中难免存在疏漏，恳请广大读者提出宝贵意见，以便再版时加以完善。

CONTENTS 目 录

项目一　系统管理 ·· 1

　1.1　系统管理概述 ··· 2
　1.2　系统管理的操作流程 ·· 2
　1.3　账套管理 ··· 3
　1.4　用户与权限设置 ·· 3
　　　实验任务 ·· 5
　项目一基础练习 ·· 13

项目二　企业应用平台与基础设置 ··· 15

　2.1　企业应用平台 ·· 16
　2.2　基础档案设置 ·· 19
　　　实验任务 ··· 25
　项目二基础练习 ·· 53

项目三　总账系统 ·· 55

　3.1　总账系统概述 ·· 56
　3.2　总账系统的初始化 ·· 58
　　　实验任务 ··· 61
　3.3　总账系统业务处理 ·· 69
　　　实验任务 ··· 74
　项目三基础练习 ·· 87

项目四　薪资管理系统 ··· 89

　4.1　薪资管理系统概述 ·· 90
　4.2　薪资管理系统初始化 ··· 92
　　　实验任务 ··· 94
　4.3　薪资管理系统的业务处理 ·· 103
　　　实验任务 ·· 106

项目四基础练习 ··· 116

项目五 固定资产管理系统 ··· 119

5.1 固定资产管理系统概述 ·· 120
5.2 固定资产管理系统初始化 ··· 121
  实验任务 ··· 123
5.3 固定资产业务处理 ·· 130
  实验任务 ··· 134

项目五基础练习 ··· 141

项目六 供应链管理系统初始化 ··· 143

6.1 供应链管理系统概况 ··· 144
6.2 供应链管理系统初始设置 ··· 145
  实验任务 ··· 148

项目六基础练习 ··· 162

项目七 采购与应付款管理系统 ··· 165

7.1 采购管理系统 ·· 166
  实验任务 ··· 171
7.2 应付款管理系统 ··· 187
  实验任务 ··· 191

项目七基础练习 ··· 195

项目八 销售与应收款管理系统 ··· 197

8.1 销售管理系统 ·· 198
  实验任务 ··· 202
8.2 应收款管理系统 ··· 223
  实验任务 ··· 228

项目八基础练习 ··· 233

项目九 库存管理与存货核算系统 ·· 235

9.1 库存管理系统 ·· 236
9.2 存货核算系统 ·· 238
  实验任务 ··· 241

项目九基础练习 ··· 245

项目十 期末会计处理 ··· 247

10.1 银行对账 ··· 248
10.2 自动转账 ··· 249

10.3　对账和结账 ·· 252
　　　　　实验任务 ·· 253
　　项目十基础练习 ·· 262

项目十一　UFO 报表系统设置与应用 ·· 265
　　11.1　UFO 报表系统概述 ··· 266
　　11.2　自定义报表 ·· 270
　　11.3　利用报表模板制作报表 ·· 275
　　　　　实验任务 ·· 276
　　项目十一基础练习 ··· 288

基础练习参考答案 ·· 289
参考文献 ··· 291

本书项目账套导入数据请扫码进入网盘下载（文件提取码：H7hV）。

系统管理

项目一

知识目标

1. 会描述系统管理模块的主要功能。
2. 会运用账套建立和修改的相关知识。
3. 会运用操作员权限分配的相关知识。
4. 会使用账套引入和输出的操作方法。

能力目标

1. 能够根据相关信息建立企业核算账套。
2. 能够修改账套信息。
3. 能够输出和引入账套。

项目导入

宁波正方服饰有限公司拟从2021年1月份启用新的会计信息系统。该公司采用用友U8V10.1软件进行会计核算,由公司财务总监负责实施。

1.1 系统管理概述

系统管理是用友 U8V10.1 软件（以下简称"用友软件"）中一个特殊的部分，主要功能是对用友软件的各个产品进行统一操作管理和数据维护，具体包括账套管理、年度账管理、操作员及权限管理、系统数据及运行安全的管理等。系统管理模块主要实现的功能：

（1）对账套进行统一的管理。在账套管理中可以建立、修改、引入和输出账套。

（2）对账套库进行管理。包括账套库的建立、初始化、引入、输出、清空账套库的数据等。

（3）对操作员及其权限实行统一管理。为了保证系统及数据的安全与保密，系统提供了用户及功能权限的集中管理功能。通过对系统操作分工和权限的管理，一方面可以避免与业务无关的人员进入系统，另一方面可以对系统所包含的各个子系统的操作进行协调，以保证各司其职，流程通畅。操作权限的集中管理包括定义角色、设定系统用户和设置权限。

（4）设立统一的安全机制。为了保障系统运行安全、数据存储安全，在系统管理中，可以监控并记录整个系统的运行过程，随时清除系统运行过程中的异常任务和单据锁定；设置备份计划让系统自动备份数据或随时进行人工备份；可以管理对系统所有操作都进行详细记录的上机日志，为快速定位问题原因提供线索。

1.2 系统管理的操作流程

系统管理的基本流程通常是以系统管理员 admin 身份注册进入用友软件的系统管理窗口，设置操作员，新建账套，设置操作员权限，指定该账套的账套主管，启用其他系统，以及进行账套的维护。账套维护包括账套输出、账套修改、账套引入、账套库管理。对于初次使用用友软件的用户来说，第一次登录系统管理模块的操作流程如图 1-1 所示。

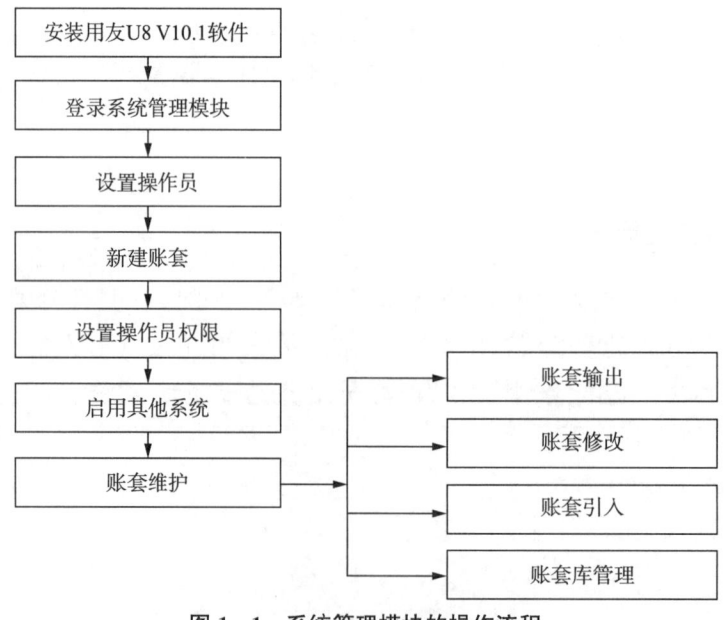

图 1-1 系统管理模块的操作流程

1.3 账套管理

1.3.1 账套的含义

账套是财务软件中用于存放企业财务与业务数据的一组相互联系的文件的集合。这个数据集合包括一整套独立、完整的系统控制参数、用户权限、基本档案、会计信息、账表查询等,是一个独立的数据库。购买软件后必须根据该企业的业务管理和核算需要进行建账设置。用友软件允许用户同时建立多个账套,一个账套代表一个独立的企业资源管理系统,可以为多个企业或企业内多个独立核算的部门分别建账。

每个账套有唯一对应的一个账套号,账套号不能重复,账套号与账套名称相互对应。账套号可以自由选择,但必须是三位数字,可以选择 001 到 999 范围内的三位数字。

账套管理的功能一般包括建立账套、修改账套、删除账套、引入和输出账套等。

1.3.2 账套的建立

账套的建立是在建账向导引导下进行的,主要包括确定账套号、账套名称、账套路径、所属行业、记账本位币、会计科目体系结构、会计期间和设置账套的启用日期等。其本质是在数据库管理系统中为企业创建一个新的数据库,用于存储和管理企业的各种业务数据,由系统管理员按已确定的企业核算特点及管理要求进行企业建账。

1.3.3 账套的修改与删除

账套建立完成后,通常一个账套包括账套号、账套名称、账套路径、记账本位币、行业性质、会计期间、账套主管等相关信息,其中启用会计期、账套号、本位币和企业性质是不能修改的。账套的修改只能由账套主管进行,以账套主管身份注册系统管理,在账套菜单下选择"修改"命令,根据建账向导流程进行修改。灰色的项目表示不能修改。账套的删除是对账套进行输出时,在弹出的界面勾选"删除当前输出账套"复选框,即可删除当前账套。

1.3.4 账套备份与恢复

用友 U8 软件备份功能是指将所选账套数据进行备份,又称为账套输出。账套输出时,输出两个文件,即 Uferpact.Lst 文件和 UFDATA.BAK 文件,前者为账套信息文件,后者为账套数据文件。账套恢复功能又称为账套引入功能,是指将以前备份的账套数据引入到本系统中。账套的恢复与备份由系统管理员操作。

1.4 用户与权限设置

为了保证系统及数据的安全和保密,系统管理提供了操作员及操作权限的集中管理功能。通过对系统操作分工和权限的管理,可以避免业务无关的人进入系统,也可以对系统所含的各个模块的操作进行协调。操作员管理包括操作员的增加、修改、删除等操作。操作员权限的管理包括操作员权限的增加、修改、删除等操作。

1.4.1 角色与用户

角色是指在企业管理中拥有某一类职能的组织，这个组织可以是实际的部门，也可以是拥有同一类职能的人构成的虚拟组织。例如实际工作中最常见的出纳角色，既可以是同一个部门的人员，也可以分属不同的部门，但都拥有同一类的职能。在设置了角色后，就可以定义角色的权限，当用户归属于某一角色后，就相应地拥有了该角色的权限。

用户就是指一个具体的操作员，是有权限登录系统并对系统进行操作的人员。一个用户可以归属于不同的角色，一类角色可以包含多个不同的用户。已经赋予某角色的权限，归属于该角色的所有用户均可以享有。用户与角色的设置可以不分先后，对于自动传递权限来说，应先设角色，再分配角色权限，最后进行用户的设置。这样在设置用户的时候，选择其归属于哪一个角色，其就会自动拥有该角色的权限。当然，也可以单独为用户赋予权限，用户可以不属于任何角色。

1.4.2 用户管理

用户管理包括用户的增加、修改和删除。

1.4.2.1 增加用户

只有系统管理员有权设置用户。增加用户时，必须明确关于用户的特征信息，包括编号、姓名、所属部门和口令。操作员编号是系统区分不同操作人员的唯一标识，必须输入，操作员编号在系统中必须唯一，即使是不同的账套，操作员编号也不能重复。操作员姓名一般会出现在其处理的票据、凭证上，因此应记录其真实姓名并对其操作进行监督，如果存在两个名字完全一样的操作员，需要加特殊标记以示区别。操作员口令是用户注册系统时输入的密码，口令是用户身份的识别标记，初始状态下可以由系统管理员为每个用户赋予一个空密码，当用户登录系统后立即设置新密码并保密。

1.4.2.2 修改或删除用户

用户设置完成后，可以对其姓名及口令进行更改，一旦以其身份进入过系统，该用户便不能被修改和删除。用户在系统中进行了业务处理，便要留下痕迹的可追溯记录。如果某个用户日后调离企业，可以在修改用户界面选择"注销当前用户"选项，注销后的用户不能再登录系统。

1.4.3 权限设置

用友软件系统管理提供了系统管理员、账套主管及一般用户的操作权限集中管理的功能。通过分工与授权，实现系统操作的权限管理，不同操作员只能在权限内操作系统与管理相应资源。在用友软件系统中，提供了三个层次的权限管理，分别是功能级权限管理、数据级权限管理、金额级权限管理。本章提到的权限管理指的是功能级权限管理。功能级权限管理提供了对不同的用户分配不同功能模块的操作权限。在用户设置完成后由系统管理员对不同用户分配不同功能模块的操作权限。例如：给某用户分配了总账、应收款管理、应付款管理等权限。权限的分配是在系统管理的"权限"中设置，以系统管理员 admin 注册进入系统管理窗口，在"权限"菜单下的"权限"子菜单，选择公司账套，给选定的操作员赋权。

实验任务

一、公司情况介绍

（一）公司概况

宁波正方服饰有限公司（简称正方公司）是一家从事服饰批发的商贸企业。目前公司主要经营的产品类型有女式针织衫、女式风衣、男式夹克、男式风衣 4 种，公司位于宁波市鄞州区中山东路 111 号。该公司开户银行为中国银行宁波市中山支行，账号为 60138214000062，该公司为一般纳税人，统一社会信用代码为 11330101225629867Q，法人代表为王鹏。公司有总经理办公室、财务部、采购部、销售部、仓管部、人事部 6 个部门。

（二）公司内部会计制度

1. 会计核算的基本规定：会计凭证分收、付、转 3 种类型，按类别连续编号，公司开设总分类账、明细分类账、现金和银行存款日记账等。

2. 货币资金的核算方法：每日对库存现金进行实地盘点。银行存款每月根据银行对账单进行核对清查，若发现不符，要及时查明原因并做出处理，公司采用的结算方式包括现金、现金支票、转账支票、银行汇票、银行承兑汇票、商业承兑汇票、电汇、委托收款等。

3. 职工薪酬的核算方法：按照有关规定由单位承担并缴纳的养老保险、医疗保险、失业保险、工伤保险、生育保险、住房公积金分别按照应发工资的 14%、9%、0.5%、0.9%、0.7%、12% 计算；职工个人承担的养老保险、医疗保险、失业保险、住房公积金分别按照应发工资的 8%、2%、0.5%、12% 计算。各种社会保险金和住房公积金当月计提，下月缴纳。按应发工资的 2% 计提工会经费，按应发工资的 2.5% 计提职工教育经费。单位代扣个人所得税，其扣除标准为 5 000 元。职工当月工资委托银行当月发放。工资分摊制单时，对科目和辅助项相同的采用合并制单。

4. 固定资产的核算方法：固定资产包括机器设备、交通运输设备和电子设备，均为在用状态；按照企业会计制度规定，公司采用平均年限法按月计提折旧；当月新增的固定资产，自下月开始计提折旧；当月减少的固定资产，当月照提折旧。

5. 存货的核算方法：各类存货按照实际成本核算，存货发出的计价方法采用移动平均法。

6. 税务的会计处理：公司为增值税一般纳税人，税率为 13%，按月缴纳，运费按 9% 作进项税额抵扣。企业所得税的计税依据为应纳税所得额，税率为 25%，按月预计，按季预缴，全年汇算清缴，按当期应交增值税的 7% 和 3% 计算城市维护建设税和教育费附加。

7. 财产清查的要求：公司每月末对存货进行清查，年末对固定资产进行清查，根据盘点结果编制"盘点表"，并与账面数据进行比较，报经主管领导审批后进行处理。

8. 坏账的核算方法：只对应收账款计提坏账准备。每年末，按应收账款余额百分比法计提坏账准备，提取比例为期末余额的 0.5%，发生的各种坏账应查明原因，及时做出会计处理，已注销的坏账又收回时应当及时入账。

9. 月末将各损益类账户余额转入本年利润账户。

二、实验准备

1. 建立"项目一/系统管理"文件夹。
2. 将系统日期修改为"2021年1月1日"。

三、实验资料

(一) 操作员管理(表1-1)

表1-1　操作员及权限

编号	姓名	部门	职务	操作权限	权限设置
001	曹华	财务部	财务总监	各系统初始设置	账套主管的全部权限
002	郭文	财务部	财务经理	审核凭证、对账、结账、编制会计报表、财务指标分析	公共单据、总账、应收款管理、应付款管理、UFO报表、销售管理
003	王强	财务部	会计	审核发票、收款单及付款单，编制记账凭证、期末凭证转账定义转账生成，记账，工资分摊，固定资产折旧及增减变动业务	公用目录设置、总账、应收款管理、应付款管理、薪资管理、固定资产管理的权限
004	曾丽	财务部	出纳	填制收款单和付款单、出纳签字、银行对账	总账、应收款管理、应付款管理
005	邓明	采购部	采购员	填制与审核采购管理系统业务单据、录入采购发票、发票结算	采购管理
006	赵山	销售部	销售员	填制与审核销售管理系统业务单据、开具销售发票、复核发票	销售管理
007	康民	销售部	销售员	填制与审核销售管理系统业务单据、开具销售发票、复核发票	销售管理
008	李超	仓管部	仓管员	填制与审核库存管理系统单据、存货核算	公共单据、库存管理、存货核算的权限
009	罗飞	人事部	经理	人员变动、工资变动	公用目录设置、薪资管理

(二) 建账信息

1. 账套号:888。
2. 账套名称:宁波正方服饰有限公司。
3. 启用日期:2021年1月,会计期间按公历制划分为12个月。
4. 单位名称:宁波正方服饰有限公司。
5. 单位简称:正方公司。
6. 企业类型:商业。
7. 记账本位币:人民币(RMB)。
8. 行业性质:2007年新会计制度科目。

9. 账套主管：曹华。
10. 按行业性质预置一级会计科目。
11. 分类信息：存货、客户、供应商分类核算。
12. 编码方案：科目为 5 级(42222)，其他采用系统默认。
13. 数据精度：全部采用系统默认值。
14. 启用总账管理系统、薪资管理系统、固定资产管理系统、应收款管理系统、应付款管理系统、采购管理系统、销售管理系统、库存管理系统、存货核算系统。

（三）备份账套

1. 将 888 账套备份到硬盘"项目一\系统管理"文件夹中。
2. 查看"项目一\系统管理"文件夹中文件。

（四）引入账套

1. 引入硬盘"项目一\系统管理\Uferpact.lst"文件。

三、拓展任务

修改账套(以 888 账套主管曹华的身份操作)，将会计科目的编码级次由 5 级(42222)改为 3 级(422)。

四、操作指导

（一）登录系统管理

1. 进入用友软件"系统管理"窗口。
2. 执行"系统"|"注册"命令，打开"登录"系统管理对话框。
3. 系统中预先设定了一个系统管理员 admin，第一次运行时，系统管理员密码为空，单击"登录"按钮，以系统管理员身份进入系统管理。如图 1-2 所示。

图 1-2　系统管理登录界面

(二) 增加用户

1. 以系统管理员身份登录系统管理,执行"权限"|"用户"命令,打开"用户管理"对话框。

2. 单击"增加"按钮,打开"操作员详细情况"对话框,录入编号"001"、姓名"曹华"、口令为空、所属部门"财务部"。

3. 单击"增加"按钮,依次设置其他操作员,设置完成后单击"取消"按钮退出。如图1-3所示。

注:只有系统管理员(admin)才能进行增加用户的操作。

视频001 增加操作员

图1-3 增加用户

(三) 建立账套

1. 以系统管理员身份注册进入系统管理,执行"账套"|"建立"命令,打开"创建账套"对话框。如图1-4所示。

视频002 建立账套

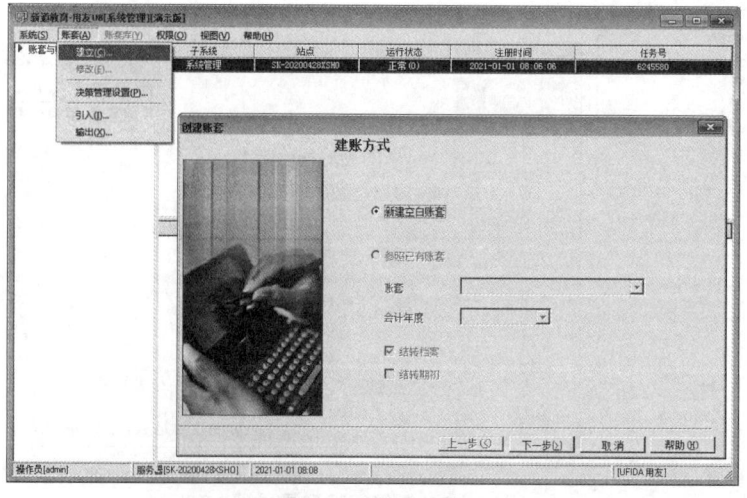

图1-4 建立账套

2. 录入账套号"888"、账套名称"宁波正方服饰有限公司"、账套路径"默认"、启用会计期"2021.01"。

3. 单击"下一步"按钮,打开"单位信息"对话框。

4. 录入单位信息。

5. 单击"下一步"按钮,打开"核算类型"对话框。

6. 单击"账套主管"栏的下三角按钮,选择"001 曹华",其他采取系统默认。如图1-5所示。

图1-5 账套信息

7. 单击"下一步",打开"基础信息"对话框。

8. 分别选中"存货是否分类""客户是否分类""供应商是否分类"前的复选框。如图1-6所示。

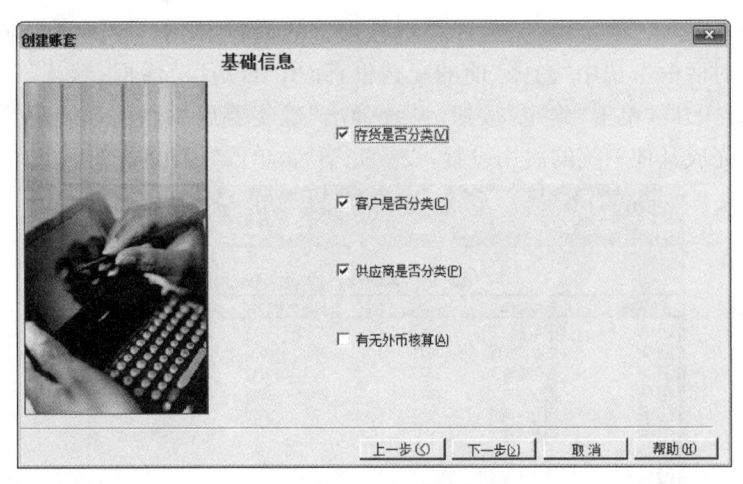

图1-6 基础信息

9. 单击"完成"按钮,弹出系统提示"可以创建账套了么?",单击"是"按钮,稍候,打开"编码方案"对话框。

10. 按所给资料修改分类编码方案。如图1-7所示。

11. 单击"确定"按钮,再单击"取消"按钮,打开"数据精度"对话框。

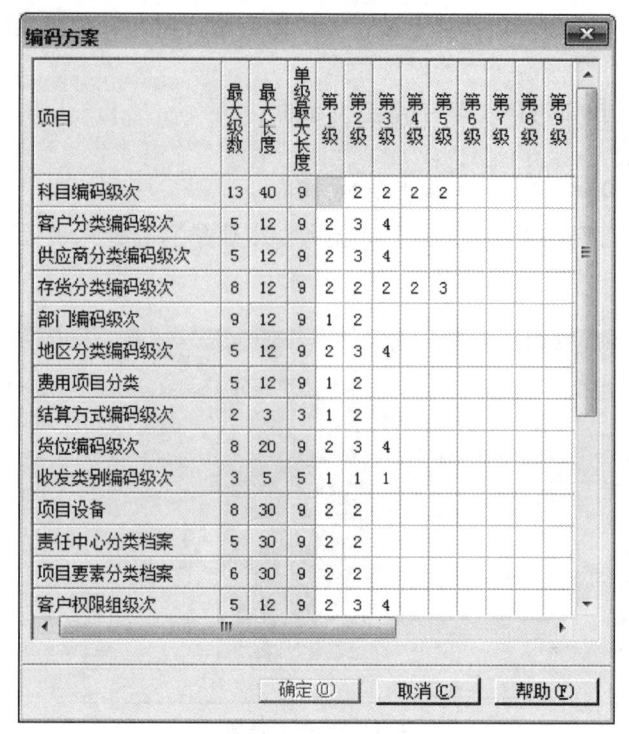

图 1-7 编码方案

12. 默认系统预置的数据精度的设置,单击"确定"按钮,稍等片刻系统弹出"现在进行系统启用的设置?"信息提示框。

13. 单击"否"按钮,结束建账过程。系统弹出"请进入企业应用平台进行业务操作!"提示,单击"确定"按钮返回系统管理。如果单击"是"按钮,则打开"系统启用"对话框,选中"总账"前的复选框,弹出"日历"对话框,默认时间为"2021-01-01",单击"确定"按钮,系统弹出"确实要启用当前系统吗?"提示框,单击"是"按钮。继续完成其他系统的启用设置,设置完毕后,单击"退出"按钮。如图 1-8 所示。

视频 003 系统启用

图 1-8 系统启用

(四) 设置操作员权限

1. 在系统管理中,执行"权限"|"权限"命令,打开"操作员权限"对话框。
2. 在"账套主管"右边的下拉列表框中选中"888 宁波正方服饰有限公司"账套。
3. 在左侧的操作员列表中,选中"002"号操作员郭文,单击"修改"按钮,打开"增加和调整权限"对话框。
4. 在右侧的权限列表中,单击"公共单据""总账""应收款管理""应付款管理""UFO 报表""销售管理"权限前的复选框。如图 1-9 所示。
5. 用同样的方法为其他职员赋权。

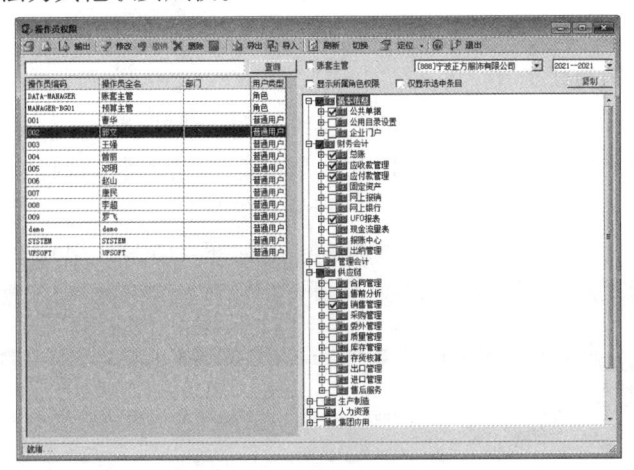

图 1-9 设置操作员权限

(五) 备份账套

1. 由系统管理员注册系统管理,执行"账套"|"输出"命令,打开"账套输出"对话框。
2. 单击"账套号"栏的下三角按钮,选择"888 宁波正方服饰有限公司"。如图 1-10 所示。

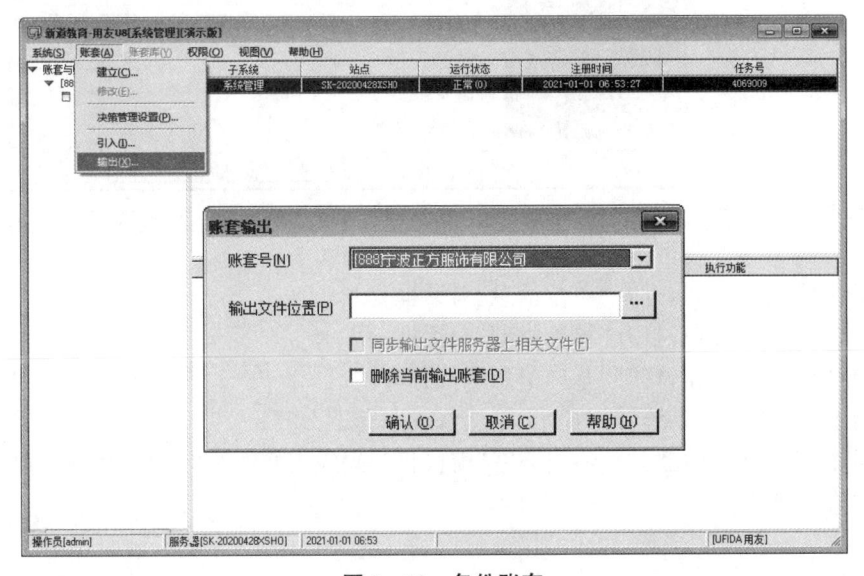

图 1-10 备份账套

3. 单击"确认"按钮,打开"选择备份目标"对话框。

4. 在"选择备份目标"对话框中,选择"项目一系统管理"文件夹。单击"确定"按钮。

5. 系统进行账套数据输出,完成后,弹出"输出成功"信息提示框,单击"确定"按钮返回。

(六) 引入账套

1. 进入用友软件"系统管理"窗口。

2. 执行"系统"|"注册"命令,打开"登录"系统管理对话框,以系统管理员身份注册进入系统管理。

3. 执行"账套"|"引入"命令,打开"请选择账套备份文件"对话框。

4. 选择要引入的账套数据备份文件,系统引入的备份文件为 Uferpact.lst,单击"确定"。系统进行账套数据的引用,完成后提示"账套 888 引入成功",单击"确定"按钮。

(七) 修改账套(拓展任务)

1. 执行"系统"|"注册"命令,打开"登录"系统管理对话框。

2. 录入操作员"001",密码为空,单击"账套"栏的下三角按钮,选择"888 宁波正方服饰有限公司",单击"确定"按钮,以账套主管身份登录系统管理。

3. 执行"账套"|"修改"命令,打开"修改账套"对话框。如图 1-11 所示。

图 1-11 修改账套

4. 单击"下一步"按钮,打开"单位信息"对话框。

5. 单击"下一步"按钮,打开"核算类型"对话框。

6. 单击"下一步"按钮,打开"基础信息"对话框。

7. 单击"完成"按钮,系统弹出提示"确认修改账套了么?"。

8. 单击"是"按钮,并在"分类编码方案"窗口将编码级次修改为"422",并分别单击"确定"按钮后确定修改成功。

项目小结

企业建账是企业信息化的首要环节,通过对增加用户、建立账套、操作员授权以及账套备份、账套修改等操作的展示,加深对账套管理和用户管理的认识。明确系统管理员、账套主管在权限上的差异,初步认知企业账的存在形态。

项目一基础练习

一、单项选择题

1. 系统管理员无权进行的操作是(   )。
   A. 引入账套　　　　B. 修改账套　　　　C. 删除账套　　　　D. 输出账套
2. 如果系统内已存在相同账套号的数据,则引入账套时(   )。
   A. 无法引入　　　　　　　　　　　　B. 覆盖系统中同账套号的数据
   C. 恢复为账套号不同的另一个账套　　D. 需先删除账套
3. 一个账套可以有(   )账套主管。
   A. 1个　　　　　　B. 2个　　　　　　C. 3个　　　　　　D. 多个

二、多项选择题

1. 以下可以修改的账套信息是(   )。
   A. 账套号　　　　　　　　　　B. 账套名称
   C. 账套启用会计期　　　　　　D. 存货是否分类
2. 下列说法正确的是(   )。
   A. 系统管理员名称为 admin
   B. 系统管理员口令为空,不能修改
   C. 系统不区分 admin 大小写
   D. 系统管理员可以为系统内的账套指定账套主管
3. 在系统管理界面,系统管理员可看到的内容有(   )。
   A. 系统运行状态是否正常　　　　B. 已经登录的操作员
   C. 已经登录的子系统　　　　　　D. 操作员正在执行的功能
4. 下列关于账套主管说法正确的是(   )。
   A. 拥有本账套的所有权限　　　　B. 可以增加操作员
   C. 可以为本账套的操作员赋权　　D. 可以删除自己管辖的账套

企业应用平台与基础设置

项目二

知识目标

1. 会描述企业应用平台的基本功能。
2. 会运用机构人员、客商信息、存货、财务、收付结算的相关知识。
3. 会运用仓库档案、收发类别、采购类型、销售类型、产品结构、费用项目的相关知识。
4. 会使用记录级数据权限分配的设置方法。

能力目标

1. 能够根据企业的实际情况进行基础设置工作。
2. 能够增加和修改部门和职员档案、客户分类及客户档案、供应商分类及供应商档案、存货分类和存货档案、会计科目设置、结算方式设置。
3. 能够正确设置仓库档案、收发类别、采购类型、销售类型、费用项目等。
4. 能够进行记录级数据权限分配。

项目导入

宁波正方服饰有限公司在建账完成后,进入企业应用平台进行基础设置。财务人员整理部门档案、员工档案、客户档案、供应商档案、存货档案、仓库档案,将上述档案资料及会计科目、结算方式等录入系统。

2.1 企业应用平台

企业应用平台是用友软件的集成应用平台,是为企业员工提供访问系统的唯一通道。通过企业应用平台,用户可以设计个性化的工作流程,还可以实现与日常办公的协同进行。日常使用时,不同操作员各自通过身份注册登录"企业应用平台",所看到的窗口是相同的,但每个操作员能进入的模块是不同的,这是因为前面所做的权限设置,同时也实现了企业的内部控制。企业应用平台的主要功能模块包括业务工作、基础设置和系统服务3个方面。

2.1.1 业务工作

在企业应用平台的"业务工作"界面中,集成了登录操作员拥有操作权限的所有功能模块,该界面也是操作员进入用友软件的唯一入口。在各子系统没有启用的情况下,业务工作下的财务会计中不显示总账、固定资产、应收款管理、应付款管理等系统,因此也不提供登录入口,而UFO报表是不需要启用的。

2.1.2 基础设置

基础设置是企业应用平台中的一项主要内容,新账套建立以后,首先要对各模块共用的基础信息进行设置。基础设置的内容较多,包括:基本信息设置、基础档案设置、业务参数设置、单据设置等,基础设置的结果可由各个模块共享。

2.1.2.1 基本信息设置

在基本信息设置中,可以进行系统启用设置,也可以对建账过程原编码方案和数据精度进行修改。用友软件分为财务会计、管理会计、供应链、生成制造、人力资源、集团应用、决策支持和企业应用集成等产品组,每个产品组中又包含若干模块,它们中的大多数既可以独立运行又可以集成使用。企业可以采取循序渐进的策略,有计划的先启用一些模块,一段时间之后再启用另外一些模块。系统启用的功能为企业提供了选择的便利,企业可以自行决定何时启用哪些子系统。通常有两种方法可以设置系统启用,一种是在企业建账完成后立即进行系统启用设置,另一种是在建账结束后由账套主管在登录应用平台后,通过系统启用进行设置。为了便于对经济业务数据进行分级核算、统计和管理,系统要求预先设置某些基础档案的编码规则,即规定各种编码的级次及各级的长度。编码方案可以在建账时设置,也可以在企业应用平台中设置。由于各用户企业对数量、单价的核算精度要求不一致,为了适应各用户企业的不同需求,系统提供了自定义数据精度的功能。数据精度可以在建账时设置,也可以在企业应用平台中设置。

2.1.2.2 基础档案设置

基础档案设置是系统日常业务处理必须的基础资料。一个账套由若干个子系统构成,这些子系统共享基础档案信息。在启用新账套时,应根据企业的实际情况,结合系统基础档案设置的要求,事先做好基础数据的准备工作。设置基础档案的前提是确定基础档案的分类编码方案。基础档案的设置必须要遵循分类编码方案中所设置的级次及各类编码长度的规定。按照基础档案的用途不同,系统将基础档案划分为机构人员、客商信息、存货、财务、收付结算信息等类,下一节着重介绍该内容。

2.1.2.3 业务参数设置

系统在建立新的账套后由于具体情况需要或进行业务变更,一些账套信息与核算内容不符,可以通过此功能进行业务参数的调整和查看。如总账系统中可对"凭证"选项、"账簿"选项、"凭证打印"选项等 8 部分业务参数进行设置与修改。

2.1.2.4 单据设置

单据是企业经济业务发生的证明,如货物发出的销售发货单、材料入库的采购入库单、购销业务中的专用发票等。单据设置包括单据格式设置、单据编号设置、单据打印控制。不同企业各项业务处理中使用的单据可能存在细微的差别,用友 ERP-U8V10.1 管理软件中预置了常用单据模板,允许用户对各单据类型的模板进行设置,以满足企业个性化的单据格式需求,单据编号是单据的标识,U8 系统默认单据采取流水编号。如果企业根据业务需要有特定的编号规则,可以设置为手工编号方式。

2.1.3 系统服务

系统服务包括系统管理、服务器配置、工具以及权限设置等基本功能。

2.1.3.1 系统管理

用友 ERP-U8V10.1 软件是由多个产品组成,各个产品之间相互联系、数据共享。为完全实现财务业务一体化管理,软件设置了系统管理,为企业资金流、物流、信息流的统一管理提供了有效的方法和工具。系统管理包括新建账套、账套库管理、账套修改和删除、账套备份、根据企业经营管理中的不同岗位职能建立不同角色、新建操作员和权限的分配等功能。

2.1.3.2 服务器配置

软件提供了应用服务器设置以及远程配置方案。

2.1.3.3 工具

软件提供了科目转换、账务函数转换、财务部报表接口、总账工具、专家财务数据库维护、数据复制、集团应用等维护工具。

2.1.3.4 权限设置

用友软件系统中,提供了三个层次的权限管理,分别是功能级权限管理、数据级权限管理、金额级权限管理。功能级权限的分配在系统管理中设置,数据级权限和金额级权限在企业应用平台中进行设置,且必须在系统管理的功能权限分配之后才能进行。

(1) 功能级权限管理

功能级权限包括功能级权限的查看和分配。功能级权限管理提供了对不同用户分配不同功能模块的操作权限。功能级权限的分配是在系统管理的"权限"中设置。由系统管理员 admin 注册进入系统管理窗口,单击"权限"菜单下的"权限"子菜单,打开"操作员权限"设置窗口,首先选择公司账套,然后选定操作员,接着单击工具栏的"修改"按钮,最后找到需要赋予的权限,在其前面进行勾选,即完成了对用户分配不同功能模块权限的操作。

(2) 数据级权限管理

如果企业的规模较大,财务分工较细,分设往来会计、成本会计等多个岗位,按照财务内部管理制度,每个操作员只能查询自己负责的账簿,则必须对系统进行数据级权限管理。在系统管理中分配完功能级权限后才能对操作员进行数据权限分配,在"企业应用平台"中进行设置。数据级权限管理包括数据权限控制设置、记录级数据权限分配和字段级数据权限分配。

a. 数据权限控制设置

数据权限控制的设置是数据权限设置的前提,数据权限控制的设置分为记录级和字段级两个层次,对应系统中的"记录级"和"字段级"两个页签,系统根据该表中的选择在数据权限设置中显示所选对象。例如:要对用户设置能查询某个账户的权限,需要先对数据权限控制设置,在数据权限控制设置窗口"记录级"页签下,选择需要进行权限控制的对象"科目"。

b. 记录级数据权限分配

记录级数据权限分配是指对具体业务对象进行权限分配,即为操作员设置某种业务的数据控制权限及权限范围。记录级数据权限分配的前提是在"数据权限控制设置"对话框中,至少选择了一个记录级业务对象。进行权限分配时先打开权限浏览视图,选择记录级权限,选择要分配权限的操作员进行授权,选择业务对象"科目"或"部门"等,然后在需要的功能权限上选择。以选择的业务对象"科目"为例,可以勾选查账、制单权限,然后将可以查账、制单的科目选到右侧,即进行了明细数据权限分配。

c. 字段级数据权限分配

字段级数据权限分配是对单据中包括的字段进行权限分配,这是出于安全保密性考虑而设置的。有的信息属于企业严格控制的内容,在使用时这些信息应限制查看权限。字段级数据权限分配的前提是在"数据权限控制设置"对话框中至少选择了一个字段级业务对象。具体操作与记录级数据权限的分配类似。

(3) 金额级权限管理

操作员必须在系统管理中分配完功能级权限后才能进行金额级权限分配,在"企业应用平台"中进行设置。该权限主要用于完善内部金额控制,实现对具体金额数量划分级别,对不同岗位和职位的操作员设置金额级别控制,限制制单时可以使用的金额处理额度。金额权限设置有两个业务对象,即科目的制单金额额度和采购订单的金额审核额度。在设置这两个金额权限之前必须先设置对应的金额级别。

a. 设置科目和采购订单的金额级别。对操作员进行金额额度控制是通过划分金额级别来体现的。在金额级别设置窗口,选择"科目级别"或"采购订单级别",分别录入各级别金额即可。

b. 分配操作员的科目金额权限和采购订单金额权限。分配操作员科目金额权限和采购订单金额权限也就是为操作员划分其可用的金额级别。为某操作员设置一个科目或采购订单的金额级别后,该操作员只能使用该级别额度以内的金额,一旦超过该额度,该操作员无法直接使用该科目或填制采购订单进行业务处理。

2.2 基础档案设置

基础档案包括机构人员、客商信息、存货、财务、收付结算等功能,这些都是与财务相关的信息,随着会计信息化过程的不断深入,需要启用供应链相关的子系统,实现财务业务一体化,因此在基础信息设置中还需要增设与业务处理、查询统计、财务连接相关的基础信息,具体包括仓库档案、货位档案、收发类别、采购类型、销售类型、产品结构、费用项目。由于企业基础数据之间存在前后承接的关系,因此,基础档案的设置应遵循一定的顺序,例如:要先进行客户分类,再设置客户档案;先设置人员类别,再设置人员档案,不能逆序操作。

2.2.1 机构人员

机构人员中包括本单位信息、部门档案、人员类别、人员档案。

2.2.1.1 本单位信息

本单位信息是用于维护企业本身的一些基本信息的功能,包括企业的名称、法人代表、联系电话等。此信息可以在系统建账时输入,在企业应用平台中可以修改、维护。在系统管理中只有账套主管可以修改此信息,在企业应用平台中也只有账套主管才能查看和修改此信息。

2.2.1.2 部门档案

设置部门档案,主要是按照已经定义好的部门编码级次原则输入部门编码、部门名称、部门属性等相关信息,这里的部门指的是企业财务核算或业务管理相关的职能单位,可以是实际中的部门机构也可以是虚拟的核算单位。设置部门档案的目的在于按部门进行数据汇总和分析。

2.2.1.3 人员类别

人员类别与薪资管理子系统中工资费用的分配、分摊有关,为工资分摊生成凭证设置相应的入账科目作准备,可以按不同的入账科目需要设置不同的人员类别。人员类别中系统预置正式工、合同工和实习生 3 类顶级类别。用户可以修改顶级类别,也可以自定义扩充人员子类别,以满足企业自身的管理需求,但不能增加新的顶级类别。

2.2.1.4 人员档案

人员档案的作用是设置企业全体员工的信息,将参与业务活动的人员标注为"业务员",员工的档案在其他项目中可以被参照;将可以使用系统的人员标注为"操作员",该类人员能进入系统进行相关操作。人员档案中录入人员编码、人员姓名、性别、行政部门、人员类别等信息。此处的人员档案应该包括企业的所有员工,人员编码必须输入、必须唯一,人员类别必须录入、可以重复,行政部门只能选定末级部门。

2.2.2 客商信息

客商信息中包括地区分类、客户分类、客户档案、供应商分类、供应商档案。建立供应商档案主要是为企业的采购管理、库存管理、应付款管理服务的。在填制采购入库单、采购发票,进行采购结算、应付款结算和有关供货单位统计时都会用到供应商档案。建立客户档案主要是为企业的销售管理、库存管理、应收款管理服务的,在填制销售发票、销售发货单以及办理应收款结算时,都会用到客户档案。

2.2.2.1 地区分类

企业可以根据管理需要对客户、供应商的所属地区进行相应的分类,建立地区分类体系,以便对业务进行数据统计和分析。地区分类编码方案必须符合新建账套时的方案要求,也就是在地区分类窗口中"＊"所示的编码规则。用友软件中的采购管理、销售管理、库存管理和应收应付款管理系统都会用到地区分类。

2.2.2.2 客户分类

在建账时如果选择了进行客户分类,在此必须进行客户分类,否则不能输入客户档案。客户分类编码体现了客户分类的层次,在录入客户分类时,必须先输入上一级编码及名称才能输入下一级的编码与名称。客户分类窗口中编码规则的"＊"个数体现了不同层次编码的位数。后面的其他分类及档案设置中的编码意义相同。

2.2.2.3 客户档案

建立客户档案可以对客户的数据进行分类、汇总和查询。使用客户档案管理客户时,应先收集、整理与本单位有业务往来关系的客户基本信息,客户档案所需基本信息主要包括客户编码、客户名称、客户所属分类、开户银行名称、账号、税号等。客户信息按类别分为"基本""联系""信用""其他"4个选项卡存放。"基本"选项卡中主要记录客户的基本信息,如客户编码、客户名称、客户简称、税号等。客户名称与客户简称的用法不同,客户名称要输入客户全称,用于销售发票的打印,客户简称主要用于录入业务单据时屏幕上的参照显示。如果企业为一般纳税人,要输入税号,否则专用发票中的税号栏为空。"联系"选项卡中包含了企业所有联系方式,还可以记录该客户默认的发货地址、发货方式和发货仓库。"信用"选项卡记录了有关客户信用的相关数据,有些数据是根据本企业的信用政策,结合该客户往年的销售量及信用情况评定计算的,如扣率、信用等级;有些数据与应收账款系统直接相连,如应收余额、最后交易日期、最后交易金额、最后收款日期、最后收款金额,它们反映了该客户的当前信用情况。"其他"选项卡中记录了客户的专管部门、专管业务员等信息。

2.2.2.4 供应商分类

当供应商较多时,企业可以根据管理需要对供应商进行分类管理,建立供应商分类体系。在建账时如果选择了进行供应商分类,在此必须进行供应商分类,否则不能输入供应商档案。供应商分类信息包括分类编码和分类名称。

2.2.2.5 供应商档案

建立供应商档案可以对供应商的数据进行分类、汇总和查询。使用供应商档案管理供应商时,应先收集、整理与本单位有业务往来关系的供应商的基本信息,供应商档案所需基本信息主要包括供应商编码、供应商名称、供应商所属分类、开户银行名称、账号、税号等。与客户档案极为相似，供应商档案中也包含与业务处理环节相关的大量信息，分为"基本""联系""信用""其他"4个选项卡存放。

2.2.3 存货

2.2.3.1 存货分类

企业存货较多，需要按照一定的方式进行分类管理。存货分类是指按照存货固有的特征或属性将其分为不同的类别，以方便分类核算与统计。工业企业可以将存货分为原材料、产成品、应税劳务；商业企业可以将存货分为商品、应税劳务等。在企业日常购销业务中，经常会发生一些劳务费用（运输费、装卸费等），这些费用也是构成企业存货成本的组成部分，为了能正确反映和核算这些劳务费用，在存货分类中单独设置一类，如"应税劳务"或"劳务费用"。

2.2.3.2 计量单位

企业中的存货种类繁多，不同的存货有不同的计量单位。有些存货的财务计量单位与库存计量单位是一致的，也有可能因用于不同的业务，其计量单位并不相同。例如某种商品库存单位是"盒"，对客户发货时用"箱"做计量单位，1箱=20盒。因此在开展企业日常业务之前，需要定义存货的计量单位。

2.2.3.3 存货档案

在"存货档案"窗口中有基本、成本、控制等选项卡。

（1）基本选项卡。在基本选项卡中记录录入存货的基本信息。基本选项卡的下部是存货属性，常用属性如下：内销用于发货单、销售发票、销售出库单等与销售有关的单据参照使用，表示该存货可用于销售；外销用于出口产品填制相关单据时参照使用；生产耗用包括生产产品时耗用的原材料、辅助材料等，在开具材料领料单时参照；自制用在开具产成品入库单时参照，是企业自制的存货；在制指尚在制造加工中的存货；应税劳务指在采购发票上开具的运输费、包装费等采购费用及开具在销售发票或发货单上的应税劳务、非应税劳务等。

（2）成本选项卡。该页签中各种属性主要用于在进行存货的成本核算过程中提供价格计算的基础依据。最高进价指进货时用户参考的最高进价，为采购进行进价控制。如果用户在采购管理系统中选择要进行最高进价控制，则在填制采购单据时，最高进价高于此价，系统会要求用户输入口令后，方可高于最高进价采购。参考成本指非计划价或售价核算的存货填制出入库成本时的参考成本，采购商品或材料暂估时，参考成本可作为暂估成本，存货出库时，参考成本可作为出库成本。最低售价指存货销售时的最低销售单价，为销售进行售价控制，用户在录入最低售价时，根据报价是否含税录入无税售价或含税售价。参考售价录入"大于零"，客户价格、存货价格中的批发价，根据报价是否含税录入"无税售价或含税售价"。

（3）控制选项卡。该选项卡设置与存货管理相关的控制。是否批次管理即对存货是否按批次出入库进行管理，该项必须在库存管理系统账套参数中选中"有批次管理"后，方可设定；是否保质期管理即对于有保质期管理的存货必须按批次管理，因此该项也必须在库存管理系统账套参数中选中"有批次管理"后，方可设定；是否呆滞积压，即存货是否呆滞积压，完全由用户自行决定。

2.2.4 财务

2.2.4.1 会计科目

会计科目是填制会计凭证、登记会计账簿、编制会计报表的基础。根据每个会计科目核算的经济内容的不同,可将会计科目分为资产、负债、所有者权益、共同、成本、损益六类。

(1) 会计科目设置的内容

科目编码:科目编码应是科目全编码,即从一级科目至本级科目的各级科目编码组合。科目编码必须唯一,且必须按级次的先后顺序建立,即先建上级科目,再建下级科目。科目编码的一级科目编码必须符合现行会计准则。通常商品化的会计软件会自动装入规范的一级会计科目。

科目名称:科目名称是指本级科目名称,通常分为科目中文名称和科目英文名称,一般录入中文名称即可。

科目类型:科目类型是指会计制度中规定的科目类型,分为资产、负债、所有者权益、共同、成本、损益。

账页格式:定义该科目在账簿打印时的默认打印格式。系统提供金额式、外币金额式、数量金额式、外币数量式四种账页格式供选择。

助记码:用于帮助记忆科目,提高录入和查询速度。

科目性质(余额方向):增加记借方的科目,科目性质选择借方;增加记贷方的科目,科目性质选择贷方。在一级科目设置科目性质后,下级科目的科目性质与其一级科目相同。

辅助核算:用于说明本科目是否有其他核算要求,系统除完成一般的总账、明细账核算外,还提供部门核算、个人往来核算、客户往来核算、供应商往来核算、项目核算供选用。

其他核算:用于说明本科目是否有其他要求,如银行账、日记账等。一般情况库存现金科目要设为日记账;银行存款科目要设为银行账和日记账。

外币核算:用于设定该科目是否有外币核算,以及核算的外币名称。

数量核算:用于设定该科目是否有数量核算,以及数量计量单位。

(2) 会计科目设置的功能

增加科目:该功能允许增加一个新的会计科目,增加时要进行合法性和正确性检查,保持科目代码的唯一性。打开会计科目对话框,录入科目编码、科目名称等信息。

修改科目:当科目属性有错误时,可以对错误属性进行修改。如果某科目已经被制单或已录入期初余额,则不能修改该科目,否则必须先删除所有与该科目有关的凭证,并将该科目及其下级科目的余额清零后,再修改。已经使用的科目不能增加下一级。

查询科目:准确而迅速的定位在用户所要查询的科目上,方便地查询或修改会计科目的各种属性。

删除科目:对于不再使用的会计科目,可以从科目库中删除。但是已有余额的科目不能删除,也不能删除非末级科目。

指定科目:指定科目即由用户指定适用于某一特殊功能的会计科目,系统只有指定科目后,才能执行出纳签字,从而实现库存现金、银行存款管理的保密性。

(3) 会计科目辅助核算

对于规模较小、业务量较少的企业一般将往来单位、个人、部门和项目通过设置明细科目来进行核算与管理,但对于规模较大、业务量较多的单位,用友 U8 采用了总账处理系统提供辅助核算功能的办法,将每一笔业务登记在总账与辅助账上。一般辅助核算包括个人往来、供应商往来、客户往来、部门核算、数量核算、项目核算等。

2.2.4.2　凭证类别

为了便于管理或登账,一般对记账凭证进行分类编制,但各单位的分类方法不尽相同,软件中提供了"凭证类别"功能,用户可以按照本单位的需要对凭证进行分类。系统提供了五种凭证类别设置方案:一是不分类,所有凭证都归为记账凭证;二是分为收款凭证、付款凭证和转账凭证三类;三是分为现金凭证、银行凭证和转账凭证三类;四是分为现金收款凭证、现金付款凭证、银行收款凭证、银行付款凭证和转账凭证五类;五是用户自定义。

设置了凭证类别,在会计凭证编制过程中必须按照这种分类方式选择凭证类别。为了控制凭证输入过程中发生错误,系统提供了凭证限制类型的设置功能,编制凭证时系统按照设置的限制类型进行检查,如果不符合限制类型,系统就给出提示警告,否则不允许保存凭证。系统提供了七种凭证限制类型,即"无限制""借方必有""贷方必有""凭证必有""凭证必无""借方必无""贷方必无"。

"无限制"规定为无限制类型的凭证,可以使用所有合法的科目。

"借方必有"规定填制某一类凭证的时候,这类凭证的借方至少应有一个限制科目有发生额。例如。对于收款凭证来说,借方必然会出现"库存现金"或"银行存款"科目,我们可以根据这个规律,规定收款凭证的限制类型是"借方必有",限制科目是"库存现金"和"银行存款",如果输入的收款凭证借方没有出现"库存现金"或"银行存款"科目,系统会查出这张凭证存在错误,给出提示,可以尽可能防止错误的凭证进入系统。

"贷方必有"规定填制某一类凭证的时候,这类凭证贷方至少应有一个限制科目有发生额,如付款凭证,贷方应该有"库存现金"或"银行存款"科目出现。

"凭证必有"填制某一类凭证的时候,这类凭证至少有一个限制科目有发生额,如结转损益类科目余额的转账凭证,一定要有损益类科目。

"凭证必无"填制某一类凭证的时候,这类凭证不能有限制科目的出现,如转账凭证就不能有"库存现金"或"银行存款"科目出现。

"借方必无"填制某一类凭证的时候,借方不能有任何一个限制科目出现。

"贷方必无"填制某一类凭证的时候,贷方不能有任何一个限制科目出现。

2.2.4.3　外币设置

外币设置是专为外币核算服务的,企业如果有外币业务,需要对外币进行定义,外币及汇率设置时,需输入币符、币名,选择汇率方式与折算方式后,在相应月份的记账汇率中输入数值。在此处进行外币及汇率设置仅录入固定汇率与浮动汇率值,并不决定在制单时使用固定汇率还是浮动汇率,在制单时使用哪种汇率由总账初始化设置时决定。如果使用固定汇率,则在每月月初时录入记账汇率,月末计算汇兑损益时录入调整汇率;如果使用浮动汇率,则应每天在此录入当日汇率。

2.2.4.4　项目目录

一个单位项目核算的种类可能多种多样,如:在建工程、对外投资、技术改造等。为了进一步对部分成本费用及收入进行管理,在手工方式下,一般通过按具体项目开设明细账进行核算,这样必然增加了明细账的级次,同时给会计核算和提供管理资料带来极大的困难。在用友总账系统中,可以将具有相同特性的一类项目定义成一个项目大类。一个项目大类可以核算多个项目。通过项目核算,不仅可以方便的实现对部分成本费用和收入按项目核算,而且为这些成本费用及收入情况的管理提供了方便快速的辅助手段。项目辅助核算一般要经过以下几个步骤的定义才能实现。

（1）设置科目辅助核算。在会计科目设置功能中先设置相关的项目核算科目,如对生产成本及其下级科目设置项目核算的辅助账类。

（2）定义项目大类。即定义项目核算的分类类别,如增加生产项目大类。

（3）指定核算科目。指定需按此类项目核算的科目,一个项目大类可以指定多个科目,一个科目只能指定一个项目大类,如将直接材料、直接工资、制造费用指定为按生产成本项目大类核算的科目。

（4）定义项目分类。可将同一项目大类下的项目进一步划分,如将生产成本项目大类划分为自行开发项目和委托开发项目。

（5）定义项目目录。将各个项目大类中的具体项目输入系统,形成项目目录档案。

2.2.5 收付结算

收付结算下包括结算方式、付款条件、银行档案、本单位开户银行等多种基础信息。

2.2.5.1 结算方式

设置结算方式是为了提高银行对账的效率或为了在根据业务自动生成凭证时可以识别相关的科目。会计信息系统设置的结算方式与财务结算方式基本一致,如现金结算、支票结算等。可以进行票据管理,如果某种结算方式需要进行票据管理,只需选择"是否票据管理"选项。结算方式编码级次的设定在建账的编码部分中进行。结算方式最多可分为2级。定义结算方式的内容包括结算方式编码、结算方式名称和票据管理标志。

2.2.5.2 付款条件

付款条件是指企业为了鼓励客户提前付款而允诺在一定期限内给予的折扣优惠,也叫现金折扣。设置付款条件的作用是规定企业在经营过程中与往来单位协议的收、付款折扣优惠方法。这种折扣条件通常可表示为5/10,2/20,n/30,指客户在10天内付款,可得到5%的折扣;在20天内付款,可得到2%的折扣;在30天内付款,要按照全额支付货款。系统最多支持4个时间段的折扣。付款条件主要在采购订单、销售订单、采购结算、销售结算、客户目录、供应商目录引用,一旦被引用,便不能进行修改和删除的操作。

2.2.5.3 银行档案

银行档案设置主要是设置企业的开户行信息,主要包括银行编码、银行名称、企业账户规则、个人账户规则的设置等。

2.2.5.4 本单位开户银行

本单位开户银行的设置主要包括银行账号、账户名称、开户银行、所属银行编码的设置等。开户银行一旦被引用,便不能进行修改和删除的操作。本单位开户银行主要是设置企业在收付结算中对应的开户行的信息,在资金管理系统、应收应付管理系统和销售管理系统均会使用到开户银行信息。

2.2.6 业务

2.2.6.1 仓库档案

对于大中型企业来说,存货种类繁多,且存货有原材料存货、在产品存货、产成品存货等,需要存放于不同的仓库,为了加强存货的管理与核算,就必须建立仓库档案。

2.2.6.2 收发类别

收发类别用来表示存货的出入库类型,便于对存货的出入库情况进行分类汇总统计。

2.2.6.3 采购类型/销售类型

定义采购类型和销售类型,能够按采购、销售类型对采购、销售业务数据进行统计和分析。采购类型和销售类型均不分级次,根据实际需要设立。

2.2.6.4 产品结构

产品结构用来定义产品的组成,包括组成成分和数量关系,以便于配比出库、组装拆卸、产品材料成本、成本核算等引用。产品结构中引用的物料必须首先在存货档案中定义。

2.2.6.5 费用项目

销售过程中有很多不同的费用发生(代垫费用、销售支出等),在系统中将其设为费用项目,以方便记录和统计。

2.2.7 其他

设置常用摘要以备随时调用。企业在处理日常业务数据时,在输入单据或凭证的过程中,因为业务发生的重复性,经常会有许多摘要完全相同或大部分相同,如果将这些常用摘要存储起来,在输入单据或凭证时随时调用,必将大大提高业务处理效率。

实验任务

一、实验准备

1. 建立"项目二\企业应用平台与基础设置"文件夹。
2. 引入"项目一\系统管理\Uferpact.lst"文件,以账套主管"曹华"的身份进入企业应用平台,操作日期是"2021年01月01日"。

3. 总账管理系统、薪资管理系统、固定资产管理系统、应收款管理系统、应付款管理系统、采购管理系统、销售管理系统、库存管理系统、存货核算系统均已启用,如有未启用的系统,在企业应用平台"基础设置"|"基本信息"|"系统启用"下将系统启用。

二、实验资料

(一) 部门档案(表2-1)

表2-1 部门档案

编号	名称
1	总经办
2	财务部
3	采购部
4	销售部
5	仓管部
6	人事部

(二) 人员类别(表2-2)

表2-2 人员类别

人员类别编码	人员类别名称
10101	管理人员
10102	财务人员
10103	采购人员
10104	销售人员
10105	仓管人员

(三) 人员档案(表2-3)

表2-3 人员档案

人员编码	人员姓名	性别	行政部门	人员类别	是否操作员	是否业务员
001	王鹏	男	总经办	管理人员	否	是
002	钟华	男	总经办	管理人员	否	是
003	曹华	男	财务部	财务人员	否	是
004	郭文	女	财务部	财务人员	否	是
005	王强	男	财务部	财务人员	否	是
006	曾丽	女	财务部	财务人员	否	是
007	邓明	男	采购部	采购人员	否	是
008	赵山	男	销售部	销售人员	否	是
009	康民	男	销售部	销售人员	否	是
010	李超	男	仓管部	仓管人员	否	是
011	罗飞	男	人事部	管理人员	否	是

(四)客户分类(表 2-4)

表 2-4 客户分类

客户分类编码	客户分类名称
01	批发商
02	零售商

(五)客户档案(表 2-5)

表 2-5 客户档案

编码	名称	简称	分类	税号	开户银行	账号	分管部门	业务员
001	广西华美公司	华美	01	914501010234567891	工行南宁分行	6013821400006000435	销售	赵山
002	山西永达公司	永达	01	911401010345678912	工行太原分行	6013821400006000546	销售	赵山
003	安徽飞扬公司	飞扬	02	913401010456789123	工行合肥分行	6013821400006000657	销售	康民

(六)供应商分类(表 2-6)

表 2-6 供应商分类

供应商分类表	供应商分类名称
01	批发商
02	代理商

(七)供应商档案(表 2-7)

表 2-7 供应商档案

编码	名称	简称	分类	税号	开户银行	账号	分管部门	业务员
001	广东光阳公司	光阳	01	914401010765432188	工行深圳分行	6013821400006333222	采购	邓明
002	山东远大公司	远大	01	913701010654321877	工行济南分行	6013821400006444333	采购	邓明

(八)存货分类表(表 2-8)

表 2-8 存货分类表

一级分类编码与名称	二级分类编码与名称
01 商品	0101 服饰
	0102 包装材料
02 劳务	

(九) 计量单位分组(表 2-9)

表 2-9 计量单位分组表

计量单位组编码	计量单位组名称	计量单位组类别
01	基本计量单位	无换算率

(十) 计量单位(表 2-10)

表 2-10 计量单位表

计量单位编码	计量单位名称	计量单位组
01	件	01 基本计量单位
02	个	01 基本计量单位
03	次	01 基本计量单位
04	辆	01 基本计量单位

(十一) 存货档案(表 2-11)

表 2-11 存货档案表

存货编码	存货名称	计量单位	税率	存货分类	存货属性
01	女式针织衫	件	13%	0101 服饰	内销、外销、外购
02	女式风衣	件	13%	0101 服饰	内销、外销、外购
03	男式夹克衫	件	13%	0101 服饰	内销、外销、外购
04	男式风衣	件	13%	0101 服饰	内销、外销、外购
05	运输费	次	9%	02 劳务	应税劳务

(十二) 会计科目(表 2-12)

表 2-12 会计科目表

科目编码	科目名称	辅助核算
1001	库存现金	日记账
1002	银行存款	日记账、银行账
100201	中行存款	日记账、银行账
100202	建行存款	日记账、银行账
1012	其他货币资金	
101201	银行汇票	
1121	应收票据	
112101	银行承兑汇票	客户往来(应收受控)
112102	商业承兑汇票	客户往来(应收受控)

续 表

科目编码	科目名称	辅助核算
1122	应收账款	客户往来（应收受控）
1123	预付账款	供应商往来（应付系统）
1221	其他应收款	个人往来
1231	坏账准备	
1401	材料采购	
1402	在途物资	项目核算
1403	原材料	
1405	库存商品	项目核算
1406	发出商品	
1409	委托代销商品	
1501	持有至到期投资	
1601	固定资产	
1602	累计折旧	
1603	固定资产减值准备	
1604	在建工程	
1605	工程物资	
1606	固定资产清理	
1701	无形资产	
1703	无形资产减值准备	
1901	待处理财产损溢	
190101	待处理流动资产损溢	
190102	待处理固定资产损溢	
2001	短期借款	
2201	应付票据	
220101	银行承兑汇票	
220102	商业承兑汇票	
2202	应付账款	
220201	一般应付账款	供应商往来（应付受控）
220202	暂估应付账款	供应商往来（应付不受控）
2203	预收账款	客户往来（应收受控）
2211	应付职工薪酬	
221101	工资	
221102	职工福利费	
221103	社会保险费	

续 表

科目编码	科目名称	辅助核算
221104	住房公积金	
221105	工会经费	
221106	职工教育经费	
221107	其他	
2221	应交税费	
222101	应交增值税	
22210101	进项税额	
22210102	进项税额转出	
22210103	销项税额	
22210104	已交税金	
22210105	出口退税	
22210106	转出未交增值税	
222102	未交增值税	
222103	应交所得税	
222104	应交个人所得税	
222105	应交城建税	
222106	应交教育费附加	
2231	应付利息	
2241	其他应付款	
224101	应付社会保险费	
224102	应付住房公积金	
2501	长期借款	
2502	应付债券	
4001	实收资本	
4002	资本公积	
4101	盈余公积	
4103	本年利润	
4104	利润分配	
410401	提取法定盈余公积	
410402	提取任意盈余公积	
410403	未分配利润	
6001	主营业务收入	项目核算
6051	其他业务收入	
6301	营业外收入	

续 表

科目编码	科目名称	辅助核算
6401	主营业务成本	项目核算
6402	其他业务成本	
6403	税金及附加	
6601	销售费用	
660101	包装费	
660102	广告费	
660103	运杂费	
660104	职工薪酬	
660105	业务招待费	
660106	折旧费	
660107	差旅费	
660108	其他	
6602	管理费用	
660201	职工薪酬	部门核算
660202	办公费	部门核算
660203	差旅费	部门核算
660204	业务招待费	部门核算
660205	折旧费	部门核算
660206	其他	部门核算
6603	财务费用	
6701	资产减值损失	
6711	营业外支出	
6801	所得税费用	
6901	以前年度损益调整	

将"1001"指定为现金总账科目;"1002"指定为银行总账科目。

(十三) 设置凭证类型(表2-13)

表2-13 凭证类型

类别字	类别名称	限制类型	限制科目
收	收款凭证	借方必有	1001、1002
付	付款凭证	贷方必有	1001、1002
转	转账凭证	凭证必无	1001、1002

(十四) 项目目录设置(表2-14)

完成商品管理的目录设置,项目目录如下表所示:

表2-14 项目目录

项目设置步骤	设置内容
项目大类	商品管理
核算科目	在途物资、库存商品、主营业务收入、主营业务成本
项目分类	1. 潮流女装 2. 精品男装
项目目录	101 女式针织衫 102 女式风衣 201 男式夹克衫 202 男式风衣

(十五) 结算方式(表2-15)

表2-15 结算方式

编码	结算方式	票据管理
1	现金	
2	支票结算	是
201	现金支票	是
202	转账支票	是
3	银行汇票	
4	商业汇票	
401	银行承兑汇票	
402	商业承兑汇票	
5	电汇	
6	委托收款	

(十六) 付款条件设置(表2-16)

表2-16 付款条件资料

付款条件编码	付款条件名称	信用天数	优惠天数1	优惠率1	优惠天数2	优惠率2
01	2/10,n/30	30	10	2	30	0

(十七) 银行档案(表2-17)

表2-17 银行档案信息

银行编码	银行名称	企业账号长度	个人账号长度	录入时自动带出账号长度
05	中国银行宁波市中山支行	14	11	8

(十八) 本单位开户银行(表2-18)

表2-18 开户银行资料

编码	银行账号	币种	开户银行	所属银行编码
01	60138214000062	人民币	中国银行宁波市中山支行	05

(十九) 仓库档案设置(表2-19)

表2-19 仓库档案表

仓库编码	仓库名称	部门	计价方式	仓库属性	参与MRP、ROP计算	计入成本	纳入可用量计算	资产仓
01	女装仓库	仓管部	移动平均法	普通仓	否、否	是	是	否
02	男装仓库	仓管部	移动平均法	普通仓	否、否	是	是	否
03	材料仓库	仓管部	移动平均法	普通仓	否、否	是	是	否

(二十) 收发类别设置(表2-20)

表2-20 收发类别表

收发类别编码	收发类别名称	收发标志
1	入库	收
11	采购入库	收
12	采购退货	收
13	调拨入库	收
14	盘盈入库	收
15	其他入库	收
2	出库	发
21	销售出库	发
22	销售退货	发
23	调拨出库	发
24	盘亏出库	发
25	其他出库	发

(二十一) 采购类型设置(表2-21)

表2-21 采购类型表

采购类型编码	采购类型名称	入库类别	是否默认值	列入MPS/MRP计划
01	普通采购	11(采购入库)	否	否
02	采购退回	12(采购退货)	否	否

33

(二十二) 销售类型设置(表 2-22)

表 2-22 销售类型表

销售类型编码	销售类型名称	出库类别	是否默认值	列入 MPS/MRP 计划
01	普通销售	21(销售出库)	否	否
02	销售退回	22(销售退货)	否	否

(二十三) 费用项目分类设置(表 2-23)

表 2-23 费用项目分类表

分类编码	分类名称
1	销售费用
2	管理费用

(二十四) 费用项目设置(表 2-24)

表 2-24 费用项目表

费用项目编码	费用项目名称	费用项目分类名称
01	运杂费	1 销售费用
02	包装费	1 销售费用
03	办公费	2 管理费用

(二十五) 单据编号设置

将采购订单、采购专用发票、采购普通发票、销售订单、销售专用发票、销售普通发票的单据编号设置修改为"手工改动,重号时自动重取"。

(二十六) 备份账套(以系统管理员的身份操作)

将 888 账套备份到"项目二\企业应用平台与基础设置"文件夹中。

三、拓展任务

1. 修改人员档案,将王强指定为操作员,对应操作员编码 003。
2. 给下列操作员进行记录级数据权限分配。(表 2-25)

表 2-25 数据权限分配表

	业务对象(用户)	业务对象(科目)
郭文	查询、删改、审核、弃审、撤销曹华、王强、曾丽填制的凭证	对所有科目有查询、制单权限
王强	查询、删改、审核、弃审、撤销郭文、曾丽填制的凭证	对所有科目有查询、制单权限

四、操作指导

（一）设置部门档案

1. 在"基础设置"选项卡中，执行"基础档案"|"机构人员"|"部门档案"命令，进入"部门档案"窗口。

2. 单击"增加"按钮，录入部门编号"1"、部门名称"总经办"，输入完毕，单击"保存"按钮，系统自动将录入的部门显示在左侧的区域内。如图 2－1 所示。

视频005 部门档案设置

3. 重复上述操作完成其他部门档案的设置，设置完毕，单击"退出"按钮。

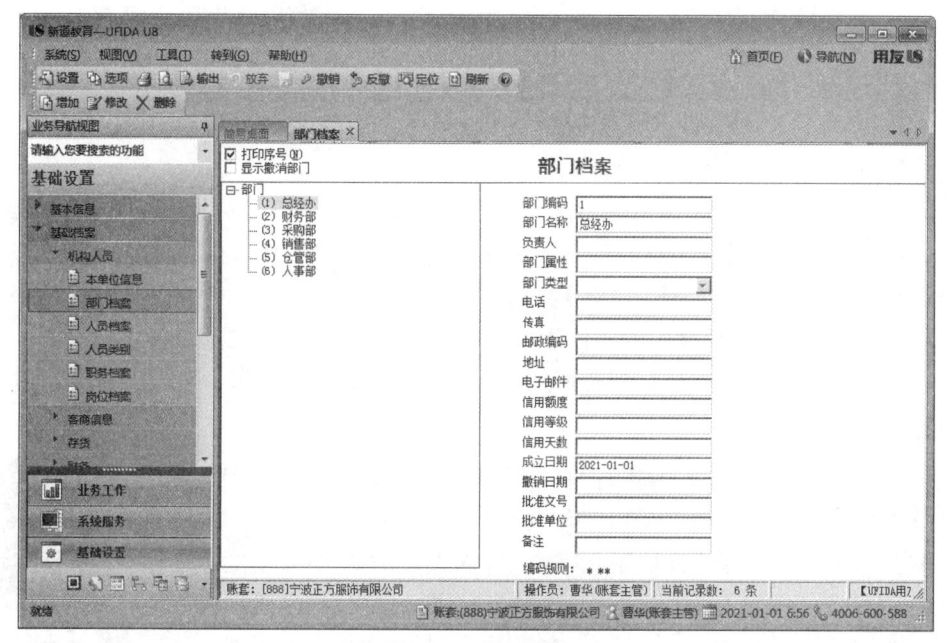

图 2－1　部门档案

注：

（1）部门编码必须符合在分类编码方案中定义的编码规则。如果在此发现编码方案不适合，可以在部门档案数据为空时修改部门编码方案（若已增加部门档案，可将该档案删除）。建立部门档案时，应先从上级部门开始输入，然后再建立下级部档案。

（2）由于此时还未设置"人员档案"，部门中的"负责人"暂时不能设置。如果需要设置，必须在完成"人员档案"设置后，再回到"部门档案"中以修改的方式补充设置。

（二）设置人员类别

1. 在"基础设置"选项卡中，执行"基础档案"|"机构人员"|"人员类别"命令，打开"人员类别"设置窗口。

2. 单击"增加"按钮，打开"增加档案项"对话框，录入档案编码"10101"、档案名称"管理人员"，单击"确定"按钮。如图 2－2 所示。

视频006 人员类别设置

3. 重复上述操作，完成对其他人员类别的设置。设置完毕后，单击"退出"按钮。

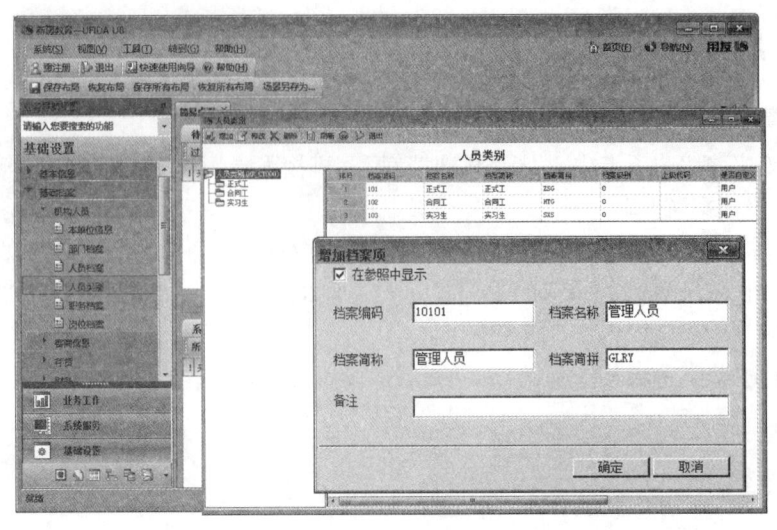

图2-2 人员类别

注：

（1）人员类别与工资费用的分配、分摊有关，工资费用的分配及分摊是薪资管理系统的一项重要功能。人员类别设置的目的是为工资分摊生成凭证设置相应的入账科目作准备，可以按不同的入账科目需要设置不同的人员类别。

（2）人员类别是人员档案中的必选项目，需要在人员档案建立之前设置。

（3）人员类别名称可以修改，但已使用的人员类别名称不能删除。

（三）设置人员档案

1. 在"基础设置"选项卡中，执行"基础档案"|"机构人员"|"人员档案"命令，打开"人员档案"设置窗口，单击"增加"按钮。

2. 在打开的"人员档案"设置窗口，依次录入人员编码"001"、人员姓名"王鹏"、性别"男"、行政部门"总经办"、雇佣状态"在职"、人员类别"管理人员"，勾选"是否业务员"前的复选框，设置完毕，单击"保存"按钮。如图2-3所示。

视频007 人员档案设置

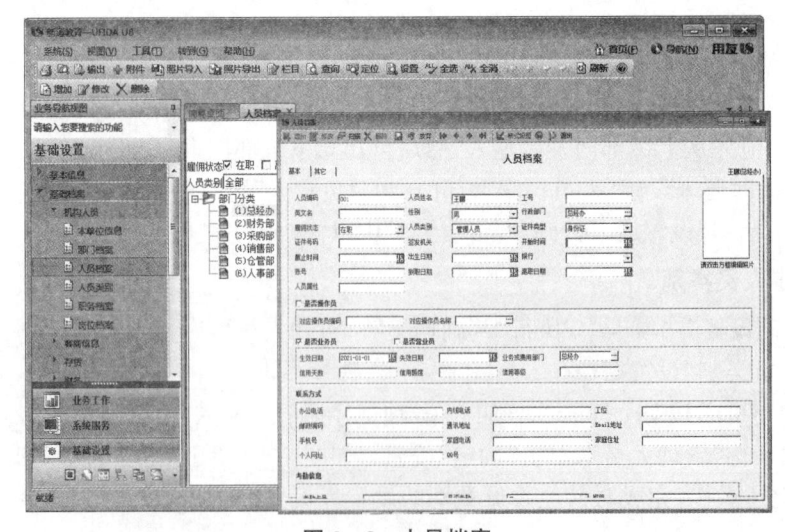

图2-3 人员档案

3. 重复上述操作,完成对其他人员档案的设置。设置完毕后,单击"退出"按钮。系统提示"是否保存对当前单据的编辑",单击"否"按钮。录入的人员档案信息显示在"人员列表"中。

注:
(1) 此处的人员档案应该包括企业所有员工。
(2) 人员编码必须唯一,行政部门只能是末级部门。
(3) 如果该员工需要在其他档案或其他单据的"业务员"项目中被参照,需要选中"是否业务员"选项。

(四) 设置客户分类

1. 在"基础设置"选项卡中,执行"基础档案"|"客商信息"|"客户分类",进入"客户分类"窗口。

2. 在"客户分类"设置窗口中单击工具栏中的"增加"按钮,录入客户分类编码"01"、客户分类名称"批发商",单击工具栏中的"保存"按钮。如图2-4所示。

视频008 客户分类设置

3. 依次录入其他客户分类信息,录入完毕后单击"退出"按钮。

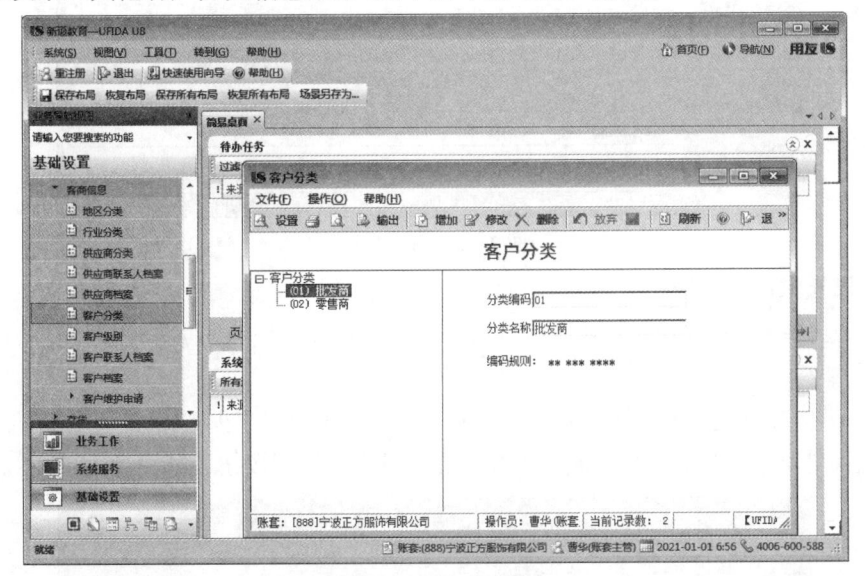

图2-4 客户分类

注:
(1) 客户是否需要分类应在建立账套时确定。
(2) 客户分类编码必须符合编码规则。

(五) 设置客户档案

1. 在"基础设置"选项卡中,执行"基础档案"|"客商信息"|"客户档案"命令,打开"客户档案"设置窗口,单击"增加"按钮,打开"增加客户档案"设置窗口。

2. 在"基本"选项卡中录入客户编码"001"、客户名称"广西华美公司"、客户简称"华美"、所属分类"01"、币种"人民币"、税号"914501010234567891"等信

视频009 客户档案设置

息。在"联系"选项卡中录入分管部门"销售部",专管业务员"赵山"。

3. 单击"银行"按钮,在打开的"客户银行档案"窗口中,单击"增加"按钮,选择客户的所属银行"中国工商银行",录入客户的开户银行"工行南宁分行"、银行账号"6013821400006000435",选择默认值等信息,录入完毕,单击"保存"按钮,单击"退出"按钮,返回到"增加客户档案"窗口;若单击"保存并新增"按钮,则保存所设置的客户档案信息并可继续设置其他客户档案信息,完成对其他客户档案的设置。如图2-5所示。

4. 设置完毕后,关闭"增加客户档案"窗口,系统返回到"客户档案"设置窗口。

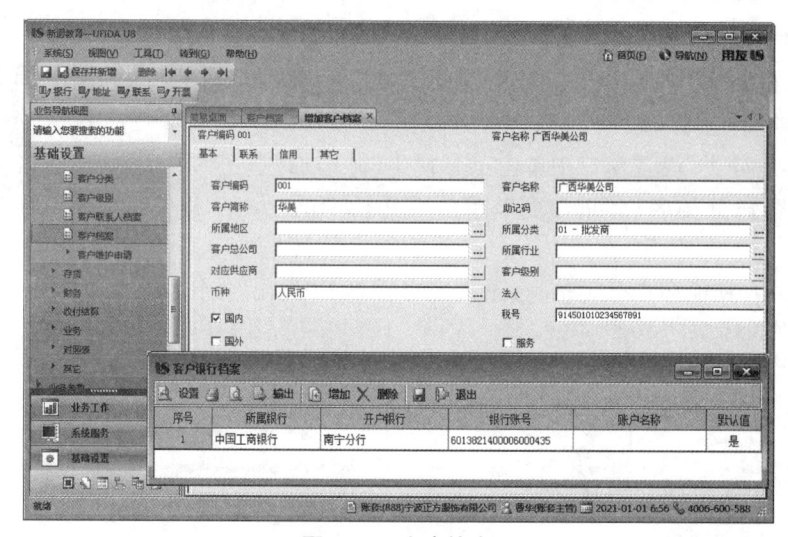

图2-5 客户档案

(六) 设置供应商分类

1. 在"基础设置"选项卡中,执行"基础档案"|"客商信息"|"供应商分类"命令,打开"供应商分类"窗口。

2. 在"供应商分类"设置窗口中单击工具栏中的"增加"按钮,依次录入供应商分类编码"01"、供应商分类名称"批发商",然后单击工具栏中的"保存"按钮。如图2-6所示。

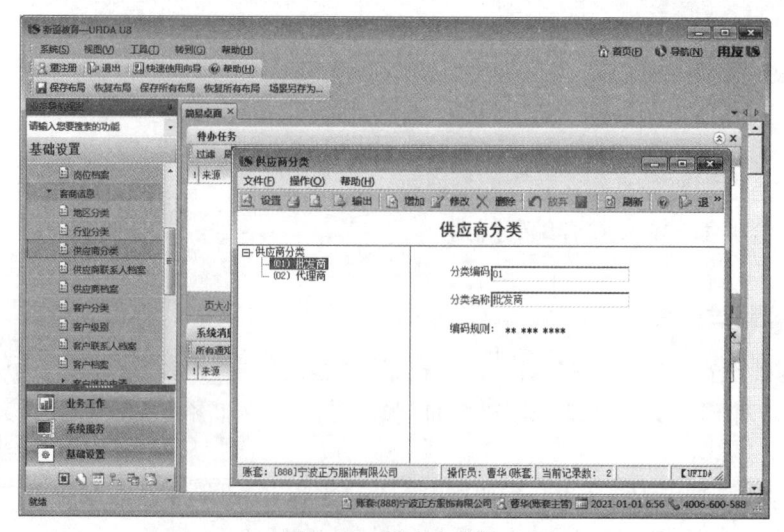

图2-6 供应商分类

3. 录入其他供应商分类信息，录入完成后单击"退出"按钮。

（七）设置供应商档案

1. 在"基础设置"选项卡中，执行"基础档案"|"客商信息"|"供应商档案"命令，打开"供应商档案"设置窗口，单击"增加"按钮，打开"增加供应商档案"设置窗口。

2. 在"基本"选项卡中录入供应商编码"001"、供应商名称"广东光阳公司"、供应商简称"光阳"、所属分类"批发商"、税号"914401010765432188"、币种"人民币"、银行账号"6013821400006333222"、所属银行"中国工商银行"等相关信息。在"联系"选项卡中录入分管部门"采购部"、专管业务员"邓明"，录入完毕后，单击"保存并新增"按钮，保存所设置的供应商档案信息并可继续设置其他供应商档案信息。如图 2-7 所示。

3. 设置完毕后，关闭"增加供应商档案"窗口，系统返回到"供应商档案"设置窗口。

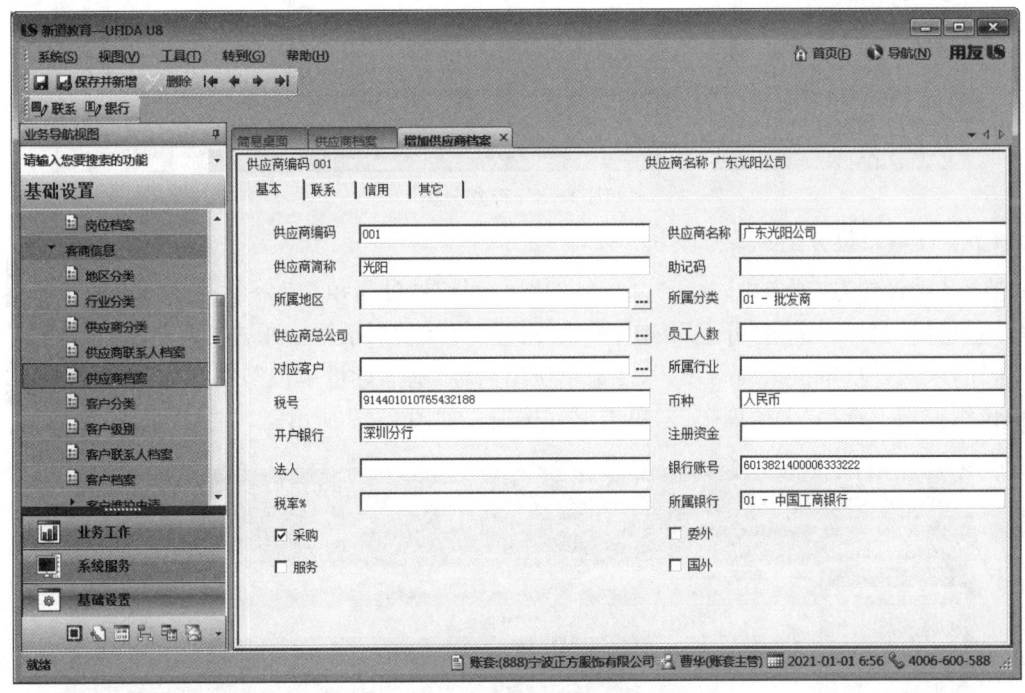

图 2-7 供应商档案

注：

（1）在录入客户档案、供应商档案时，客户和供应商的编码、简称必须录入。

（2）客户、供应商是否分类应在建立账套时确定，此时不能修改，如若修改只能在未建立客户、供应商档案的情况下，在系统管理中以修改账套的方式修改。

（3）客户、供应商编码必须唯一。

（八）存货分类

在"基础设置"选项卡中，执行"基础档案"|"存货"|"存货分类"命令，打开"存货分类"窗口。单击增加按钮，录入分类编码"01"、分类名称"商品"，单击保存按钮，继续增加其他存货分类。如图 2-8 所示。

视频 010 存货分类设置

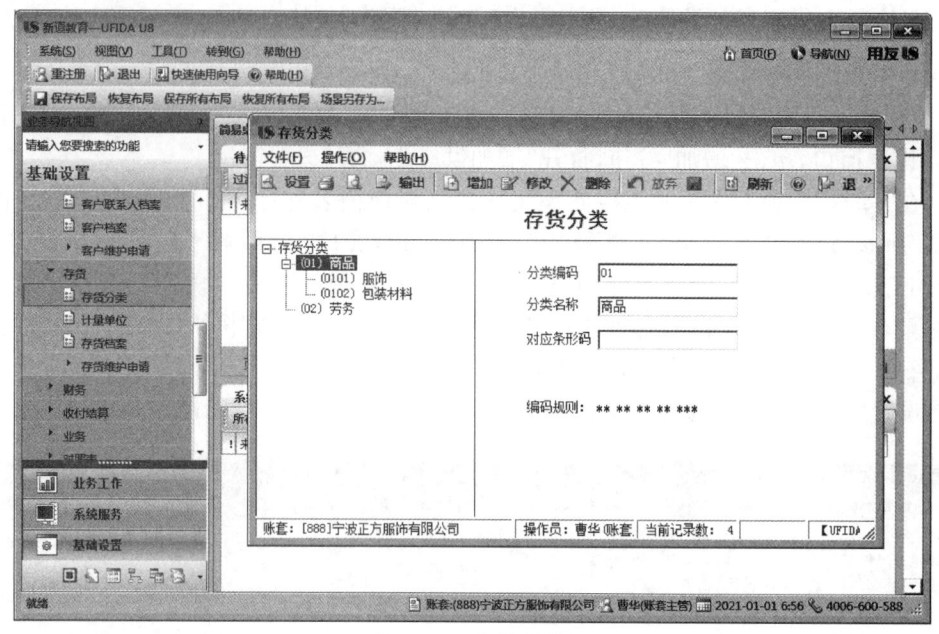

图 2-8 存货分类

(九)计量单位分组

在"基础设置"选项卡中,执行"基础档案"|"存货"|"计量单位"命令,打开"计量单位"窗口。单击"分组"按钮,弹出"计量单位组"对话框。单击"增加"按钮,录入计量单位组编码"01",计量单位组名称"基本计量单位",在计量单位组类别下选择"无换算率"。单击保存按钮。如图 2-9 所示。

视频 011 计量单位分组

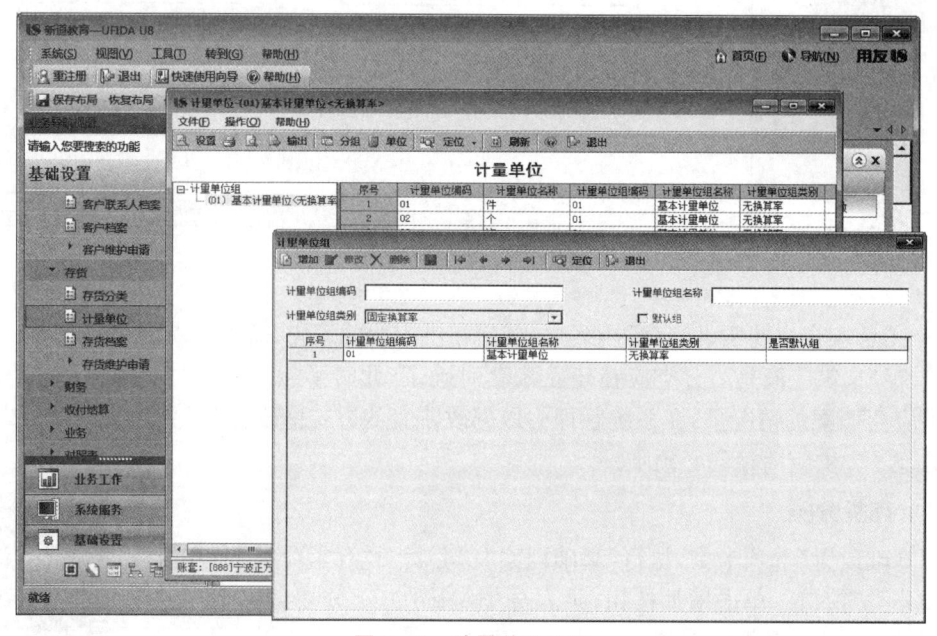

图 2-9 计量单位分组

(十) 计量单位设置

在"基础设置"选项卡中,执行"基础档案"|"存货"|"计量单位"命令,打开"计量单位"窗口。单击"单位"按钮,弹出计量单位对话框。单击增加按钮,录入计量单位编码"01",计量单位名称"件",单击保存按钮,继续录入其它计量单位。如图 2-10 所示。

视频 012 计量单位

图 2-10 计量单位设置

(十一) 存货档案

1. 在"基础设置"选项卡中,执行"基础档案"|"存货"|"存货档案"命令,打开存货档案窗口。

2. 单击"增加"按钮,弹出增加存货档案对话框。在"基本"选项卡中,录入存货编码"01",存货名称"女式针织衫",存货分类选择"0101 服饰",计量单位组选择"01 基本计量单位",计量单位选择"件",存货属性勾选"内销""外销""外购"复选框,单击保存按钮,继续录入其它存货档案信息。如图 2-11 所示。

视频 013 存货档案

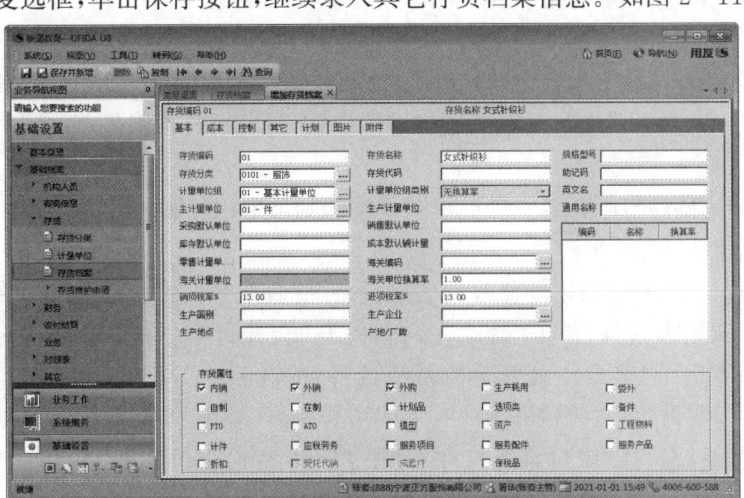

图 2-11 存货档案

(十二) 会计科目

1. 增加会计科目

在企业应用平台的"基础设置"选项卡中,执行"基础档案"|"财务"|"会计科目"命令,进入"会计科目"窗口。单击"增加"按钮,打开"新增会计科目"对话框,录入科目编码"100201"、科目名称"中行存款"、选中账页格式"金额式",将"日记账""银行账"前打上"√"选中。新增其他科目参照此操作。如图 2-12 所示。

视频 014 增加会计科目

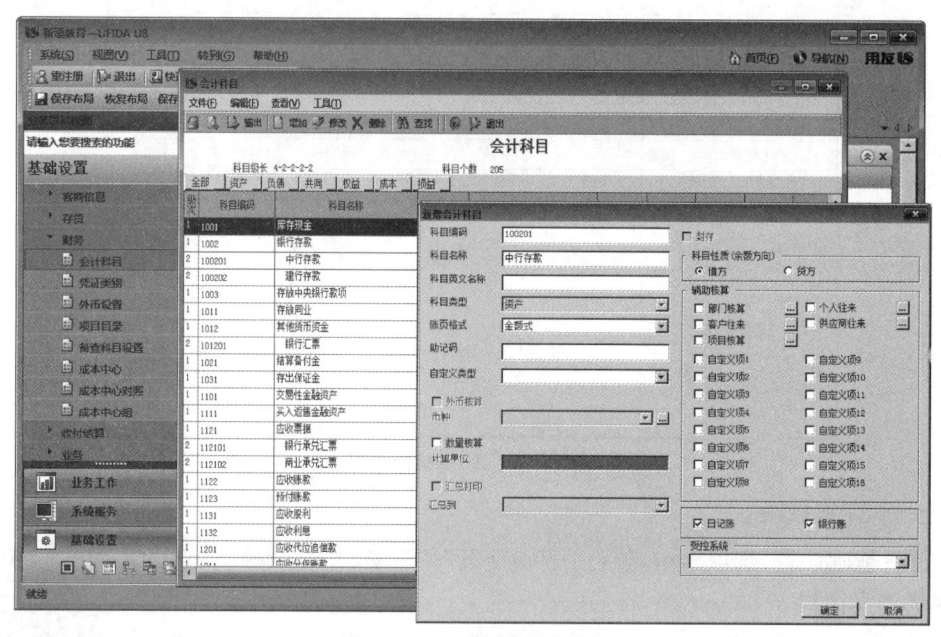

图 2-12 增加会计科目

注:

(1) 由于预置科目"1002"已经被设置为"日记账"及"银行账",所以新增科目"100201"自动被识别为"日记账"及"银行账"。

(2) 会计科目编码应符合编码规则。

(3) 设置会计科目时应注意会计科目的"账页格式",一般情况下应为"金额式",也有可能是"数量金额式"等,如果是数量金额式还应继续设置计量单位,否则仍不能同时进行数量金额的核算。

(4) 如果新增科目与原有某一科目相同或类似则可采用复制的方法。

2. 修改会计科目

在"会计科目"窗口中,双击要修改的会计科目"应收账款",或选中要修改的会计科目"应收账款"后单击"修改"按钮,打开"会计科目_修改"对话框,科目辅助核算选中"客户往来",受控系统选择"应收系统",将"预收账款"同样修改。"预付账款""应付账款——一般应付账款"辅助核算选中"供应商往来",受控系统选择"应付系统","应付账款——暂估应付账款"辅助核算选中"供应商往来""不受控应付系统"。

视频 015 修改会计科目

注：

（1）如果"无受控系统"即该账套不使用"应收"及"应付"系统，"应收"及"应付"业务只能以辅助账的形式在总账系统中进行核算。

（2）在会计科目使用前一定要先检查系统预置的会计科目是否能够满足需要，如果不能满足需要，则以增加或修改的方式增加新的会计科目及修改已经存在的会计科目，如果系统预置的会计科目中有一些是并不需要的，可以采用删除的方法删除。

（3）凡是设置有辅助核算内容的会计科目，在填制凭证时都需填制具体的辅助核算内容。

（4）如果科目已经使用，则不能被修改或删除。

3. 指定会计科目

在企业应用平台的"基础设置"选项卡中，执行"基础档案"|"财务"|"会计科目"命令，进入"会计科目"窗口。执行"编辑"|"指定科目"命令，打开"指定科目"对话框。选中"现金科目"，在待选科目中选择"库存现金"，单击">"按钮将"1001 库存现金"从"待选科目"窗口选入"已选科目"窗口；选中"银行科目"，在待选科目中选择"银行存款"，单击">"按钮将"1002 银行存款"从"待选科目"窗口选入"已选科目"窗口。单击"确定"按钮。如图 2-13 所示。

视频 016 指定会计科目

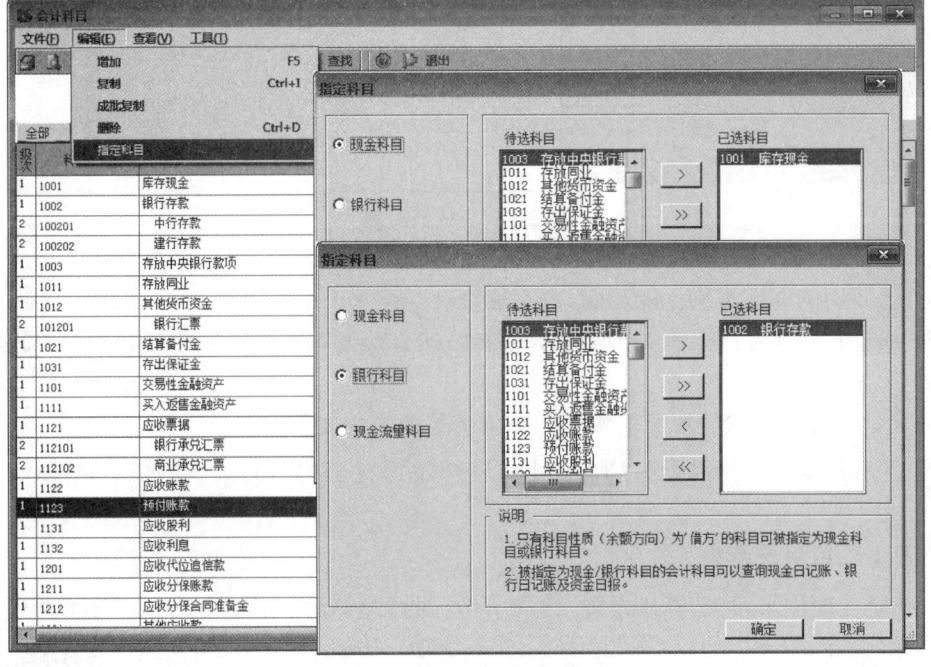

图 2-13　指定会计科目

注：

（1）被指定的"现金总账科目"及"银行总账科目"必须是一级会计科目。

（2）只有指定现金及银行总账科目才能进行出纳签字的操作。

（3）只有指定现金及银行总账科目才能查询现金日记账和银行存款日记账。

（十三）设置凭证类别

1. 在企业应用平台的"基础设置"选项卡中，执行"基础档案"|"财务"|"凭证类别"命令，

打开"凭证类别预置"对话框。

2. 选中凭证的分类方式"收款凭证、付款凭证、转账凭证"选项。在收款凭证中限制类型选中"借方必有",限制科目选中"1001,1002",在付款凭证中限制类型选中"贷方必有",限制科目选中"1001,1002",在转账凭证中限制类型选中"凭证必无",限制科目选中"1001,1002"。如图2-14所示。

视频017 设置凭证类别

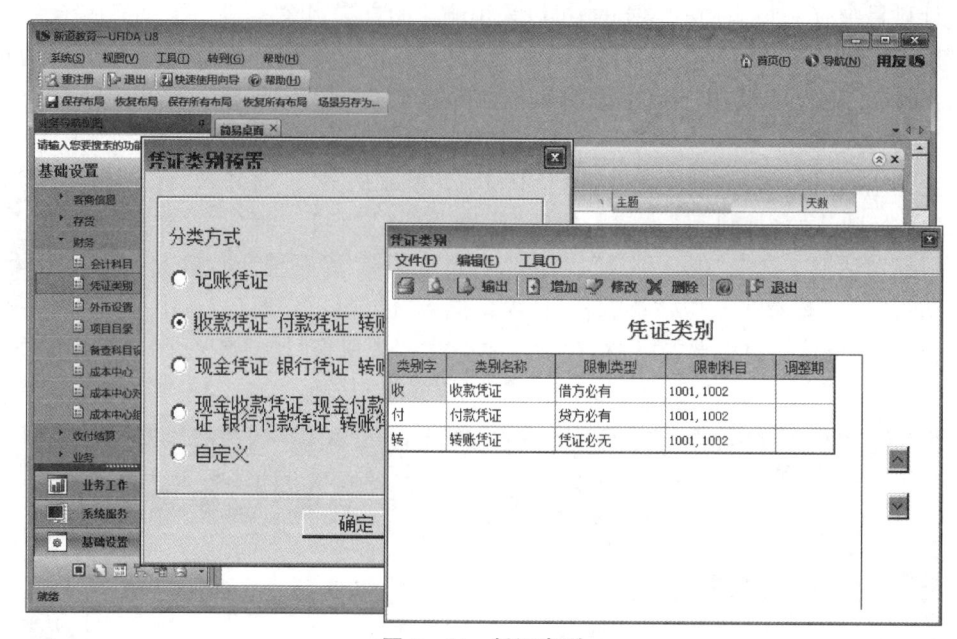

图2-14 凭证类别

注:
(1) 已使用的凭证类别不能删除,也不能修改类别字。
(2) 如果收款凭证的限制类型为借方必有"1001,1002",则在填制凭证时系统要求收款凭证的借方一级科目至少有一个是"1001"或"1002",否则,系统会判断该张凭证不属于收款凭证类别,不允许保存。付款凭证及转账凭证也应满足相应的要求。
(3) 如果直接录入科目编码,则编码间的标点符号应为英文状态下的标点符号,否则系统会提示科目编码有错误。

(十四) 项目目录设置

1. 在企业应用平台的"基础设置"选项卡中,执行"基础档案"|"财务"|"项目目录"命令,打开"项目档案"对话框,单击"增加"按钮,打开"项目大类定义_增加"对话框,输入新项目大类名称"商品管理",选择新增项目大类的属性为"普通项目"。

2. 单击"下一步",打开"定义项目级次"界面,采用系统默认,单击"下一步",打开"定义项目栏目"界面,采用系统默认,单击"完成",返回"项目档案"界面。如图2-15所示。

视频018 项目目录设置

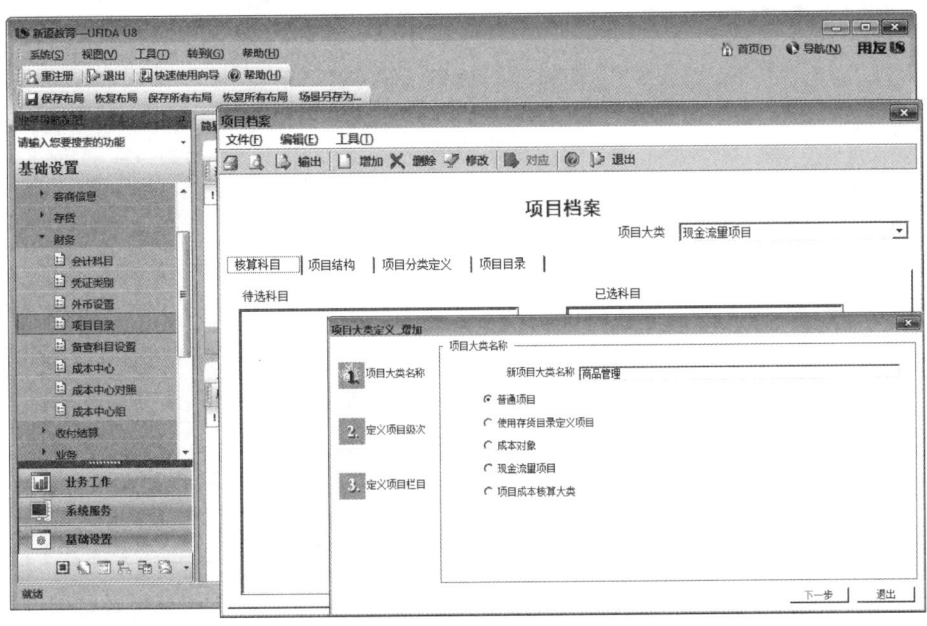

图 2-15　项目大类

3. 从"项目大类"下拉列表框中选择"商品管理",切换到"核算科目"选项卡,单击"≫"按钮,将全部待选科目"在途物资、库存商品、主营业务收入、主营业务成本"设置为按商品管理项目大类核算的科目,单击"确定"按钮保存。如图 2-16 所示。

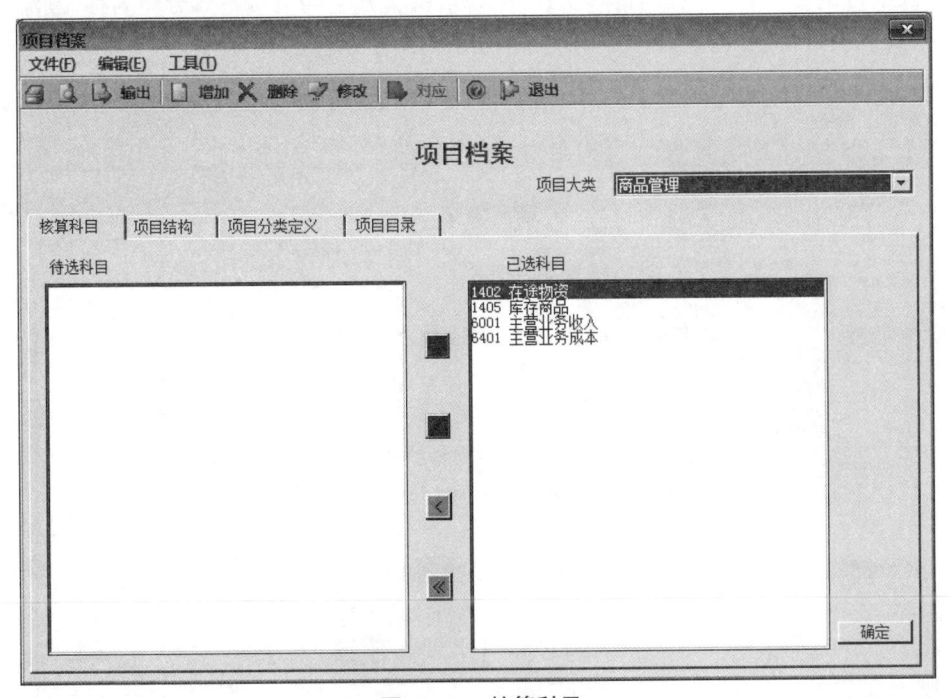

图 2-16　核算科目

4. 切换到"项目分类定义"选项卡,输入分类编码"1",分类名称"潮流女装",单击"确定"按钮保存,依次输入其他项目。如图 2-17 所示。

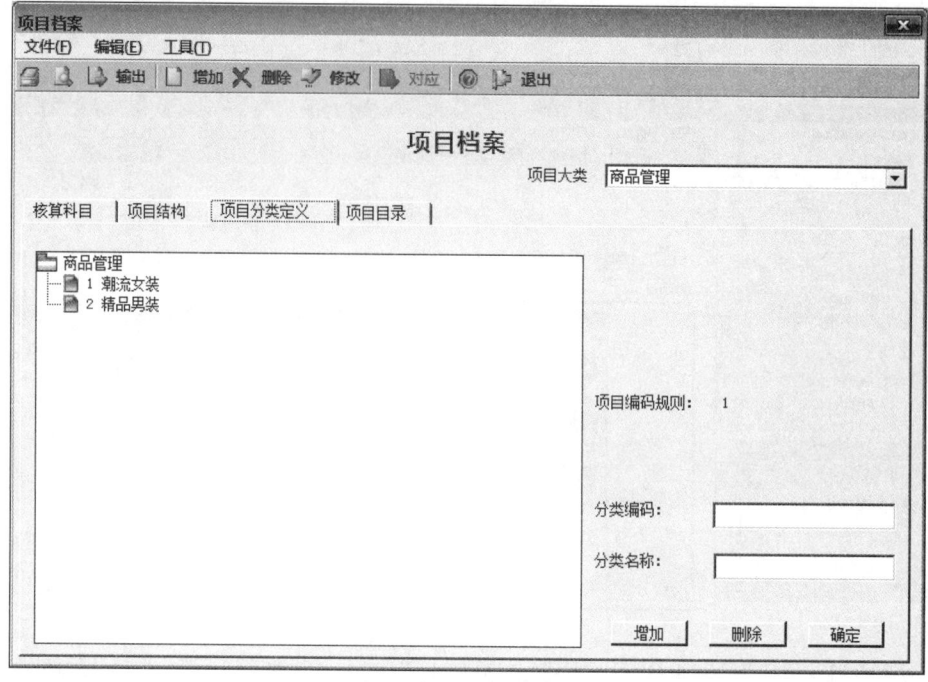

图 2-17 项目分类定义

5. 切换到"项目目录"选项卡,单击"维护"按钮,进入"项目目录维护"窗口。单击"增加"按钮,录入项目编号"101",项目名称"女式针织衫"所属分类码"1",所属分类名称"潮流女装",依次录入其他项目目录,设置完毕后单击"退出"按钮。如图 2-18 所示。

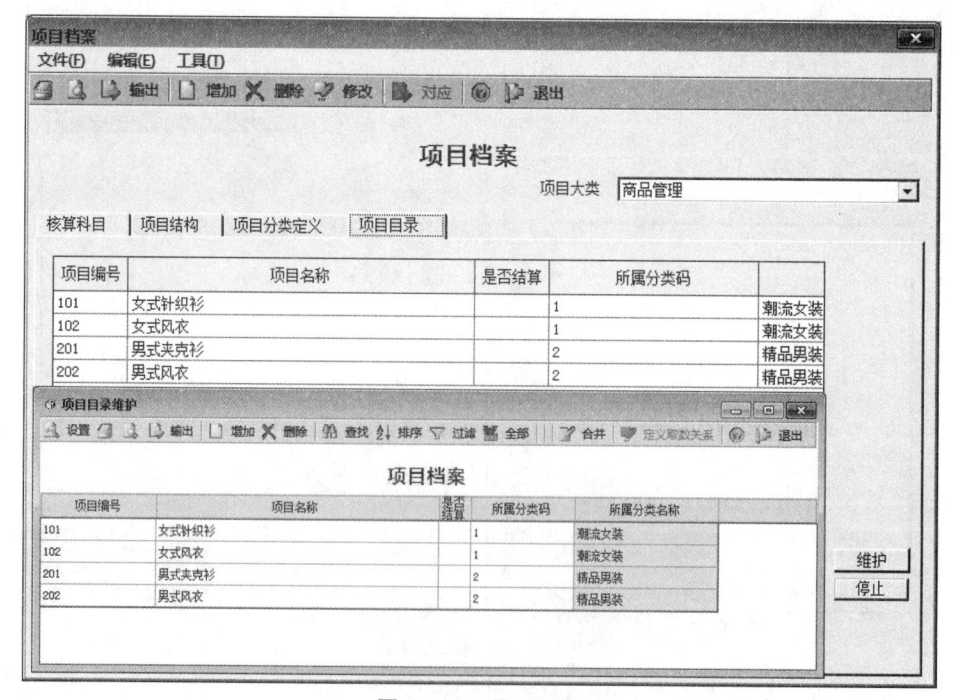

图 2-18 项目目录

(十五) 设置结算方式

1. 在企业应用平台的"基础设置"选项卡中,执行"基础档案"|"收付结算"|"结算方式"命令,进入"结算方式"窗口。
2. 录入结算方式编码"1",结算方式名称"现金"。如图 2-19 所示。
3. 继续录入其他结算方式。

视频 019 结算方式

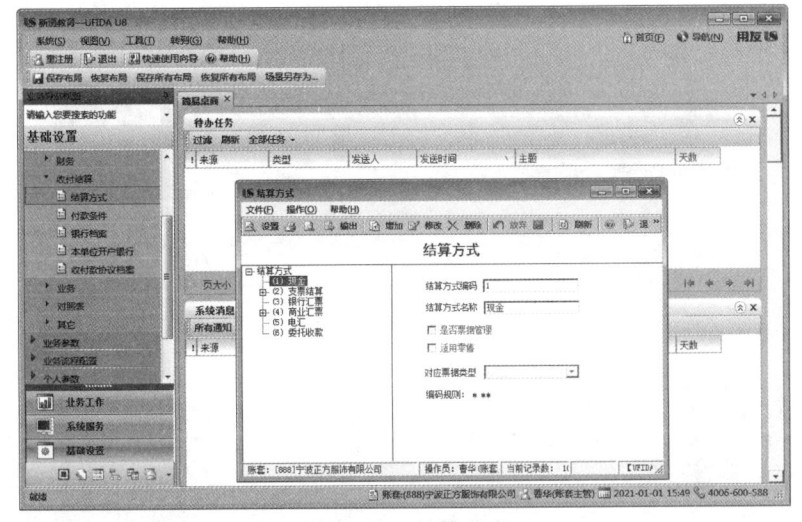

图 2-19 结算方式

(十六) 付款条件设置

1. 在企业应用平台的"基础设置"选项卡中,执行"基础档案"|"收付结算"|"付款条件"命令,进入"付款条件"窗口。
2. 单击"增加"按钮,输入付款条件编码"01",信用天数"30,"优惠天数 1"10",优惠率 1"2",优惠天数 2"30",优惠率 2"0",单击"保存"按钮,完成付款条件设置操作。如图 2-20 所示。

视频 020 付款条件设置

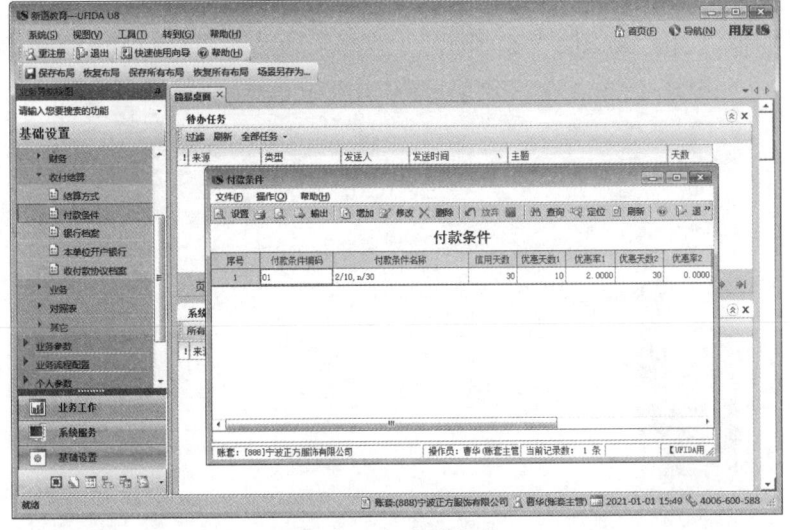

图 2-20 付款条件

(十七) 银行档案

1. 在企业应用平台"基础设置"选项卡中,执行"基础档案"|"收付结算"|"银行档案"命令,打开"银行档案"设置窗口。

2. 单击"增加"按钮,打开"增加银行档案"窗口,输入银行编码"05",输入银行名称"中国银行宁波市中山支行",单击企业账户规则"定长"前的复选框,输入账号长度"14",单击个人账户规则"定长"前的复选框,输入账号长度"11",自动带出账号长度"8"。录入完毕后,单击"保存"按钮。如图 2-21 所示。

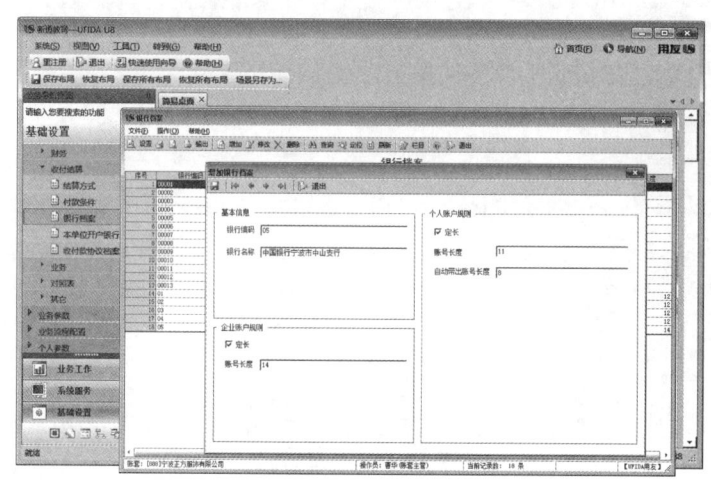

图 2-21 银行档案

(十八) 设置本单位开户银行

1. 在"基础设置"选项卡中,执行"基础档案"|"收付结算"|"本单位开户银行",打开"本单位开户银行"设置窗口。

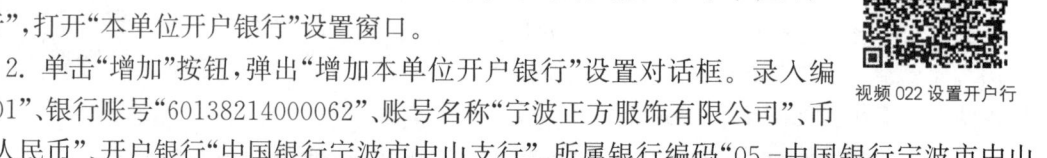

2. 单击"增加"按钮,弹出"增加本单位开户银行"设置对话框。录入编码"01"、银行账号"60138214000062"、账号名称"宁波正方服饰有限公司"、币种"人民币"、开户银行"中国银行宁波市中山支行"、所属银行编码"05-中国银行宁波市中山支行"。单击"保存"按钮。如图 2-22 所示。

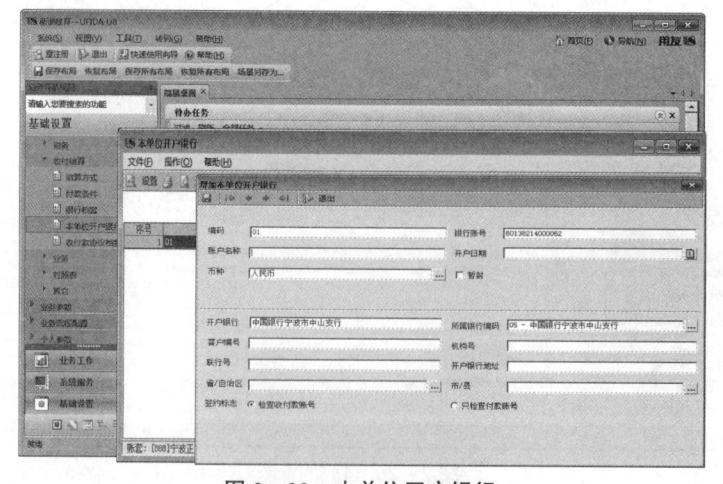

图 2-22 本单位开户银行

(十九) 仓库档案设置

1. 在"基础设置"选项卡中,执行"基础档案"|"业务"|"仓库档案"命令,打开"仓库档案"窗口。

2. 单击"增加"按钮,打开"增加仓库档案"对话框。输入仓库编码"01"、仓库名称"女装仓库"、部门编码"仓管部"、计价方式"移动平均法"、仓库属性"普通仓",不勾选"参与 MRP 计算",不勾选"参与 ROP 计算",勾选"计入成本",其他采用系统默认,单击"保存"按钮,依次增加其他仓库档案。如图 2-23 所示。

视频 023 仓库档案设置

图 2-23　仓库档案

注:
女装仓库、男装仓库、材料仓库部门为仓管部,计入成本,不是资产仓。

(二十) 收发类别设置

1. 在"基础设置"选项卡中,执行"基础档案"|"业务"|"收发类别"命令,打开"收发类别"窗口。

2. 在"收发类别"窗口中,单击"增加"按钮。输入收发类别编码"1",收发类别名称"入库",收发标志"收",单击"保存"按钮,依次增加其他收发类别。如图 2-24 所示。

视频 024 收发类别设置

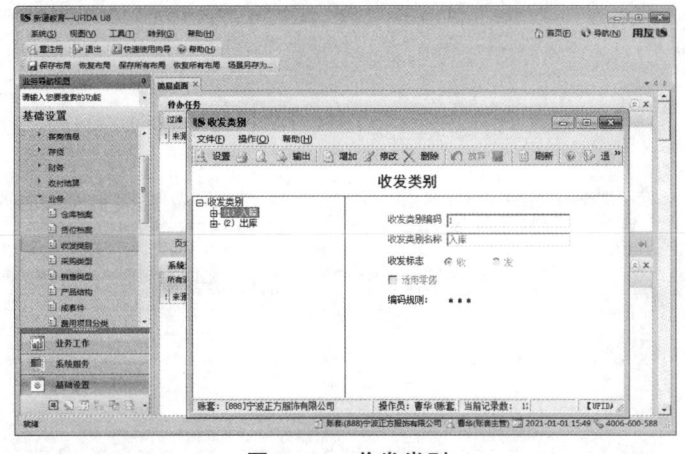

图 2-24　收发类别

(二十一)采购类型设置

1. 在"基础设置"选项卡中,执行"基础档案"|"业务"|"采购类型"命令,打开"采购类型"窗口。

2. 在"采购类型"窗口中,单击"增加"按钮。输入采购类型编码"01"、采购类型名称"普通采购"、入库类别"采购入库"、是否默认值"否"、是否列入 MPS/MRP 计划"否",单击"保存"按钮,依次增加其他采购类型。如图 2-25 所示。

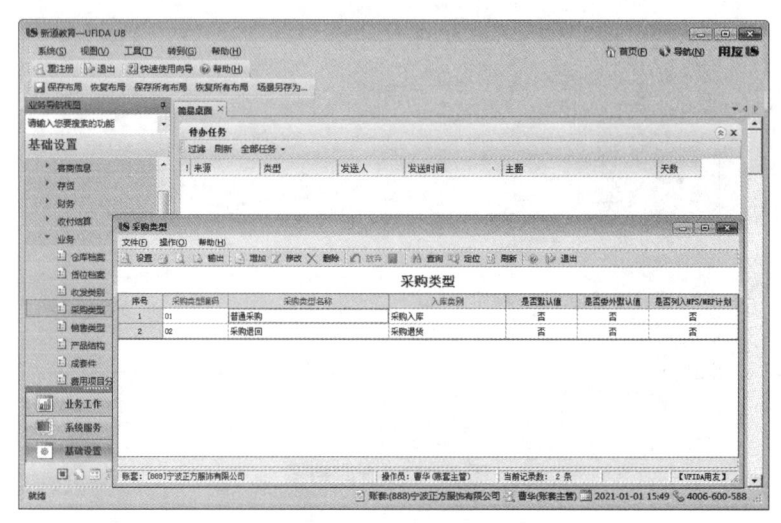

图 2-25 采购类型

(二十二)销售类型设置

1. 在"基础设置"选项卡中,执行"基础档案"|"业务"|"销售类型"命令,打开"销售类型"窗口。

2. 在"销售类型"窗口中,单击"增加"按钮。输入销售类型编码"01"、销售类型名称"普通销售"、出库类别"销售出库"、是否默认值"否"、是否列入 MPS/MRP 计划"否",单击"保存"按钮,依次增加其他销售类型。如图 2-26 所示。

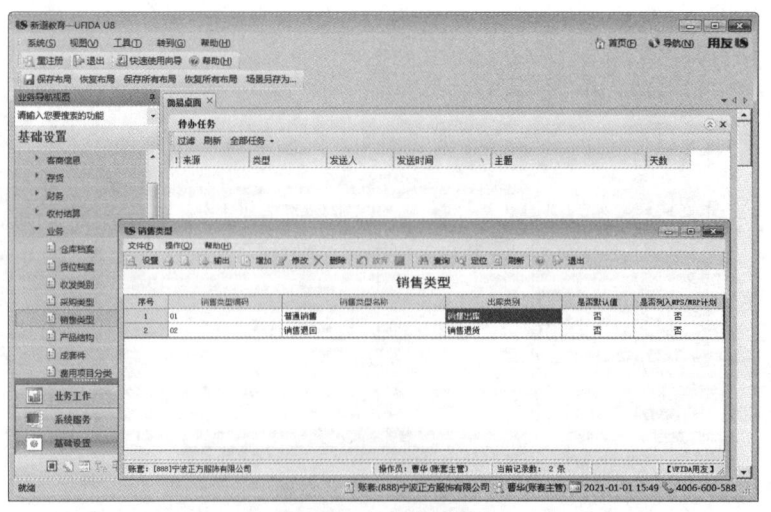

图 2-26 销售类型

(二十三) 费用项目分类设置

1. 在企业应用平台"基础设置"选项卡下，执行"基础档案"|"业务"|"费用项目分类"命令，打开"费用项目分类"设置窗口。

2. 单击"增加"按钮，在"分类编码"栏中输入"1"、在"分类名称"栏中输入"销售费用"。设置完毕后，单击"保存"按钮，依次增加其他费用项目分类后，单击"退出"按钮。如图 2-27 所示。

视频 027 费用项目分类

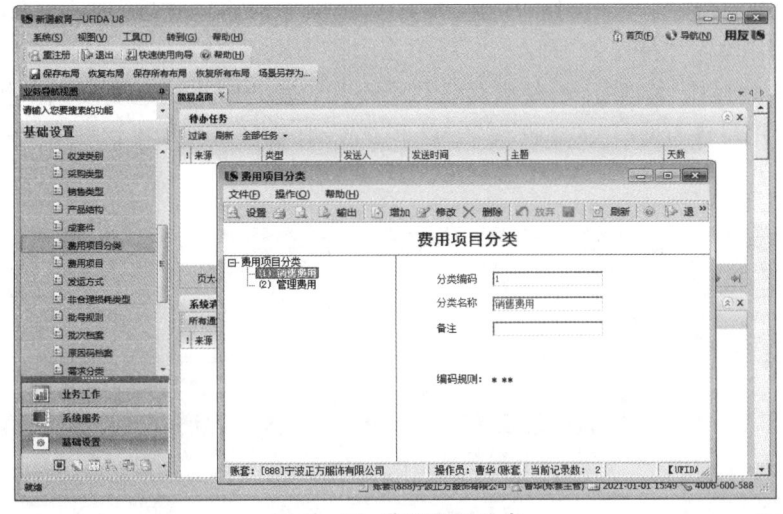

图 2-27 费用项目分类

(二十四) 费用项目设置

1. 执行"基础档案"|"业务"|"费用项目"命令，打开"费用项目"设置窗口。

2. 选中"销售费用"，单击"增加"按钮，依次在"费用项目编码"中输入"01"，在"费用项目名称"中输入"运杂费"，在"费用项目分类名称"中选择"销售费用"，设置完毕后，单击"保存"按钮。继续完成"包装费""办公费"的费用项目设置后，单击"退出"按钮。如图 2-28 所示。

视频 028 费用项目设置

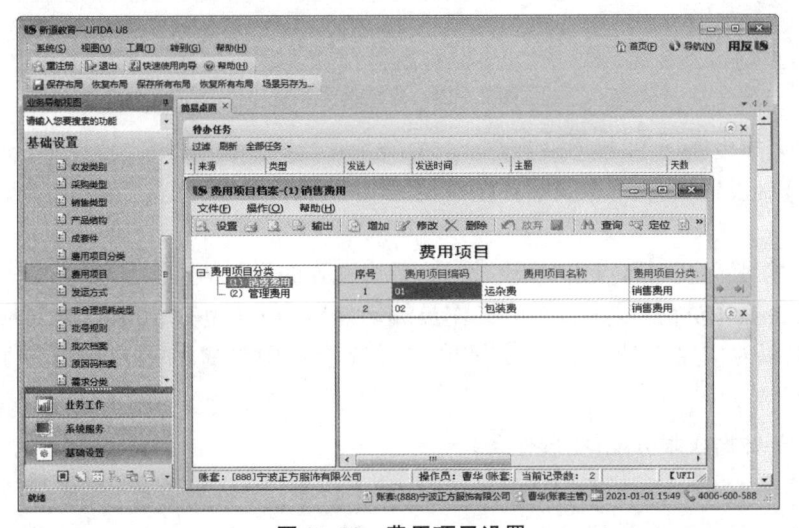

图 2-28 费用项目设置

(二十五) 单据编号设置

将采购订单、采购专用发票、采购普通发票、采购运费发票、销售订单、销售专用发票、销售普通发票的单据编号设置修改为"手工改动,重号时自动重取"。

1. 在企业应用平台"基础设置"选项卡中,执行"单据设置"|"单据编号设置"命令,打开"单据编号设置"窗口。

2. 系统默认为"编号设置"选项卡界面,执行"单据类型"|"采购管理"|"采购订单"命令,单击"修改"按钮,单击"手工改动,重号时自动重取"项前的复选框,单击"保存"按钮。如图2-29所示。

视频029 单据编号设置

3. 重复上述操作,修改"采购专用发票""采购普通发票""采购运费发票""销售订单""销售专用发票""销售普通发票"的单据编号为"手工改动,重号时自动重取"。设置完毕后,单击"退出"按钮。

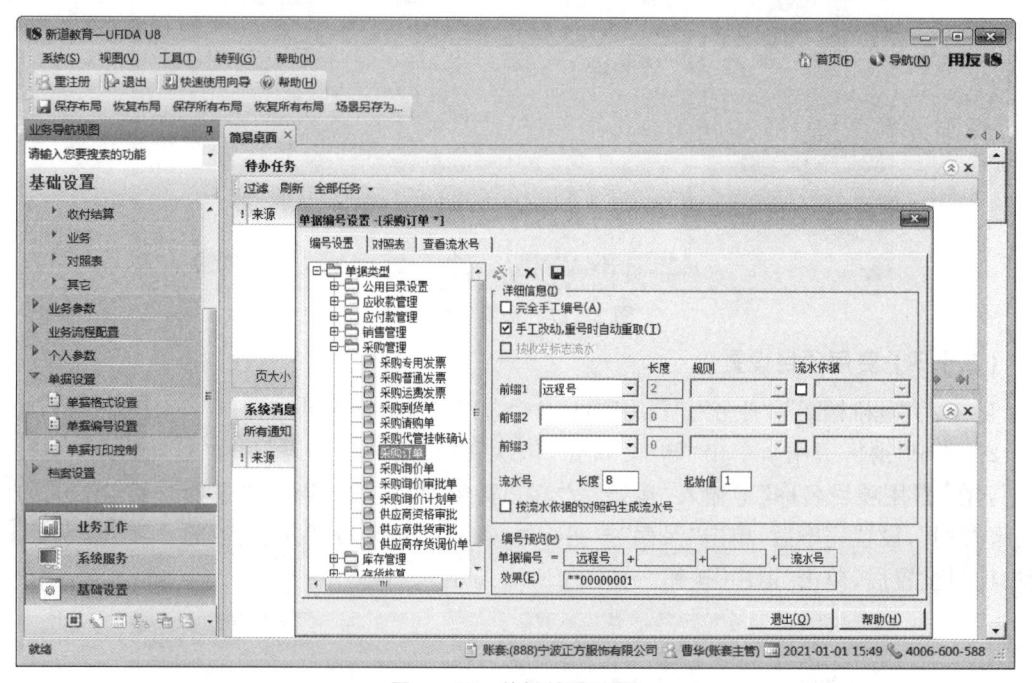

图 2-29 单据编号设置

(二十六) 指定操作员(拓展任务)

1. 在"基础设置"选项卡中,执行"基础档案"|"机构人员"|"人员档案"命令,进入"人员列表"窗口。

2. 选中"王强"这一行,点击"修改"按钮,弹出王强的详细信息。

3. 在是否操作员前打"√",对应操作员编码显示为人员编号"003",在对应操作员名称中选择"王强",对应操作员编码自动保持与系统管理中设置的用户编号一致,即更改为"003"。

(二十七) 数据权限分配(拓展任务)

1. 在"系统服务"选项卡中,执行"数据权限"|"数据权限控制设置"命令,进入"权限浏览"窗口,选中"郭文",点击"授权"。

2. 在"记录权限设置"窗口,业务对象选中"用户",在"查询""删改""审核""弃审""撤销"前打"√",选中左框中"曹华""王强""曾丽"三个用户,点击">"按钮,选入右框中。

3. 在"记录权限设置"窗口,业务对象选中"科目",在"查账""制单"前打"√",点击"≫"按钮,将所有科目编码及名称都选入右框中。

4. 对操作员王强同样授权。

注：

(1) 必须在系统管理中定义角色或用户,并分配完功能级权限后才能进行数据权限分配。

(2) 数据权限包括记录级权限和字段级权限。可以分别进行授权。

(3) 可以在"数据权限控制设置"中选择需要进行设置的数据权限。

项目小结

系统启用和基础档案设置是用友软件各系统业务处理的基础。通过本项目的学习领会了分类编码方案对各档案编码之间的关系,了解了信息系统中基础档案各项内容与未来业务之间的关联,为下一步的业务学习打下基础。

项目二基础练习

一、单项选择题

1. 下列说法正确的是(   )。

A. 录入部门档案时,负责人可以直接录入

B. 录入部门档案时,负责人不能录入,待人员档案录入完成后将负责人补录

C. 人员档案编码必须录入,可以重复

D. 人员档案资料被使用后发现错误能修改

2. 下列说法正确的是(   )。

A. 建账时选择了进行客户分类,基础档案设置时可以直接输入客户档案

B. 录入客户分类时先输入下一级编码与名称,再输入上一级编码与名称

C. 建账时选择了不进行供应商分类,基础档案设置时可以直接输入供应商档案

D. 录入供应商分类时先输入下一级编码与名称,再输入上一级编码与名称

二、多项选择题

1. 关于外币设置下列说法正确的是(   )。

A. 币符必须输入   B. 可以定义外币的汇率小数位数

C. 调整汇率用于期末计算汇兑损益   D. 使用浮动汇率应在月初录入记账汇率

2. 关于人员类别下列说法正确的是(   )。

A. 系统预置正式工、合同工、实习生 3 个顶级类别

B. 用户可以修改顶级类别
C. 用户可以自定义扩充人员子类别
D. 用户不能增加新的顶级类别
3. 用友软件可以实现 3 个层次的权限管理,即( )。

A. 功能级权限管理　　　　　　　　B. 金额级权限管理
C. 数据级权限管理　　　　　　　　D. 记录级权限管理

总账系统

项目三

知识目标

1. 会描述总账系统和其他系统的关系及总账系统的数据处理流程。
2. 能阐述总账参数设置的内容和必要性,会使用录入期初余额的方法。
3. 会运用编制、修改、作废、删除凭证的方法。
4. 能阐述记账、反记账的步骤。

能力目标

1. 能够根据企业的实际情况进行总账系统初始设置工作。
2. 能够正确录入期初余额,并试算平衡,会编制日常业务凭证。
3. 能够对凭证进行修改、删除操作。
4. 会进行记账、反记账操作。

项目导入

为了保持业务的连续性,宁波正方服饰有限公司把手工阶段使用的会计科目期末余额整理录入到系统中,作为电算化系统启用时的期初数据,为总账系统日常业务处理中的录入凭证做准备。在总账系统中进行日常业务处理,将凭证录入、审核、出纳签字、记账。

3.1 总账系统概述

3.1.1 总账系统的功能

总账系统是整个企业管理软件的核心系统,主要进行总账系统初始化、凭证处理、出纳管理、账簿管理、辅助核算、期末业务处理等,总账系统与其它系统存在着密切的数据传递关系。总账系统可独立运行,也可与其他系统协同运行。

3.1.1.1 系统初始化

进行总账系统初始化设置时,既要考虑企业当前的实际,还要考虑企业未来的发展,这将涉及系统以后的日常工作模式,其中一些系统参数设置生效后将无法更改,因此初始化工作需要综合分析,全面统筹。系统初始化模块主要包括系统选项设置和期初余额录入,相关设置完成后就可以填制凭证了。

3.1.1.2 日常处理

日常处理业务主要包括填制凭证、修改凭证、审核凭证、查询凭证、记账等业务。通过严密的制单控制保证填制凭证的正确性,提供资金赤字控制、支票控制、预算控制、外币折算误差控制,以及查看最新余额等功能。账簿的登记通常称之为记账或过账,它必须以审核无误的记账凭证为依据。与手工方式下的记账不同,计算机账务处理系统中的记账过程是自动完成的,即由账务处理软件系统自动进行合法性检验、科目汇总并登记账簿等。

3.1.1.3 出纳管理

为出纳人员提供了一个集成办公环境,加强对现金及银行存款的管理,可完成银行日记账和现金日记账,随时生成最新资金日报表和余额调节表,随时进行银行对账、编制银行存款余额调节表。

3.1.1.4 账簿管理

账簿管理模块强大的查询功能使整个系统实现总账、明细账、凭证联查,并可查询包含未记账凭证的最新数据,可随时提供总账、余额表、明细账、日记账等账表的查询。

3.1.1.5 辅助核算

(1) 个人往来核算。个人往来核算主要用于核算企业与企业员工之间的资金往来业务,便于及时地控制个人借款,完成清欠工作;提供个人借款明细账、催款单、余额表、账龄分析报告及自动清理核销已清账等功能。

(2) 部门核算。部门核算主要是为了考核部门费用收支的发生情况,及时地反映控制部门费用的支出,将各部门的收支情况加以比较,便于部门考核;将科目设置为部门辅助核算,增加部门辅助核算账户后,不仅能够得到这些账户在会计期间内的发生额情况,而且能够进一步细化到有关账户在不同部门的发生额情况;提供各级部门总账、明细账的查询,并对部门收入与费用进行部门收支分析等功能。

(3) 项目管理。项目管理用于生产成本、在建工程等业务的核算,以项目为中心提供各项目的成本、费用、收入、往来等汇总与明细情况以及项目计划执行报告等;也可用于核算科研课题、专项工程、产成品成本等;提供项目总账、明细账及项目统计表的查询。

(4) 往来管理。往来管理主要用来进行客户和供应商往来款项的发生、清欠管理工作;及时掌握往来款项的最新情况;提供往来款项的总账、明细账、催款单、往来账清理、账龄分析报告等功能。

3.1.1.6 期末业务处理

期末业务处理模块有期末转账定义功能,各种取数公式可满足各类业务的转账需求,不同期间的期末处理具有明显的规律性;自动完成月末分摊、计提、对应转账、销售成本、汇兑损益、期间损益结转等业务;进行试算平衡、对账、结账、生成月末工作报告。该内容在"项目十 期末会计处理"中进行详细叙述。

3.1.2 总账系统与其他系统的关系

总账系统与其他系统的关系如图 3-1 所示。

图 3-1 总账系统与其他系统关系

(1) 与薪资管理系统的关系:在薪资管理系统中完成工资分摊以及费用分配,自动生成凭证传递到总账系统,在总账系统中完成审核记账。

(2) 与固定资产管理系统的关系:固定资产管理系统完成增加、减少的卡片输入和折旧的处理,自动生成凭证传递到总账系统,在总账系统中完成审核记账。

(3) 与应收款管理系统的关系:应收款管理系统接收销售管理系统的发票,自动生成凭证传递到总账系统,在总账系统中完成审核记账。

(4) 与应付款管理系统的关系:应付款管理系统接收采购管理系统的发票,自动生成凭证传递到总账系统,在总账系统中完成审核记账。

(5) 与存货核算系统的关系:存货核算系统接收库存管理系统已审核的出、入库单,自动生成凭证传递到总账系统,在总账系统中完成审核记账。

3.1.3 总账系统的数据流程

手工环境下,总账是指总分类账簿,是根据总分类科目开设账户,用来登记全部经济业务,进行总分类核算,提供总括核算资料的分类账簿。它可以直接根据各种记账凭证逐笔登记,也可以先把记账凭证按照一定方式进行汇总,编制成科目汇总表或汇总记账凭证等,然后据以登记。信息化条件下,总账系统的基本操作以记账凭证处理程序流程为主,具体包括初始设置、日常处理和期末处理三部分,总账系统的数据处理流程如图3-2所示。

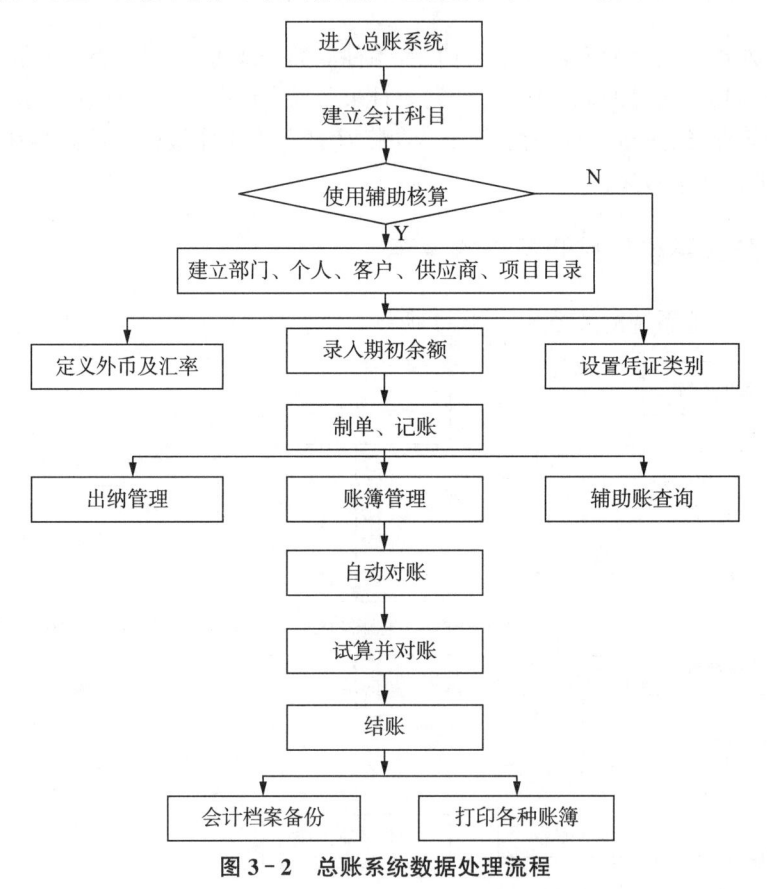

```
进入总账系统
    ↓
建立会计科目
    ↓
使用辅助核算 ──N──┐
    │Y            │
建立部门、个人、客户、供应商、项目目录
    ↓
定义外币及汇率  录入期初余额  设置凭证类别
    ↓
制单、记账
    ↓
出纳管理  账簿管理  辅助账查询
    ↓
自动对账
    ↓
试算并对账
    ↓
结账
    ↓
会计档案备份  打印各种账簿
```

图3-2 总账系统数据处理流程

3.2 总账系统的初始化

总账系统初始化是指将通用会计软件转换成专用会计软件、将手工会计业务数据转换到计算机中而进行的一系列准备工作。初始化数据一般是在系统管理建账完成与基础设置后,由账套主管根据本单位的实际情况设置。总账系统初始化包括设置系统控制参数、录入期初余额等内容。

3.2.1 系统控制参数设置

设置控制参数是对总账系统的一些选项进行设置,为总账系统配置相应的功能或设置相应的控制,设置适合本企业特点的参数,对"凭证选项""账簿选项""凭证打印""预算控制""权限选项""会计日历""其他选项""自定义项核算"八部分内容的操作控制选项进行修改。

3.2.1.1 凭证设置

(1)制单控制。制单控制即在填制凭证时系统应对哪些操作进行控制,包括制单序时控制、支票控制、赤字控制、可以使用应收受控科目等。

制单序时控制。此项和"系统编号"选项联用,制单时凭证编号必须按日期顺序排列,如果有特殊需求可以不选择该选项。

支票控制。若选择支票控制,在制单时使用银行科目编制凭证时,系统将针对票据管理的结算方式进行登记,如果录入的支票号在支票登记簿中已存在,则系统提供登记支票报销的功能,否则,系统提供登记支票登记簿的功能。

赤字控制。若选择赤字控制,在制单时,当"资金及往来科目"或"全部科目"的最新余额出现负数时,系统将予以提示,系统提供了"提示"和"严格"两种方式供用户根据需要进行选择,如果出现赤字,"提示"方式下可以制单并保存,"严格"方式下则不能保存。

可以使用应收受控科目。若科目为应收款管理系统的受控科目,为保证数据来源的可靠性,只允许应收款管理系统使用此科目进行制单,总账系统不能使用此科目制单,如果希望在总账系统中也能使用这些科目填制凭证,则应选择此项,但联用时容易引起应收款管理系统与总账对账不平。

(2)凭证控制。处理凭证时,系统能够进行的操作控制,包括现金流量科目必录现金流量项目、自动填补凭证断号、批量审核凭证进行合法性校验等。

现金流量科目必录现金流量项目。选择此项后,在录入凭证时如果使用现金流量科目,则必须输入现金流量项目及金额。

自动填补凭证断号。如果选择凭证编号方式为系统编号,则在新增凭证时,系统将按凭证类别自动查询本月的第一个断号并将其默认为本次新增凭证的凭证号;如无断号则为新号,与原编号规则一致。

批量审核凭证进行合法性校验。批量审核凭证时针对凭证进行二次审核,提高凭证输入的正确率;合法性校验与保存凭证时的合法性校验相同。

(3)凭证编号方式。系统在"填制凭证"功能中按照凭证类别按月自动编制凭证编号,即"系统编号",但有的企业需要系统允许在制单时手工录入凭证编号,即"手工编号"。

(4)现金流量参照科目。现金流量参照科目用来设置现金流量录入界面的参照内容和方式。选中"现金流量科目"时,系统只参照凭证中的现金流量科目;选中"对方科目"时,系统只显示凭证中的非现金流量科目;选中"自动显示"时,系统依据前两个选项将现金流量科目或对方科目自动显示在指定现金流量项目界面中,否则需要手工参照选择。

3.2.1.2 权限设置

(1) 制单权限控制到科目。要在"系统服务"选项卡下的"权限"中设置科目权限,再选择此项,权限设置有效。选择此项后在制单时,操作员只能使用具有相应制单权限的科目制单。

(2) 允许修改作废他人填制的凭证。选择此项在制单时可修改或作废他人填制的凭证,否则不能修改。

(3) 制单权限控制到凭证类别。要在"系统服务"选项卡下的"权限"中设置凭证类别权限,再选择此项,权限设置有效。选择此项后在制单时,只显示此操作员有权限的凭证类别;同时在凭证类别参照中按人员的权限过滤出有权限的凭证类别。

(4) 操作员进行金额权限控制。选择此项,可以对不同级别的人员进行金额大小的制单或审核控制,严格执行职责权限的管理。但是结转凭证不受金额权限控制;在调用常用凭证时,如果不修改直接保存凭证,此时由被调用的常用凭证生成的凭证不受任何权限的控制,如金额权限控制、辅助核算及辅助项内容的限制等;外部系统凭证是已生成的凭证,得到了系统的认可,除非进行更改,否则不做金额等权限控制。

(5) 出纳凭证必须经由出纳签字。若要求现金、银行科目凭证必须由出纳人员核对签字后才能记账,则选择"出纳凭证必须经由出纳签字"。

(6) 凭证必须经由主管会计签字。如果要求所有凭证必须由主管会计签字后才能记账,则选择"凭证必须经由主管会计签字"。

(7) 可查询他人凭证。如果允许操作员查询他人凭证,则选择"可查询他人凭证"。

(8) 明细账查询权限控制到科目。这是权限控制的开关。在系统管理中设置明细账查询权限,必须在总账系统选项中进行设置,才能起到控制作用。

(9) 制单、辅助账查询控制到辅助核算。设置此项权限,制单时才能使用有辅助核算属性的科目录入分录,辅助账查询时只能查询有权限的辅助项内容。

3.2.2 期初余额录入

企业账套建立之后,需要在系统中建立各账户的余额数据,才能接续手工业务处理进程。各账户余额数据的准备与总账启用的会计期间相关。如果企业是年初建账,则期初余额就是年初数,如果企业年中建账,则应先将各账户此时的余额和年初到此时的借贷方累计发生额录入系统,系统会自动计算年初余额。在用友软件的期初余额录入界面,期初余额栏有3种不同的颜色。数据栏为白色,表示该科目是末级科目,可以直接录入科目余额;数据栏为灰色,表示该科目是非末级科目,此余额不需录入,系统将根据其下级明细科目的余额自动汇总计算;数据栏为黄色,表示该科目为带有辅助核算项的会计科目余额,将鼠标光标移至设有辅助项的科目处,双击鼠标,进入相应辅助核算期初录入窗口,录入辅助核算期初数据,系统将自动计算汇总其辅助核算项金额。借、贷方累计发生额直接输入汇总数。

3.2.2.1 录入总账科目期初余额

在第一次使用总账系统时,应将经过整理的手工账目的期初余额录入计算机。

(1) 末级科目的余额可以直接输入,非末级科目的余额数据由系统根据末级科目数据逐级向上汇总而得。

(2) 科目有数量外币核算时,在输入完本位币金额后,还要在下面一行输入相应的数量和外币信息。

(3) 出现红字余额用负号输入。

(4) 修改余额时,直接输入正确数据即可,然后单击"刷新"按钮进行刷新。

(5) 凭证记账后期初余额变为浏览只读状态,不能再修改。

(6) 在录入会计科目余额时,系统提供了调整余额方向的功能,即在还未录入会计科目余额时,如果发现会计科目的余额方向与系统设置的方向不一致,可以将其方向调整。

3.2.2.2 录入辅助账期初余额

在录入期初余额时,若某科目涉及辅助核算,不能直接输入总账期初余额,必须双击调出辅助核算账,直接输入客户、业务员、方向、金额栏的信息,如果需要录入详细信息则进入"期初往来明细"界面,录入明细数据后汇总到"辅助期初余额"界面。累计发生额可以直接输入。

3.2.2.3 试算平衡

期初余额及累计发生额输入完成后,必须进行试算平衡,以保证期初余额的准确性。校验工作由计算机自动完成。如果期初余额试算不平衡,可以填制、审核凭证,但凭证不能记账。

3.2.2.4 期初对账

由于初次使用系统,在进行期初设置时的修改可能会导致总账与辅助账、总账与明细账核对有误,因此,系统提供对期初余额进行对账的功能,可以及时做到账账核对,并尽快修正错误的数据。

实验任务

一、实验准备

1. 建立"项目三\总账系统初始化"文件夹。

2. 引入"项目二\企业应用平台与基础设置\Uferpact.lst"文件,操作日期是"2021 年 01 月 01 日",以账套主管"001 曹华"的身份进入企业应用平台,进行总账控制参数设置、录入期初余额。

二、实验资料

(一) 设置总账控制参数(表 3-1)

表 3-1 总账控制参数表

选项卡	参数设置
凭证	制单序时控制;支票控制;可以使用应收、应付、存货受控科目;凭证编号采用系统编号。
权限	出纳凭证必须经出纳签字;不允许修改、作废他人凭证;可查询他人凭证。
会计日历	数量小数位、单价小数位、本位币精度均为 2

(二) 录入期初余额(表3-2)

表3-2 期初余额表

科目编码	科目名称	余额方向	年初余额
1001	库存现金	借	3 000.00
1002	银行存款	借	372 500.00
100201	中行存款	借	365 000.00
100202	建行存款	借	7 500.00
1012	其他货币资金	借	
101201	银行汇票	借	
1121	应收票据	借	
112101	银行承兑汇票	借	
112102	商业承兑汇票	借	67 800.00
1122	应收账款	借	90 400.00
1123	预付账款	借	
1221	其他应收款	借	4 500.00
1231	坏账准备	贷	452.00
1401	材料采购	借	
1402	在途物资	借	
1403	原材料	借	
1405	库存商品	借	630 000.00
1406	发出商品	借	
1409	委托代销商品	借	
1501	持有至到期投资	借	
1601	固定资产	借	505 200.00
1602	累计折旧	贷	55 823.80
1603	固定资产减值准备	贷	
1604	在建工程	借	
1605	工程物资	借	
1606	固定资产清理	借	
1701	无形资产	借	
1703	无形资产减值准备	贷	
1901	待处理财产损溢	借	
190101	待处理流动资产损溢	借	
190102	待处理固定资产损溢	借	
2001	短期借款	贷	300 000.00

续 表

科目编码	科目名称	余额方向	年初余额
2201	应付票据	贷	
220101	银行承兑汇票	贷	
220102	商业承兑汇票	贷	
2202	应付账款	贷	226 000.00
220201	一般应付账款	贷	226 000.00
220202	暂估应付账款	贷	
2203	预收账款	贷	
2211	应付职工薪酬	贷	36 524.80
221101	工资	贷	
221102	职工福利费	贷	
221103	社会保险费	贷	22 037.80
221104	住房公积金	贷	10 536.00
221105	工会经费	贷	1 756.00
221106	职工教育经费	贷	2 195.00
221107	其他	贷	
2221	应交税费	贷	53 898.40
222101	应交增值税	贷	
22210101	进项税额	贷	
22210102	进项税额转出	贷	
22210103	销项税额	贷	
22210104	已交税金	贷	
22210105	出口退税	贷	
22210106	转出未交增值税	贷	
222102	未交增值税	贷	35 000.00
222103	应交所得税	贷	15 000.00
222104	应交个人所得税	贷	398.40
222105	应交城建税	贷	2 450.00
222106	应交教育费附加	贷	1 050.00
2231	应付利息	贷	
2241	其他应付款	贷	19 755.00
224101	应付社会保险费	贷	9 219.00
224102	应付住房公积金	贷	10 536.00
2501	长期借款	贷	
2502	应付债券	贷	

续表

科目编码	科目名称	余额方向	年初余额
4001	实收资本	贷	750 000.00
4002	资本公积	贷	10 946.00
4101	盈余公积	贷	
4103	本年利润	贷	
4104	利润分配	贷	220 000.00
410401	提取法定盈余公积	贷	
410402	提取任意盈余公积	贷	
410403	未分配利润	贷	220 000.00
6001	主营业务收入	贷	
6051	其他业务收入	贷	
6301	营业外收入	贷	
6401	主营业务成本	借	
6402	其他业务成本	借	
6403	税金及附加	借	
6601	销售费用	借	
660101	包装费	借	
660102	广告费	借	
660103	运杂费	借	
660104	职工薪酬	借	
660105	业务招待费	借	
660106	折旧费	借	
660107	差旅费	借	
660108	其他	借	
6602	管理费用	借	
660201	职工薪酬	借	
660202	办公费	借	
660203	差旅费	借	
660204	业务招待费	借	
660205	折旧费	借	
660206	其他	借	
6603	财务费用	借	
6701	资产减值损失	借	
6711	营业外支出	借	
6801	所得税费用	借	
6901	以前年度损益调整	借	

辅助账期初余额如下：

1. 应收票据期初余额（表 3-3）

表 3-3　应收票据期初余额

日期	凭证号	客户	业务员	摘要	方向	金额	票号
2020-08-28	转账 28	山西永达公司	赵山	销售男式夹克衫	借	67 800.00	SYCD28

2. 应收账款期初余额（表 3-4）

表 3-4　应收账款期初余额

日期	凭证号	客户	业务员	摘要	方向	金额	票号
2020-06-14	转账 19	广西华美公司	赵山	销售女式风衣	借	56 500.00	XS0614
2020-11-25	转账 45	山西永达公司	赵山	销售男式夹克衫	借	33 900.00	XS1125

3. 库存商品期初余额（表 3-5）

表 3-5　库存商品期初余额

项目	期初余额
女式风衣	140 000.00
男式夹克衫	490 000.00
合计	630 000.00

4. 供应商往来期初余额（表 3-6）

表 3-6　供应商往来期初余额

日期	凭证号	供应商	业务员	摘要	方向	金额	票号
2020-08-22	转账 19	山东远大公司	邓明	购买男式夹克衫	贷	124 300.00	CG0822
2020-09-24	转账 53	广东光阳公司	邓明	购买女式风衣	贷	101 700.00	CG0924

5. 个人往来期初余额（表 3-7）

表 3-7　个人往来期初余额

日期	凭证号	部门	个人	摘要	方向	金额
2020-12-17	付款 11	人事部	罗飞	借款	借	4 500.00

（三）备份账套（以系统管理员的身份操作）

将 888 账套备份到"项目三\总账系统初始化"文件夹中。

三、拓展任务

1. 设置常用摘要（表 3-8）

表 3-8　常用摘要

摘要编码	摘要内容	相关科目
001	提取现金	1001
002	发放工资	221101
003	报销差旅费	660203

四、操作指导

（一）设置系统参数

1. 将系统日期修改为"2021年01月01日"，以账套主管"001 曹华"的身份注册进入企业应用平台。

2. 在企业应用平台"业务工作"选项卡中，执行"财务会计"|"总账"命令，打开总账系统。

3. 总账系统中，执行"设置"|"选项"命令，打开"选项"对话框，系统默认为"凭证"选项卡界面。

视频030 总账控制参数

4. 单击"编辑"按钮，勾选"制单序时控制""支票控制""可以使用应收受控科目""可以使用应付受控科目""可以使用存货受控科目"的复选框，凭证编号方式选中"系统编号"。

5. 单击"权限"选项卡，勾选"出纳凭证必须经出纳签字"复选框，取消"允许修改、作废他人凭证"，勾选"可查询他人凭证"复选框。

6. 单击"会计日历"选项卡，数量、单价小数位和本位币精度均输入为"2"。如图3-3所示。

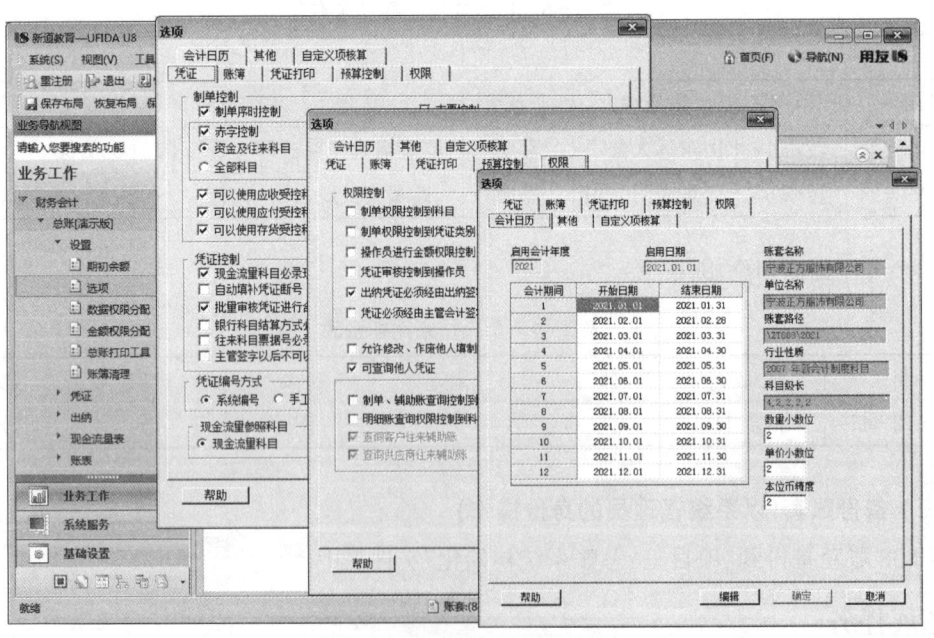

图3-3　总账系统参数设置

(二) 录入期初余额

1. 在总账系统中,单击"设置"|"期初余额",进入"期初余额录入"窗口。
2. 底色为白色的单元为末级科目,可以直接输入期初余额,如库存现金科目、银行存款/中行存款;上级科目的余额底色为灰色,不能直接录入数据,由下级科目的数据自动汇总计算。如图 3-4 所示。

视频 031 录入期初余额

图 3-4 总账系统期初余额

3. 黄色的单元代表对该科目设置了辅助核算,不允许直接录入余额,需要在该单元格中双击进入"辅助期初余额"设置界面。

4. 以应收账款为例介绍客户往来核算科目期初余额的录入。双击应收账款科目期初余额栏,进入"辅助期初余额"窗口,单击"往来明细"按钮,打开"期初往来明细"录入窗口,单击"增行"按钮,输入日期"2020-06-14"、凭证号"转账 19"、客户"广西华美公司"、摘要"销售女式风衣"、方向"借"、金额"56 500"等相关信息。继续"增行",录入其他客户期初余额相关信息,完成后点击"汇总",单击"退出",返回到"辅助期初余额"界面,再单击"退出",返回期初余额录入界面,应收账款科目余额自动生成。如图 3-5 所示。

视频 032 应收账款期初余额

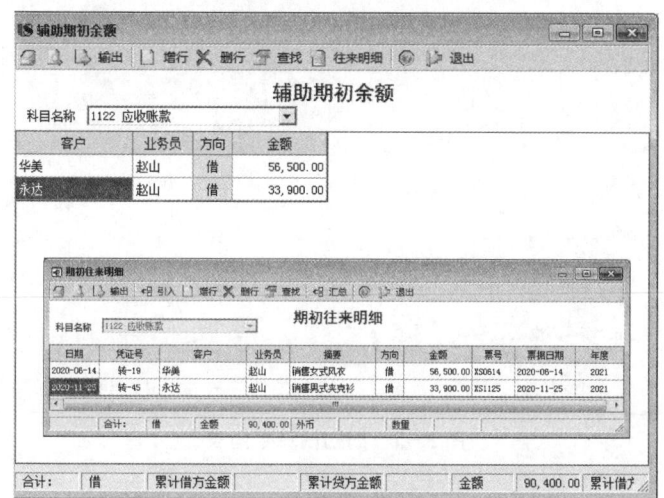

图 3-5 总账系统客户往来科目期初余额

5. 以库存商品为例介绍项目核算科目期初余额的录入。双击库存商品科目期初余额栏,进入"辅助期初余额"窗口,单击"增行"按钮,输入项目"女式风衣",方向"借",金额"140 000",同样输入其他项目,单击"退出",返回期初余额窗口,库存商品科目余额自动生成。如图3-6所示。

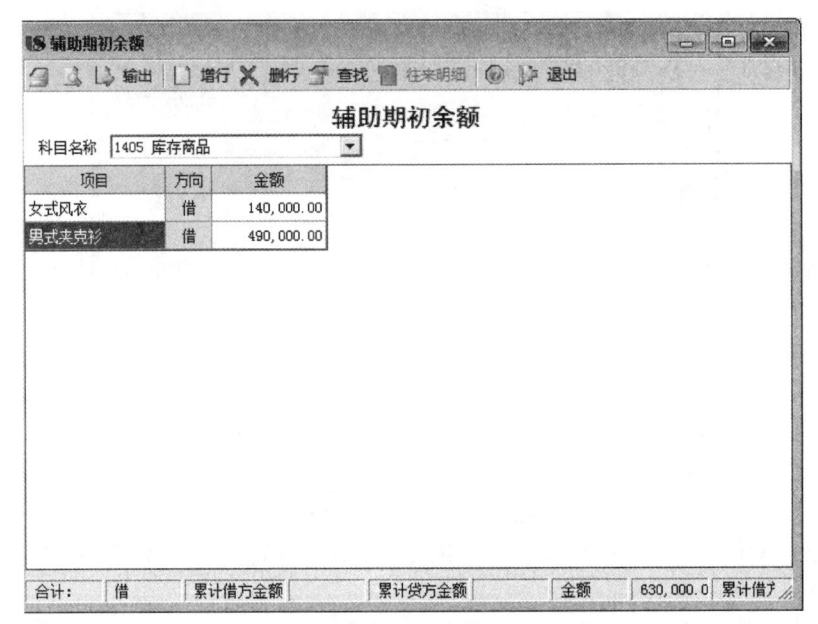

图 3-6 总账系统项目核算科目期初余额

6. "预付账款""应付账款""预收账款"等有辅助核算的参照"应收账款"期初余额的录入方式。"存货"等其他科目也参照录入。

7. 各账户期初余额录入完毕,单击"试算"按钮,弹出"期初试算平衡表"对话框,当显示"试算结果平衡"时,表明期初数据录入基本正确,单击"确定"按钮。试算平衡结果(资产=1 617 124.20;负债=636 178.20;所有者权益=980 946;合计 1 617 124.20)。如图 3-7 所示。

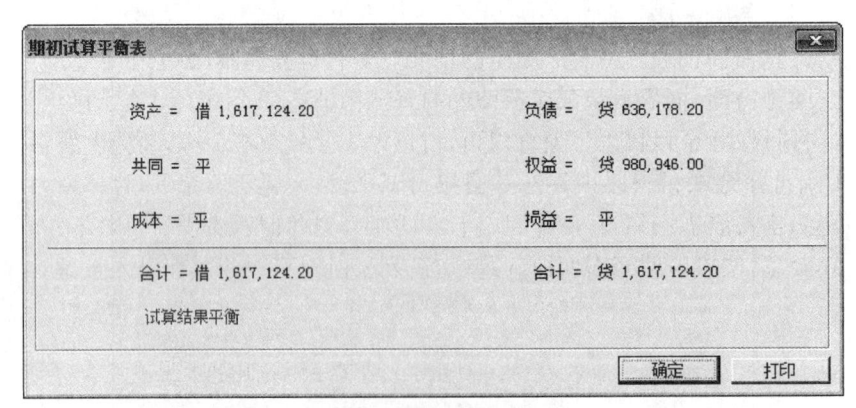

图 3-7 期初试算平衡表

注:
(1) 可以在未录入余额的情况下,单击"方向"按钮改变余额的方向。

(2) 如果所录明细余额的方向与总账余额方向相反,则用"－"号表示,例如"应交税费/应交增值税/进项税额"的科目借方余额需要录入"－"号。

(3) 如果录入余额的科目有辅助核算的内容,则在录入余额时必须录入辅助核算的明细内容,而修改时也应修改明细内容。

(4) 如果某一科目有数量(外币)核算的要求,录入余额时还应输入该余额的数量(外币)。

(5) 系统只能对月初余额的平衡关系进行试算,而不能对年初余额进行试算。

(三) 设置常用摘要(拓展任务)

1. 以曹华身份在企业应用平台"基础设置"选项卡中,执行"基础档案"|"其他"|"常用摘要"命令,打开"常用摘要"对话框。

2. 单击增加录入摘要编码"001"及摘要内容"提取现金"、相关科目"1001"。如图 3-8 所示。

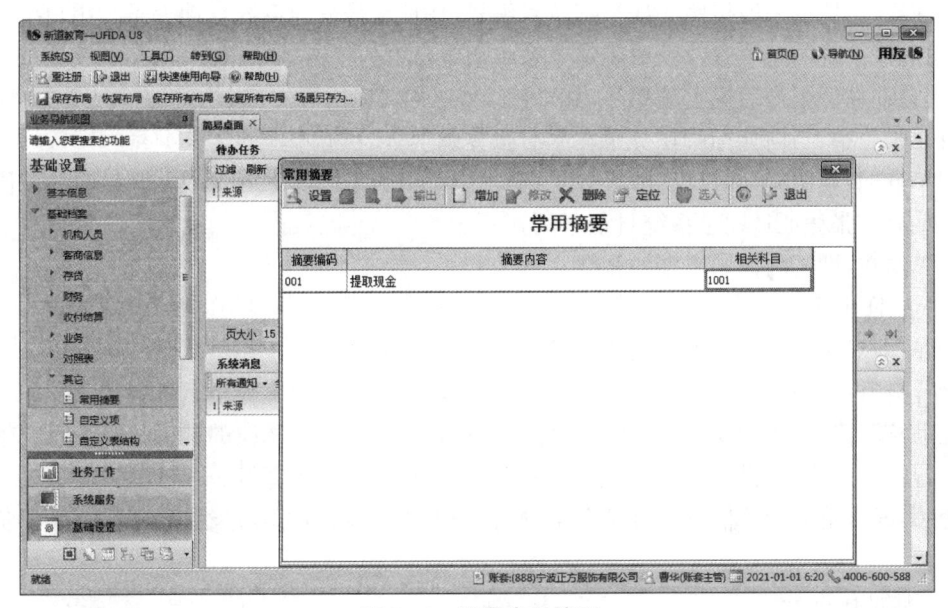

图 3-8 设置常用摘要

注:
(1) 设置常用摘要后可以在填制凭证时调用。
(2) 常用摘要中的"相关科目"是指使用该摘要时通常使用的相关科目。如果设置相关科目,则在调用该常用摘要时系统会将相关科目一并列出,可以修改。

3.3 总账系统业务处理

总账系统初始化后,就可以进行日常业务处理了。总账系统的日常业务处理是对企业发生的经济业务进行凭证的相关操作,包括凭证的填制、凭证的审核、凭证的出纳签字、凭证的修改、删除、作废、整理、冲销、记账等。经过一系列操作后,可进行账表的查询,打印输出各种总分类账和各种明细分类账、日记账与辅助账。

3.3.1 凭证处理

3.3.1.1 填制凭证

记账凭证一般包括三部分，一是凭证头部分，包括凭证类别、凭证编号、制单日期、附单据数等；二是凭证正文部分，包括摘要、借贷科目及金额、辅助核算信息；三是凭证尾部分，包括记账操作员、审核操作员、出纳签字操作员、制单人员等。填制记账凭证时，首先要增加一张空白记账凭证，然后输入记账凭证各要素的内容。

（1）凭证头部分

凭证类别：可以输入凭证类别字，也可以参照输入，如：收、付、转等。凭证类别是在初始化的时候设置的。

凭证编号：凭证一般按照凭证类别按月编号，凭证编号分为系统自动编号与用户手工编号两种，由总账系统的选项参数设置确定。系统规定每页凭证有 5 条记录，当某号凭证不止一页时，系统自动在凭证号后标上分单号，如"转－0001 号 0002/0003"表示转账凭证第 0001 号凭证共有 3 张分单，当前光标所在分录在第 2 张分单上。

制单日期：填制凭证时自动取登录系统时的业务日期，可以进行修改，但日期的范围是该类凭证最后一张凭证日期至系统日期之间。

附单据数：即所附原始单据的张数。

（2）凭证正文部分

摘要：即对该笔业务内容的简述，凭证的每一行均有摘要。

会计科目：必须输入末级科目。科目可以输入科目编码、中文科目名称等。

辅助核算信息：对于要进行辅助核算的科目，系统提示输入相应的辅助核算信息。辅助核算信息包括客户往来、供应商往来、个人往来、部门核算、项目核算等。

金额：即该笔分录的借方或贷方发生额，金额不能为零，但可以是红字，红字金额以负数形式录入。

（3）凭证尾部分

制单人签字：系统根据登录总账系统的操作员姓名自动签字。

3.3.1.2 修改凭证

虽然凭证在录入环节系统提供了多种确保凭证输入正确的控制措施，但仍然避免不了发生错误。对于错误的凭证，要进行修改。

（1）凭证状态。凭证经过填制、审核、出纳签字、记账、结账等一系列操作后，在不同的处理环节可能发现所录入的凭证存在错误，把发现错误时该凭证所处的处理状态称为凭证状态。

（2）凭证修改方法。发现错误的凭证需要进行修改，根据修改后是否保存修改线索或痕迹分为"无痕迹修改"和"有痕迹修改"两种方法。

无痕迹修改是指系统内不保存任何修改线索或痕迹，只保留修改后的凭证内容的方法。对于尚未审核和签字的凭证可以直接修改；对于已审核或签字的凭证应该先取消审核或签字，然后在填制凭证状态下才能修改。这两种状态下的凭证修改都没有留下任何修改线索或痕迹。

有痕迹修改就是留下修改的线索和痕迹,一般通过保留原错误凭证的方式留下修改线索与痕迹。有痕迹修改适用于发现已记账的凭证错误的修改,已记账的凭证被发现错误,可采用"红字冲销凭证"或"蓝字补充凭证"的方法进行修改。使用"红字冲销凭证"或"蓝字补充凭证"方法而增加的凭证,应视同正常的凭证,并对其进行保存和管理。补充增加的凭证上必须注明原凭证的编号,以明确这一凭证与原业务的关系。如果结账后发现凭证错误,则可以运用反结账功能进行反结账,再运用"有痕迹修改"的方法进行修改。

注:

(1) 凭证一旦保存,其凭证类别、凭证编号将不能修改。外部系统传过来的凭证不能在总账管理系统中进行修改,只能在生成该凭证的系统中进行修改。

(2) 当录入的辅助核算信息错误时,可将鼠标移动到辅助信息显示栏上,在鼠标显示为笔形状态时双击,在弹出的"辅助信息录入"对话框中进行修改。

(3) 若已采用制单序时控制,则在修改制单日期时,不能在上一张凭证的制单日期之前。

3.3.1.3 作废/恢复凭证

对于没有审核和签字的凭证出现无法修改的错误时,可以将其直接作废。作废凭证仍保留凭证内容及编号,但显示"作废"字样,表明该凭证已经作废。作废凭证不能修改、不能审核,但参与记账,否则月末无法结账。记账时不对作废凭证进行数据处理,相当于一张空凭证,账簿查询时也查不到作废凭证的数据。作废凭证可以通过按"作废/恢复"命令取消作废,将此凭证恢复为有效凭证。

3.3.1.4 整理凭证

凭证整理就是对标有"作废"标志的凭证进行删除操作,并对未记账凭证重新编号。

3.3.1.5 审核凭证

审核凭证是审核员按照会计制度对制单员填制的记账凭证进行检查核对,主要审核凭证是否与原始凭证相符、凭证要素是否齐全、会计分录是否正确等。审核认为有错误或有异议的凭证,应标上出错标记,交由制单人修改,再由审核人审核,审核无误的凭证进行审核签字。只有审核无误的记账凭证才能记账。如发现已审核的凭证有误,在未记账的情况下,可通过取消审核签字功能将审核取消。

3.3.1.6 出纳签字

为了加强企业或单位现金和银行存款收支的管理,出纳人员可通过出纳签字功能对制单员填制的带有"库存现金""银行存款"科目的凭证进行专门检查与核对。使用出纳签字功能时,应首先在系统管理中赋予出纳签字的权限并指定出纳签字的科目,才能进行出纳签字;其次在系统"选项"中选择系统控制参数"出纳凭证必须经由出纳签字",这样出纳凭证才需要进行出纳签字。执行出纳签字命令,系统会自动在凭证页脚"出纳"处签上出纳人员的姓名。用友软件提供了"成批出纳签字"与"成批取消出纳签字"功能,提高出纳签字效率。

3.3.1.7 记账

凭证经过审核签字后便可以记账了。记账是由计算机自动进行的,记账过程一旦中断,系统会自动调用"恢复记账前状态"功能恢复数据,再重新选择记账。如果记账后发现输入的记账凭证有错误需要修改,需要人工调用"恢复记账前状态"功能。系统提供了两种恢复记账前状态方式,即将系统恢复到最后一次记账前状态和将系统恢复到月初状态。只有主管才能选择将数据"恢复到月初状态"。

3.3.1.8 冲销凭证

冲销凭证是针对已记账凭证而言的。红字冲销可以采用手工方式,也可以由系统自动生成,如果采用自动冲销,只要录入被冲销凭证的类型及凭证号,系统就会自动生成一张与该凭证相同但金额为红字(负数)的凭证。对系统生成的红字凭证应予以审核、记账,才能冲销账簿上原有的错误记录。

3.3.2 账簿管理

企业发生的经济业务经过制单、复核、记账后就可以查询打印各种账簿了。查询各种账簿都可以针对各级科目进行查询,可以进行账表联查,查询总账时可以联查明细账,查询明细账时可以联查凭证。

3.3.2.1 总账

查询总账时,可单独显示某科目的年初余额、各月发生额合计、全年累计发生额和月末余额。还可以查询明细科目的年初余额、各月发生额合计、全年累计发生额和月末余额。

3.3.2.2 发生额及余额表

发生额及余额表可以同时显示各科目的期初余额、本期发生额、累计发生额及期末余额。余额表将某月所有总账科目或明细科目的期初余额、本期发生额、累计发生额及期末余额集中体现在一张表页上。

3.3.2.3 明细账

明细账以凭证为单位显示各账户的明细发生情况,包括日期、凭证号、摘要、借方发生额、贷方发生额及余额。可以按任意条件组合查询明细账,选中"包含未记账凭证"可查询包含未记账凭证在内的明细账,在明细账查询中可以联查总账和记账凭证。

3.3.2.4 多栏账

在查询多栏账之前,必须先定义多栏账的格式。多栏账格式可以设置为两种,即自动编制栏目和手工编制栏目。

3.3.2.5 个人往来辅助账

个人往来主要进行个人借款、还款的管理工作,以便及时控制个人借款,完成清欠工作。个人往来可以提供个人往来明细账、催款单、余额表、账龄分析报告及自动清理核销已清账等功能。

3.3.2.6 部门核算辅助账

部门核算主要是为了考核部门收支的发生情况,及时反映控制部门费用的支出,对各部门的收支情况加以比较分析,便于部门考核。部门核算可以提供各级部门的总账、明细账,还可以对各部门收入与费用进行部门收支分析。

3.3.2.7 项目核算辅助账

项目核算用于收入、成本、在建工程等业务的核算,以项目为中心为使用者提供各项目的成本、费用、收入、往来等汇总与明细信息,以及项目计划执行报告。

3.3.2.8 客户往来和供应商往来辅助账

客户往来和供应商往来主要是进行客户和供应商往来款项的发生、清欠管理工作,及时掌握往来款项的最新情况,可以提供往来款的总账、明细账、催款单、对账单、往来账清理、账龄分析报告等功能。如果用户启用了应收款管理系统和应付款管理系统,还可以分别在这两个系统中对客户往来款和供应商往来款进行更为详细的核算与管理。

3.3.3 出纳管理

出纳主要负责现金和银行存款的管理。出纳管理是财务会计核算管理中最基本、最主要的功能之一,其主要功能包括:查询和打印现金日记账、银行存款日记账和资金日报;对收付款凭证进行审核和签字;登记和管理支票登记簿;录入银行对账单,进行银行对账,输出余额调节表。

3.3.3.1 支票管理

在手工记账时,出纳员通常使用支票登记簿登记支票领用情况。总账系统为出纳员提供了"支票登记簿"功能,以详细登记支票领用人、领用日期、支票用途、是否报销等情况。当应收款、应付款或资金管理系统有支票领用时,系统自动填写支票登记簿。

(1)领用支票

企业人员领用支票时,银行出纳员须进入"支票登记簿"功能登记支票领用日期、领用部门、领用人、支票号、备注等。领用部门、领用人可以参照部门门档案、职员档案输入;支票号可达30位,必须唯一;预计金额为所有未报销支票的预计未报金额合计;用途可输入30个字符;收款人可输入100个字符;付款银行名称提供在"基础设置"中设置的开户银行参照,选择本张支票的付款银行。

(2)支票报销

当支票实际支出后,经办人持原始单据到财务部门报销,会计人员据此填制记账凭证。当在系统中录入该凭证时,系统要求录入该支票的结算日期和支票号。填制完该凭证后,系统会自动在支票登记簿中的支票报销日期处进行日期登记。报销日期不能在领用日期之前。支票登记簿中的"报销日期"栏一般是由系统自动填写的,但对于有些已报销而由于人为原因造成系统未能自动填写报销日期的支票,可进行手工填写,将光标移到"报销日期"栏,写上报销日期即可。支票登记簿中"报销日期"栏为空时,表示该支票未报销,已报销的支票不能进行修改,若想取消报销标志,只需将光标移到报销日期处,按空格键后删掉报销日期即可。

3.3.3.2 查询日记账

计算机账务处理中,日记账由计算机自动登记。日记账的主要作用是输出库存现金日记账与银行存款日记账,供出纳员核对现金与银行存款。在系统初始化时,库存现金会计科目和银行存款会计科目必须选择"日记账"标记,即表明该科目要登记日记账。

3.3.3.3 银行对账

为了准确掌握银行存款的收支状态和实际余额,防止发生差错,企业需要定期将银行存款日记账与银行出具的对账单进行核对,并编制银行存款余额调节表。

(1)银行对账期初录入。为了保证银行对账的正确性,在使用银行对账功能进行对账前,需要在开始对账的月初先将银行存款日记账与银行对账单的期初未达项录入系统中,以实现手工对账与计算机对账的衔接。

(2)输入银行对账单。为了实现计算机自动对账,在每月月末对账前,将银行开出的银行对账单输入计算机。输入计算机的对账单为启用日期之后的对账单。

(3)银行对账。银行对账有两种对账方式,即自动对账与手工对账。为提高对账效率,首先进行自动对账,再用手工对账方式进行补充。

自动对账是计算机根据对账依据自动将银行存款日记账未达账项与银行对账单进行自动核对、勾销。对账依据通常是"结算方式+结算号+方向+金额"或"方向+金额"。对于已核对上的银行业务,系统自动在银行存款日记账和银行对账单双方写上两清标志、对账序号,并视为已达账项;对于在两清栏没有写上两清符号的记录,系统视为未达账项。

手工对账是对自动对账的补充,由于系统中银行存款日记账是通过将录入的记账凭证记账后形成的,而银行对账单是银行方录入的,然后"引入"或"转录入"对账系统的,可能双方有关项目录入不完全一致,导致无法实现全面的自动对账。通过手工对账对未达账项进行调整勾销。

(4)银行存款余额调节表。银行对账完成后,计算机自动整理未达账项和已达账项,生成银行存款余额调节表,利用"余额调节表查询"功能可以查询打印银行存款余额调节表。

实验任务

一、实验准备

1. 建立"项目三\总账系统日常业务"文件夹。

2. 引入"项目三\总账系统初始化\Uferpact.lst"文件,操作日期是"2021年01月01日",以"003王强"的身份进入企业应用平台,编制记账凭证。

二、实验资料

1. 宁波正方服饰有限公司2021年1月份发生以下经济业务:

(1)(付1)1月4日财务部曾丽提取现金5 000元备用,票号XJ001。

借:库存现金　5 000

　贷:银行存款——中行存款　5 000

(2)（付2）1月4日财务部门用现金200元购买办公用品。

借：管理费用——办公费　200
　　贷：库存现金　200

(3)（付3）1月4日采购部邓明出差预借差旅费3 000元，以现金付讫。

借：其他应收款　3 000
　　贷：库存现金　3 000

(4)（付4）1月5日缴纳上期增值税35 000元、企业所得税15 000元、代扣代缴个人所得税398.4元、缴纳城市维护建设税2 450元、教育费附加1 050元，以委托收款方式支付税费。

借：应交税费——未交增值税　35 000
　　　　　　——应交所得税　15 000
　　　　　　——应交个人所得税　398.40
　　　　　　——应交城建税　2 450
　　　　　　——应交教育费附加　1 050
　　贷：银行存款——中行存款　53 898.40

(5)（付5）1月5日缴纳社会保险31 256.80元，其中单位负担部分22 037.80元，职工个人负担部分9 219元；缴纳住房公积金21 072元，其中单位负担部分10 536元，职工个人负担部分10 536元，以转账支票方式支付，支票号ZZ001。

借：应付职工薪酬——社会保险费　22 037.80
　　　　　　　　——住房公积金　10 536
　　其他应付款——社会保险费　9 219
　　　　　　　——住房公积金　10 536
　　贷：银行存款——中行存款　52 328.80

(6)（收1）1月6日，人事部罗飞报销的差旅费4 200元，余款现金退回公司。

借：管理费用——差旅费　4 200
　　库存现金　300
　　贷：其他应收款　4 500

(7)（付6）1月6日，销售部发生产品宣传广告费12 000元，财务部签发ZZ002号转账支票付讫。

借：销售费用——广告费　12 000
　　贷：银行存款——中行存款　12 000

(8)（付7）1月6日，总经办发生业务招待费2 800元，财务部签发ZZ003号转账支票付讫。

借：管理费用——业务招待费　2 800
　　贷：银行存款——中行存款　2 800

(9)（转1）1月6日，计提短期借款利息，月利息率0.5%。

借：财务费用　1 500
　　贷：应付利息　1 500

2."004曾丽"进行出纳签字。

3."002郭文"进行凭证审核。

4."003王强"修改转1凭证，将1 500修改为1 600。

5. "003 王强"作废转 1 凭证,恢复转 1 凭证,并将 1 600 重新改回为 1 500。

6. 由"003 王强"进行记账。

7. "001 曹华"反记账,由"003 王强"重新进行记账。

8. "004 曾丽"查询现金日记账。

9. "001 曹华"对账。

10. 备份账套(以系统管理员的身份操作)。

将 888 账套备份到"项目三\总账系统日常业务"文件夹中。

三、拓展任务

1. 设置常用凭证(表 3-9)。

表 3-9 常用凭证表

编码	摘要	凭证类型	借方科目	贷方科目
001	提取现金	付款凭证	1001	100201
002	报销差旅费	转账凭证	660203	1221

2. 调用常用凭证重新编制第 1 笔提现业务,保存后作废、删除。

3. 冲销"收 001 号凭证",然后将生成的冲销凭证作废、删除。

四、操作指导

(一) 填制凭证(以第 1 笔业务为例)

1. 以"003 王强"身份登录系统,在企业应用平台"业务工作"选项卡下,执行"财务会计"|"总账"|"凭证"|"填制凭证"命令,进入"填制凭证"窗口。

2. 单击"增加",选择凭证类型"付款凭证",录入制单日期 2021-01-04,输入附单据数 1,填写摘要"提现备用",录入借方编码"1001"、借方金额"5 000";录入完贷方科目编码 100201 后,弹出辅助项对话框,输入结算方式"201",票号"XJ001",发生日期 2021-01-04,贷方金额"5 000",单击"确定"。如图 3-9 所示。

视频 034 填制凭证

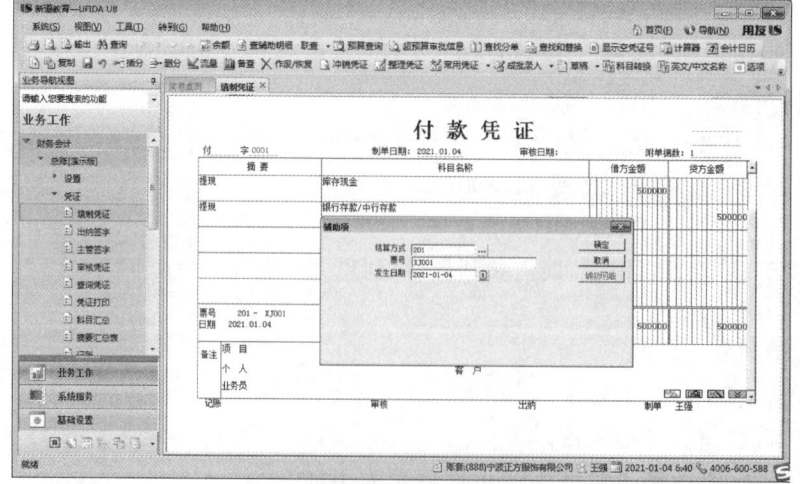

图 3-9 填制凭证

3. 单击"保存"按钮后,弹出"此支票尚未登记,是否登记?"的提示窗口,单击"是",弹出"票号登记"窗口,登记完成后单击"确定"按钮。如图3-10所示。

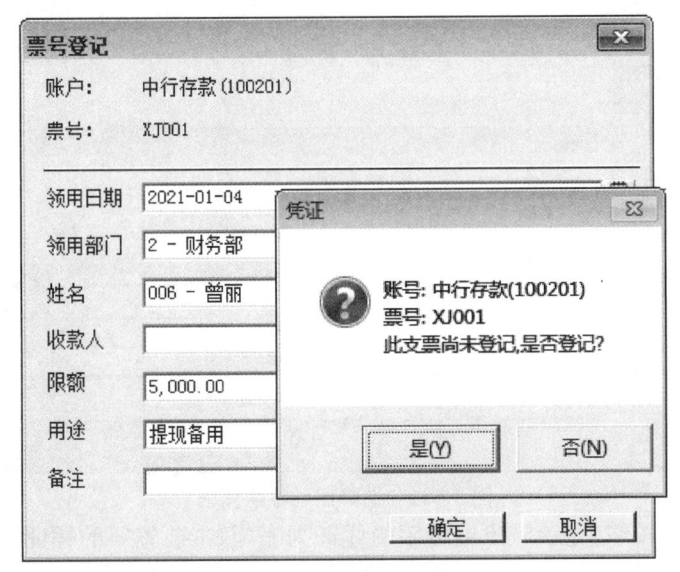

图3-10 票号登记

4. 其它凭证参照上述方法录入。

注:

(1) 在凭证填制完成后,可以单击"保存"保存凭证,也可以单击"增加"保存并增加下一张凭证。

(2) 凭证填制完成后,在未审核前可以直接修改。如果凭证的辅助项内容有错误,可选中辅助核算科目,然后将光标移动到凭证下方的备注栏,待变成"笔头状光标"时双击,弹出"辅助项"对话框,直接修改辅助项的内容,或者按"Ctrl+S"键调出辅助项录入窗口后修改。

(3) 如果凭证的金额录错了方向,可以直接按空格键改变余额方向。

(4) 凭证日期应满足总账选项中的设置,如果默认系统的选项,则不允许凭证日期逆序。

(5) 在填制凭证时如果使用含有辅助核算内容的会计科目,则应选择相应的辅助核算内容,否则将不能查询到辅助核算的相关资料。

(6) "="键意为取借贷方差额到当前光标位置。每张凭证上只能使用一次。

(7) 如果在设置凭证类别时已经设置了不同种类凭证的限制类型及限制科目,则在填制凭证时,如果凭证类别选择错误,在进入新的状态时系统则会提示凭证不能满足的条件,凭证不能保存。

(二) 出纳签字

1. 以曾丽身份重新注册登录系统,在总账系统中,单击"凭证"|"出纳签字",弹出"出纳签字"窗口。如图3-11所示。

视频035 出纳签字

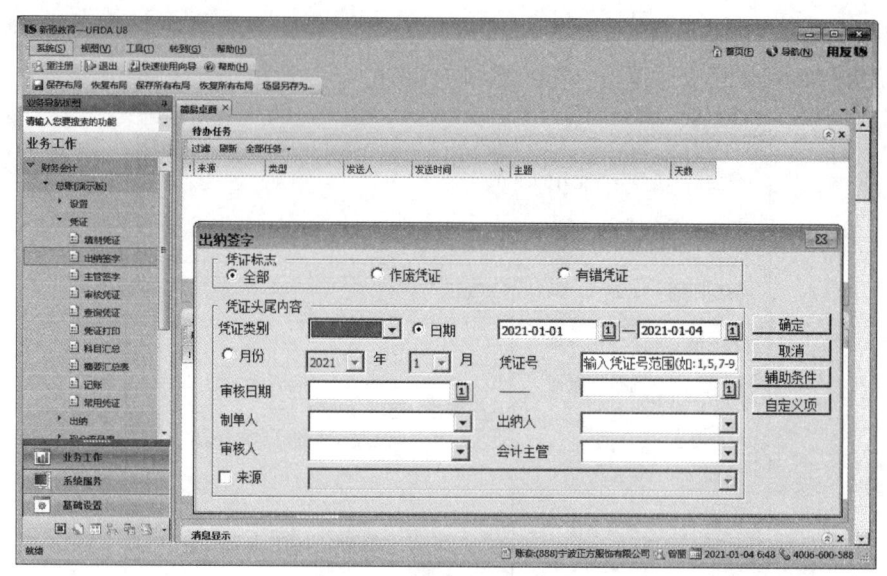

图 3-11　选择出纳签字凭证

2. 单击"确定"按钮,显示需出纳签字的凭证列表,双击要签字的凭证,打开该凭证,单击"签字",出纳的姓名"曾丽",显示在出纳栏。如图 3-12 所示。

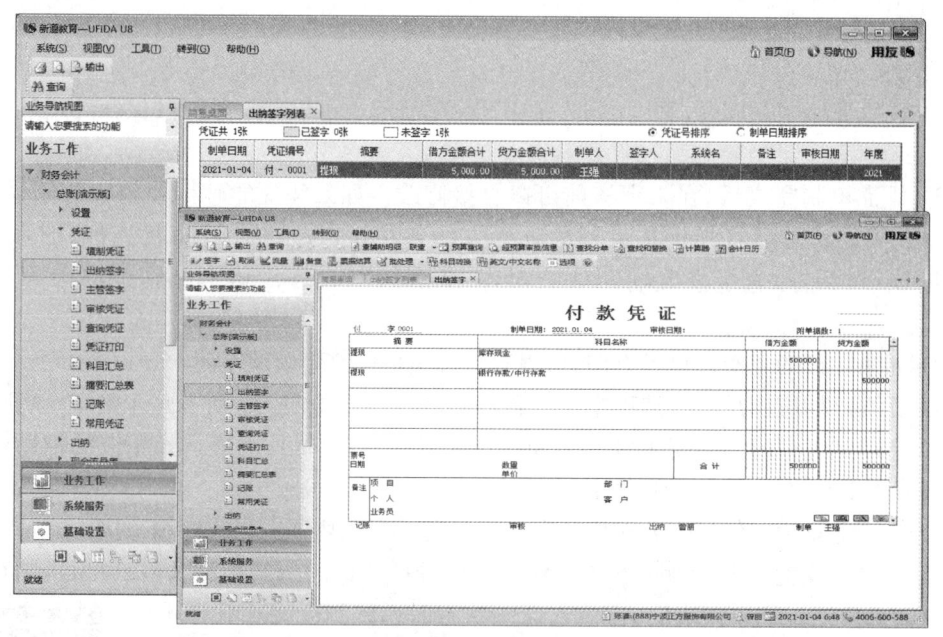

图 3-12　出纳签字

注:

(1) 出纳签字的操作既可以在"凭证审核"后进行,也可以在"凭证审核"前进行。

(2) 进行出纳签字的操作员应已在系统管理中赋予了出纳的权限。

(3) 要进行出纳签字的操作应满足以下 3 个条件:首先,在总账系统的"选项"中已经设置了"出纳凭证必须经由出纳签字";其次,已经在会计科目中进行了"指定科目"的操作;再次,凭证中所使用的会计科目是已经在总账系统中设置为"日记账"辅助核算内容的会计科目。

(4) 如果发现已经进行了出纳签字的凭证有错误,应在取消出纳签字后再在填制凭证功能中进行修改。

(三) 审核凭证

1. 以郭文身份重新注册登录系统,在总账系统中,单击"凭证"|"审核凭证",弹出"凭证审核"窗口。如图 3-13 所示。

视频 036 审核凭证

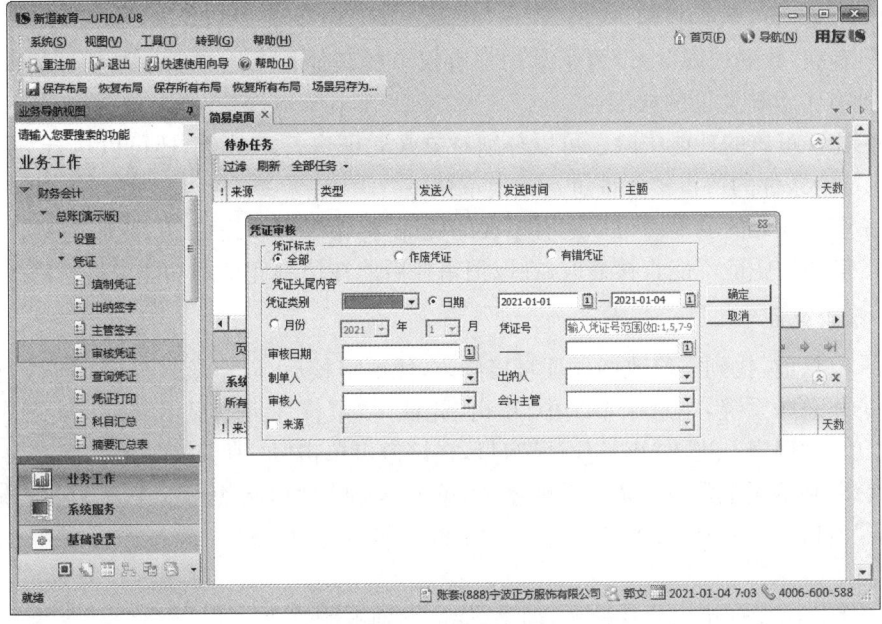

图 3-13 选择审核凭证

2. 单击"确定"按钮,显示需审核的凭证列表,双击要审核的凭证,打开该凭证,单击"审核",审核人的姓名"郭文",显示在审核栏。如图 3-14 所示。

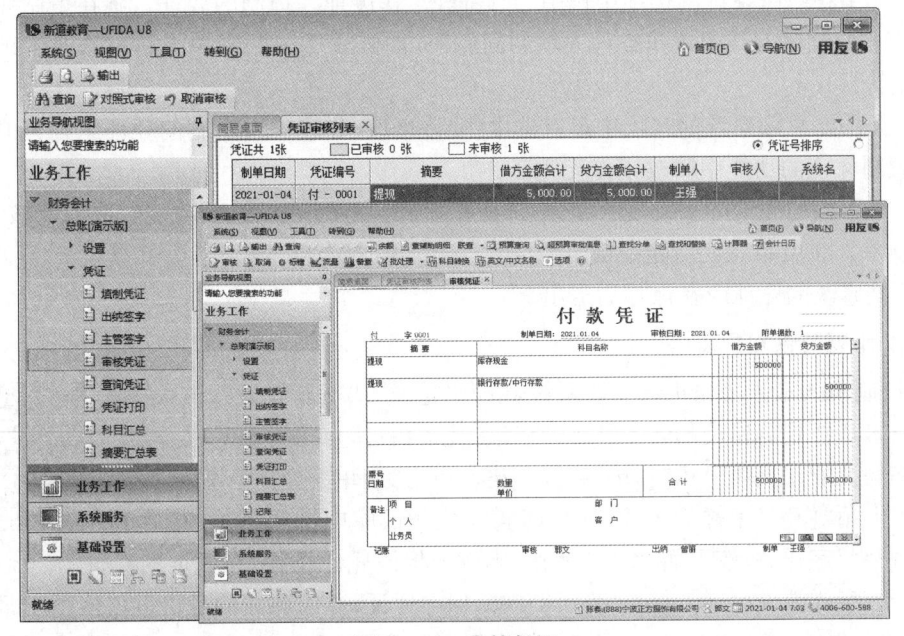

图 3-14 审核凭证

注：

（1）系统要求制单人和审核人不能是同一个人，因此在审核凭证前一定要首先检查一下，当前操作员是否就是制单人，如果是，则应更换操作员。

（2）凭证审核的操作权限应首先在"系统管理"的权限中进行赋权，其次还要注意在总账系统的选项中是否设置了"凭证审核控制到操作员"的选项，如果设置了该选项，则应继续设置审核的明细权限，即"数据权限"中的"用户"权限。

（3）只有在"数据权限"中设置了某用户有权审核其他某一用户所填制凭证的权限，该用户才真正拥有了审核凭证的权限。

（4）在凭证审核的功能中除了可以分别对单张凭证进行审核外，还可以执行"成批审核"的功能，对符合条件的待审核凭证进行成批审核。

（5）在审核凭证的功能中可以对有错误的凭证"标错"处理，还可以"取消"审核。

（6）已审核的凭证不能直接修改，在取消审核后能在填制凭证的功能中进行修改。

（四）修改凭证

凭证未审核前，找到需修改的凭证直接修改，凭证审核后，以审核人身份郭文身份进入总账系统，在总账系统中，单击"凭证"|"审核凭证"，显示需审核的凭证，单击"确定"，进入"审核凭证"窗口，在该窗口单击"取消审核"撤销审核。然后以制单人王强身份进入总账系统，单击"凭证"|"填制凭证"，进入"填制凭证"窗口，找到需修改的转1凭证将"1 500"修改为"1 600"。

视频037 修改凭证

注：

（1）未审核的凭证可以直接修改，但是，凭证类别不能修改。

（2）已进行出纳签字而未审核的凭证如果发现有错误，可以由原出纳签字的操作员在"出纳签字"功能中取消出纳签字后，再由原制单人在填制凭证功能中修改凭证。

（3）如果在总账系统的选项中选中"允许修改、作废他人填制的凭证"，则在填制凭证功能中可以由非原制单人修改或作废他人填制的凭证，被修改凭证的制单人将被修改为现在的修改凭证的人。

（4）如果在总账系统的选项中没有选中"允许修改、作废他人填制的凭证"，则只能由原制单人在填制凭证的功能中修改或作废凭证。

（5）已审核的凭证如果发现有错误，应由原审核人在"审核凭证"功能中取消审核签字后，再由原制单人在填制凭证功能中修改凭证。

（6）被修改的凭证应在保存后退出。

（五）作废与恢复凭证

1. 以制单人王强身份进入总账系统，单击"凭证"|"填制凭证"，进入"填制凭证"窗口，找到需作废的转1凭证，在填制凭证窗口，点击"制单"|"作废/恢复"，在凭证的左上角显示"作废"字样。再次点击"制单"|"作废/恢复"，在凭证的左上角"作废"字样消失。（如果将凭证从凭证库中彻底删除，在凭证左上角"作废"字样后，按下面2、3、4操作，本例未将该凭证删除，在凭证的左上角"作废"字样消失后，将1 600改回1 500，保存凭证，并以郭文的身份审核该凭证即可。)

视频038 作废与恢复凭证

2. 在填制凭证窗口，点击"制单"|"整理凭证"，选择"凭证期间2021.01"，点击"确定"。

3. 进入作废凭证表窗口,在"删除"栏双击,显示"Y",点击"确定"。
4. 系统提示,选中"按凭证号重排",点击"是",凭证作废成功。如图 3-15 所示。

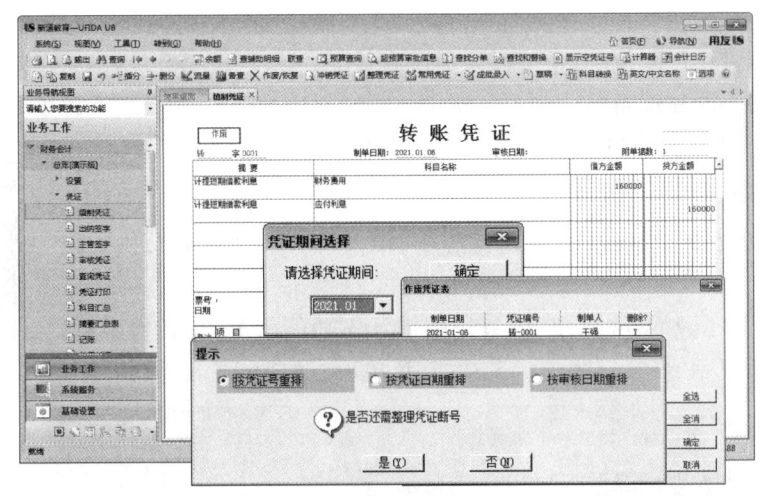

图 3-15 作废凭证

注:
(1) 未审核的凭证可以直接删除,已审核或已进行出纳签字的凭证不能直接删除,必须在取消审核及取消出纳签字后再删除。
(2) 若要删除凭证,必须先进行"作废"操作,而后再进行整理。
(3) 对于作废凭证,可以单击"作废/恢复"按钮,取消"作废"标志。
(4) 作废凭证不能修改、不能审核,但应参与记账。
(5) 只能对未记账凭证进行凭证整理。
(6) 账簿查询时查不到作废凭证的数据。

(六) 记账

以王强身份登录系统,在总账系统中,单击"凭证"|"记账",显示需记账的凭证,输入记账范围,单击"记账"。如图 3-16 所示。

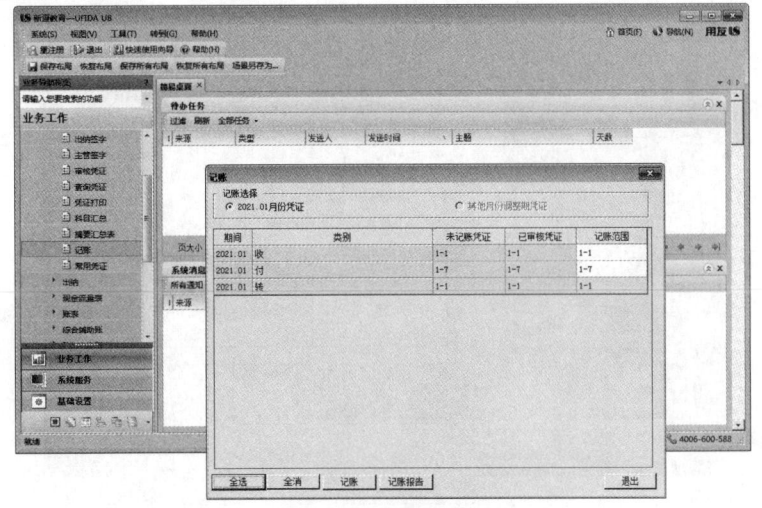

图 3-16 凭证记账

注:

(1) 如果期初余额试算不平衡不允许记账,如果有未审核的凭证不允许记账,上月未结账本月不能记账。

(2) 如果不输入记账范围,系统默认为所有凭证。

(3) 记账后不能整理断号。

(4) 已记账的凭证不能在"填制凭证"功能中查询。

(七) 反记账

1. 以曹华身份登录系统,在总账系统中,单击"期末"|"对账",进入对账窗口。

2. 按 Ctrl+H 键,系统弹出"恢复记账前状态功能已被激活"提示框,同时凭证菜单下显示"恢复记账前状态功能"菜单项。如图 3-17 所示。

视频 039 反记账与记账

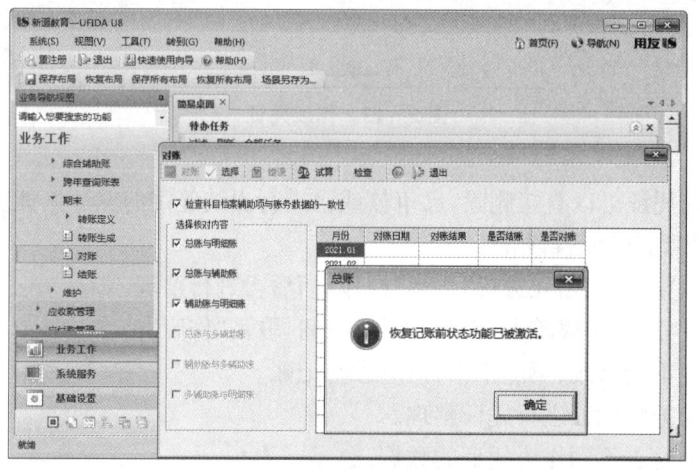

图 3-17 激活恢复记账前功能

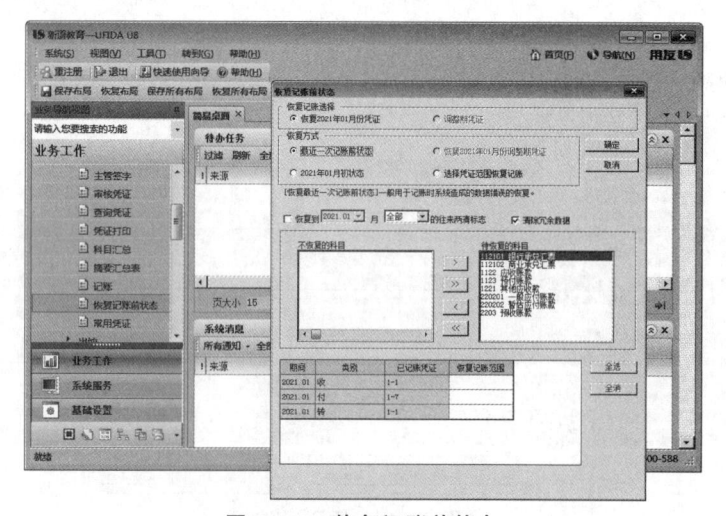

3. 单击"凭证"|"恢复记账前状态",打开"恢复记账前状态"对话框。

4. 选择"最近一次记账前状态",单击"确定",系统弹出"请输入主管口令"信息提示框。如图 3-18 所示。

图 3-18 恢复记账前状态

5. 输入口令为空,单击"确认",系统弹出"恢复记账完毕!"提示。

6. 再以王强身份登录系统,在总账系统中,单击"凭证"|"记账",显示需记账的凭证,输入记账范围,单击"记账"。

(八) 查询账簿

以曾丽身份执行"出纳"|"现金日记账"命令,打开"现金日记账查询条件"对话框。单击"确定"按钮,进入"现金日记账"窗口。查询其他账簿参照日记账查询。如图 3-19 所示。

图 3-19 查询账簿

注:

(1) 只有在"会计科目"功能中使用"指定科目"功能指定"现金总账科目"及"银行总账科目",才能查询"现金日记账"及"银行存款日记账"。

(2) 既可以按日查询,也可以按月查询现金及银行存款日记账。

(3) 查询日记账时还可以查询包含未记账凭证的日记账。

在已打开的日记账窗口中还可以通过单击"过滤"按钮,通过输入过滤条件快速查询日记账的具体内容。

(4) 在已打开的日记账窗口中还可以通过单击"凭证"按钮,查询该条记录所对应的记账凭证。

(九) 对账

1. 以曹华身份执行"期末"|"对账"命令,打开"对账"对话框。

2. 单击"试算"按钮,出现"试算平衡表"对话框。如图 3-20 所示。

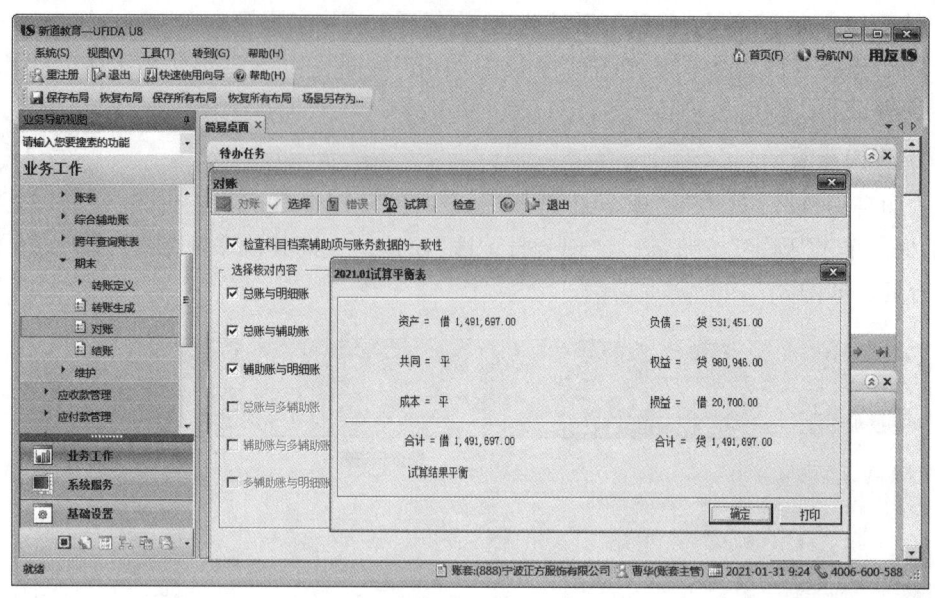

图 3-20　试算平衡

3. 单击"确定"按钮,单击"选择"按钮,在是否对账栏出现"Y"标志,选中要对账的月份。再单击"对账"按钮,系统开始对账,并显示对账结果。如图 3-21 所示。

图 3-21　对账

(十) 设置常用凭证(拓展任务)

1. 以曹华身份在总账系统中,单击"凭证"|"常用凭证",进入"常用凭证"窗口,单击"增加"录入编码"001"、说明"提取现金"、凭证类别"付款凭证"。

2. 单击"详细",进入该凭证详细录入窗口,编码显示为"001",说明"提取现金",摘要中显示"提取现金"、录入科目名称"1001",点击"增分",增加一行,录入科目名称"100201",等详细信息,录入完成,单击"退出"。如图 3-22 所示。

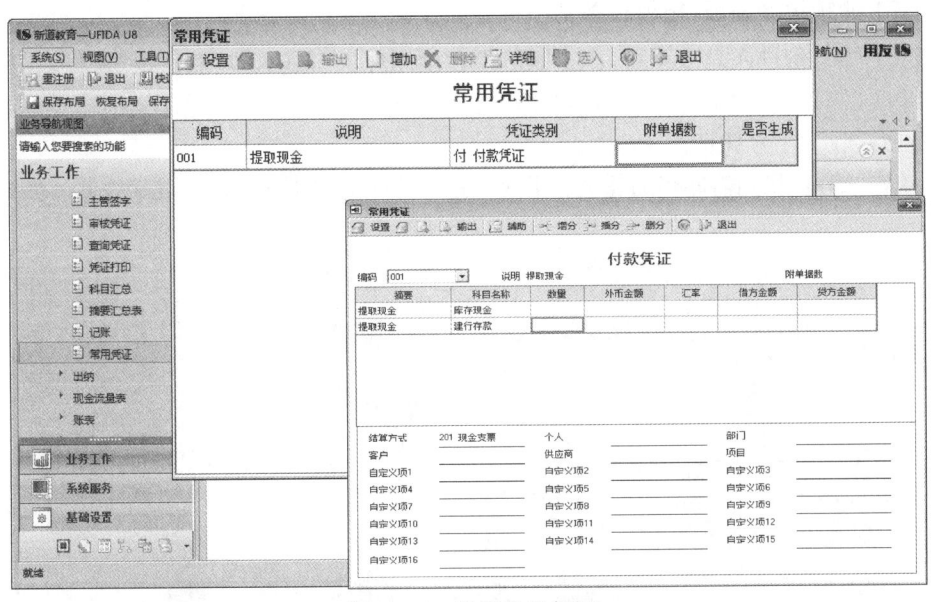

图 3-22 设置常用凭证

(十一) 调用常用凭证(拓展任务)

1. 以王强身份登录系统,在总账系统中,单击"凭证"|"填制凭证",进入"填制凭证"窗口,单击"制单"|"调用常用凭证",弹出"调用常用凭证"窗口。

2. 单击"参照"按钮,弹出"常用凭证"窗口,选中需要输入的提取现金凭证,点击"选入"。

3. 在"填制凭证"窗口新生成一张凭证,将金额"5 000"等详细信息录入。如图3-23所示。

图 3-23 调用常用凭证

（十二）冲销记账凭证(拓展任务)

1. 以王强身份进入总账系统，单击"凭证"|"填制凭证"，进入"填制凭证"窗口。
2. 单击"制单"|"冲销凭证"，弹出"冲销凭证"窗口，录入"月份""凭证类别""凭证号"，即：2021年1月，收001号凭证。
3. 单击"确定"找到需冲销的凭证。生成一张与需冲销的凭证一样的红字凭证。如图3-24所示。

图3-24 冲销记账凭证

注：
（1）冲销凭证是针对已记账凭证由系统自动生成的一张红字冲销凭证。
（2）冲销凭证相当于填制了一张凭证，不需保存，只要进入新的状态就由系统将冲销凭证自动保存。
（3）已冲销凭证仍需审核、出纳签字后记账。
（4）讲解完调用常用凭证和冲销记账凭证所生成的新凭证后请作废、删除，后面的演示数据中未包含上述2张凭证。

项目小结

总账系统是用友软件的核心子系统，其功能十分强大，适用于各类企业。总账系统即可以独立运行，也可同其他系统协同运行。企业通过总账系统设置为适合自身特点的专用系统。总账系统初始设置的好坏，直接影响到会计电算化工作的效果。总账系统日常业务处理包括填制凭证、出纳签字、审核凭证、记账等主要处理过程和凭证修改、冲销、删除等辅助操作。在用友U8中，凭证是唯一的数据来源，所有账簿的数据均来自凭证。为了保证凭证录入正确，系统设置了多项控制措施，包括：凭证号采用自动编号时按照"凭证类别＋序号"顺序排号；凭证日期序时且不能超前于系统日期；每张凭证借贷方必须平衡等。

项目三基础练习

一、单项选择题

1. 总账系统核算应付账款,这该科目应选择( )辅助核算方式。
   A. 部门核算　　B. 个人核算　　C. 客户往来　　D. 供应商往来
2. 关于会计科目下列说法错误的是( )。
   A. 先建上级科目再建下级科目　　B. 编码长度及每级位数要符合编码规则的规定
   C. 科目编码不能重复　　D. 已有数据的科目可以修改科目性质
3. 在总账系统初始设置中,录入期初余额时( )。
   A. 要求录入一级科目初始余额　　B. 要求录入中间级科目的期初余额
   C. 要求录入末级科目的期初余额　　D. 每级科目均需录入期初余额
4. 应收账款科目设置为应收系统受控科目,下列说法正确是( )。
   A. 会重复制单
   B. 不允许应收系统使用此科目制单
   C. 总账系统能使用此科目制单
   D. 在选项设置中选择可以使用应收受控科目后总账系统才能使用这些科目填制凭证
5. 凭证一旦保存,不能修改的内容是( )。
   A. 凭证类别　　B. 凭证日期　　C. 附单据数　　D. 凭证摘要
6. 总账系统中可以取消凭证审核的操作员是( )。
   A. 该凭证的制单人　　B. 有审核权限的人
   C. 账套主管　　D. 该凭证的审核人
7. 填制凭证时,输入会计科目编码应为( )编码。
   A. 一级科目　　B. 二级科目　　C. 明细科目　　D. 末级科目
8. 在总账系统填制凭证时,系统要求输入票据日期、结算方式、票号,说明该科目设置了( )辅助核算。
   A. 数量核算　　B. 往来核算　　C. 银行核算　　D. 外币核算

二、多项选择题

1. 适合设置部门辅助核算的会计科目是( )。
   A. 应收账款　　B. 管理费用　　C. 应付账款　　D. 主营业务收入
2. 系统提供的常用凭证分类方式有( )。
   A. 现金、银行、转账凭证
   B. 收款、付款、转账凭证
   C. 记账凭证
   D. 现金收款、现金付款、银行收款、银行付款、转账凭证

3. 删除会计科目下列描述正确的是(   )。

A. 建立后不能删除

B. 有下级科目的应从下至上删除

C. 已经输入余额的科目可将余额清零后删除

D. 凭证中已使用的会计科目不能删除

4. 期初余额试算不平衡,将(   )。

A. 不能记账　　　　　　　　　　B. 可以记账

C. 不能输入凭证　　　　　　　　D. 可以输入凭证

5. 关于审核凭证,以下说法正确的是(   )。

A. 所有凭证必须审核之后才能记账　　B. 审核人与记账人不能为同一人

C. 审核后的凭证不能进行无痕迹修改　　D. 取消审核只能由审核人自己进行

6. 关于记账,以下说法正确的是(   )。

A. 记账只能由账套主管进行

B. 可以选择记账范围

C. 一个月可以多次记账

D. 可以选择要记账的账簿,如总账、明细账等

7. 关于查询账簿,下列说法正确的是(   )。

A. 系统提供总账—明细账—凭证逆向联查　　B. 多栏账要先定义,才能查询

C. 现金日记账只有出纳才能查询　　D. 可以通过余额表查某科目的本期发生额

薪资管理系统

项目四

知识目标

1. 会描述薪资管理系统和其他系统的关系。
2. 能阐述薪资管理系统的数据处理流程。
3. 会描述工资账套初始设置的内容,会使用工资项目设置和计算公式设置的基本方法。
4. 能阐述薪资管理系统薪酬业务处理的内容,会使用工资分摊的基本方法。

能力目标

1. 能够按要求设置薪资管理系统账套。
2. 能够根据企业实际情况设置工资项目和计算公式。
3. 能够正确进行工资数据的处理。
4. 能够熟练进行工资分摊设置并生成转账凭证。
5. 能够根据工资数据进行统计分析。

项目导入

宁波正方服饰有限公司要进行薪资计算和分摊,因此需建立工资系统账套,将员工档案导入薪资管理系统,录入该公司员工工资的构成项目以及定义工资的计算公式,并需要录入当月的工资数据,进行工资变动处理,进行工资及相关费用的设置后将每月的工资数据生成凭证。

4.1 薪资管理系统概述

4.1.1 功能概述

薪资管理系统是用友软件的重要组成部分，适用于各类企业、行政、事业与科研单位，并提供了同一企业存在多种工资核算类型的解决方案。可以根据不同企业的需要设计工资项目、计算公式，更加方便的输入、修改各种工资数据和资料，自动计算、汇总工资数据，对形成工资、社会保险费、住房公积金等各项费用进行月末、年末账务处理，并通过转账方式向总账系统传输会计凭证，向成本管理系统传输工资费用数据。薪资管理系统不仅可以完成工资的核算、发放、费用分摊以及个人所得税的核算等工作，还提供了强大的工资分析和管理功能。可更加方便的输入、修改各种工资数据和资料，提供对工资相关数据的多种方式的查询和分析。根据工资业务处理的需要，薪资管理系统的主要功能包括以下三方面。

4.1.1.1 系统初始设置功能

薪资管理系统初始化设置的内容主要包括新建工资账套、人员类别及人员附加信息设置；工资类别的管理、部门选择、人员档案的管理、代发工资的银行名称设置；工资项目的设置和工资计算公式设置等。首次使用薪资管理系统时，需由财务人员将企业职工工资的原始资料输入系统，形成薪资管理系统的基础数据库。

4.1.1.2 日常操作功能

薪资管理系统的日常业务处理主要包括工资变动处理（即每个月发生变动的工资数据）：一个月的事假与病假天数、工资项目的增减、人员的调入与调出、基本工资标准或计件单价的调整等，根据基本不变的数据与变动数据计算应发工资、扣缴个人所得税和实发工资；工资分钱清单处理，银行代发处理；进行工资费用分配与计提，并实现自动转账处理。

4.1.1.3 特定业务处理功能

企业有多个工资类别的情况下，薪资管理系统将多个工资类别的数据汇总，提供该企业工资情况的完整数据。薪资管理系统可以提供多层次、多角度的工资数据查询，既可提供自定义报表查询功能，又可提供按月查询凭证的功能，包括各种工资表和各种工资分析表。

4.1.2 薪资管理系统与其他系统的关系

薪资管理系统与总账系统、成本核算系统、UFO报表系统之间存在密切的联系。工资核算是财务核算的一部分，日常业务要通过记账凭证反映，薪资管理系统和总账系统主要是凭证传递关系。工资计提、分摊的费用要通过制单的方式传递给总账系统，在总账系统可查询薪资管理系统生成的凭证；薪资管理系统向成本核算系统传递人员的工资费用；薪资管理系统向UFO报表系统传递数据。具体操作流程如图4-1所示。

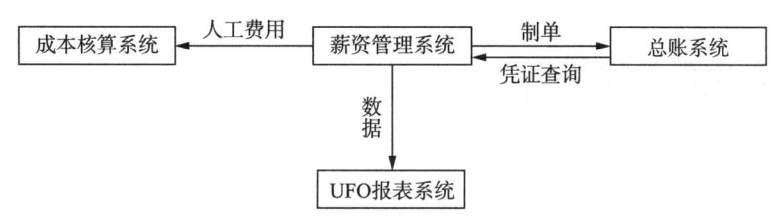

图 4-1 薪资管理系统与其他系统的关系

4.1.3 薪资管理系统数据处理流程

薪资管理系统的操作流程包括以下内容：设置工资账套参数、设置工资项目、设置工资类别、设置部门、增加人员档案、设置工资计算公式、工资数据取数并计算、工资分摊、月末结账。对于第一次启用薪资管理系统，采用多个工资类别核算的企业，具体操作流程如图4-2所示。

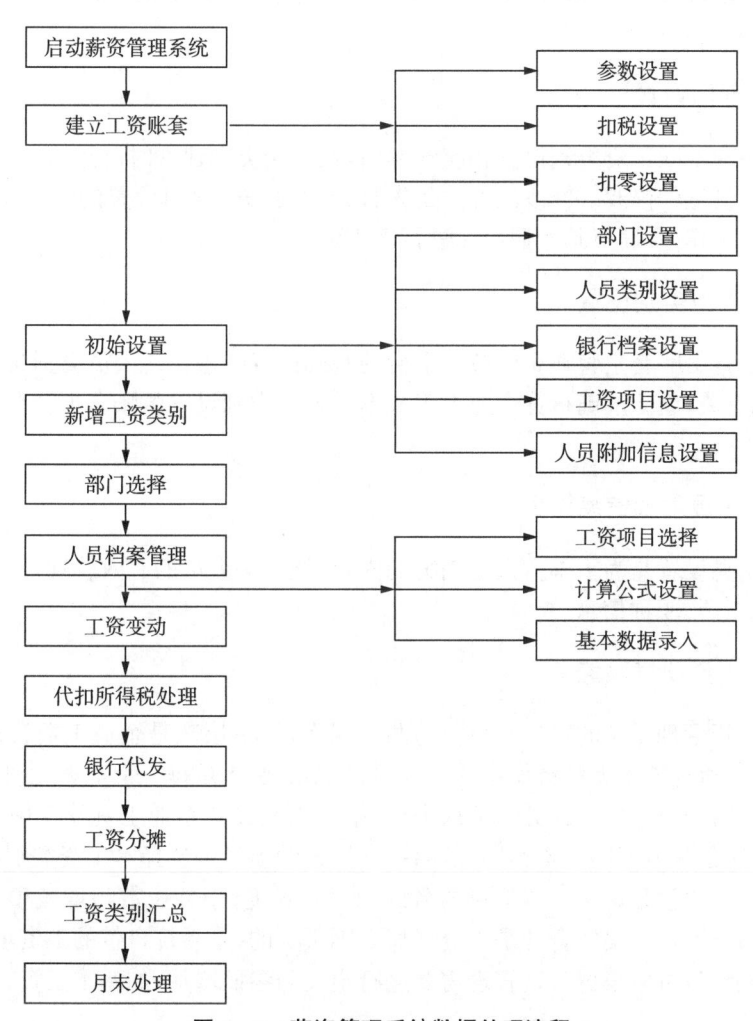

图 4-2 薪资管理系统数据处理流程

4.2 薪资管理系统初始化

4.2.1 建立工资账套

工资账套与系统管理中的账套不同,系统管理中的账套是针对整个核算系统的,工资账套是针对薪资管理系统的,是建立一套进行工资核算管理的规则。新建工资账套通过系统提供的建账向导完成,第一次运行薪资管理系统,系统会自动进入建账向导。工资账套分四步进行,分别进行工资类别个数的确定、币别的选择、扣税设置、扣零设置与人员编码长度设置。

4.2.2 基础信息设置

工资账套的基础设置包括部门设置、人员类别设置、人员附加信息设置、工资项目设置和银行档案设置等内容。

4.2.2.1 部门设置

部分设置是为不同工资类别设置相应的部门,在工资类别建立时已经选择了部门,可以根据需要进行部门设置的修改。修改的方法是先打开需要修改部门设置的工资类别,再进行部门的设置。实际工作中,薪资是按照部门进行管理的。

4.2.2.2 人员类别设置

人员类别设置由账套主管在企业应用平台的基础设置中操作。人员类别与工资费用的归集、分配与分摊有关,便于准确核算企业人工成本。人员类别设置由账套主管在"基础设置"中设置。

4.2.2.3 人员附加信息设置

人员附加信息设置是为了丰富人员档案的内容,便于对人员的有效管理,一般可以增加设置人员的性别、学历、职称信息。

4.2.2.4 工资项目设置

用友软件薪资管理系统的工资项目分为两个层次,第一层次是企业工资管理中所用到的所有工资项目,是所有工资类别将使用的工资项目;第二层次是每一个工资类别使用的工资项目。所以工资项目的设置操作也分为两次进行,第一次是设置企业工资管理中所用到的所有工资项目,第二次是区分不同工资类别,从第一次设置的项目中选择本工资类别所需要的工资项目。工资项目设置就是定义工资项目的名称、类型、长度、小数位数与增减项。有些工资项目如应发合计、扣款合计、实发合计是工资计算必不可少的,是系统自带的工资项目,不能删除和重命名。一些项目可以根据工资管理需要进行定义与参照增加,如基本工资、奖励工资等。

4.2.2.5 银行档案设置

工资由银行代发的企业,需要进行银行档案设置。发放工资可以设置多个代发的银行,这里的银行名称设置是针对所有工资类别的。银行档案的设置由账套主管在"基础设置"中设置。

4.2.3 工资类别管理

4.2.3.1 建立工资类别

工资账套建完后,根据企业工资标准实际确定是否需要多个工资类别。薪资管理系统提供处理多个工资类别的功能。企业内部的职工因工作性质不同、从事不同的工作内容,工资的发放项目和计算方法通常也不同,存在多个不同工资计算标准。为了区别不同人员的工资计算,用友软件通过设置工资类别来实现工资的分类管理。所谓工资类别是指对工资计算方法的归类,一种工资计算方法称为一个工资类别。如果是多个工资类别,就需要分别建立工资类别,以核算不同工资类别。例如,企业将员工分为正式工和临时工,就需要设置正式工工资类别和临时工工资类别。每个工资类别下都可以设置人员档案、工资变动、工资数据、报税处理、银行代发等。对工资类别的维护包括建立工资类别、打开工资类别、删除工资类别、关闭工资类别、汇总工资类别等内容。

4.2.3.2 人员档案设置

人员档案设置用于登记工资发放人员的姓名、职工编号、所在部门、人员类别等信息,员工的增减变动也必须在本功能中处理。工资账套建立完成后,可以用"批量引入"的方式引入"基础设置"中设置的人员档案信息,以减少工作量。对批量引入的人员档案要补充相关信息,如个人银行账号。人员档案属于不同工资类别的,必须区分不同工资类别进行设置。

4.2.3.3 设置指定工资类别下的工资项目和计算公式

在薪资管理系统初始设置中的工资项目包括本单位各种工资类别所需要的全部工资项目。而不同的工资类别下的工资发放项目不同,计算公式也不同,应对某个指定工资类别所需的工资项目进行设置,并定义此工资类别的工资数据计算公式。

(1) 建立本工资类别的工资项目

这里只能选择薪资管理系统初始设置中设置的工资项目,不可自行输入。工资项目的类型、长度、小数位数、增减项等不可更改。

(2) 设置计算公式

运用计算公式可直观表达工资项目的实际运算过程,灵活地进行工资计算处理。定义公式可选择工资项目、运算符、关系符、函数等组合完成。系统固定的工资项目(应发合计、扣款合计、实发合计等)的计算公式,系统会根据工资项目设置的"增减项"自动给出,用户只能增加、修改、删除其他工资项目的计算公式。定义公式时要注意先后顺序,先得到的数据应先设置公式。应发合计、扣款合计、实发合计公式应是公式定义框的最后三个公式,可通过单据公式框中的"▲""▼"按钮调整计算公式顺序。定义工资项目计算公式要符合逻辑,系统对公式进行合法性检查,不符合逻辑的系统将给出错误提示。

4.2.4 扣缴个人所得税

职工个人所得税的管理由单位代扣代缴,系统中预置了个人所得税税率表。随着经济的发展和社会的进步,个人所得税起征点、税率等都会发生变化,如与现实情况不符,可进行修订和调整,以正确计算个人所得税。

4.2.4.1 个人所得税计算

系统默认的扣税基数是"实发合计",如果以其他工资项目作为扣税标准,则需要在薪资管理系统的扣税设置选项卡重新设置,在"税率设置"按钮左边的下拉框中选择合适的工资项目。

4.2.4.2 定义个人所得税率表

核算单位的扣除费用以及税率与系统默认的不一致,用户可以修改,对"基数""附加费用""税率"进行调整,也可以增加或删除级数,系统根据用户的设置自动计算并生成新的个人所得税报表。

4.2.4.3 个人所得税报表

所得税率定义完毕,计算方式确定后,可以打开个人所得税报表,系统提供了4种报表,用户可以根据需要有选择地打开。如果要查询某一特定时期内所得税扣缴情况,则在下拉框中选择"全部发放次数",并设置相应的起始、结束时间即可,若只查看本次的所得税扣缴情况,则在下拉框中选择"本次发放",即可查询到相应的员工个人所得税报表。

实验任务

一、实验准备

1. 建立"项目四\薪资管理系统初始化"文件夹。
2. 将系统日期修改为"2021年1月1日"。
3. 引入"项目三\总账系统日常业务\Uferpact.lst"文件,以账套主管"曹华"的身份进入企业应用平台,操作日期是"2021年1月1日",进行薪资管理系统操作。

二、实验资料

(一) 建立工资账套

工资账套参数如下:

1. 参数设置:多个工资类别;人民币(RMB)。
2. 扣税设置:代扣个人所得税。
3. 扣零设置:不扣零。
4. 人员编码:人员编码长度3位。

(二)工资类别设置(表 4-1)

表 4-1 工资类别设置表

工资类别名称	类别人员所属部门	工资类别的启用日期
001 正式员工	全部部门	2021-01-01
002 临时员工	销售部门	2021-01-01

(三)人员附加信息设置

附加信息:技术职称、学历。

(四)工资项目设置(表 4-2)

表 4-2 工资项目设置表

项目名称	类型	长度	小数位数	工资增减项
基本工资	数字	8	2	增项
岗位工资	数字	8	2	增项
绩效工资	数字	8	2	增项
交补	数字	8	2	增项
应发合计	数字	10	2	增项
养老保险	数字	8	2	减项
医疗保险	数字	8	2	减项
失业保险	数字	8	2	减项
住房公积金	数字	8	2	减项
扣款合计	数字	10	2	减项
实发合计	数字	10	2	增项
代扣税	数字	10	2	减项

(五)人员档案设置

人员档案设置已经在企业应用平台的基础设置中完成。批量增加"正式员工工资类别"各部门人员档案并输入个人银行账号(表 4-3)。

表 4-3 "正式员工工资类别"各部门人员档案

人员编码	人员姓名	性别	行政部门	人员类别	账号	是否计税	技术职称	学历
001	王鹏	男	总经办	管理人员	60135678001	是	高级经济师	本科
002	钟华	男	总经办	管理人员	60135678002	是	高级经济师	本科
003	曹华	男	财务部	财务人员	60135678003	是	高级会计师	本科
004	郭文	女	财务部	财务人员	60135678004	是	会计师	本科
005	王强	男	财务部	财务人员	60135678005	是	会计师	大专

续表

人员编码	人员姓名	性别	行政部门	人员类别	账号	是否计税	技术职称	学历
006	曾丽	女	财务部	财务人员	60135678006	是	助理会计师	大专
007	邓明	男	采购部	采购人员	60135678007	是	经济师	大专
008	赵山	男	销售部	销售人员	60135678008	是	经济师	大专
009	康民	男	销售部	销售人员	60135678009	是	经济师	大专
010	李超	男	仓管部	仓管人员	60135678010	是	助理经济师	大专
011	罗飞	男	人事部	管理人员	60135678011	是	高级经济师	本科

(六) 设置"正式员工工资类别"的工资项目(表4-4)

表4-4 "正式员工工资类别"的工资项目

项目名称	类型	长度	小数位数	工资增减项
基本工资	数字	8	2	增项
岗位工资	数字	8	2	增项
绩效工资	数字	8	2	增项
交补	数字	8	2	增项
应发合计	数字	10	2	增项
养老保险	数字	8	2	减项
医疗保险	数字	8	2	减项
失业保险	数字	8	2	减项
住房公积金	数字	8	2	减项
扣款合计	数字	10	2	减项
实发合计	数字	10	2	增项
代扣税	数字	10	2	减项

(七) 设置"正式员工工资类别"工资项目的计算公式(表4-5)

表4-5 "正式员工工资类别"工资项目计算公式

工资项目	公式
交补	iff(人员类别="采购人员"or 人员类别="销售人员",400,200)
养老保险	(基本工资+岗位工资+绩效工资+交补)×0.08
医疗保险	(基本工资+岗位工资+绩效工资+交补)×0.02
失业保险	(基本工资+岗位工资+绩效工资+交补)×0.005
住房公积金	(基本工资+岗位工资+绩效工资+交补)×0.12

(八) 个人所得税扣税设置

个人所得税计提基数为5 000元,个人所得税税率表如表4-6所示。

表 4-6 个人所得税税率表

级数	全月应纳税所得额	税率(%)	速算扣除数
1	不超过3 000元	3	0
2	超过3 000元至12 000元的部分	10	210
3	超过12 000元至25 000元的部分	20	1 410
4	超过25 000元至35 000元的部分	25	2 660
5	超过35 000元至55 000元的部分	30	4 410
6	超过55 000元至80 000元的部分	35	7 160
7	超过80 000元的部分	45	15 160

(九) 权限设置

对操作员003王强、009罗飞进行记录级数据权限分配,业务对象为"工资权限",使其成为工资类别主管,拥有所有部门的工资权限。

(十) 账套备份

将888账套备份到"项目四\薪资管理系统初始化"文件夹中。

三、操作指导

(一) 建立工资账套

1. 以曹华身份登录系统,执行"业务工作"|"人力资源"|"薪资管理"操作,打开"建立工资套"窗口,进行"参数设置",选中工资类别个数"多个"。如图4-3所示。

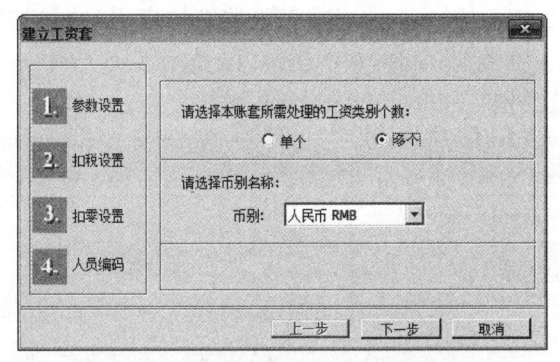

图4-3 建立工资账套——参数设置

2. 打开"扣税设置"选中"是否从工资中代扣个人所得税"。如图4-4所示。

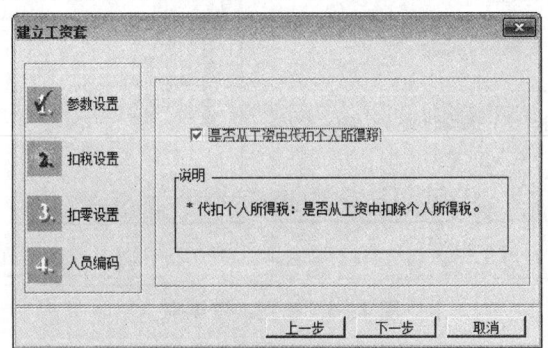

图4-4 建立工资账套——扣税设置

3. 打开"扣零设置",系统默认不扣零。如图4-5所示。

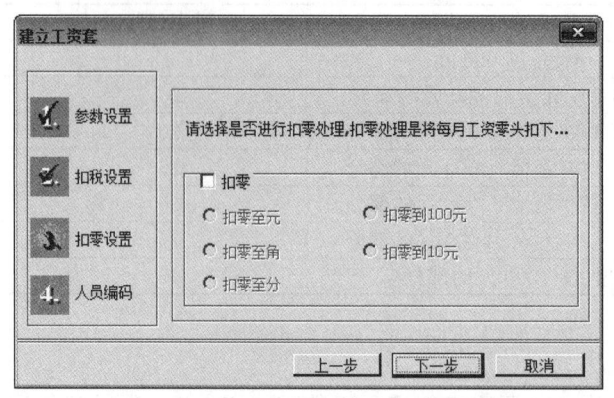

图4-5 建立工资账套——扣零设置

4. 打开"人员编码"窗口,系统弹出"本系统要求您对员工进行统一编号,人员编码同公共平台的人员编码保持一致"提示框,单击"完成"按钮。

(二) 建立工资类别

1. 在薪资管理系统中,执行"工资类别"|"新建工资类别"命令,打开"新建工资类别"窗口。

2. 输入工资类别名称"正式员工",单击"下一步"按钮。打开"请选择部门"窗口,单击"选定全部部门"按钮,单击"完成"按钮。如图4-6所示。

视频043 工资类别

3. 系统弹出"是否2021-01-01为当前工资类别的启用日期?"提示框,单击"是"按钮。执行"工资类别"|"关闭工资类别"命令,系统提示"已关闭工资类别",单击"确定"按钮。同样操作,建立临时员工工资类别。

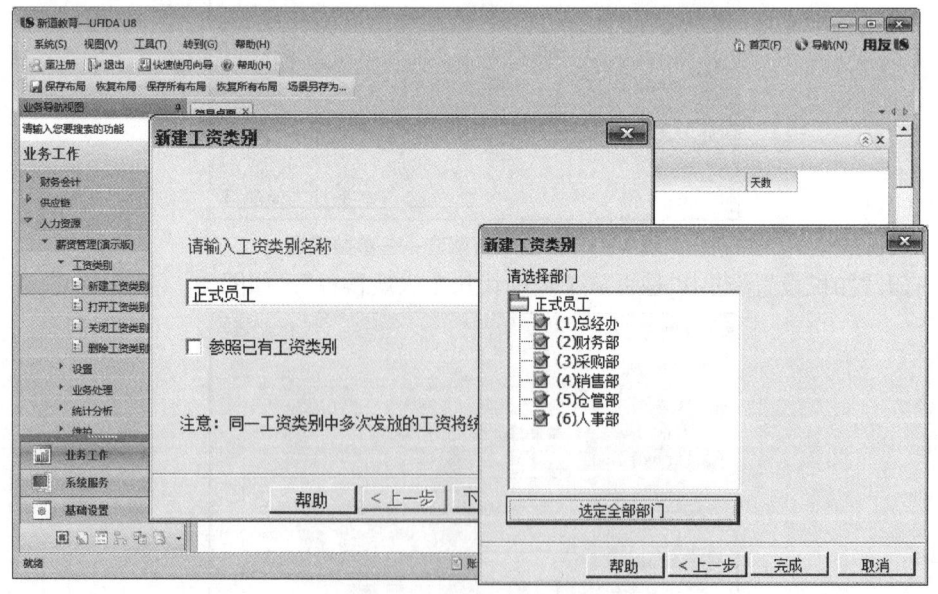

图4-6 建立工资类别

(三) 设置人员附加信息

执行"人力资源"|"薪资管理"|"设置"|"人员附加信息设置"操作，录入技术职称、学历等信息。如图4-7所示。

图4-7 设置人员附加信息

(四) 设置工资项目

执行"人力资源"|"薪资管理"|"设置"|"工资项目设置"，在"工资项目设置"选项卡中，单击"增加"按钮，录入工资项目名称"基本工资"，类型为"数字"型，长度为"8"，小数位数为"2"，增加减项为"增项"。继续增加其他工资项目。如图4-8所示。

图4-8 设置工资项目

(五) 设置人员档案

1. 执行"人力资源"|"薪资管理"|"设置"|"人员档案"设置,进入"人员档案"窗口。
2. 单击工具栏的"批增"按钮,打开"人员批量增加"对话框。
3. 在左侧"人员类别"列表框中,单击"管理人员""财务人员""采购人员""销售人员""仓管人员"前面的选择栏,点击"查询",所选人员类别下的人员档案出现在右侧列表框中。
4. 单击"确定"按钮返回,修改人员档案信息,补充输入银行账号等信息。最后单击工具栏的"退出"按钮。如图4-9所示。

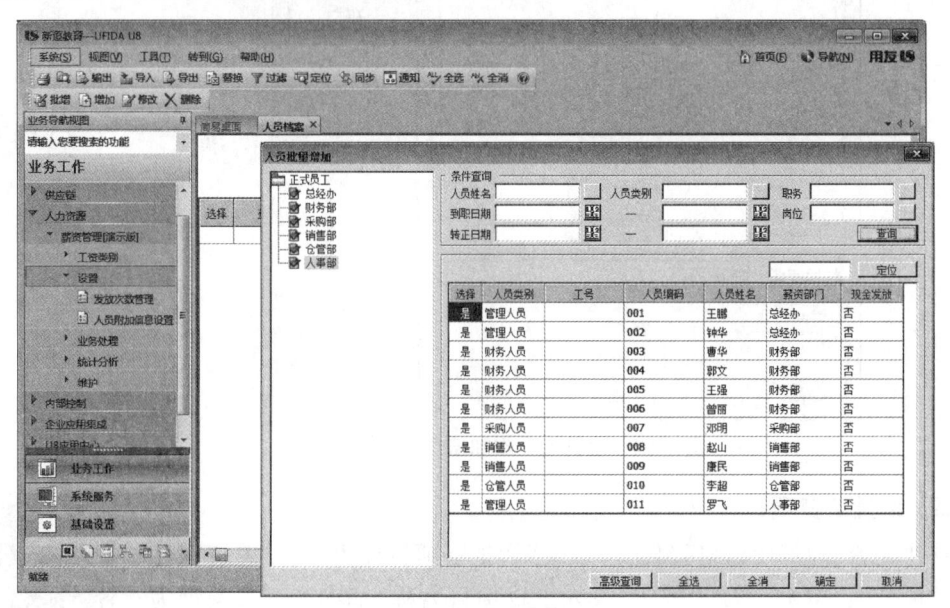

图4-9 设置人员档案

(六) 设置正式员工工资类别的工资项目

在薪资管理系统中,执行"工资类别"|"打开工资类别"命令,选择"001正式员工",单击"确定"按钮。执行"人力资源"|"薪资管理"|"设置"|"工资项目设置",在"工资项目设置"选项卡中,单击"增加"按钮,从"名称参照"中选择一个工资项目名称,全部设置完成后,单击"确定"按钮。

(七) 设置工资计算公式

1. 设置交补公式:采购人员和销售人员的交通补贴为400元,其他人员的交通补贴为200元。

(1) 执行"人力资源"|"薪资管理"|"设置"|"工资项目设置",在"公式设置"选项卡中,"工资项目"框中单击"增加"按钮,在下拉框中选中"交补"选项.

(2) 单击右边"交补公式定义"文本框,再单击"函数公式向导输入"按钮,打开"函数向导——步骤之1"对话框。

(3) 从"函数名"列表中选择iff,单击"下一步"按钮,打开"函数向导——步骤之2"对话框。

(4) 单击"逻辑表达式"右侧参照按钮,打开"参照"对话框,从"参照"下拉列表中选择"人员类别"选项,从下面列表中选择"采购人员"选项,单击"确定"按钮。返回到"函数向导——步骤之2"对话框,输入"or"(or前后都要有空格),重复上述步骤选择"销售人员",在"算术表达式1"后的文本框中输入"400",在"算术表达式2"后的文本框中输入"200",单击"完成"按钮。

(5) 返回公式设置窗口,单击"公式确认"按钮。如图4-10所示。

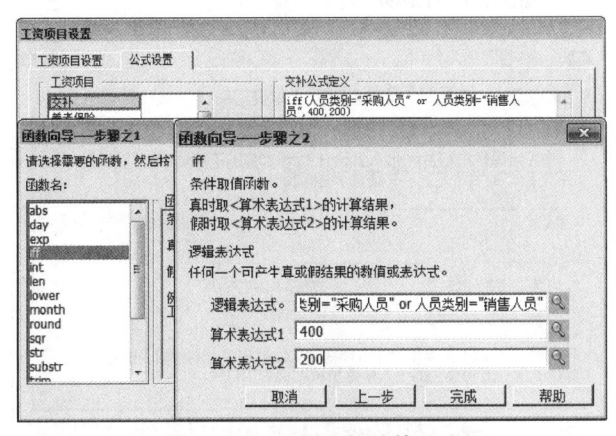

图4-10 设置交补计算公式

2. 设置养老保险公式。

(1) 执行"人力资源"|"薪资管理"|"设置"|"工资项目设置",在"公式设置"选项卡中,"工资项目"框中单击"增加"按钮,在下拉框中选中"养老保险"选项。

(2) 单击右边"养老保险公式定义"区域,选中运算符区域的"(",然后从中下部的"工资项目"列表中选择"基本工资",再选中运算符区域的"+",再从中下部的"工资项目"列表中选择"岗位工资",再选中运算符区域的"+",再从中下部的"工资项目"列表中选择"绩效工资",再选中运算符区域的"+",再从中下部的"工资项目"列表中选择"交补",再选中运算符区域的")"和运算符区域的"*",最后在"养老保险公式定义区域输入0.08。

视频049 养老保险公式

(3) 单击"公式确认"按钮,完成"养老保险"的公式定义。同理操作,完成"医疗保险""失业保险""住房公积金"的公式定义。单击"确定"按钮,即完成了在职人员工资项计算公式的设置。最后退出对话框。如图4-11所示。

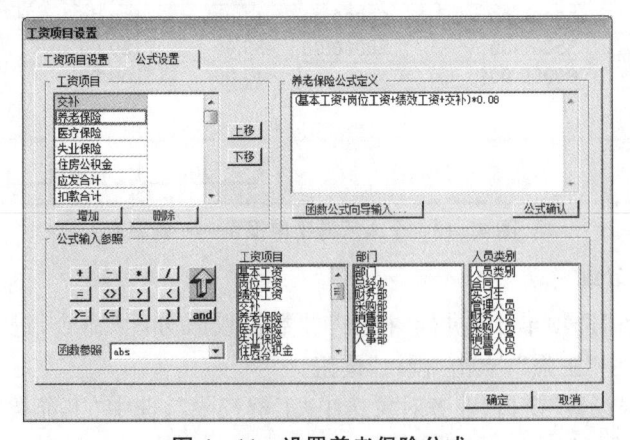

图4-11 设置养老保险公式

(八) 个人所得税扣税设置

1. 执行"人力资源"|"薪资管理"|"设置"|"选项",打开选项对话框,单击"编辑"按钮。

2. 打开"扣税设置"选项卡,单击"税率设置"按钮,打开"个人所得税申报表——税率表"对话框。如图 4-12 所示。

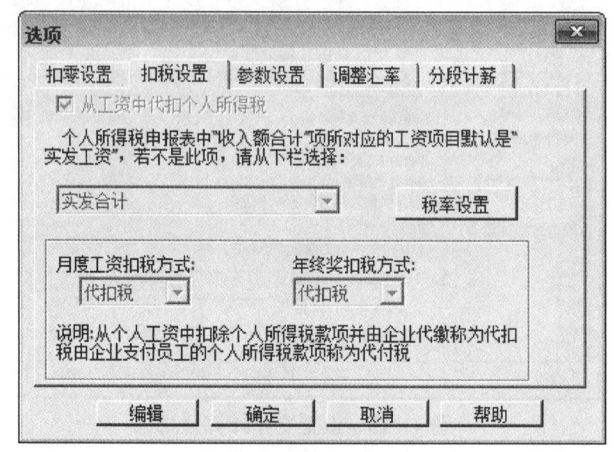

图 4-12 扣税设置

3. 设置所得税纳税基数为"5 000",附加费用"0"。
4. 按照资料所给的税率表逐行修改应纳税所得额上限、税率和速算扣除数。
5. 单击"确定"按钮。如图 4-13 所示。

级次	应纳税所得额下限	应纳税所得额上限	税率(%)	速算扣除数
1	0.00	3000.00	3.00	0.00
2	3000.00	12000.00	10.00	210.00
3	12000.00	25000.00	20.00	1410.00
4	25000.00	35000.00	25.00	2660.00
5	35000.00	55000.00	30.00	4410.00
6	55000.00	80000.00	35.00	7160.00
7	80000.00		45.00	15160.00

图 4-13 个人所得税申报表——税率表

(九) 数据权限分配

1. 在"系统服务"选项卡中,执行"权限"|"数据权限分配"命令,进入"权限浏览"窗口,选中"王强",点击"授权"按钮。

2. 在"记录权限设置"窗口,业务对象选中"工资权限",选中"工资类别主管"复选框,点击"保存"按钮。

3. 对 009 罗飞进行同样设置。如图 4-14 所示。

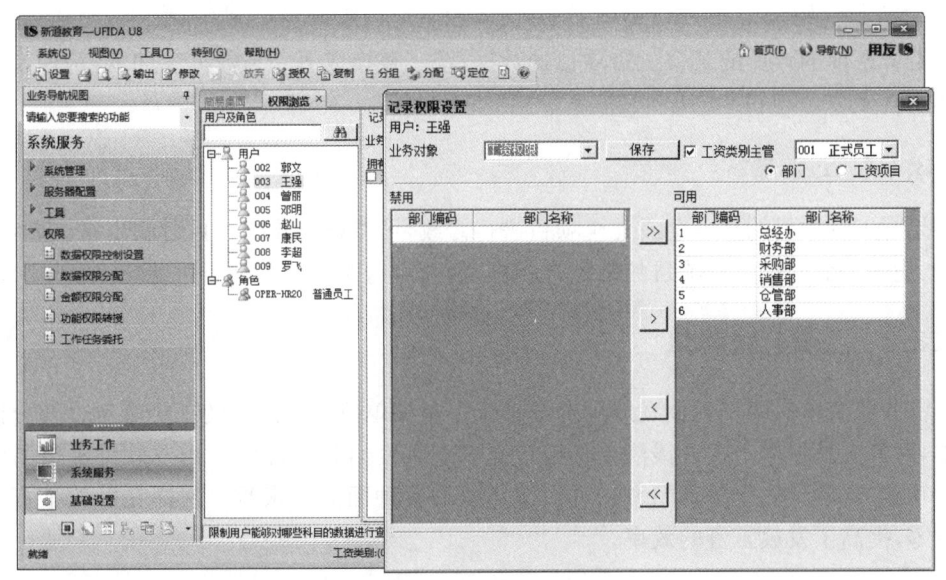

图 4-14 数据权限分配

4.3 薪资管理系统的业务处理

在基本信息设置完毕后,可以对企业职工的工资发放进行计算与管理,同时可以根据人员调动的情况,随时调整人员工资发放的金额。薪资管理系统的业务处理主要包括工资变动、工资分钱清单、扣缴所得税、银行代发以及工资分摊等的处理。

4.3.1 工资变动

职工的工资数据包括基本不变数据与变动数据。基本不变数据如职工姓名、工号,有些是一段时间内基本不变的,如基本工资、岗位工资,计件工资中的计件单价,有些是经常变动的数据,如事假天数、病假天数、计件数量等。工资变动就是在每个月计算实发工资时从上个月引入相对不变的数据,然后输入每个月发生变动的工资数据。工资变动的管理还包括工资项目的增减、人员的调入调出、基本工资标准或计件单价的调整等。为了快速、准确的录入工资数据,系统提供了以下功能。

4.3.1.1 筛选和定位

如果只对部分人员的工资数据进行修改,可以采用数据过滤的方法,先将所要修改的人员过滤出来,然后进行工资数据修改。修改完毕后,进行重新计算和汇总。

4.3.1.2 页编辑

工资变动界面的"编辑"按钮,可以对选定的个人进行快速录入。单击"上一人""下一人"按钮可变更人员,以便录入或修改其他人员的工资数据。

4.3.1.3 替换

将符合条件的人员的某个工资项目的数据,统一替换成另一个数据。如:将管理人员的奖金上调100元。

4.3.1.4 过滤器

如果对工资项目的某一个或几个项目进行修改,可将要修改的项目过滤出来。如:只对事假天数、病假天数两个工资项目的数据进行修改,可将这两个工资项目过滤出来。

4.3.2 工资分钱清单

工资分钱清单适用于现金发放工资的单位。是按单位工资发放的工资金额计算分钱票面额清单,财务人员根据工资分钱清单从银行提取现款发给各个部门。用友软件提供了票面额设置的功能,自动计算出按部门、按人员、按企业的各种面额的张数。这样在发放工资过程中不用找零,提高了发放工资的效率。

4.3.3 银行代发

企业将工资发放委托银行进行,每月向银行提供带加密的给定格式文件,使单位发出的代发工资文件格式和银行计算机工资代发系统所需文件格式一致,以保证代发业务的顺利进行,减轻财务部门发放工资的繁重工作。银行文件格式设置就是根据银行的要求,对应提供的数据中所包含的项目及其数据类型、长度和取值范围进行设置。第一次进入银行代发系统时,将自动打开"银行文件格式设置"对话框,以后再进入此系统时,单击工具栏的"格式"按钮即可。设置完毕后,生成"银行代发一览表"。

4.3.4 工资分摊

工资费用是成本核算的重要内容,是薪资管理系统的主要工作。每到月终,根据工资费用分配表,把工资费用按用途进行分配,计入有关成本费用。如企业管理人员的工资计入管理费用、销售人员工资计入销售费用、生产人员的工资计入相关产品生产成本、车间管理人员工资计入制造费用。根据国家相关法律进行有关费用的计提,如应付福利费、工会经费、职工教育经费、五险一金的计提。进行工资分摊和费用计提都需要预先定义凭证模板,然后生成转账凭证传递到总账系统。

4.3.4.1 设置工资分摊类型

进行工资分摊设置时首先输入计提类型名称及分摊计提比例,然后进行分摊构成设置,选择部门名称、人员类别及工资项目,输入借贷方科目即可。注意,人员类别只能选择一种,如果这类人员归属不同的部门则在一行中可以选多个部门名称,例如:综合部和财务部的人员都属于管理人员,则人员类别属于管理人员,部门名称在同一行中可以选择综合部、财务部两个部门;如果同一个部门员工分属不同的人员类别则必须分开填写,例如生产部人员有车间管理人员和生产人员两种人员类别,必须分两行填写。其他与工资相关的费用,可参照上述方法,分别按照不同比例进行计提类型的设置。

4.3.4.2 工资分摊转账凭证

工资分摊和费用计提的结果,均可通过凭证转账的形式传递到总账系统中。首先选择参与本次费用分摊计提的类型、部门、月份、分配方式及明细到工资项目。在打开的工资分摊明细中,从类型下拉列表中选择不同的分摊类型,就可以生成对应的一览表。单击"制单"按钮,生成与当前所选择"分摊类型"对应的一张凭证。若单击"批制"按钮,则可将所有参与分配的"分摊类型"所对应的凭证全部生成。

4.3.4.3 凭证查询

在总账系统中,用户可以对在薪资管理系统中生成的凭证进行查询、审核和记账等操作,如果要进行修改、删除和冲销,只能在薪资管理系统中通过"凭证查询"命令来实现。如要删除薪资管理系统的凭证,打开薪资管理系统的凭证查询窗口,选定要删除的凭证,单击工具栏的"删除"按钮,此项操作只是在总账中将凭证做上"作废"标记,要将此凭证从系统中删除需在总账中执行凭证整理。

4.3.5 工资账表

工资数据处理结果最终通过工资表形式反映,薪资管理系统提供了多种形式的报表来反映工资核算的结果,如果系统默认报表提供的固定格式无法满足用户要求,可以通过"修改表"和"新建表"功能自行设计。系统对工资报表管理提供统一管理和分类管理两种方式:一种是利用"账表"下的"我的账表"账夹来管理系统中所有工资类别的工资表和工资分析表,可以对不区分类别的、全部工资数据进行查询和统计;另一种是利用"工资表"和"工资分析表"两个报表账夹分别管理不同工资类别的工资表和工资分析表。

4.3.5.1 我的账表

"我的账表"功能主要用于对薪资管理系统中所有的报表进行管理,包括工资表和工资分析表两种报表类型。选定需要修改的账表,单击工具栏中的"修改表"按钮,可以进行修改。单击工具栏中的"重建表"按钮,打开"重新生成工资表"对话框,选定需要重新生成的系统原始表,可以重新生成的系统原始表。

4.3.5.2 工资表

工资表是系统提供的原始表,包括工资发放签名表、工资发放条、工资卡、部门工资汇总表、人员类别工资汇总表、条件汇总表、条件统计表、条件明细表、工资变动明细表、工资变动汇总表等。主要用于本月工资的发放和统计,工资表可以进行修改和重建。

4.3.5.3 工资分析表

工资分析表是薪资管理系统在工资数据的基础上,通过对部门、人员类别的工资数据进行分析和比较后自动生成的各种分析表格,主要供决策人员参考和使用。

4.3.6 汇总工资类别

企业有多个工资类别情况下,为了总括反映企业的工资情况,可将工资类别汇总。该功能必须在关闭所有工资类别后才能使用,所选的需要汇总的工资类别必须有汇总月份的工资数据。如果是第一次进行工资类别汇总,需要在汇总工资类别中设置工资项目的计算公式。如果每次汇总的工资类别一致,公式无须重新设置。首先执行维护下的工资类别汇总命令,选择要汇总的工资类别,完成工资类别汇总后,打开汇总工资类别,可以查看所有工资类别的工资变动情况,查看汇总后的"工资表""工资分析表"。

4.3.7 月末结转

工资的月末处理就是将当月工资数据经过处理以后结转到下个月。除了12月的工资数据,每月工资数据处理完毕后均可进行月末结转。对于12月的工资数据的月末结转按年末结转来处理。员工的工资数据中,包括变动数据与基本不变数据。对于变动的工资数据,每个月均不相同,在每个月工资处理时均需要将这些工资项目数据清零。在进行清零时,需要关闭工资类别,然后进行薪资管理系统月末处理,选择工资类别"正式人员"后的"选择清零项目"栏,弹出"选择清零项目"列表框,从中选择"请假天数""请假扣款"等清零项目进行清零。临时人员的工资项目进行清零时参照正式人员的操作。工资系统的月末处理只有账套主管才能进行。在对多个工资类别进行处理时,应打开工资类别分别进行月末处理。工资的月末结转前需要汇总,如果没有汇总则不允许进行月末结转。月末结转后,当月数据不允许再变动。

实验任务

一、实验准备

1. 建立"项目四\薪资管理系统业务处理"文件夹。
2. 将系统日期修改为"2021年1月31日"。
3. 引入"项目四\薪资管理系统初始化\Uferpact.lst"文件,操作日期是"2021年1月1日",以操作员009罗飞的身份进入企业应用平台,进行薪资管理系统工资数据录入;以操作员003王强的身份进入企业应用平台,进行工资分摊设置。
4. 以操作员003王强的身份进行薪资管理系统的业务处理,操作日期根据下面业务日期而定。
5. 将薪资管理系统相关凭证进行出纳签字、审核、记账。

二、实验资料

(一)工资数据录入(表4-7)

表4-7 工资数据

人员编号	姓名	部门	人员类别	基本工资	岗位工资	绩效工资
1	王鹏	总经办	管理人员	3 000	3 500	3 500
2	钟华	总经办	管理人员	3 000	3 000	3 000
3	曹华	财务部	财务人员	2 500	3 000	3 500
4	郭文	财务部	财务人员	2 500	2 500	3 000

续表

人员编号	姓名	部门	人员类别	基本工资	岗位工资	绩效工资
5	王强	财务部	财务人员	2 500	2 500	2 000
6	曾丽	财务部	财务人员	2 500	2 500	2 000
7	邓明	采购部	采购人员	2 000	2 000	2 000
8	赵山	销售部	销售人员	2 000	2 000	3 000
9	康民	销售部	销售人员	2 000	2 000	3 000
10	李超	仓管部	仓管人员	2 000	2 000	2 000
11	罗飞	人事部	管理人员	2 500	3 000	3 500
合计				26 500	28 000	30 500

(二) 工资分摊设置(表 4-8)

工资＝应发合计×100%

个人承担社会保险＝应发合计×10.5%

(个人承担社会保险费 10.5%。其中:养老保险 8%,医疗保险 2%,失业保险 0.5%。)

个人承担住房公积金＝应发合计×12%

单位承担社会保险＝应发合计×25.1%

(单位承担社会保险费 25.1%。其中:养老保险 14%,医疗保险 9%,失业保险 0.5%,工伤保险 0.9%,生育保险 0.7%。)

单位承担住房公积金＝应发合计×12%

工会经费＝应发合计×2%

职工教育经费＝应发合计×2.5%

表 4-8 工资分摊

分摊类型	部门名称	人员类型	借方科目	贷方科目
工资总额(100%)	总经办	管理人员	660201	221101
	财务部	财务人员	660201	
	采购部	采购人员	660201	
	销售部	销售人员	660104	
	仓管部	仓管人员	660201	
	人事部	管理人员	660201	
个人承担社会保险(10.5%)	总经办	管理人员	221101	224101
	财务部	财务人员		
	采购部	采购人员		
	销售部	销售人员		
	仓管部	仓管人员		
	人事部	管理人员		

续 表

分摊类型	部门名称	人员类型	借方科目	贷方科目
个人承担住房公积金（12%）	总经办	管理人员	221101	224102
	财务部	财务人员		
	采购部	采购人员		
	销售部	销售人员		
	仓管部	仓管人员		
	人事部	管理人员		
单位承担社会保险（25.1%）	总经办	管理人员	660201	221103
	财务部	财务人员	660201	
	采购部	采购人员	660201	
	销售部	销售人员	660104	
	仓管部	仓管人员	660201	
	人事部	管理人员	660201	
单位承担住房公积金（12%）	总经办	管理人员	660201	221104
	财务部	财务人员	660201	
	采购部	采购人员	660201	
	销售部	销售人员	660104	
	仓管部	仓管人员	660201	
	人事部	管理人员	660201	
工会经费（2%）	总经办	管理人员	660201	221105
	财务部	财务人员	660201	
	采购部	采购人员	660201	
	销售部	销售人员	660104	
	仓管部	仓管人员	660201	
	人事部	管理人员	660201	
职工教育经费（2.5%）	总经办	管理人员	660201	221106
	财务部	财务人员	660201	
	采购部	采购人员	660201	
	销售部	销售人员	660104	
	仓管部	仓管人员	660201	
	人事部	管理人员	660201	

（三）生成凭证

由王强生成薪资管理系统凭证及填制总账系统个人所得税、银行代发工资凭证，郭文审核、王强记账。

1.（转2）1月7日进行工资分摊并生成转账凭证
借：管理费用——职工薪酬（总经办）　19 400
　　管理费用——职工薪酬（财务部）　31 800
　　管理费用——职工薪酬（采购部）　6 400
　　销售费用——职工薪酬（销售部）　14 800
　　管理费用——职工薪酬（仓管部）　6 200
　　管理费用——职工薪酬（人事部）　9 200
　　贷：应付职工薪酬——工资　87 800

2.（转3）1月8日个人承担的社会保险费分摊
借：应付职工薪酬——工资　9 219
　　贷：其他应付款——应付社会保险费　9 219

3.（转4）1月8日个人承担的住房公积金分摊
借：应付职工薪酬——工资　10 536
　　贷：其他应付款——应付住房公积金　10 536

4.（转5）1月8日计算个人所得税
借：应付职工薪酬——工资　398.4
　　贷：应交税费——应交个人所得税　398.4

5.（付8）1月9日中行代发工资,转账支票票号ZZ004
借：应付职工薪酬——工资　67 646.6
　　贷：银行存款——中行存款　67 646.6

6.（转6）1月10日计提单位承担的社会保险费
借：管理费用——职工薪酬（总经办）　4 869.40
　　管理费用——职工薪酬（财务部）　7 981.80
　　管理费用——职工薪酬（采购部）　1 606.40
　　销售费用——职工薪酬（销售部）　3 714.80
　　管理费用——职工薪酬（仓管部）　1 556.20
　　管理费用——职工薪酬（人事部）　2 309.20
　　贷：应付职工薪酬——社会保险费　22 037.80

7.（转7）1月10日计提单位承担的住房公积金
借：管理费用——职工薪酬（总经办）　2 328
　　管理费用——职工薪酬（财务部）　3 816
　　管理费用——职工薪酬（采购部）　768
　　销售费用——职工薪酬（销售部）　1 776
　　管理费用——职工薪酬（仓管部）　744
　　管理费用——职工薪酬（人事部）　1 104
　　贷：应付职工薪酬——住房公积金　10 536

8.（转8）1月10日计提工会经费
借：管理费用——职工薪酬（总经办）　388
　　管理费用——职工薪酬（财务部）　636
　　管理费用——职工薪酬（采购部）　128

销售费用——职工薪酬(销售部)　296
　　　管理费用——职工薪酬(仓管部)　124
　　　管理费用——职工薪酬(人事部)　184
　　贷:应付职工薪酬——工会经费　1 756
9.（转9）1月10日计提职工教育经费
　　借:管理费用——职工薪酬(总经办)　485
　　　管理费用——职工薪酬(财务部)　795
　　　管理费用——职工薪酬(采购部)　160
　　　销售费用——职工薪酬(销售部)　370
　　　管理费用——职工薪酬(仓管部)　155
　　　管理费用——职工薪酬(人事部)　230
　　贷:应付职工薪酬——职工教育经费　2 195

（四）账套备份

将888账套备份到"项目四\薪资管理系统业务处理"文件夹中。

三、拓展任务

作废、删除计提职工教育经费的凭证,重新编制一张。

四、操作指导

（一）工资数据录入、计算与汇总

1. 在"企业应用平台"窗口的"业务工作"列表框中,执行"人力资源"|"薪资管理"|"业务处理"|"工资变动",显示"工资变动"窗口,根据表4-7工资数据表中的数据,直接录入。也可以单击"工资变动"窗口中工具栏上的"编辑"按钮,打开"工资数据录入——页编辑"对话框,录完一个员工后,单击"保存"按钮,保存后自动切换到下一个员工继续录入。亦可以在"过滤器"下拉列表中选择"过滤设置",打开"项目过滤"对话框,选择"工资项目"列表中的"基本工资""岗位工资""绩效工资",单击">"按钮,在已选科目中出现所选的工资项目,单击"确定"按钮,返回"工资变动"窗口,此时每个人的工资项目只显示"基本工资""岗位工资""绩效工资"三项,然后输入工资数据,这里只需输入没有进行公式设定的项目,其余各项由系统根据计算公式自动计算生成。如图4-15所示。

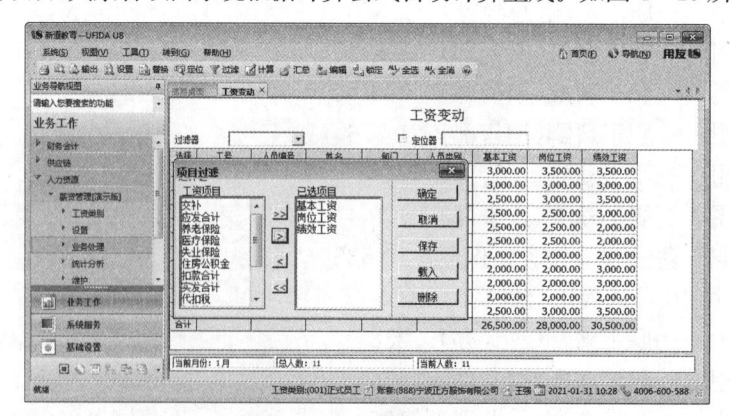

图4-15　工资数据录入

2. 执行"人力资源"|"薪资管理"|"业务处理"|"工资变动",点击"计算""汇总"把相关的工资数据都显示出来。如图4-16所示。

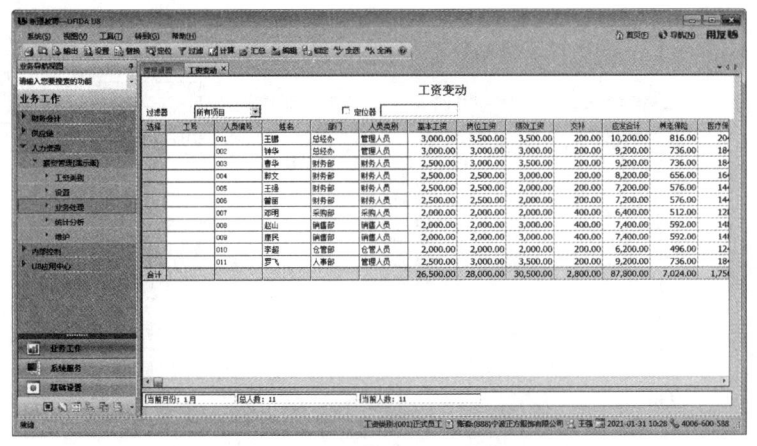

图4-16 工资数据计算汇总

3. 执行"人力资源"|"薪资管理"|"业务处理"|"扣缴所得税",弹出"个人所得税申报模板"。如图4-17所示。

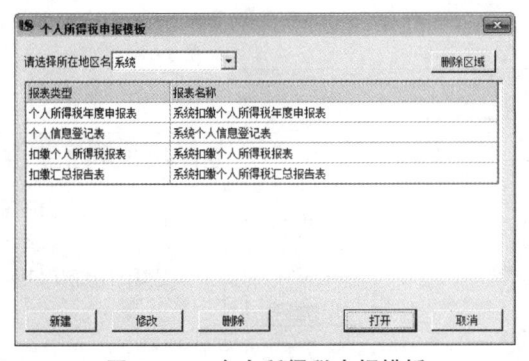

图4-17 个人所得税申报模板

4. 点击"打开",弹出"所得税申报"窗口,点击"确定",弹出"系统扣缴个人所得税年度申报表"。如图4-18所示。

图4-18 系统扣缴个人所得税年度申报表

(二) 工资分摊设置

1. 执行"人力资源"|"薪资管理"|"业务处理"|"工资分摊",弹出"工资分摊"窗口。如图4-19所示。

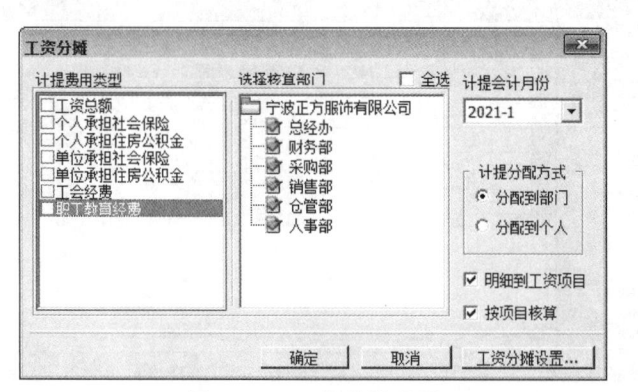

视频053 工资分摊设置

图4-19 工资分摊设置

2. 点击"工资分摊设置",弹出"分摊类型设置"窗口。点击"增加",弹出"分摊计提比例设置"窗口,计提类型名称框中填入"工资总额",分摊计提比例框中填入"100%"。如图4-20所示。

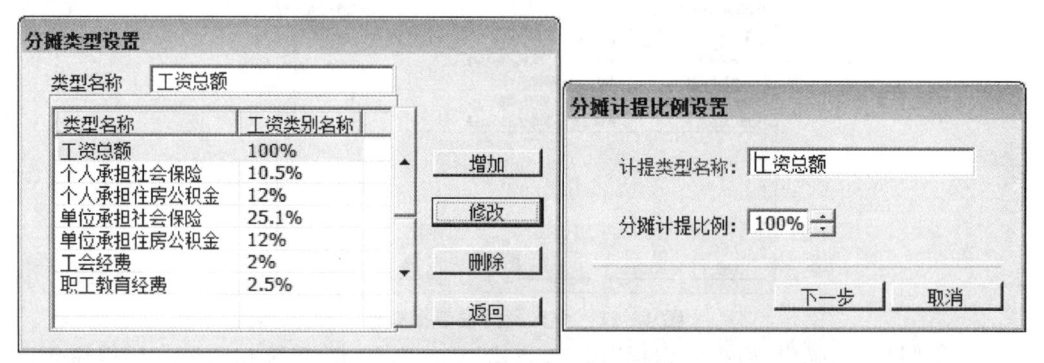

图4-20 分摊类型及计提比例设置

3. 点击"下一步",进入"分摊构成设置"窗口,输入部门名称"总经办",人员类别"管理人员"、工资项目"应发合计",借方科目"660201",贷方科目"221101";继续输入部门名称"财务部",人员类别"财务人员",工资项目"应发合计",借方科目"660201",贷方科目"221101";继续输入部门名称"采购部",人员类别"采购人员",工资项目"应发合计",借方科目"660201",贷方科目"221101";继续输入部门名称"销售部",人员类别"销售人员",工资项目"应发合计",借方科目"660104",贷方科目"221101";继续输入部门名称"仓管部",人员类别"仓管人员",工资项目"应发合计",借方科目"660201",贷方科目"221101";继续输入部门名称"人事部",人员类别"管理人员",工资项目"应发合计",借方科目"660201",贷方科目"221101"。如图4-21所示。

4. 点击"完成"按钮。个人承担的社会保险费、个人承担的住房公积金、单位承担的社会保险费、单位承担的住房公积金、工会经费、职工教育经费参照工资费用分摊操作。

部门名称	人员类别	工资项目	借方科目	借方项目大类	借方项目	贷方科目	贷方项目大类
总经办,人事部	管理人员	应发合计	660201			221101	
财务部	财务人员	应发合计	660201			221101	
采购部	采购人员	应发合计	660201			221101	
销售部	销售人员	应发合计	660104			221101	
仓管部	仓管人员	应发合计	660201			221101	

图 4-21 分摊构成设置

(三) 生成工资凭证

1. 在薪资管理系统生成工资费用凭证。

(1) 以"003 王强"身份登录系统,执行"人力资源"|"薪资管理"|"业务处理"|"工资分摊",弹出"工资分摊"窗口,在计提费用类型框将"工资总额"选中,在选择核算部门框将总经办、财务部、采购部、销售部、仓管部、人事部都选中,计提分配方式选中"分配到部门",勾选"明细到工资项目"。如图 4-22 所示。

视频054 生成工资凭证

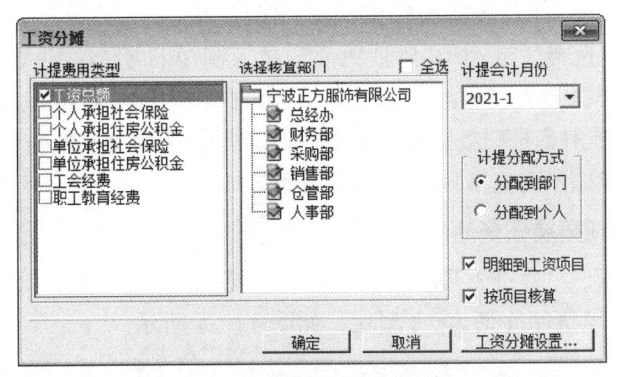

图 4-22 工资分摊

(2) 单击"确定",弹出"工资总额一览表"窗口,类型中选中"工资总额",勾选"合并科目相同、辅助项相同的分录"。

(3) 单击"制单",生成一张凭证。点击"保存",在凭证左上角出现"已生成"字样。个人承担的社会保险费、个人承担的住房公积金、单位承担的社会保险费、单位承担的住房公积金、工会经费、职工教育经费参照工资费用分摊操作。如图 4-23 所示。

注:

(1) 进行工资分摊时以人员类别、人员部门为标准设置对应的会计科目。

(2) 生成凭证时的操作员必须是在总账系统有权制单的人,日期必须大于或等于当前总账系统会计期的最大凭证日期。

2. 在总账系统填制个人所得税、银行代发工资凭证。

(1) 以"003 王强"身份登录系统,在企业应用平台"业务工作"选项卡下,执行"财务会计"|

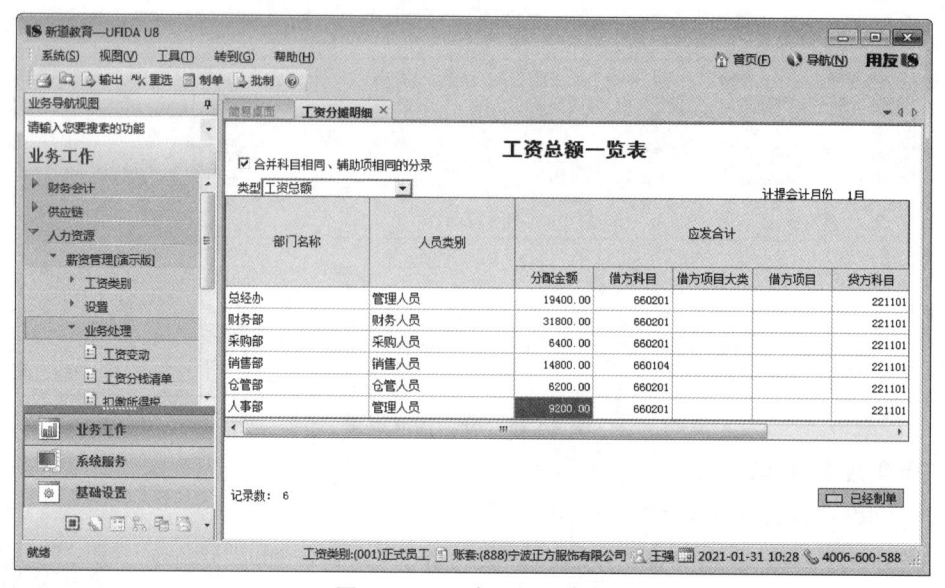

图 4-23 工资总额一览表

"总账"|"凭证"|"填制凭证"命令,进入"填制凭证"窗口。

(2) 单击"增加",选择凭证类型"转账凭证",录入制单日期 2021-01-08,输入附单据数 1,填写摘要"计算个人所得税",录入借方编码"221101"、借方金额"398.40"、贷方编码"222104"、贷方金额"398.40",单击"确定",单击"保存"按钮。

(3) 单击"增加",选择凭证类型"付款凭证",录入制单日期 2021-01-09,输入附单据数 1,填写摘要"代发工资",录入借方编码"221101"、借方金额"67 646.60",录入完贷方科目编码 100201 后,弹出辅助项对话框,输入结算方式"202"、票号"ZZ004",发生日期 2021-01-09,贷方金额"67 646.60",单击"确定",单击"保存"按钮。

(四) 凭证的删除(拓展任务)

1. 执行"人力资源"|"薪资管理"|"统计分析"|"账表"|"凭证查询"命令,打开"凭证查询"窗口。选中职工教育经费的凭证,点击删除。如图 4-24 所示。

业务日期	业务类型	业务号	制单人	凭证日期	凭证号	标志
2021-01-07	工资总额	1	王强	2021-01-07	转-2	未审核
2021-01-08	个人承担社会保险	2	王强	2021-01-08	转-3	未审核
2021-01-08	个人承担住房公积金	3	王强	2021-01-08	转-4	未审核
2021-01-10	单位承担社会保险	4	王强	2021-01-10	转-6	未审核
2021-01-10	单位承担住房公积金	5	王强	2021-01-10	转-7	未审核
2021-01-10	工会经费	6	王强	2021-01-10	转-8	未审核
2021-01-10	职工教育经费	7	王强	2021-01-10	转-9	未审核

图 4-24 薪资管理系统凭证查询与删除

2. 在总账系统"填制凭证"窗口中找到该凭证,凭证显示"作废"字样,执行"制单"|"整理凭证"命令,打开"凭证期间选择"对话框。

3. 选择要整理的月份,单击"确定"按钮,打开"作废凭证表"对话框,选择要删除的凭证,单击"确定"。如图 4-25 所示。

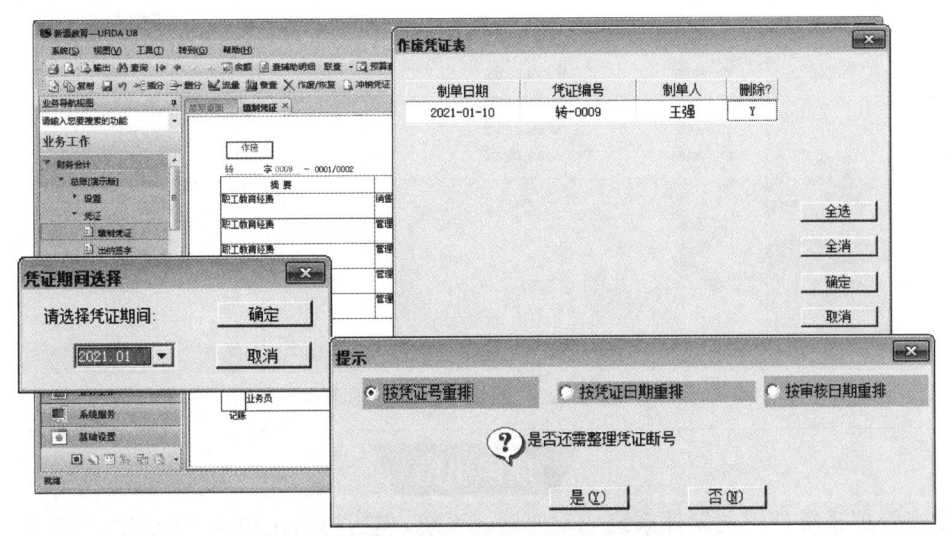

图 4-25 总账系统同步删除薪资管理系统凭证

4. 执行"人力资源"|"薪资管理"|"业务处理"|"工资分摊",弹出"工资分摊"窗口,在计提费用类型框将"职工教育经费"选中,在选择核算部门框将总经办、财务部、采购部、销售部、仓管部、人事部都选中,计提分配方式选中"分配到部门",勾选"明细到工资项目"。单击"确定",弹出"工资分摊一览表"窗口,类型中选中"职工教育经费",勾选"合并科目相同、辅助项相同的分录",单击"制单"。如图 4-26 所示。

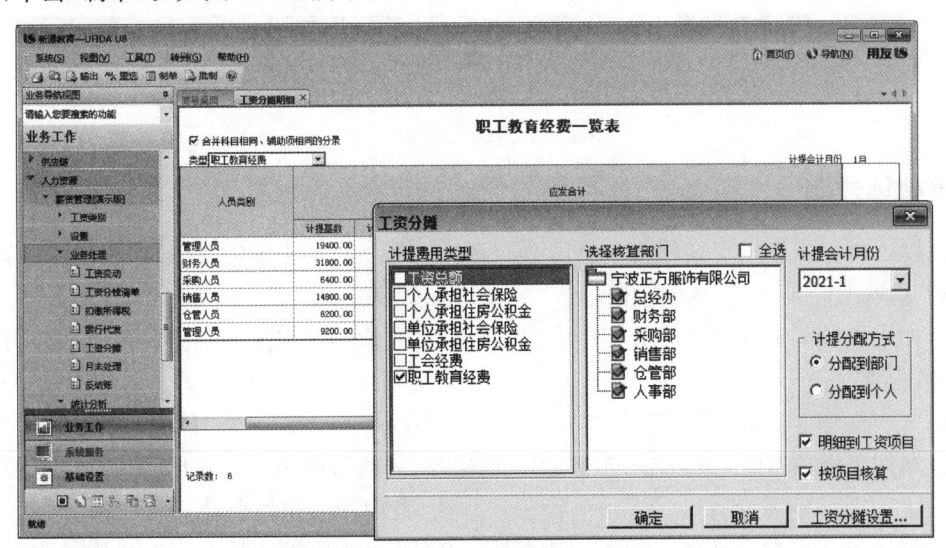

图 4-26 职工教育经费一览表

5. 生成一张凭证,点击"保存",在凭证左上角出现"已生成"字样。如图 4-27 所示。

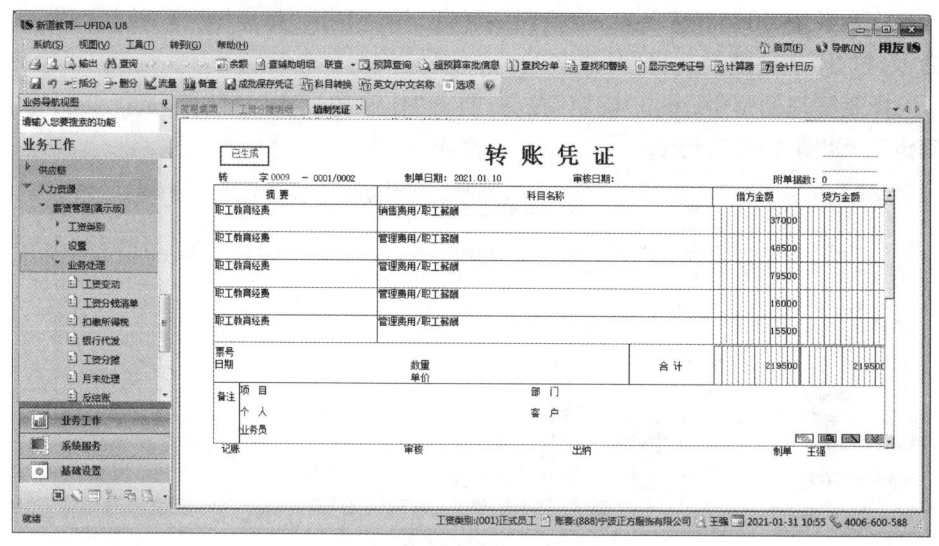

图 4-27 职工教育经费凭证

> **项目小结**
>
> 薪资管理系统是用友软件系统的重要组成系统,包括初始化和业务处理两个部分。薪资管理系统初始化包括工资类别设置、工资项目设置、计算公式的设置、个人所得税扣税基数的设置等。业务处理包括工资的计算、个人所得税计算、工资分摊及相关费用的计提,并通过生成转账凭证的方式向总账系统传输会计凭证。

项目四基础练习

一、单项选择题

1. 以下可以根据用户在建立工资账套时选择的选项自动生成的工资项目是(　　)。
   A. 基本工资　　　B. 代扣税　　　C. 应发合计　　　D. 扣款合计

2. 如果设置某工资项目为数字型,长度为 8,小数位为 2,则该工资项目中最多可以输入(　　)位整数。
   A. 5　　　　　　B. 6　　　　　　C. 7　　　　　　D. 任意

3. 增加工资项目时,如果在"增减项"一栏选择"其他",则该工资项目的数据(　　)。
   A. 自动计入应发合计　　　　　　B. 自动计入扣款合计
   C. 既不计入应发合计也不计入扣款合计　　D. 既计入应发合计也计入扣款合计

4. 在薪资管理系统中有基本不变数据和变动数据,以下数据中属于基本不变数据的是(　　)。
   A. 基本工资　　　B. 出勤天数　　　C. 每月扣款　　　D. 实发工资

5. 以下说法不正确的是(   )。
A. 薪资管理系统中期末处理是针对具体的工资类别进行的
B. 薪资管理系统中工资类别汇总时必须关闭所有工资类别
C. 汇总工资类别时扣税基数需要重新设置
D. 薪资管理系统中多个工资类别可以一起进行期末结账

6. 如果奖金的计算公式为"奖金＝iff(人员类别＝"企业管理人员"or 人员类别＝"车间管理人员",800,500),如果某职工为一般员工,则他的奖金为(   )。
A. 800　　　　　B. 500　　　　　C. 0　　　　　D. 300

二、多项选择题

1. 工资管理中,(   )工资项目的公式为系统默认。
A. 应发合计　　B. 扣款合计　　C. 实发合计　　D. 基本工资

2. 新建工资类别是,必须指定(   )。
A. 工资类别编号　　　　　　B. 工资类别名称
C. 工资类别所属账套　　　　D. 工资类别包含的部门

3. 薪资管理系统中,数据输入的方式有(   )。
A. 从外部直接导入数据　　　B. 成组数据录入
C. 公式计算　　　　　　　　D. 按条件成批替换

4. 薪资管理系统传递到总账系统中的凭证,在薪资管理系统中可以进行(   )。
A. 查询　　　　B. 删除　　　　C. 记账　　　　D. 审核

固定资产管理系统

项目五

知识目标

1. 会描述固定资产管理系统的基本功能及与其他系统的关系。
2. 能阐述固定资产管理系统的业务处理流程。
3. 会描述固定资产管理系统初始设置的主要内容。
4. 能阐述固定资产管理系统业务处理的内容,会使用固定资产折旧的处理方法。

能力目标

1. 能够熟练进行固定资产管理系统的初始化设置。
2. 能够根据企业的实际业务,进行固定资产增加、减少、变动的操作。
3. 能够正确进行折旧的计算与计提操作。

项目导入

宁波正方服饰有限公司为了更好地管理固定资产,正确地计算固定资产折旧,准备启用固定资产管理系统。公司首先需建立固定资产账套,然后设置部门对应的折旧科目、设置资产类别、设置增减方式对应的科目,最后将公司在用的固定资产录入系统。固定资产购买、处置、计提折旧以及其他的资产变动都在固定资产管理系统中进行,并生成相关凭证。

5.1 固定资产管理系统概述

固定资产管理是企业管理的一个重要组成部分,固定资产价值高、数量大、种类多、保管和使用地点分散,在手工条件下对固定资产的核算与管理工作难度大。而使用固定资产管理系统对固定资产进行核算和管理,可以细化固定资产管理,提高固定资产的使用水平。

5.1.1 固定资产管理系统的基本功能

固定资产管理系统可完成企业固定资产日常业务的核算和管理,生成固定资产卡片,按月反映固定资产的增加、减少、原值变化及其他变动,并输出相应的增减变动明细账,按月自动提折旧,生成折旧分配凭证,同时输出相关的报表和账簿。固定资产管理系统主要功能如下:

5.1.1.1 初始设置

固定资产管理系统的初始化需完成固定资产日常核算和管理所必需的各种系统参数和基本信息的设置,并输入固定资产管理系统的原始业务数据。通过初始设置系统就可以按照企业实际情况定义核算与管理。初始设置主要包括建立固定资产账套,固定资产卡片项目、卡片样式、折旧方法、使用部门、使用状况、增减方式、资产类别等信息的设置,以及固定资产原始卡片的录入。

5.1.1.2 日常处理

日常处理主要指卡片管理、资产的增加和减少、资产在使用过程中发生的变动处理、批量管理以及资产评估等业务发生时所进行的操作。固定资产的卡片管理是固定资产卡片台账管理,主要包括卡片录入、卡片修改、卡片删除及资产变动管理等功能。固定资产发生增加、减少、原值变动、部门转移、使用状况变动、使用年限调整和折旧方法调整时更新固定资产卡片。

5.1.1.3 月末处理

固定资产的月末处理主要包括计提固定资产减值准备和固定资产折旧、制单、修改和删除凭证、对账与月末结账。固定资产减值准备必须按单项资产计提,如果固定资产可回收金额低于账面价值,则将差额作为固定资产减值准备。固定资产折旧计算系统会根据用户设定的折旧计算方法自动计算折旧,生成折旧清单和折旧分配表。固定资产管理系统根据使用状况和部门对应折旧科目的设置进行转账凭证的定义。转账凭证可以根据固定资产的业务处理自动生成。转账凭证经过确认后自动传递到账务或成本等系统等待进一步处理。

5.1.1.4 账表管理

固定资产管理系统提供固定资产总账、固定资产登记簿、部门类别明细账、固定资产分析表、固定资产折旧表、固定资产减值准备表等账表。资产管理部门可随时查询各种账表,提高资产管理效率。

5.1.2 固定资产管理系统与其他系统的关系

固定资产管理系统与总账系统、成本核算系统和 UFO 报表系统都有数据传递,其具体关系如图 5-1 所示。与总账系统联用时,固定资产管理系统录入的初始余额可以直接传递到总账系统,作为固定资产相关科目的初始余额;固定资产管理系统中资产增加、资产减少、资产评估、原值变动、计提折旧、计提减值准备都要将有关数据通过记账凭证的形式传输到总账系统,同时通过对账保持固定资产账目与总账的平衡。固定资产管理系统与成本核算系统联用时,固定资产管理系统的折旧费用数据可以直接引入成本核算系统,形成成本对象的折旧要素费用。与 UFO 报表系统联用时,报表通过相应的取数函数从固定资产管理系统中提取分析数据,编制用户需要的固定资产统计分析报表。

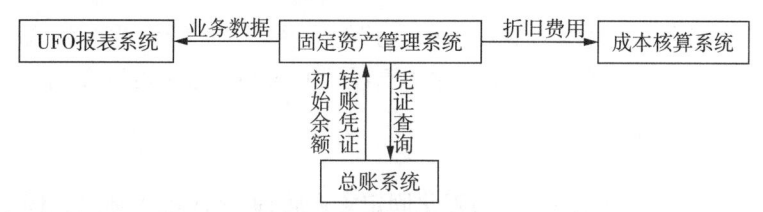

图 5-1 固定资产管理系统与其他系统关系图

5.1.3 固定资产管理系统的业务处理流程

固定资产管理系统的基本业务流程主要包括系统初始化、日常业务处理和期末业务处理三部分,如图 5-2 所示。

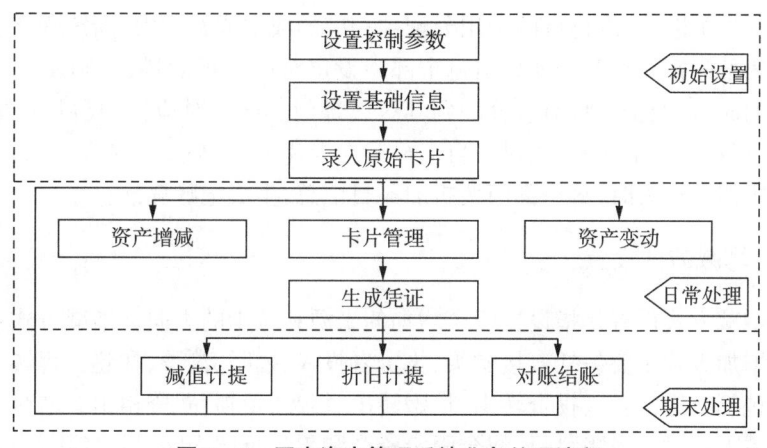

图 5-2 固定资产管理系统业务处理流程

5.2 固定资产管理系统初始化

固定资产管理系统初始化,是根据单位的具体情况,建立一个符合企业财务工作要求的固定资产子账套的过程。固定资产管理系统在初次使用的时候必须经过初始化,才能用于固定资产的日常管理。初始化工作包括固定资产账套的建立、基础信息的设置、卡片项目的设置、原始卡片的录入等。

5.2.1 固定资产账套的建立

建立固定资产账套主要包括账套的启用月份、折旧信息、资产编码方式、财务接口等。建账完成后需要对账套中的某些参数进行修改时,可以在"设置"中的"选项"中修改。

5.2.2 基础信息设置

基础信息设置包括对选项、资产类别、部门对应折旧科目、增减方式、使用状况、折旧方法、卡片项目等内容的设置。

5.2.2.1 选项设置

选项中包括在账套初始化中设置的参数和其他一些账套运行中的参数,在初始化中没有设置的参数需要在此进行设置,账套初始化中已设置的某些参数也可以在此进行修改。

5.2.2.2 资产类别设置

固定资产的种类繁多,规格不一,为强化固定资产管理,及时准确地进行固定资产核算,需建立科学的资产分类核算体系,为固定资产的核算和管理提供依据。固定资产类别编码最多可以设置4级,编码总长度是6位(2112)。企业可根据自身特点和要求,设定较为合理的资产分类方法。

5.2.2.3 部门对应折旧科目设置

固定资产计提折旧后,需将折旧费用分配到相应的成本或费用中,固定资产折旧费用的分配去向和其所属部门密切相关。如果给每个部门设定对应的折旧科目,则属于该部门的固定资产在计提折旧时,折旧费用将对应分配到其所属部门。部门对应折旧科目设置就是给部门选择一个折旧科目,录入卡片时,该科目自动显示在卡片中,不必逐一录入,提高工作效率。然后在生成部门折旧分配表时,每一部门按折旧科目汇总,生成记账凭证。

5.2.2.4 增减方式设置

固定资产增减方式设置是指设置资产增加的来源和减少的去向。增减方式包括增加方式和减少方式。增加方式主要包括直接购买、投资者投入、捐赠、盘盈、在建工程转入、融资租入;减少方式主要包括出售、盘亏、投资转出、捐赠转出、报废、毁损、融资租出。增减方式的设置可以定义不同增减方式对应入账科目,配合固定资产和累计折旧入账科目使用,当发生固定资产增减变动时可以快速生成转账凭证,减少手工输入数据的工作量。

5.2.2.5 使用状况设置

固定资产的使用状况一般分为使用中、未使用和不需用三大类,不同的使用状况决定了固定资产计提折旧与否。正确定义固定资产的使用状况是准确计算累计折旧、进行资产数据统计分析并提高固定资产管理水平的重要依据。

5.2.2.6 折旧方法设置

固定资产折旧的计算是固定资产管理系统的重要功能,固定资产折旧的计提由系统根据用户选择的折旧方法自动计算得出,因此折旧方法的定义是计算资产折旧的重要基础。企业固定资产折旧方法有平均年限法、工作量法、双倍余额递减法、年限总和法。企业可根据国家规定和自身需要采用其中的一种。

5.2.2.7 卡片项目和卡片样式设置

固定资产卡片是固定资产管理系统中重要的管理工具,固定资产卡片文件是重要的数据文件。固定资产文件中包含的数据项目会形成一个卡片项目,卡片项目也是固定资产卡片上用来记录固定资产资料的栏目,如原值、资产名称、所属部门、使用年限、折旧方法等是卡片上最基本的项目。固定资产管理系统提供的卡片上常用的项目不一定能满足所有单位的需求,为了增加固定资产管理系统的通用性,用户可以自定义项目。

固定资产卡片样式是卡片的外观,即卡片的格式和卡片上包含的项目及项目的位置。不同资产核算管理的内容与重点各不相同,卡片的样式也不同。系统默认的卡片样式能满足企业日常管理的要求,用户可以在此基础上略做调整,形成新卡片模板,也可以自由定义新卡片样式。

5.2.3 期初数据录入

固定资产管理系统的初始数据是指系统投入使用前企业现存固定资产的全部有关数据,主要是固定资产原始卡片的有关数据。原始卡片是指卡片记录的资产开始使用日期的月份先于其录入系统的月份,即已使用过并已计提折旧的固定资产卡片。固定资产是按卡片进行管理的,固定资产原始卡片是固定资产管理系统处理的起点,是固定资产核算和管理的基础依据,为保持历史资料的连续性,必须将建账日期以前的数据录入到系统中。固定资产卡片的原值合计应与总账系统固定资产科目余额数据相符,卡片已提折旧的合计应与总账系统累计折旧账号的余额相符。

实验任务

一、实验准备

1. 建立"项目五\固定资产管理系统初始化"文件夹。
2. 将系统日期修改为"2021年1月1日"。
3. 引入"项目四\薪资管理系统业务处理\Uferpact.lst"文件。
4. 以操作员001曹华的身份注册进入企业应用平台,操作日期为"2021年1月1日",进行固定资产管理系统的初始设置操作。

二、实验资料

(一)固定资产账套参数

1. 账套启用日期:2021年1月。

2. 主要折旧方法:平均年限法(二);折旧分配周期:1个月;当(月初已计提月份=可使用月份-1)时,将剩余折旧全部提足。

3. 资产类别编码:4级(2112);固定资产编码方式:自动编码,类别编号+序号;卡片序号长度:3位。

4. 对账设置:与账务系统进行对账;对账科目:固定资产1601,累计折旧1602;对账不平的情况下允许固定资产月末结账。

(二) 固定资产选项设置

1. 制单要求:业务发生后立即制单,月末结账前一定要完成制单登账业务。

2. 缺省入账科目:固定资产1601;累计折旧1602;减值准备1603;增值税进项税额22210101;固定资产清理1606。

(三) 部门对应折旧科目设置(表5-1)

表5-1 部门对应折旧科目表

部门名称	对应折旧科目
总经办、财务部、采购部、仓管部、人事部	660205"管理费用—折旧费用"
销售部	660106"销售费用—折旧费用"

(四) 固定资产类别设置(表5-2)

表5-2 固定资产类别与折旧方法表

类别编码	类别名称	使用年限(年)	净残值率	计量属性	折旧方法	卡片样式
01	房屋及建筑物	30	3%	正常计提	平均年限法(二)	含税卡片样式
011	办公楼	30	3%	正常计提	平均年限法(二)	含税卡片样式
012	厂房	30	3%	正常计提	平均年限法(二)	含税卡片样式
02	机器设备		3%	正常计提	平均年限法(二)	含税卡片样式
021	生产线	10	3%	正常计提	平均年限法(二)	含税卡片样式
022	办公设备	5	3%	正常计提	平均年限法(二)	含税卡片样式
03	运输工具	10	5%	正常计提	平均年限法(二)	含税卡片样式

(五) 增减方式的对应入账科目设置(表5-3)

表5-3 固定资产增减方式对应入账科目表

增减方式	对应入账科目
增加方式	
直接购入	100201 银行存款—中行存款
投资者投入	4001 实收资本
在建工程转入	1604 在建工程
减少方式	
出售	1606 固定资产清理
盈亏	190102 待处理固定资产损溢
报废	1606 固定资产清理

(六）录入固定资产原始卡片（表5-4）

表5-4 固定资产原始卡片

卡片编号	资产编号	资产名称	资产类别	所在部门	增加方式	使用年限	开始使用日期	原值	累计折旧	月折旧额
00001	022001	ThinkPad电脑	022	总经办	直接购入	5	2018-01-15	8 400	4 753	135.8
00002	03001	奥迪轿车	03	总经办	直接购入	10	2019-12-25	360 000	34 200	2 850
00003	022002	DELL电脑	022	财务部	直接购入	5	2019-01-15	7 200	2 677.2	116.4
00004	022003	华硕电脑	022	财务部	直接购入	5	2019-06-20	6 000	1 746	97
00005	022004	hp打印机	022	财务部	直接购入	5	2019-06-20	2 400	698.4	38.8
00006	022005	brother打印机	022	销售部	直接购入	5	2019-06-20	1 200	349.2	19.4
00007	03002	大众轿车	03	销售部	直接购入	10	2019-12-25	120 000	11 400	950
合计								505 200	55 823.8	4 207.4

（七）账套备份

将888账套备份到"项目五\固定资产管理系统初始化"文件夹中。

三、拓展任务

1. 录入固定资产原始卡片，该固定资产由总经办、财务部共同使用，使用比例为综合部60%、财务部40%（表5-5）。

表5-5 共同使用固定资产原始卡片

卡片编号	资产编号	资产名称	资产类别	所在部门	增加方式	使用年限	开始使用时间	原值	累计折旧	月折旧额
00008	022006	多功能一体机	022	总经办财务部	直接购入	5	2019-06-20	4800	1396.8	77.6

2. 删除"多功能一体机"固定资产原始卡片。

四、操作指导

（一）固定资产账套初始化

1. 操作员003王强的身份注册进入企业应用平台，操作日期2021年01月01日。
2. 执行"财务会计"|"固定资产"，弹出提示信息"这是第一次打开账套，还未进行过初始化，是否进行初始化？"。
3. 单击"是"按钮，打开"初始化账套向导——约定及说明"对话框，选中"我同意"。
4. 单击"下一步"按钮，依次进入"启用月份"。
5. 单击"下一步"按钮，进入"折旧信息"，选择主要折旧方法"平均年限法（二）"，其他选项

视频055 固定资产账套设置

默认。如图5-3所示。

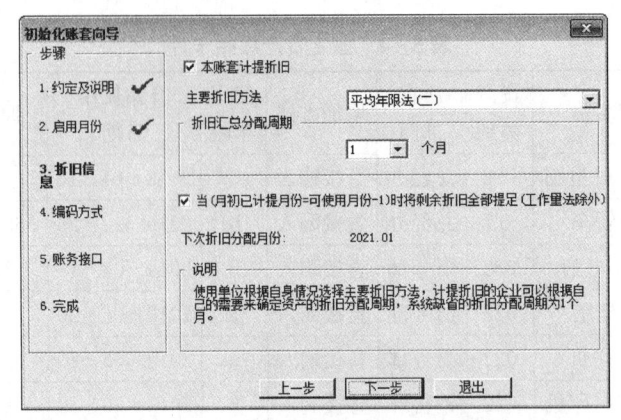

图5-3 固定资产初始化——折旧信息

6. 单击"下一步"按钮,进入"编码方式",选择"自动编码"的"类别编号+序号",序号长度修改为3,其他选项为系统默认。如图5-4所示。

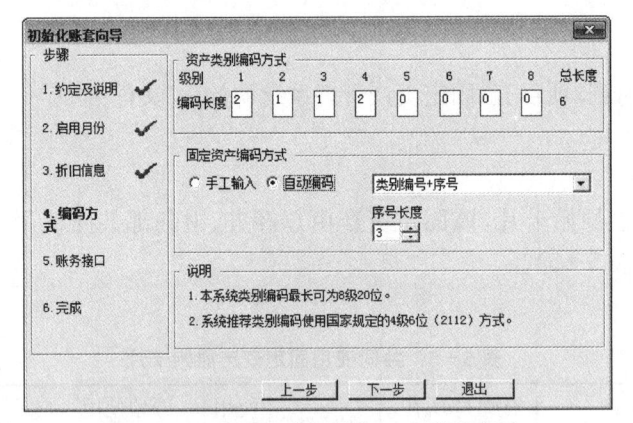

图5-4 固定资产初始化——编码方式

7. 单击"下一步"按钮,进入"账务接口",在固定资产对账科目栏录入"1601,固定资产",在累计折旧对账科目栏录入"1602,累计折旧",其他选项为系统默认值。如图5-5所示。

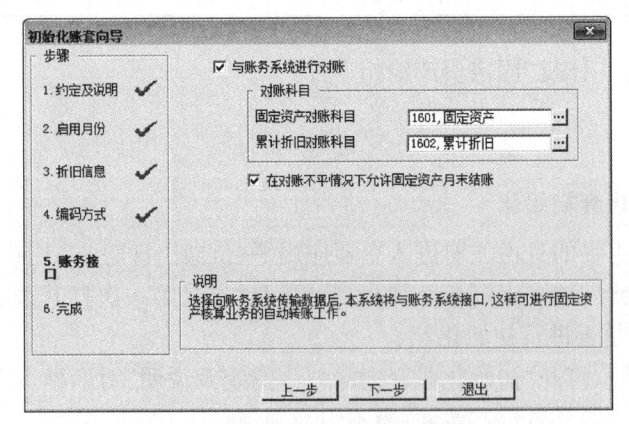

图5-5 固定资产初始化——财务接口

8. 单击"下一步"按钮,单击"完成"。

(二)固定资产选项设置

1. 执行"设置"|"选项",打开选项对话框。单击"与账务系统接口"选项卡,单击"编辑"按钮,勾选"与账务系统对账""在对账不平情况下允许固定资产月末结账""业务发生后立即制单""月末结账前一定要完成制单登账业务"。

2. 在固定资产缺省入账科目栏录入"1601,固定资产";累计折旧缺省入账科目栏录入"1602,累计折旧";减值准备缺省入账科目栏录入"1603,固定资产减值准备";增值税进项税额缺省入账科目栏录入"22210101,进项税额";固定资产清理缺省入账科目栏"1606,固定资产清理"。如图5-6所示。

图5-6 固定资产选项设置

(三)部门对应折旧科目设置

执行"财务会计"|"固定资产"|"设置"|"部门对应折旧科目",打开部门对应折旧科目页签。选择总经办,单击"修改",在折旧科目栏录入"660205"。其他部门的固定资产的折旧参照上述方法录入。如图5-7所示。

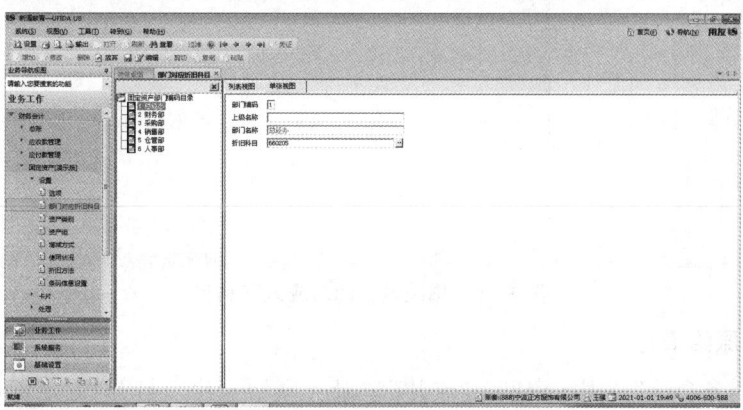

图5-7 部门对应折旧科目设置

(四) 固定资产类别设置

执行"财务会计"|"固定资产"|"设置"|"资产类别",打开资产类别页签。点击"增加",录入类别编码"01",类别名称"房屋及建筑物",净残值率栏录入"3",折旧方法"平均年限法(二)"。其他资产类别参照上述方法录入。如图5-8所示。

视频058 资产类别设置

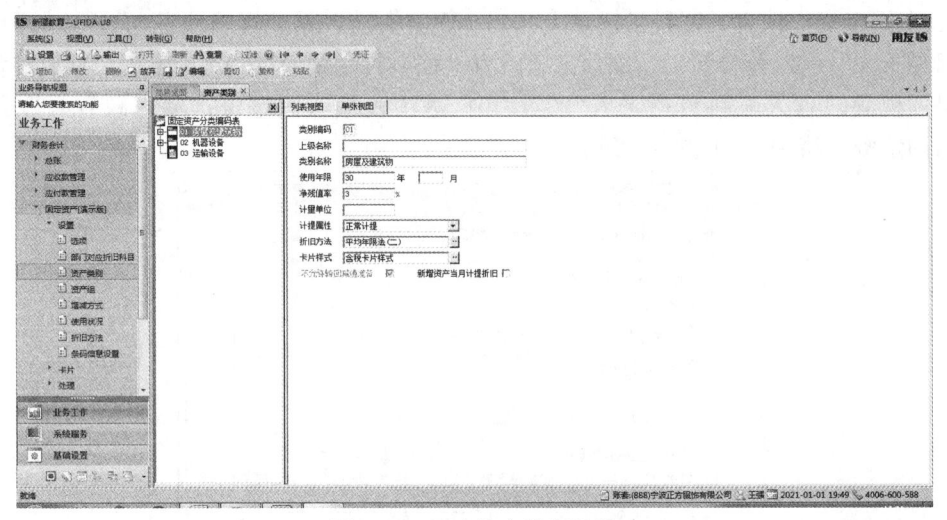

图5-8 固定资产类别设置

(五) 增减方式的对应入账科目

执行"财务会计"|"固定资产"|"设置"|"增减方式",打开增减方式页签。选择增加方式中的"直接购入",单击"修改"按钮,在对应入账科目栏录入"100201"。其他增减方式参照上述方法录入。如图5-9所示。

视频059 增减方式对应入账科目

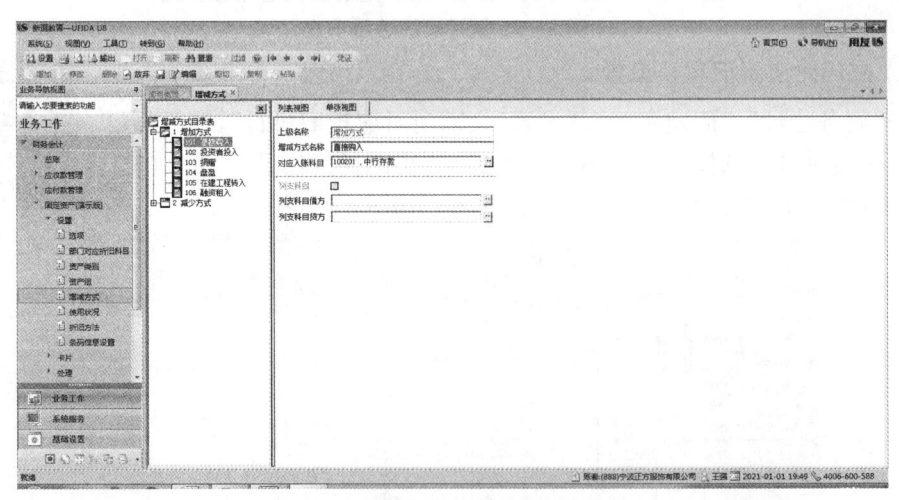

图5-9 增减方式的对应入账科目

(六) 录入原始卡片

1. 执行"财务会计"|"固定资产"|"卡片"|"录入原始卡片",打开"固定资产类别档案"窗口。如图5-10所示。

2. 勾选"022 办公设备"复选框,单击"确定",打开固定资产卡片页签。

3. 在固定资产名称栏录入"ThinkPad 电脑",单击"使用部门"栏,打开"固定资产——本资产部门使用方式"对话框。

4. 选择"单部门使用",单击"确定",打开"部门基本参照"对话框,选择"总经办"。

视频 060 录入原始卡片

5. 双击"增加方式"栏,打开"固定资产增加方式"窗口,选择"直接购入"。

6. 双击"使用状况"栏,打开"使用状况参照对话框",选择"在用"。

7. 在"开始使用日期栏"录入"2018－01－15",在"原值栏"录入"8400",在"累计折旧栏录入"4753",核对其它自动计算或自动显示的数据。

8. 单击保存,系统提示数据成功保存。

9. 继续录入其它原始卡片。

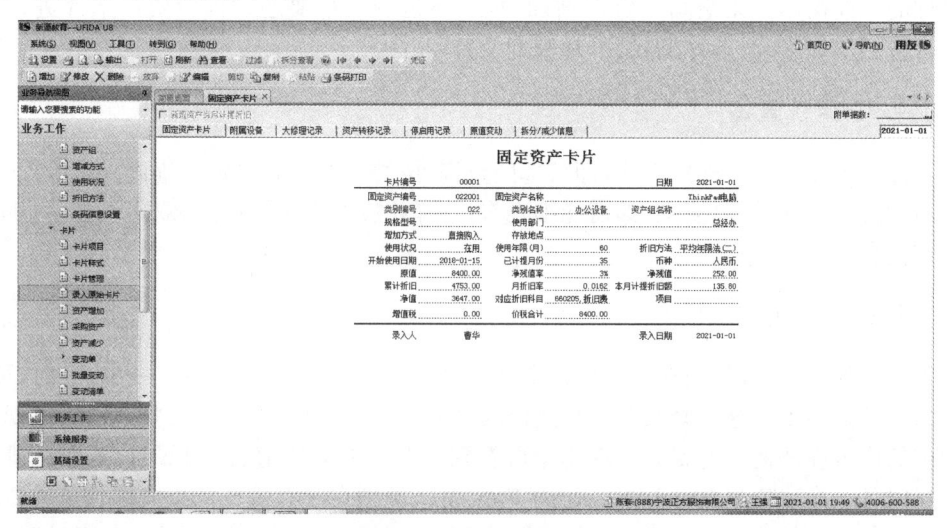

图 5－10　录入原始卡片

(七) 多部门使用的固定资产原始卡片录入(拓展任务)

1. 执行"财务会计"|"固定资产"|"卡片"|"录入原始卡片",打开"固定资产类别档案"窗口。

2. 勾选"022 办公设备"复选框,单击"确定",打开固定资产卡片页签。

3. 在固定资产名称栏录入"多功能一体机",单击"使用部门"栏,打开"固定资产——本资产部门使用方式"对话框。

4. 选择"多部门使用",单击"确定",打开"使用部门"窗口,单击"增加"按钮,窗口出现一行空记录,双击"使用部门"栏下的空格,选择"总经办";双击"使用比例"栏下的空格,输入"60"。

5. 单击"增加"按钮,窗口出现一行空记录,双击"使用部门"栏下的空格,选择"财务部";双击"使用比例"栏下的空格,输入"40"。

6. 设置完毕后,单击"确定"按钮,返回固定资产卡片录入窗口,继续录入其它信息。

(八) 删除原始卡片(拓展任务)

1. 执行"财务会计"|"固定资产"|"卡片"|"卡片管理",弹出"卡片管理"窗口,取消开始使

用日期"2021－01－01",点击"确定",显示已经录入的原始卡片。

2. 单击00008号卡片,单击"删除"按钮,删除该张固定资产原始卡片。

5.3 固定资产业务处理

固定资产管理系统的业务处理主要包括卡片管理、资产的增加和减少、资产在使用过程中发生的变动处理、计提折旧及减值处理等业务。

5.3.1 固定资产卡片管理

卡片是记录固定资产相关资料的载体。卡片管理是对固定资产管理系统中所有卡片进行综合管理的功能操作。无论固定资产增加、减少还是变动都要通过固定资产卡片进行管理。卡片管理包括卡片修改、卡片删除、卡片查询及打印。

5.3.1.1 卡片查询

系统提供了3种卡片查找方式,即按部门查询、按类别查询和自定义查询。在卡片管理界面,可以查看该资产的简要信息,如需详细查看,选择相应的固定资产后,双击可显示出单张卡片的详细信息。

5.3.1.2 卡片修改

当发现卡片录入错误,或在使用固定资产的过程中需要修改卡片中的一些内容时,可以通过卡片修改功能实现。这种修改为无痕迹修改,即在变动清单和查看历史状态时不体现,无痕迹修改前的内容在任何查看状态下都不会再看到。卡片上的原值、使用部门、工作总量、使用状况、累计折旧、净残值率、折旧方法、使用年限、资产类别在没有做变动单或评估单的情况下,录入当月可无痕迹修改;如果做过变动单,只有删除变动单后才能无痕迹修改;通过固定资产增加录入系统的卡片如果已制作凭证,要修改原值或累计折旧则必须删除凭证后,才能无痕迹修改;如果已做过一次月末结账,则以上各项目只能通过变动单或评估单进行调整,而不能通过卡片修改功能进行修改。

5.3.1.3 卡片删除

卡片删除功能是指把卡片资料彻底从系统内清除,而不是指固定资产的清理或减少。本月录入的卡片不能删除,做过变动单或评估单的卡片,删除了相关的变动单或评估单后才能删除。制作过凭证的卡片,删除了对应的凭证后才能删除。

5.3.2 固定资产增减业务

当企业由于各种原因而增加或减少固定资产时,就需要进行相应的处理,根据固定资产增减变动记录更新固定资产卡片文件,以保证折旧计算的正确性。

5.3.2.1 固定资产增加

企业通过购买或其他方式取得固定资产时要进行固定资产增加处理,填制新的固定资产卡片。一方面,要求对新增资产按经济用途或其他标准分类,并确定其原始价值。另一方面,要求办理交接手续,填制和审核有关凭证,作为固定资产核算的依据。新增固定资产从下月开始计提折旧,所以新卡片第一个月不提折旧,折旧额为空或零。录入的原值是卡片录入月月初的价值,否则会出现计算错误。

5.3.2.2 固定资产减少

固定资产的减少是指资产在使用过程中,由于毁损、出售、盘亏等各种原因需要对固定资产做减少处理。输入固定资产减少记录,说明固定资产减少方式、减少原因等。只有当账套开始计提折旧后,才可以使用资产减少功能,否则资产减少只能通过删除卡片来完成。固定资产减少后,在卡片管理窗口,在卡片列表框中选择"已减少资产"可查看已减少的固定资产。对于误减少的固定资产,可以使用"撤销减少"功能恢复。只有当月减少的固定资产才可以通过本功能恢复。如果资产减少操作已制作凭证,必须删除凭证后才能恢复。

5.3.3 资产变动处理

固定资产在使用过程中,可能会调整卡片上的一些项目,此类变动必须留下原始凭证。变动单就是在资产使用过程中由于固定资产卡片上某些项目调整而制的原始凭证。固定资产的变动管理主要包括原值变动、部门转移、使用状况调整、使用年限调整、资产折旧方法调整、净残值调整、工作总量调整、累计折旧调整、资产类别调整、计提减值准备及转回减值准备等情况,这些都需通过变动单进行处理。本月录入的卡片和本月新增的固定资产不允许进行变动处理,因此必须是计提折旧并完成制单、结账的固定资产才需要用变动单处理。

5.3.3.1 原值变动

资产在使用过程中,原值增减有5种情况:对固定资产重新估价、增加补充设备或改良设备、将固定资产的一部分拆除、根据实际价值调整原来的暂估价值、发现原记录固定资产价值有误。原值变动包括原值增加和原值减少。

5.3.3.2 部门转移

资产在使用过程中,因内部调配而发生的部门变动应及时处理,否则将影响部门的折旧计算。

5.3.3.3 使用状况调整

资产使用状况分为使用中、未使用、不需用等。资产在使用过程中,可能会因为某种原因,使资产的使用状况发生变化,这种变化会影响到设备折旧的计算,应及时调整。

5.3.3.4 使用年限调整

资产在使用过程中,资产的使用年限会由于资产的重估、大修等原因而调整。进行使用年限调整的资产在调整的当月就按调整后的使用年限计提折旧。

5.3.3.5 资产折旧方法调整

资产折旧方法一般在一年之内很少改变,如有特殊情况确需调整的必须遵循一定的原则。进行折旧方法调整的资产,在调整的当月就按调整后的折旧方法计提折旧。

5.3.3.6 变动单管理

变动单管理可以对系统制作的变动单进行查询、制单、删除等处理。变动单保存后不能修改,只能在当月删除后重新填制。

5.3.4 减值准备

企业在会计期末对各项固定资产逐项进行检查,如果固定资产可回收金额低于账面价值,则应当将可回收金额低于账面价值的差额作为固定资产减值准备。固定资产减值准备必须按单项资产计提。在"固定资产变动单－计提减值准备"窗口,直接输入卡片编号,并输入固定资产减值的各项信息。如果已经计提减值的固定资产价值又恢复了,需要在原本已计提的减值准备范围内将其转回。

5.3.5 折旧处理

折旧处理是固定资产管理系统的基本处理功能之一,主要包括折旧的计提与分配。系统每期计提折旧一次,根据录入系统的资料自动计算每项资产的折旧,自动生成折旧分配表,然后制作记账凭证,并将本期的折旧费用自动登记入账。

5.3.5.1 折旧计提

根据固定资产卡片的基本资料,系统自动计提各个资产当期的折旧额,并将当期的折旧额自动累加到累计折旧项目中。在计提工作完成后,还需要进行折旧分配,形成折旧费用。系统除了自动生成折旧清单外,还生成折旧分配表,完成本期折旧费用的登账工作。当账套内有固定资产选择工作量法计提折旧时,为了准确计算本月折旧,每月计提折旧前必须录入这些固定资产当月的工作量,否则该类固定资产不能提折旧。输入的本期工作量必须保证累计工作量小于等于工作总量。

5.3.5.2 折旧清单

折旧清单显示的是所有应提折旧的固定资产所计提折旧数额的数据。单期的折旧清单中列示了固定资产名称、计提原值、月折旧率、单位折旧、月工作量、月折旧额等信息,全年的折旧清单中列示了各固定资产在12个计提期间中的月折旧额、本年累计折旧额等信息。

5.3.5.3 折旧分配

计提折旧工作完成后生成折旧清单,进行折旧分配形成折旧费用。系统根据折旧清单及部门对应折旧科目生成折旧分配表,折旧分配表是将累计折旧分配到成本与费用中的重要依据,也是编制转账凭证将折旧数据传递到总账系统的重要依据。

5.3.5.4 进行折旧处理应注意的问题

（1）如果计提折旧后，又对账套进行了影响折旧计算分配的操作，必须重新计提折旧。

（2）如果上一次计提的折旧已经制单，又对账套进行了影响折旧计算分配的操作，则必须先删除该凭证再重新计提折旧。

（3）当企业中有固定资产按工作量法计提折旧时，在计提折旧之前，需输入该固定资产当期的工作量，为系统提供计算累计折旧需要的信息。

5.3.5 凭证处理

固定资产管理系统的凭证处理功能主要是根据固定资产各项业务数据自动生成转账凭证并传递到总账系统进行后续处理。一般当固定资产发生资产增加、资产减少、原值变动、累计折旧调整、计提折旧等业务时就要编制凭证。编制凭证可以采用"立即制单"或"批量制单"两种方法。如果在"选项"中选取了"业务发生后立即制单"，则在上述资产卡片相关处理完成后，系统会根据固定资产和累计折旧入账科目设置、增减方式设置、部门对应折旧科目设置及业务数据自动调出凭证，凭证中不完整的部分由用户进行补充，修改完成后制单生成转账凭证。如果在"选项"中未选取"业务发生后立即制单"，则可在以后进行批量制单。批量制单功能可同时将一批需制单的业务连续制作凭证传输到账务系统，避免多次制单的繁琐。在批量制单列表中列示的内容是截止到本次制单为止，所有本系统应制单而未制单的业务。在"制单选择"选项卡中将每个业务行的"选择"选中，添加制单标志"Y"，切换到"制单设置"选项卡，根据实际情况和需要选择"科目"和"部门核算"，然后单击"制单"按钮，即可根据用户的设置进行批量制单。

5.3.6 账表查询

固定资产管理系统提供的报表可以分为账簿、折旧表、汇总表和分析表4大类。

5.3.6.1 固定资产账簿

固定资产账簿一般用于提供资产管理所需要的基本信息，主要包括固定资产总账、固定资产明细账、固定资产登记簿等基础报表。固定资产总账是按部门和类别反映一个年度固定资产价值变化的账页。固定资产明细账反映单个资产在查询期间发生的所有业务，包括在该期间的资产增加或资产减少的情况。固定资产登记簿可按资产所属类别或所属部门显示一定期间范围内发生的所有业务，包括资产增加、资产减少、原值变动、部门转移等信息。

5.3.6.2 固定资产折旧表

固定资产折旧表用于提供与固定资产折旧相关的明细信息与汇总信息，主要包括部门折旧计算汇总表、固定资产折旧清单表、折旧计算明细表、固定资产及累计折旧表等报表。部门折旧计算汇总表反映该账套内各使用部门计提折旧的情况，包括计提原值和计算的折旧额信息。固定资产折旧清单表用于显示按资产类别明细列示的折旧数据及累计折旧数据信息，可以根据部门、资产类别提供固定资产的明细折旧数据。折旧计算明细表是按类别设立的，反映资产按类别计算折旧的情况，包括上月计提情况、上月原值变动和本月计提情况。固定资产及累计折旧表是按期编制的，反映各类固定资产的原值、累计折旧和本年累计折旧变动的相关明细情况。

5.3.6.3 统计表

统计表是出于管理固定资产的需要，按管理目的统计的数据，这些统计表包括：固定资产原值一览表、固定资产统计表、评估汇总表、评估变动表、盘盈盘亏报告表、逾龄资产统计表、役龄资产统计表等。

5.3.6.4 固定资产分析表

固定资产分析表可以从资产的构成情况、分布情况、使用状况等角度提供统计分析数据、为管理人员进行决策提供信息。固定资产分析表主要包括固定资产部门构成分析表、固定资产使用状况分析表、固定资产价值结构分析表、固定资产类别构成分析表等报表。

5.3.7 对账和结账

5.3.7.1 对账

对账是将固定资产管理系统中记录的固定资产和累计折旧数额与总账系统中的固定资产和累计折旧科目的数值进行核对，验证是否一致，并寻找可能产生差异的原因。任何时候都可以进行对账，系统在执行月末结账时会自动进行对账，给出对账结果，并根据初始化中是否设置"在对账不平情况下允许固定资产月末结账"选项判断是否允许结账。

5.3.7.2 结账

固定资产管理系统完成当月全部业务后，便可进行月末结账，以便将当月数据结转至下月。月末结账后当月数据不允许再进行改动，月末结账后如果发现有本月未处理的业务或需要修改的事项，可以通过系统提供的"恢复月末结账前状态"功能进行反结账。结账前不能处理下期的数据，结账前一定要进行数据备份，否则一旦数据丢失，将造成无法挽回的后果。

5.3.7.3 反结账

恢复月末结账前状态，又称为"反结账"，是固定资产管理系统提供的一个纠错功能。如果由于某种原因，在结账后发现结账前的操作有误，而结账后不能修改结账前的数据，则可以使用此功能恢复到结账前状态去修改错误。

实验任务

一、实验准备

1. 建立"项目五\固定资产管理系统业务处理"文件夹。
2. 将系统日期修改为"2021年1月31日"。

3. 引入"项目五\固定资产管理系统初始化\Uferpact.lst"文件。
4. 以操作员 003 王强的身份注册进入企业应用平台,进行固定资产管理系统的日常业务处理,操作日期根据下面业务日期而定,由 003 王强生成凭证,004 曾丽出纳签字,002 郭文审核,003 王强记账。

二、实验资料

(一) 固定资产调拨(无凭证生成)

1 月 11 日,将财务部的 hp 打印机调拨给总经办使用。

(二) (付9)1 月 12 日用银行存款购入一台多功能一体机

交付给财务部使用,取得增值税专用发票,价款 4 800 元,增值税 624 元,款项已通过中行转账支付,支票号 ZZ005。预计使用年限 5 年,净残值率 3%,采用平均折旧法(二)计提折旧。

借:固定资产　4 800
　　应交税费——应交增值税(进项税额)　624
　贷:银行存款——中行存款　5 424

(三) (转10)1 月 12 日计提本月折旧

借:管理费用——折旧费用(总经办)　3 024.60
　　管理费用——折旧费用(财务部)　213.4
　　销售费用——折旧费用　969.40
　贷:累计折旧　4 207.40

(四) (转11)1 月 12 日总经办一台 ThinkPad 电脑报废

借:固定资产清理　3 511.20
　　累计折旧　4 888.80
　贷:固定资产　8 400

(五) 账套备份

将 888 账套备份到"项目五\固定资产管理系统业务处理"文件夹中。

三、拓展任务

1. 因市价下跌,对卡片编号为 00002 的奥迪轿车计提 10 000 元减值准备。
2. 撤销固定资产减少。
3. 对账与结账。

四、操作指导

(一) 固定资产调拨

1. 执行"财务会计"|"固定资产"|"卡片"|"变动单"|"部门转移",打开"固定资产变动单"窗口。如图 5-11 所示。
2. 输入卡片编号"00005",选择变动后部门"总经办",输入变动原因"调拨",单击"保存"。

视频 061 资产调拨

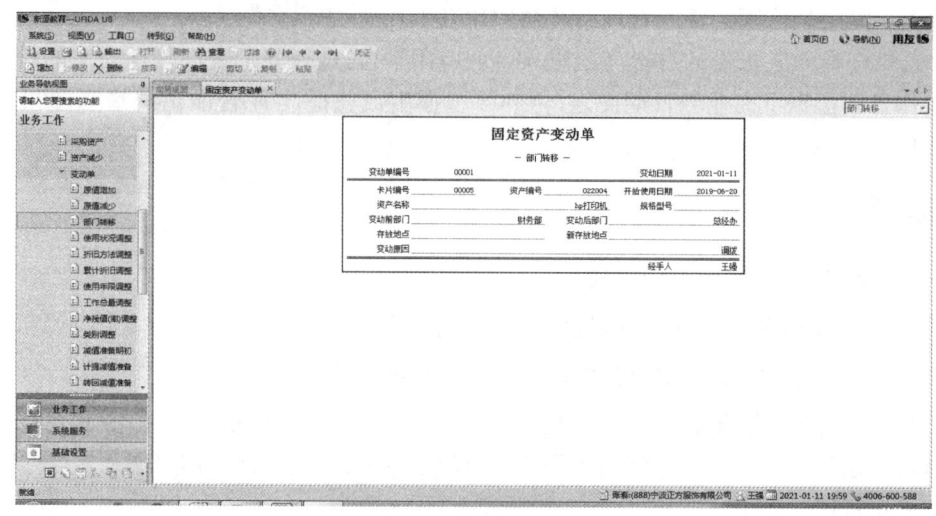

图 5-11 固定资产调拨

(二) 增加固定资产

1. 执行"财务会计"|"固定资产"|"卡片"|"资产增加",打开"固定资产类别档案"窗口。如图 5-12 所示。

2. 选择"022 办公设备",单击确定,打开"固定资产卡片"页签。

3. 在固定资产名称栏录入"多功能一体机",使用部门"财务部",增加方式"直接购入",使用状况"在用",在原值栏录入"4800",增值税"624",使用年限(月)"60",开始使用日期"2021-01-12",核对其它信息。

视频 062 资产增加

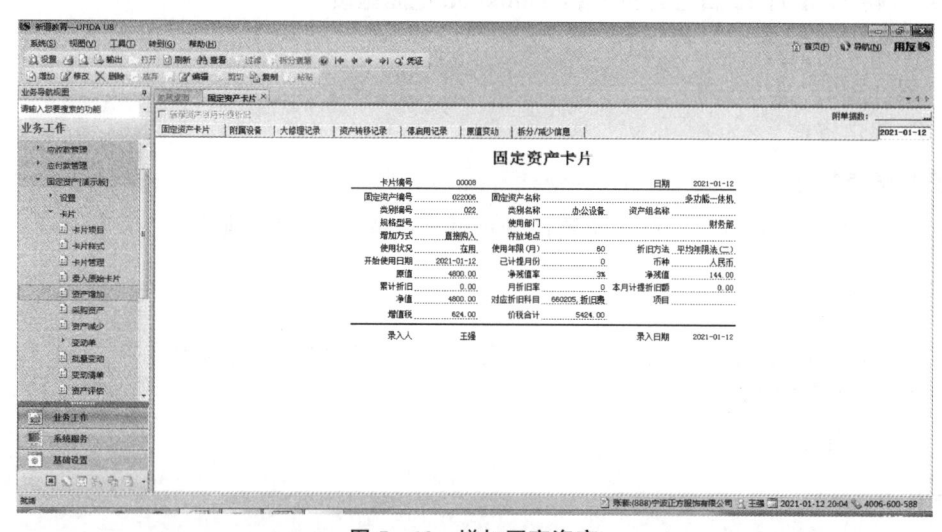

图 5-12 增加固定资产

4. 单击"保存",系统自动生成一张购入固定资产的记账凭证,选择凭证类型"付款凭证",选中贷方科目"100201"后,将光标移动到凭证下方的备注栏,待变成"笔头状光标"时双击,弹出"辅助项"对话框,输入结算方式"202",票号"ZZ005",发生日期 2021-01-12,单击"确定",单击"保存"按钮后保存凭证。如图 5-13 所示。

图 5-13　增加固定资产制单

(三) 计提本月折旧

1. 执行"财务会计"|"固定资产"|"处理"|"计提本月折旧",弹出提示信息"是否要查看折旧清单"。单击"是"按钮,弹出提示信息"本操作将计提折旧,并花费一定时间,是否要继续?"

2. 单击"是"按钮,开始计提折旧,计提完毕,打开折旧清单窗口。如图 5-14 所示。

视频 063 计提折旧

卡片编号	资产编号	资产名称	原值	计提原值	本月计提折旧额	累计折旧	本年计提折旧	减值准备	净值	净残值	折旧率
00001	022001	ThinkPad电	8,400.00	8,400.00	135.80	4,888.80	135.80	0.00	3,511.20	252.00	0.0162
00002	03001	奥迪轿车	360,000.00	360,000.00	2,850.00	37,050.00	2,850.00	0.00	322,950.00	18,000.00	0.0079
00003	022002	DELL电脑	7,200.00	7,200.00	116.40	2,793.60	116.40	0.00	4,406.40	216.00	0.0162
00004	022003	华硕电脑	6,000.00	6,000.00	97.00	1,843.00	97.00	0.00	4,157.00	180.00	0.0162
00005	022004	hp打印机	2,400.00	2,400.00	38.80	737.20	38.80	0.00	1,662.80	72.00	0.0162
00006	022005	brother打	1,200.00	1,200.00	19.40	368.60	19.40	0.00	831.40	36.00	0.0162
00007	03002	大众轿车	120,000.00	120,000.00	950.00	12,350.00	950.00	0.00	107,650.00	6,000.00	0.0079
合计			505,200.00	505,200.00	4,207.40	60,031.20	4,207.40	0.00	445,168.80	24,756.00	

图 5-14　固定资产折旧清单

3. 单击"退出"按钮,打开"折旧分配表"窗口。如图 5-15 所示。

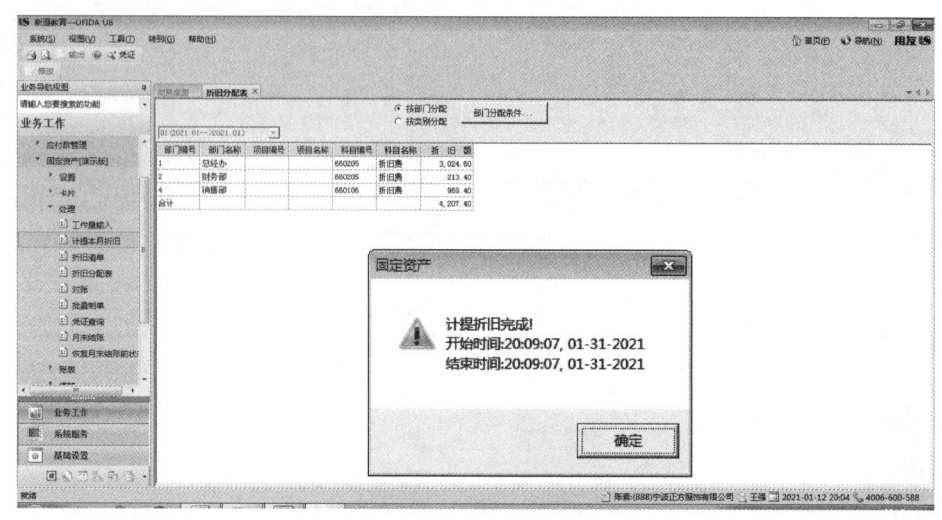

图 5-15 折旧分配表

4. 单击"凭证",即生成计提折旧的凭证,单击"保存",左上角显示"已生成"字样。如图 5-16 所示。

图 5-16 生成折旧凭证

注:

折旧计提可以重复操作,后一次计提折旧数据将覆盖上一次计提数据。

(四) 固定资产减少

1. 在固定资产减少之前必须先计提折旧。

2. 执行"财务会计"|"固定资产"|"卡片"|"资产减少",弹出"资产减少"窗口。

3. 录入卡片编号"00001"、资产编号"022001",单击"增加"按钮,在显示的一行减少资产的记录中录入减少方式"报废",单击"确定",将 ThinkPad 电脑报废。如图 5-17 所示。

视频 064 资产减少

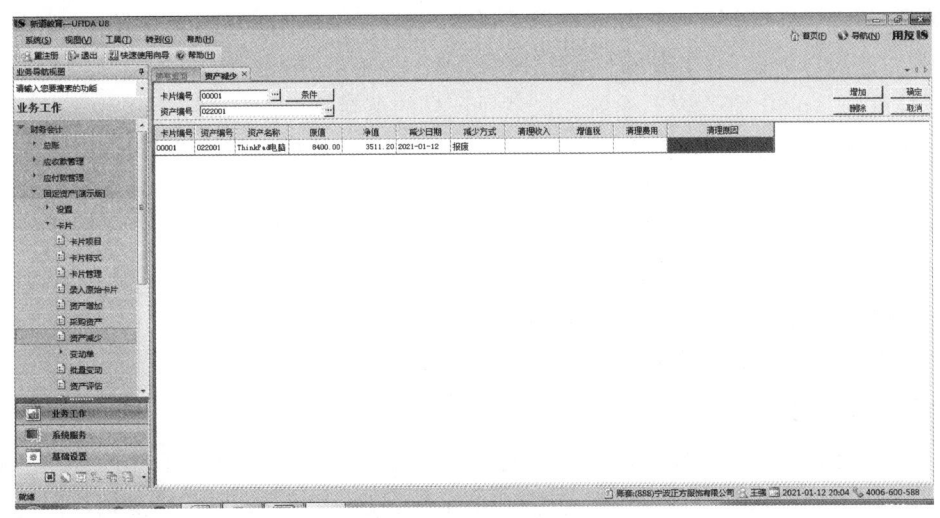

图5-17 资产减少

4. 系统生成固定资产减少的凭证并弹出"所选卡片已经减少成功!"提示框,单击"确定"按钮,选择凭证字"转",单击"保存",凭证出现"已生成"标志。如图5-18所示。

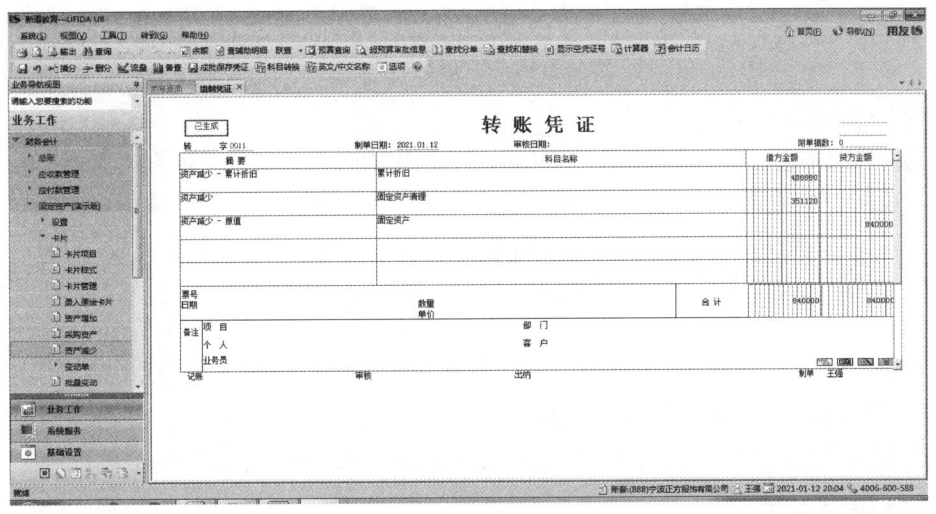

图5-18 生成资产减少凭证

注:

(1) 要减少的资产,当月仍然要计提折旧。

(2) 资产减少"不等于"资产删除,已减少资产发现操作错误,可以撤消减少。

(五) 计提减值准备(拓展任务)

1. 执行"财务会计"|"固定资产"|"卡片"|"变动单"|"计提减值准备",系统弹出"上一次计提折旧已制作了第[10]号[转]凭证,之后系统又发生了影响折旧数据的业务,需重新生成折旧分配表。请先删除此凭证后,才能进行此项操作!"提示框。单击"确定"按钮。执行"财务会计"|"固定资产"|"处理"|"凭证查询",打开凭证查询窗口,选择第[10]号[转]凭证,单击"删除",系统弹出"确定要删除吗? 删除后不可恢复!"提示框,单击"是"按钮,单击"退出"。

2. 执行"财务会计"|"总账"|"凭证"|"填制凭证",在总账系统该凭证显示作废字样。执

行"制单"|"整理凭证",打开凭证期间选择对话框,选择凭证区间"2021.01",单击"确定"按钮,打开作废凭证表对话框,双击删除栏,删除栏出现Y。单击"确定"按钮,弹出提示信息,选择"按凭证号重排",单击"是"按钮,系统完成对凭证号的重新整理。

3. 执行"财务会计"|"固定资产"|"卡片"|"变动单"|"计提减值准备",打开"固定资产变动单——计提减值准备"窗口。输入卡片编号"00002",系统列出资产的名称、开始使用日期等信息,输入减值准备金额"10 000",输入变动原因"市价下跌",单击"保存"。系统生成计提减值准备凭证并弹出"数据保存成功!"提示框,单击"确定",选择凭证字"转",输入"6701",单击"保存",凭证上出现"已生成"字样,单击"退出"。

注:如果该凭证已经审核、记账,需恢复记账前状态并取消审核。

(六) 撤销固定资产减少(拓展任务)

1. 执行"财务会计"|"固定资产"|"卡片"|"卡片管理",打开"查询条件选择——卡片管理"窗口,关闭开始使用时间,单击"确定",打开"卡片管理"窗口,选择"已减少资产"。

2. 单击需要撤销减少的卡片,单击"撤销减少",系统提示"确实需要恢复[00001]号卡片的资产吗?",单击"是",系统弹出"00001资产减少已经做了第[11]号[转]凭证,请先删除凭证!"提示框,单击"确定"按钮。

3. 执行"财务会计"|"固定资产"|"处理"|"凭证查询",打开凭证查询窗口,选择资产减少所在行。单击"删除"按钮,弹出提示信息"确定删除凭证吗? 删除后不可恢复。",单击"是"按钮,删除所选凭证。

4. 执行"财务会计"|"固定资产"|"卡片"|"卡片管理",打开"查询条件选择——卡片管理"窗口,关闭开始使用时间,单击"确定",打开"卡片管理"窗口,选择"已减少资产"。

5. 单击需要撤销减少的卡片,单击"撤销减少",系统提示"确实需要恢复[00001]号卡片的资产吗?",单击"是",则恢复减少的资产。

注:
如果发现固定资产管理系统生成的凭证有错误需修改或删除,不能在总账系统作废,只能在固定资产管理系统编辑或删除,然后到总账系统整理凭证。

必须删除资产减少的凭证后才能进行恢复资产减少的操作。

(七) 对账与结账

1. 与总账系统对账

启用固定资产管理系统后,通过该系统对企业固定资产进行核算和管理,涉及"固定资产""累计折旧"科目的凭证全部在固定资产管理系统中完成,总账系统不再直接填制带有"固定资产""累计折旧"科目的凭证,只需对传递过来的凭证进行审核、记账即可。由于固定资产科目的核算是在两个系统中进行,为了保证两个系统中固定资产科目的数值相等,必须在期末结账前进行对账检查。

执行"处理"|"对账"命令完成期末对账操作。

2. 结账

执行"处理"|"月末结账",打开"月末结账"窗口,单击"开始结账",系统弹出"月末结账成功完成!"提示框。

注：

(1) 固定资产管理系统期末对账前，必须在总账系统对固定资产管理系统传递过来的凭证进行审核、记账，否则易出现期末对账结果不平衡。

(2) 如果期末对账结果不平衡，除检查固定资产管理系统传递到总账系统的凭证是否进行审核、记账外，还应检查计提折旧后是否又对账套进行了影响折旧计算或分配的操作。

(3) 月末结账工作每月进行一次，如果结账后发现结账前的操作有误，可以通过固定资产管理系统窗口执行"处理"|"恢复月末结账前状态"取消结账，将数据恢复。

项目小结

固定资产管理主要包括系统初始化和业务处理两部分。系统初始化就是建立一个适合本企业的固定资产子账套的过程，是使用固定资产管理系统的首要操作。固定资产初始化包括资产类别设置、部门对应折旧科目设置和增减方式对应入账科目设置、卡片样式和卡片项目设置、原始卡片录入等。在完成固定资产管理系统初始设置后一般很少再变动。平时所做的大部分工作是固定资产业务处理，包括固定资产的增减管理、固定资产的各种变动管理、折旧处理及减值准备计提等，月末进行对账和结账处理。

项目五基础练习

一、单项选择题

1. 固定资产管理系统对固定资产管理采用严格的序时管理，序时到（　　）。
   A. 日　　　　　　B. 月　　　　　　C. 季　　　　　　D. 年
2. 固定资产管理系统与总账系统对账是指将固定资产管理系统内（　　）的原值、累计折旧和总账系统中的固定资产科目和累计折旧科目的余额核对。
   A. 变动资产　　　B. 在役资产　　　C. 增加资产　　　D. 减少资产
3. 在固定资产卡片录入中，下列（　　）是自动给出的，不能更改。
   A. 录入人　　　　B. 固定资产名称　C. 存放地点　　　D. 对应折旧科目
4. 在固定资产管理系统中，能够确定固定资产是否计提折旧的数据项是（　　）。
   A 资产名称　　　B 资产原值　　　C 折旧方法　　　D 使用状况
5. 固定资产管理系统采用批量制单方式，则记账凭证的摘要（　　）。
   A. 系统自动给出，不能修改　　　　B. 系统自动给出，能修改
   C. 只能手工输入　　　　　　　　　D. 视具体情况而定
6. 固定资产管理系统执行（　　）才能开始处理下一个月的业务。
   A. 生成凭证　　　B. 账簿输出　　　C. 结账　　　　　D. 对账

二、多项选择题

1. 下列固定资产的卡片能通过"原始卡片录入"功能录入系统的是（　　）。

A. 开始使用日期为2017-01-10,录入时间为2017-02-10
B. 开始使用日期为2017-01-10,录入时间为2018-02-10
C. 开始使用日期为2017-01-10,录入时间为2017-01-15
D. 开始使用日期为2017-01-10,录入时间为2017-01-10

2. 以下说法中正确的是(　　)。
A. 固定资产原始卡片的录入必须在第一个期间结账前录入完成
B. 原始卡片中固定资产使用的日期要早于固定资产模块启用的日期
C. 每一个固定资产在固定资产管理模块中都有一张卡片与其对应
D. 固定资产卡片实质是固定资产档案管理

3. 关于固定资产折旧以下说法正确的是(　　)。
A. 固定资产管理系统提供整个账套不提折旧的功能
B. 计提折旧在固定资产管理系统中每月只能做一次,否则会重复计提
C. 只有在计提折旧后才能执行固定资产减少
D. 计提折旧只能由账套主管执行

4. 固定资产管理系统生成的凭证,可以在总账中(　　)。
A. 查询　　　　B. 修改　　　　C. 审核　　　　D. 记账

5. 固定资产管理系统与总账系统对账不平,可能的原因有(　　)。
A. 传到总账系统的凭证还没有记账
B. 在总账系统中手工录入了固定资产业务
C. 固定资产产生的凭证还没有传到总账
D. 与基础设置有关

6. 以下选项中属于固定资产管理系统中固定资产变动业务的是(　　)
A. 新增固定资产　　　　　　　　B. 固定资产减少
C. 固定资产价值变动　　　　　　D. 固定资产使用部门变动

供应链管理系统初始化

项目六

知识目标

1. 会描述供应链管理系统的基本功能。
2. 能阐述供应链管理系统的业务流程。
3. 会描述供应链管理系统初始设置的主要内容。

能力目标

1. 能够熟练设置供应链管理系统的基础档案。
2. 能够熟练设置存货核算系统凭证模板的科目。
3. 能够熟练录入供应链管理系统的期初数据。

项目导入

宁波正方服饰有限公司因购销业务较多,为了记录各项业务的发生并有效地跟踪其发展过程,需启用采购管理、销售管理、库存管理、存货核算系统并与应收款管理、应付款管理、总账等系统集成使用,并对各系统进行初始设置,将各系统的期初余额录入。

6.1 供应链管理系统概况

6.1.1 供应链管理系统的构成及功能

在用友软件供应链管理系统主要包括合同管理、采购管理、委外管理、销售管理、库存管理、存货核算、售前分析、质量管理等几个模块。本教材重点介绍采购管理、销售管理、库存管理、存货核算4个模块。由于采购与应付、销售与应收密不可分,且业务处理的结果会通过存货核算系统生成凭证传递到总账系统,因此我们把应收款管理、应付款管理、总账系统也作为财务业务一体化的必要构成部分。在财务业务一体化模式下,业务发生的同时便在业务系统中记录和反映,并同步传递给财务,这样财务才能变事后核算为事中控制。

6.1.1.1 采购管理

采购管理对企业采购业务的全部流程进行管理,提供请购、订货、到货、检验、入库、开票、采购结算的完整采购流程,支持普通采购、受托代销、直运等多种类型的采购业务,支持按询价比价方式选择供应商,支持以订单为核心的业务模式。

6.1.1.2 销售管理

销售管理对企业销售业务的全部流程进行管理,提供报价、订货、发货、开票的完整销售流程,支持普通销售、委托代销、分期收款、直运、零售、销售调拨等多种类型的销售业务,支持以订单为核心的业务模式,并可对销售价格和信用进行实时监控。

6.1.1.3 库存管理

库存管理主要是从数量的角度管理存货的出入库业务,能够满足采购入库、销售出库、产成品入库、材料出库、其他出入库、盘点管理等业务的需要,提供多计量单位使用、仓库货位管理、批次管理、保质期管理、出库跟踪、入库管理、可用量管理等全面的业务应用。及时动态地掌握各种库存存货信息,对库存安全性进行控制,提供各种储备分析,避免库存积压占用资金或材料短缺影响生产。

6.1.1.4 存货核算

存货核算是从资金的角度管理存货的出入库业务,掌握存货耗用情况,及时准确地把各类存货成本归集到各成本项目和成本对象上。存货核算主要用于核算企业的入库成本、出库成本、结余成本;反映和监督存货的收发、领退和保管情况;反映和监督存货资金的占用情况;动态反映存货资金的增减变动并提供存货资金周转和占用分析,以降低库存,减少资金积压。

6.1.1.5 应收款管理

应收款管理系统主要用于核算和管理客户往来款项,即管理企业在日常经营过程中所产生的各种应收款数据信息,及时收回欠款。对于应收款的核算与管理既可以深入到各种产品、各个地区、各个部门和各业务员，又可以从不同的角度对应收款项进行分析、决策，使购销业务系统和财务系统有机地联系起来。

6.1.1.6 应付款管理

应付款管理系统主要用于核算和管理供应商往来款项，即管理企业在日常经营过程中所产生的各种应付款数据信息，及时付清货款。对于应付款的核算与管理既可以深入到各种产品、各个地区、各个部门和各业务员，又可以从不同的角度对应付款项进行分析、决策，使购销业务系统和财务系统有机地联系起来。

6.1.2 供应链管理系统业务处理流程

供应链管理系统主要包括采购管理、销售管理、库存管理、存货核算4个子系统，在企业的日常工作中，分别由采购部门、销售部门、仓库部门、财务部门实施相关业务处理。供应链管理系统与应收款管理及应付款管理、总账系统之间存在相互联系。通过单据在不同部门之间的传递，实现信息流、物流、资金流的一体化。在手工环节下，工作的延续性是通过单据在不同部门间的传递来完成的，而计算机环境下的业务处理流程与手工环境下的业务处理流程存在差异，如果缺乏对供应链管理系统业务处理流程的了解，就无法实现部门间的协调配合，影响系统的效率。供应链管理系统业务处理流程如图6-1所示。

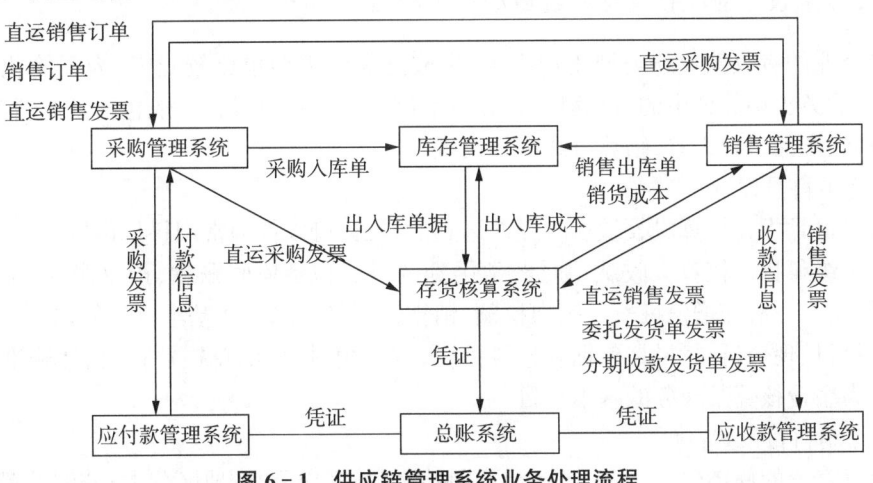

图6-1 供应链管理系统业务处理流程

6.2 供应链管理系统初始设置

供应链管理系统初始化包括供应链管理各子系统选项设置、基础档案设置、自动凭证科目设置、期初数据录入等工作。其中基础档案设置（财务相关信息和业务处理相关信息）已在"项目二 企业应用平台与基础设置"中讲述，此处不再赘述。

6.2.1 供应链管理系统选项设置

企业所属行业不同、业务范围不同、管理精细程度不同，在财务业务一体化应用方案上就会有所区别。用友软件的供应链管理系统设计了丰富的选项、个性化设置细节等,不同的选项设置将会影响到企业的业务处理流程和业务处理方式。

6.2.2 设置自动凭证科目

在财务业务一体化集成应用模式下,购销业务在采购、销售、库存管理系统中处理后,最终通过存货核算系统、应收款管理系统和应付款管理系统生成与业务相关的凭证传递给总账系统,所以需要在这三个系统中预先设置好凭证模板。

6.2.2.1 设置存货核算系统自动凭证科目

存货核算系统是联系供应链管理系统与财务系统的桥梁,各种存货的购进、销售及其他出入库业务,均在存货核算系统中生成凭证,因此需要设置存货科目和设置存货的对方科目。

(1) 设置存货科目。存货科目是设置生成凭证所需要的各种存货科目和差异科目。存货科目可以按仓库也可以按存货分类分别进行设置。

(2) 设置存货对方科目。存货对方科目是设置生成凭证所需要的存货对方科目,可以按收发类别设置。

6.2.2.2 设置应收款管理系统自动凭证科目

如果企业的应收款业务类型比较固定,生成的凭证类型也比较固定,为了简化凭证的操作,可将各业务类型凭证中的常用科目预先设置好。凭证科目设置一般包括基本科目设置、控制科目设置、产品科目设置、结算方式科目设置。

(1) 基本科目设置

基本科目是指在核算应收款项时经常用到的科目,可以作为常用科目设置,而且所设的科目必须是末级科目。核算应收款项时经常用到的科目包括应收账款、预收账款、主营业务收入、应交税费——应交增值税——销项税额、销售退回等。除上述基本科目外,银行承兑科目、商业承兑科目、现金折扣科目、票据利息科目、票据费用科目、汇兑损益科目、坏账准备科目等都可以作为企业核算某业务的基本科目。

(2) 控制科目设置

在核算客户的赊销欠款时,如果针对不同的客户(客户分类、地区分类)分别设置不同的应收账款科目和预收账款科目,可以先在账套参数中选择设置的依据,即选择是针对不同客户设置、不同客户分类设置还是按不同的地区分类设置。然后依次将往来单位按客户、客户分类或地区分类的编码、名称、应收科目、预收科目等内容设置。如果某个往来单位核算应收账款或预收账款的科目与常用科目设置中的一样,则可以不设置,否则,应进行设置。科目必须是由客户往来辅助核算的末级最明细科目。

(3) 产品科目设置

如果针对不同的存货(存货分类)分别设置不同的销售收入科目、税金科目和销售退回科目,则也应该在账套参数中选择设置的依据,即选择是针对不同的存货设置,还是针对不同的存货分类设置,然后再按存货的分类编码、名称、销售收入科目、税金科目和销售退回科目进行存货销售科目的设置。如果某个存货(存货分类)的科目与常用科目设置中的一样,则可以不设置,否则应进行设置。

(4) 结算方式科目设置

系统可以为每种结算方式设置一个默认科目,以便在应收账款核销时,直接按不同的结算方式生成相应的账务处理中所对应的会计科目。例如:结算方式为现金,科目为 1001 库存现金;结算方式为现金支票,科目为 100201 银行存款——中行存款。

6.2.2.3 设置应付款管理系统自动凭证科目

如果企业应付款业务类型比较固定,生成的凭证类型也较固定,为了简化凭证生成操作,可将各业务类型凭证中的常用科目预先设置好。凭证科目设置一般包括基本科目设置、控制科目设置、产品科目设置、结算方式科目设置。

(1) 基本科目设置

基本科目是指在核算应付款项时经常用到的科目,可以作为常用科目设置,而且所设置的科目必须是末级科目。核算应付款项时经常用到的科目包括应付账款、预付账款、在途物资、应交税费——应交增值税——进项税额等。除上述基本科目外,银行承兑科目、商业承兑科目、票据利息科目、票据费用科目、汇兑损益科目等都可以作为企业核算某类业务的基本科目。

(2) 控制科目设置

在核算供应商往来款项时,如果针对不同的供应商(供应商分类、地区分类)分别设置不同的应付账款科目和预付账款科目,可以先在账套参数中选择设置的依据,即选择是针对不同的供应商设置还是针对不同的供应商分类设置或是按不同的地区分类设置,然后再依次将往来单位按供应商、供应商分类或地区分类的编码、名称、应付科目和预付科目等内容进行设置。如果某个往来单位核算应付账款或预付账款的科目与常用科目设置中的一样,则可以不设置。控制科目必须是有供应商往来辅助核算的末级最明细科目。

(3) 产品科目设置

如果针对不同的存货(存货分类)分别设置不同的采购科目、税金科目,则应先在账套参数中选择设置的依据,即选择是针对不同的存货设置,还是针对不同的存货分类设置。然后再按存货的分类编码、名称、采购科目、税金科目进行科目的设置。如果某个存货(存货分类)的科目与常用科目设置中的一样,则可以不设。

(4) 结算方式科目设置

为每种结算方式设置一个默认的科目,以便在应付账款核销时,直接按不同的结算方式生成相应的账务处理中所对应的会计科目。例如:结算方式为现金,科目为 1001 库存现金;结算方式为现金支票,科目为 100201 银行存款——中行存款。

6.2.3 供应链管理系统期初数据

供应链管理系统期初数据录入是一个关键的环节,一般包括期初数据、执行期初记账或审核。供应链管理系统各子系统期初数据的录入内容及顺序如表 6-1 所示。

表6-1 供应链管理系统各子系统期初数据

系统名称	操作	内容	说明
采购管理	录入	期初暂估入库 期初在途存货	货到票未到,在"期初采购入库单"录入 票到货未到,在"期初采购发票"录入
	期初记账	采购期初数据	没有期初数据也要执行期初记账,否则不能开始日常业务
销售管理	录入并审核	期初发货单 期初委托代销发货单 期初分期收款发货单	已发货未开票,在"期初发货单"录入 已发货未结算的数量,在"期初委托代销发货单"录入 已发货未结算的数量,在"期初分期收款发货单"录入
库存管理	录入(取数)并审核	库存期初余额 不合格品期初	存货的期初结存数,在"期初结存"中录入 未处理的不合格品结存量,在"期初不合格品单"录入
存货核算	录入(取数)并记账	存货期初余额 期初分期收款发出商品余额	存货的期初结存数,在"期初余额"中录入 已发货未结算的数量,在"期初分期收款发出商品"录入
应收款管理	录入	期初销售发票 期初其他应收单	已开具销售发票未收款业务,在"期初余额"中录入 除销售商品之外的其他应收款项,在"期初余额"中录入
应付款管理	录入	期初采购发票 期初其他应付单	已收到采购发票未付款业务,在"期初余额"中录入 除采购商品之外的其他应付款项,在"期初余额"中录入

期初记账是指将有关期初数据记录到相应的账表中,它标志着供应链管理系统各个子系统的初始化工作全部结束,相关的参数和期初数据不能修改、删除。供应链管理系统各个子系统集成使用,则期初记账应该遵循一定的顺序,即采购管理系统必须先记账,库存管理系统和存货管理系统的期初记账顺序无特别要求,但库存管理系统所有仓库的所有存货必须审核确认,这个操作步骤相当于记账。

实验任务

一、实验准备

1. 建立"项目六\供应链管理系统初始化"文件夹。
2. 将系统日期修改为"2021年1月1日"。
3. 引入"项目五\固定资产管理系统业务处理\Uferpact.lst"文件。
4. 以操作员001曹华的身份注册进入企业应用平台。

二、实验资料

(一)采购管理系统参数设置(表6-2)

表6-2 采购管理系统参数设置

选项卡	设置内容
业务及权限控制	业务选项勾选"普通业务必有订单"、允许超订单到货及入库
	订单\到货单\发票单价录入方式"手工录入"

(二) 应付款管理系统参数设置(表 6-3)

表 6-3 应付款管理系统参数设置

选项卡	设置内容
常规	单据审核日期依据单据日期
凭证	受控科目制单方式明细到单据
	采购科目依据按存货
	取消"核销生成凭证"

(三) 应付款管理系统相关科目设置(表 6-4)

表 6-4 应付款管理系统会计科目设置表

科目种类		科目编码及名称
基本科目设置	应付科目	220201 应付账款——一般应付账款
	预付科目	1123 预付账款
	采购科目	1402 在途物资
	税金科目	22210101 应交税费——应交增值税——进项税额
结算方式科目设置	现金	1001 库存现金
	现金支票	100201 银行存款——中行存款
	转账支票	100201 银行存款——中行存款
	银行汇票	101201 其他货币资金——银行汇票
	电汇	100201 银行存款——中行存款
	委托收款	100201 银行存款——中行存款

(四) 销售管理系统参数设置(表 6-5)

表 6-5 销售管理系统参数设置

选项卡	设置内容
业务控制	有委托代销业务
	委托代销必有订单
	销售生成出库单
	不勾选"报价含税"
其他控制	新增退货单默认方式"参照发货"
	新增发票默认方式"参照发货"

(五) 应收款管理系统参数设置(表 6-6)

表 6-6 应收款管理系统参数设置

选项卡	设置内容
常规	单据审核日期依据单据日期
	坏账处理方式应收余额百分比法
	自动计算现金折扣

续 表

选项卡	设置内容
凭证	受控科目制单方式明细到单据
	销售科目依据按存货
	取消"核销生成凭证"

(六) 应收款管理系统科目设置(表6-7)

表6-7　应收款管理系统科目设置

科目种类		科目编码及名称
基本科目设置	应收科目	1122 应收账款
	预收科目	2203 预收账款
	销售收入科目	6001 主营业务收入
	代垫费用科目	1001 库存现金
	现金折扣科目	6603 财务费用
	税金科目	22210103 应交税费——应交增值税——销项税额
结算方式科目设置	现金	1001 库存现金
	现金支票	100201 银行存款——中行存款
	转账支票	100201 银行存款——中行存款
	银行汇票	101201 其他货币资金——银行汇票
	电汇	100201 银行存款——中行存款
	委托收款	100201 银行存款——中行存款

(七) 坏账准备设置(表6-8)

表6-8　坏账准备设置

提取比率	坏账准备期初余额	坏账准备科目	对方科目
0.5%	452	1231 坏账准备	6702 信用减值损失

(八) 库存管理系统参数设置(表6-9)

表6-9　库存管理系统参数设置

选项卡	设置内容
通用设置	业务设置选择"有无委托代销业务"
	勾选"采购入库审核时改现存量""销售出库审核时改现存量""其他出入库审核时改现存量"
专用设置	自动带出单价的单据勾选"采购入库单""采购入库取价按采购管理选项""销售出库单""其他入库单""其他出库单""调拨单"

（九）存货核算系统参数设置（表6-10）

表6-10 存货核算系统参数设置

选项卡	设置内容
核算方式	零成本出库选择"手工输入"，销售成本核算方式选择"销售出库单"，委托代销成本核算方式选择"按发出商品核算"
控制方式	勾选"结算单价与暂估单价不一致时是否调整出库成本"

（十）存货科目设置（表6-11）

表6-11 存货科目设置

仓库编码	仓库名称	存货编码	存货名称	存货科目编码	存货科目名称	委托代销发出商品科目编码	委托代销发出商品科目名称
01	女装仓库	01	女式针织衫	1405	库存商品		
01	女装仓库	02	女式风衣	1405	库存商品	1406	发出商品
02	男装仓库	03	男式夹克	1405	库存商品		
02	男装仓库	04	男式风衣	1405	库存商品		

（十一）存货对方科目设置（表6-12）

表6-12 存货对方科目设置

收发类别	对方科目编码	对方科目名称	暂估科目名称
11 采购入库	1402	在途物资	220202 暂估应付账款
21 销售出库	6401	主营业务成本	
14 盘盈入库	190101	待处理财产损溢——待处理流动资产损溢	
24 盘亏出库	190101	待处理财产损溢——待处理流动资产损溢	

（十二）采购管理系统期初数据

采购管理系统无期初数据，执行期初记账。

（十三）应付款管理系统期初数据（表6-13）

表6-13 应付款管理系统期初数据

单据类型	开票日期	发票号	供应商名称	科目编码	货物名称	数量	单价	价税合计
专用发票	2020-08-22	CG0822	山东远大公司	220201	男式夹克衫	220	500	124 300
专用发票	2020-09-24	CG0924	广东光阳公司	220201	女式风衣	450	200	101 700

（十四）应收款管理系统期初数据（表6-14、表6-15）

表6-14 应收票据期初余额

单据类型	签发日期	到期日	票号	开票单位	科目编码	票据面值
商业承兑汇票	2020-08-28	2021-02-28	SYCD28	山西永达公司	112102	67 800

表6-15　应收账款期初余额

单据类型	开票日期	发票号	客户名称	科目编码	货物名称	数量	无税单价	价税合计
专用发票	2020-06-14	XS0614	广西华美公司	1122	女式风衣	100	500	56 500
专用发票	2020-11-25	XS1125	山西永达公司	1122	男式夹克衫	30	1 000	33 900

（十五）库存和存货核算系统期初数据（表6-16）

表6-16　库存管理系统、存货核算系统期初余额

仓库名称	存货编码	存货名称	数量	结存单价	结存金额
女装仓库	02	女式风衣	700	200	140 000
男装仓库	03	男式夹克衫	1 000	490	490 000

（十六）账套备份

将888账套备份到"项目六\供应链管理系统初始化"文件夹中。

三、拓展任务

录入应收账款期初余额中其他应收单数据。（表6-17）

表6-17　应收账款期初余额

单据类型	开票日期	客户名称	科目编码	摘要	金额
其他应收单	2020-11-25	山西永达公司	1122	代垫运费	800

四、操作指导

（一）采购管理系统参数设置

1. 在企业应用平台中，执行"供应链"|"采购管理"|"设置"|"采购选项"命令，打开"采购管理系统选项设置"窗口。

2. 在"业务及权限控制"选项卡中，业务选项勾选"普通业务必有订单""允许超订单到货及入库"，选择"订单\到货单\发票单价录入方式"为"手工录入"。单击"确定"按钮，保存系统参数的设置，关闭"采购管理系统选项设置"窗口。如图6-2所示。

视频065 采购管理系统参数设置

图6-2　采购管理系统选项设置

(二) 应付款管理系统参数设置

1. 在企业应用平台中,执行"财务会计"|"应付款管理"|"设置"|"选项"命令,打开"账套参数设置"窗口。

2. 在"常规"选项卡中,单击"编辑"按钮,使所有参数处于可修改状态,"单据审核日期依据"选择"单据日期"。如图 6-3 所示。

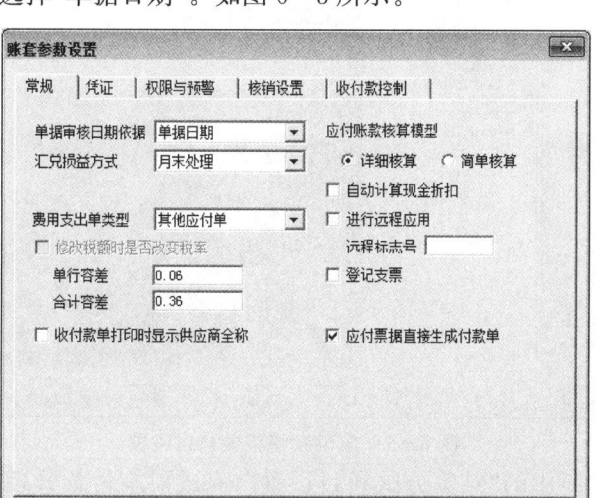

图 6-3 应付系统账套参数设置——常规

3. 在"凭证"选项卡中,"受控科目制单方式"选择"明细到单据","采购科目依据"选择"按存货",勾选"红票对冲生成凭证",单击"确定"。如图 6-4 所示。

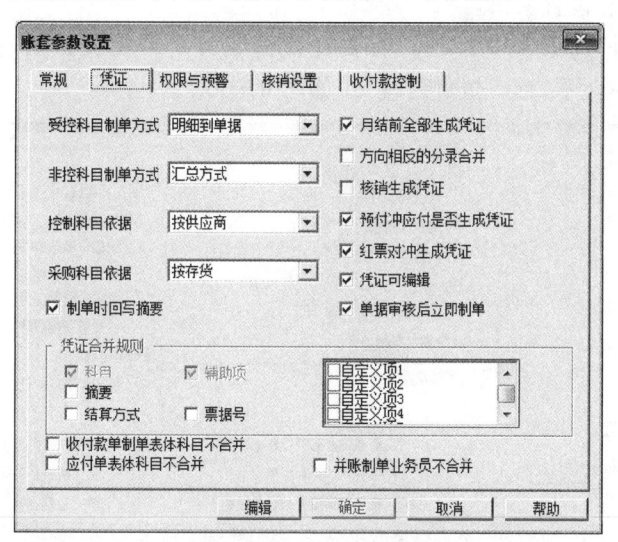

图 6-4 应付系统账套参数设置——凭证

(三) 应付款管理系统相关科目设置

1. 在企业应用平台中,执行"财务会计"|"应付款管理"|"设置"|"初始设置"命令,打开"初始设置"窗口。单击左边栏设置科目下的"基本科目设置",再单击"增加"按钮,在"基础科目种类"列表框下,选择"应付科目",科目

为"220201",币种为"人民币"。同理,依次完成相应基本科目设置。如图6-5所示。

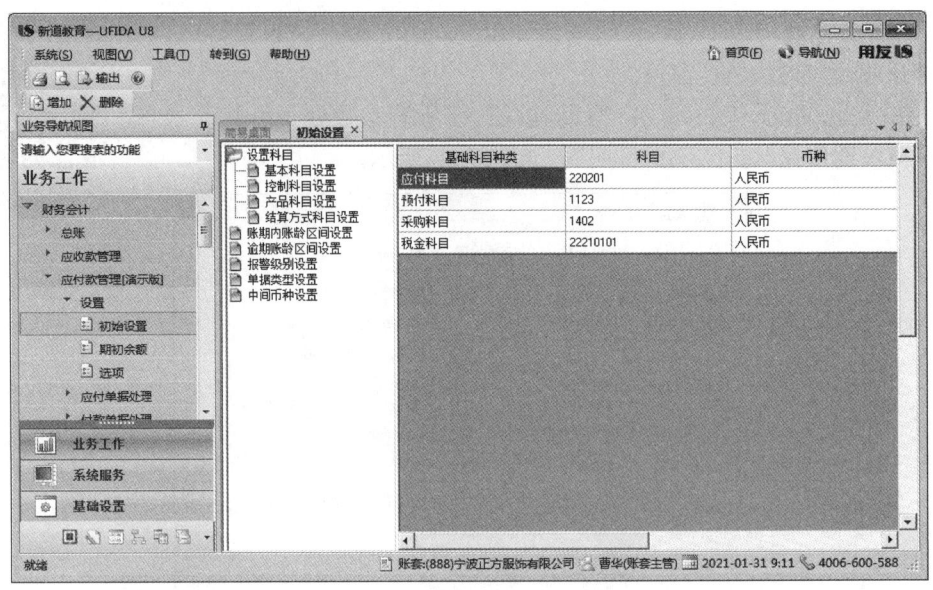

图6-5 应付系统相关科目设置

2. 单击"设置科目"中的"结算方式科目设置",完成对应付款管理系统结算方式科目的设置。

(四) 销售管理系统参数设置

1. 在企业应用平台中,执行"供应链"|"销售管理"|"设置"|"销售选项"命令,打开"销售选项"设置窗口。

2. 在"业务控制"选项卡中,勾选"有委托代销业务""委托代销必有订单""销售生成出库单",不勾选"报价含税"。如图6-6所示。

视频068 销售管理系统参数设置

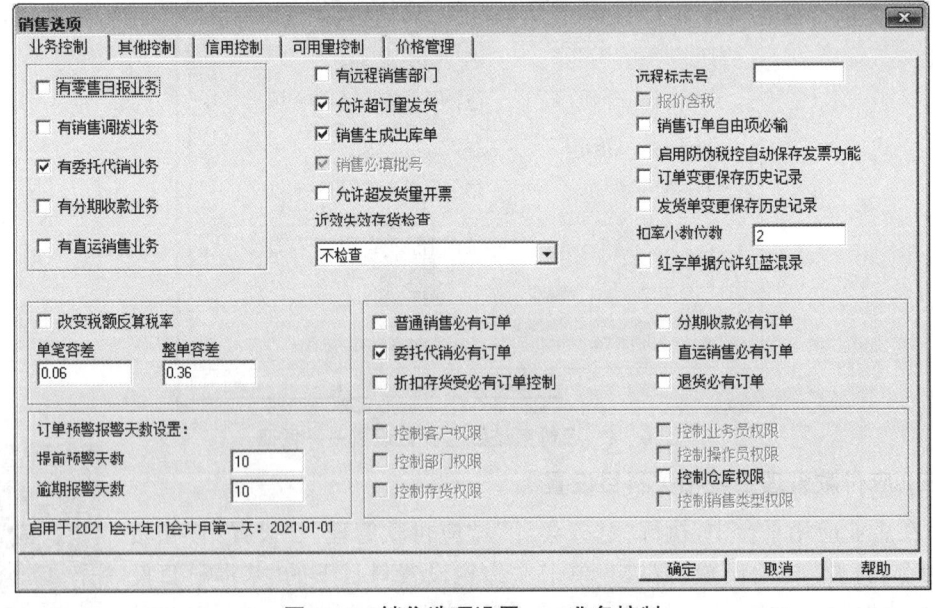

图6-6 销售选项设置——业务控制

3. 在"其他控制"选项卡中,选中新增退货单默认方式为"参照发货"、新增发票默认方式为"参照发货"。如图6-7所示。

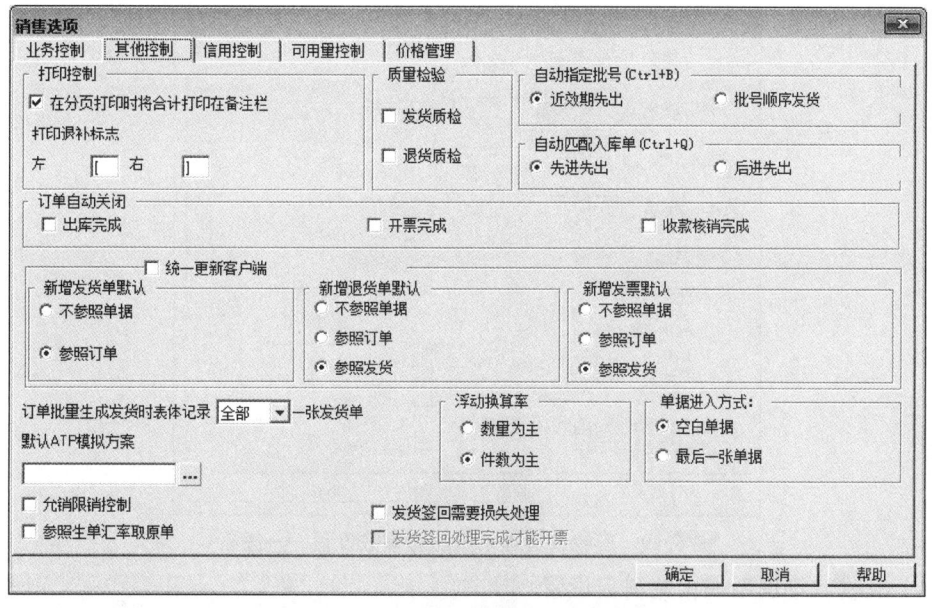

图6-7 销售选项设置——其他控制

4. 单击"确定"按钮,保存系统参数的设置,关闭"销售选项"设置窗口。

(五)应收款管理系统参数设置

1. 在企业应用平台中,执行"财务会计"|"应收款管理"|"设置"|"选项"命令,打开"账套参数设置"窗口。

2. 在"常规"选项卡中,单击"编辑"按钮,使所有参数处于可修改状态,"单据审核日期依据"选择"单据日期","坏账处理方式"选择"应收余额百分比法",勾选"自动计算现金折扣"。如图6-8所示。

视频069 应收款管理系统参数设置

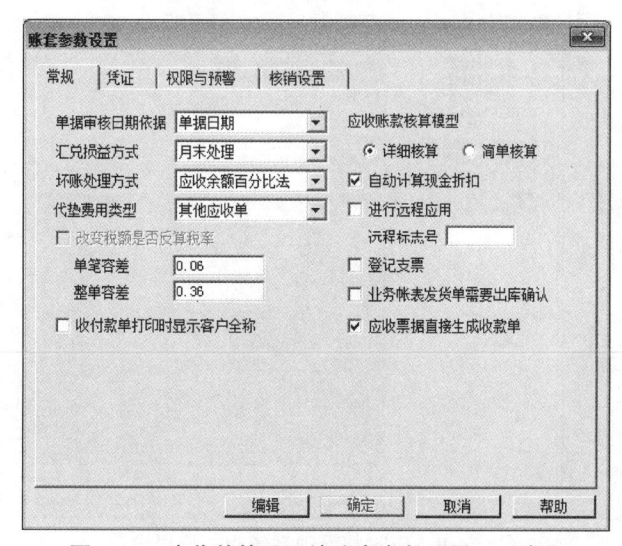

图6-8 应收款管理系统账套参数设置——常规

3. 在"凭证"选项卡中,"受控科目制单方式"选择"明细到单据","销售科目依据"选择"按存货",取消勾选"核销生成凭证",勾选"预收冲应收生成凭证",单击"确定"。如图6-9所示。

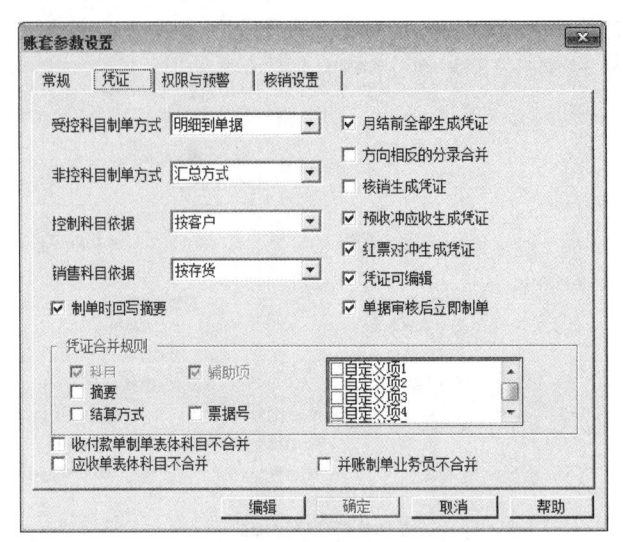

图6-9 应收款管理系统账套参数设置——凭证

(六) 应收款管理系统相关科目设置

1. 在企业应用平台中,执行"财务会计"|"应收款管理"|"设置"|"初始设置"命令,打开"初始设置"窗口。单击左边栏设置科目下的"基本科目设置",再单击"增加"按钮,在"基础科目种类"列表框下,选择"应收科目",科目为1122,币种为"人民币"。同理,依次完成相应基本科目设置。如图6-10所示。

视频070 应收款管理系统科目设置

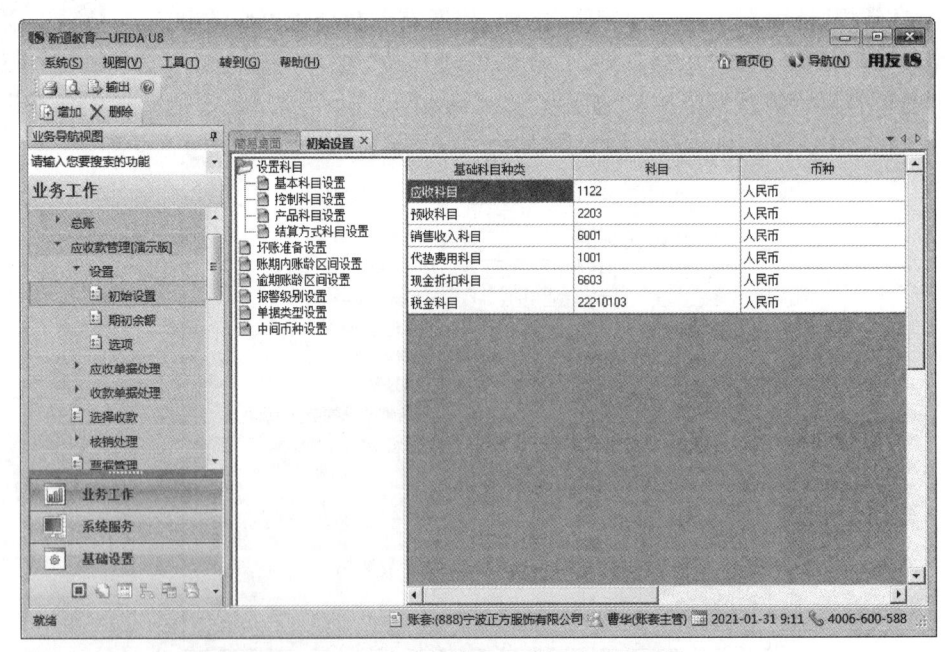

图6-10 应收款管理系统相关科目设置

2. 单击"设置科目"中的"结算方式科目设置",完成对应收款管理系统结算方式科目的设置。

(七) 坏账准备设置

1. 在企业应用平台中,执行"财务会计"|"应收款管理"|"设置"|"初始设置"命令,打开"初始设置"窗口。

2. 单击"坏账准备设置",在提取比例框中输入"0.5",在坏账准备期初余额框中输入"452",在坏账准备科目框中输入"1231",在对方科目框中输入"6702"。

3. 单击"确定"按钮,完成设置。如图 6-11 所示。

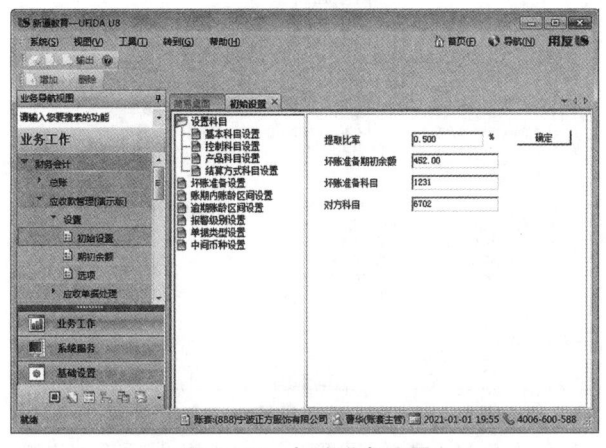

图 6-11　坏账准备设置

(八) 库存管理系统参数设置

1. 在企业应用平台中,执行"供应链"|"库存管理"|"初始设置"|"选项"命令,打开"库存选项设置"窗口。

2. 在"通用设置"选项卡中,勾选业务设置区的"有无委托代销业务",勾选"采购入库审核时改现存量""销售出库审核时改现存量""其他出入库审核时改现存量"。如图 6-12 所示。

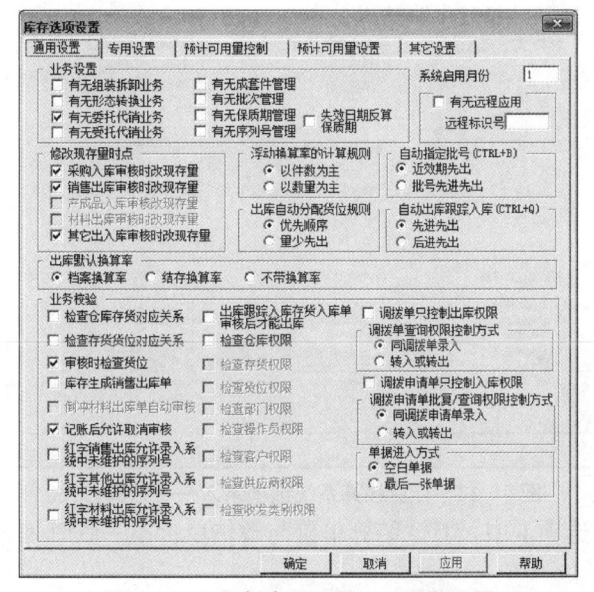

图 6-12　库存选项设置——通用设置

3. 在"专用设置"选项卡中,在自动带出单价的单据区勾选"采购入库单""采购入库取价按采购管理选项""销售出库单""其他入库单""其他出库单""调拨单"。如图6-13所示。

图6-13 库存选项设置——专用设置

4. 单击"确定"按钮,保存系统参数的设置,关闭"库存选项设置"窗口。

(九) 存货核算系统参数设置

1. 在企业应用平台中,执行"供应链"|"存货核算"|"初始设置"|"选项"|"选项录入"命令,打开"选项录入"窗口。

2. 在"核算方式"选项卡中,零成本出库选择"手工输入",委托代销成本核算方式选择"按发出商品核算"。如图6-14所示。

视频073 存货核算系统参数设置

图6-14 存货核算系统选项录入——核算方式

3. 在"控制方式"选项卡中,勾选"结算单价与暂估单价不一致时是否调整出库成本"。如图6-15所示。

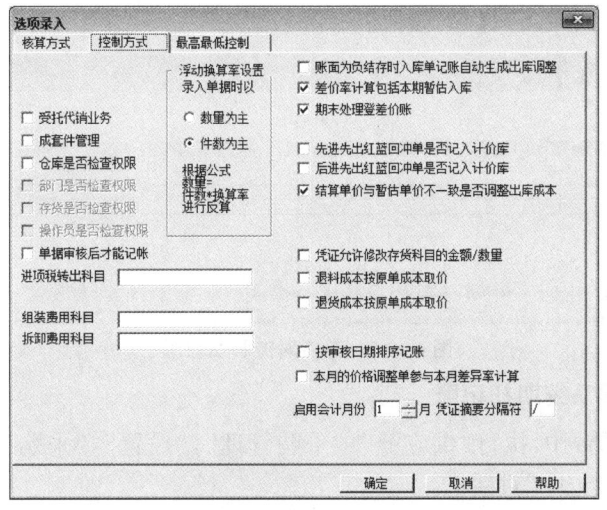

图 6-15 存货核算系统选项录入——控制方式

4. 单击"确定"按钮,保存系统参数的设置,关闭"选项录入"窗口。

（十）存货科目设置

1. 在企业应用平台中,执行"供应链"|"存货核算"|"初始设置"|"科目设置"|"存货科目"命令,打开"存货科目"窗口。如图 6-16 所示。

2. 单击"增加"按钮,选择仓库编码"01",仓库名称"女装仓库",存货编码"01",存货名称"女式针织衫",存货科目编码"1405",存货科目名称"库存商品",单击"保存"。继续增加仓库编码"01",仓库名称"女装仓库",存货编码"02",存货名称"女式风衣",存货科目编码"1405",存货科目名称"库存商品",委托代销发出商品科目编码"1406",委托代销发出商品科目名称"发出商品"。

视频 074 存货科目

3. 全部设置完毕后单击"保存"按钮。

仓库编码	仓库名称	存货分类编码	存货分类名称	存货编码	存货名称	存货科目编码	存货科目名称
01	女装仓库			01	女式针织衫	1405	库存商品
01	女装仓库			02	女式风衣	1405	库存商品
02	男装仓库			03	男式夹克衫	1405	库存商品
02	男装仓库			04	男式风衣	1405	库存商品

图 6-16 存货科目设置

（十一）存货对方科目设置

1. 在企业应用平台中,执行"供应链"|"存货核算"|"初始设置"|"科目设置"|"对方科目"命令,打开"对方科目"窗口。如图 6-17 所示。

2. 单击"增加"按钮,选择收发类别编码"11",对方科目编码"1402",暂估科目编码"220202"。

视频 075 存货对方科目

3. 全部设置完毕后单击"保存"按钮。

图6-17 存货对方科目设置

(十二) 采购管理系统期初记账

1. 在企业应用平台中,执行"供应链"|"采购管理"|"设置"|"采购期初记账"命令,打开"期初记账"对话框。

2. 单击"记账"按钮,系统弹出"期初记账完毕!"提示框。单击"确定"按钮。

注:

(1) 采购管理系统如果不执行期初记账,无法开始日常业务处理,因此,即使没有期初数据也要执行期初记账。

(2) 采购管理系统如果不执行期初记账,库存管理和存货核算系统不能记账。

视频076 采购管理系统期初记账

(十三) 应付款管理系统期初数据

1. "财务会计"|"应付款管理"|"设置"|"期初余额",打开"期初余额——查询"对话框。单击"确定"按钮,打开"期初余额"页签。

2. 单击"增加"按钮,打开"单据类别"对话框。从单据名称选择"采购发票",单据类型选择"采购专用发票"。单击"确定"按钮,打开"采购专用发票"窗口。如图6-18所示。

3. 单击"增加"按钮,录入发票号"CG0822",开票日期"2020-08-22",供应商名称"山东远大公司",科目"220201",税率"13",其他信息自动带出。

视频077 应付款管理系统期初数据

4. 选择存货编码"03",数量栏输入"220",原币单价输入"500",其他系统自动计算带出。

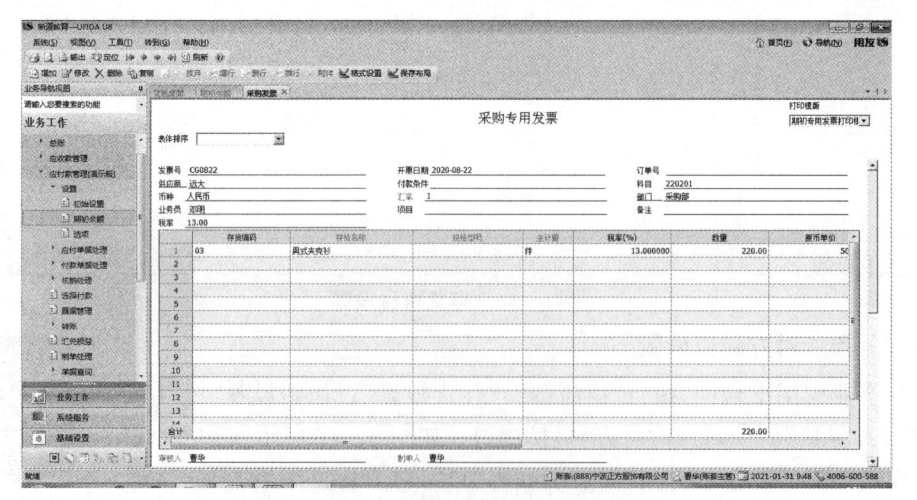

图6-18 应付款管理系统期初余额录入

5. 单击"保存",继续完成其他采购专用发票的录入。

6. 完成应付款管理系统期初数据录入后,在"期初余额"窗口,单击"对账"按钮,进入"期初对账"窗口。查看应付款管理系统与总账系统的期初余额是否平衡。

注:

应付款管理系统与总账系统的期初余额的差额应为零,即两个系统的供应商往来科目的期初余额应完全一致。

(十四) 应收款管理系统期初数据

1. 录入应收票据期初余额。

(1) 执行"财务会计"|"应收款管理"|"设置"|"期初余额"命令,打开期初余额查询对话框,单击"确定"按钮,打开"期初余额"页签。

(2) 单击"增加"按钮,打开"单据类别"对话框。从单据名称选择"应收票据",单据类型选择"商业承兑汇票",单击"确定"按钮,打开"期初票据录入"窗口。如图6-19所示。

视频078 应收票据期初余额

(3) 单击"增加"按钮,录入票据编号"SYCD28",开票单位"山西永达公司",票据面值"67 800",科目"112102",签发日期和收到日期"2020-08-28",到期日"2021-02-28"。

图6-19 应收款管理系统期初票据录入

(4) 录完单击"保存",单击"退出",返回"期初余额"窗口。

2. 录入应收账款期初余额。

(1) "财务会计"|"应收款管理"|"设置"|"期初余额",打开"期初余额——查询"对话框。单击"确定"按钮,打开"期初余额"页签。

(2) 单击"增加"按钮,打开"单据类别"对话框。从单据名称选择"销售发票",单据类型选择"销售专用发票"。单击"确定"按钮,打开"销售专用发票"窗口。

视频079 应收账款期初余额

(3) 单击"增加"按钮,修改开票日期"2020-06-14",录入发票号"XS0614",客户名称"广西华美公司",科目"1122",税率"13",其他信息自动带出。

(4) 选择货物编号"02",数量栏输入"100",无税单价输入"500",其他系统自动计算带出。

(5) 单击"保存",继续完成其他销售专用发票的录入。

（6）完成应收款管理系统期初数据录入后，在"期初余额"窗口，单击"对账"按钮，进入"期初对账"窗口。查看应收款管理系统与总账系统的期初余额是否平衡。

注：

应收款管理系统与总账系统的期初余额的差额应为零，即两个系统的客户往来科目的期初余额应完全一致。

（十五）库存和存货核算系统期初数据

各个仓库存货的期初余额可以在库存管理系统中录入，也可以在存货核算系统中录入，因涉及到与总账系统对账，所以建议从存货核算系统录入。

1. 录入存货期初数据并记账。

执行"供应链"|"存货核算"|"初始设置"|"期初数据"|"期初余额"命令，进入"期初余额"窗口。选择仓库"女装仓库"，单击"增加"，输入存货编码"02"，输入数量"700"，单价"200"。继续输入其他仓库存货的数据。单击"记账"，系统对所有仓库进行记账。

视频080 存货核算系统期初余额

2. 录入库存期初数据。

执行"供应链"|"库存管理"|"初始设置"|"期初结存"，进入"期初结存"窗口。选择"女装仓库"，单击"修改"，单击"取数"，单击"保存"。单击"批审"，系统弹出提示"批量审核完成"，单击"确定"。通过取数方式输入其它仓库存货的期初数据。完成后，单击"对账"按钮，核对库存管理系统和存货核算系统的期初数据是否一致，若一致，系统弹出提示"对账成功！"，单击"确定"。

视频081 库存管理系统期初数据

（十六）录入其他应收单(拓展任务)

1. 在"期初余额明细表"窗口中，单击"增加"按钮，打开"单击类别"对话框。

2. 选择单据名称"应收单"，单据类型"其他应收单"，单击"确定"按钮，进入"期初录入——其他应收单"窗口。

3. 输入日期"2020-12-25"，客户"山西永达公司"，销售部门"销售部"，金额"800"，摘要"代垫运费"，单击"保存"按钮。

项目小结

本项目学习了供应链管理系统初始设置的主要内容，具体包括参数选项设置、与业务相关的基础档案设置、自动凭证科目设置及各业务系统期初数据的整理和录入。

项目六基础练习

一、单项选择题

1. 以下能生成凭证传递给总账系统的模块是（　　）。
   A. 采购管理　　　　B. 销售管理　　　　C. 库存管理　　　　D. 存货核算

2. 启用系统时,如果存在货到票未到的业务,应通过( )录入到系统。
   A. 采购管理系统中的采购入库单　　　B. 采购管理系统中的采购发票
   C. 库存管理系统中的采购入库单　　　D. 库存管理系统中的期初余额录入

二、多项选择题

1. 如果某存货设置了"外购"和"生产耗用"属性,则填制( )单据时可以参照到这种存货。
   A. 采购入库单　　B. 销售出库单　　C. 材料出库单　　D. 产成品入库单
2. 可以在( )设置存货的计价方式。
   A. 仓库档案　　B. 收发类别　　C. 存货分类　　D. 存货档案
3. 以下与总账系统存在凭证传递关系的系统是( )。
   A. 应收款管理　　B. 应付款管理　　C. 采购管理　　D. 存货核算

采购与应付款管理系统

项目七

知识目标

1. 会描述采购管理系统的功能及与其他系统的数据关系。
2. 能阐述采购业务的处理流程。
3. 会使用采购暂估业务的处理方法。
4. 会描述应付款管理系统的功能及与其他系统的数据关系。
5. 能阐述核销的意义。

能力目标

1. 能够进行采购请购、订货、到货、入库的处理。
2. 能够增加采购专用发票、进行采购结算。
3. 能够进行发票的审核、付款单据的录入及相关凭证的生成。
4. 能够进行核销。

项目导入

宁波正方服饰有限公司启用了总账系统、采购管理系统、应付款管理系统,记录采购和应付款业务的发生并有效地跟踪其发展过程。采购管理系统对请购、订货、到货、入库、开票、采购结算的完整流程进行管理,在应付款管理系统形成应付款或进行付款处理。首先进行采购和应付款管理系统初始设置,并将系统的期初余额录入,然后处理日常采购与付款业务。

7.1 采购管理系统

7.1.1 采购管理系统的主要功能

7.1.1.1 采购管理系统初始设置

采购管理系统初始设置包括设置采购管理系统业务处理所需要的采购参数、基础信息及采购期初数据。

7.1.1.2 采购业务处理

采购业务处理主要包括对请购、订货、到货、入库、采购发票、采购结算等采购业务全过程的管理,可以处理普通采购业务、受托代销业务、直运业务等业务类型。企业可根据实际业务情况,对采购业务流程进行配置。

7.1.1.3 采购账簿及采购分析

采购管理系统可以提供各种采购明细表、增值税抵扣明细表、各种统计表及采购账簿供用户查询,同时提供采购成本分析、供应商价格对比分析、采购类型结构分析、采购资金比重分析、采购费用分析等。

7.1.2 采购管理系统与其他系统的主要关系

采购管理系统可与库存管理、存货核算、销售管理、应付款管理等系统集成使用。采购管理系统与其他系统的主要关系如图 7-1 所示。

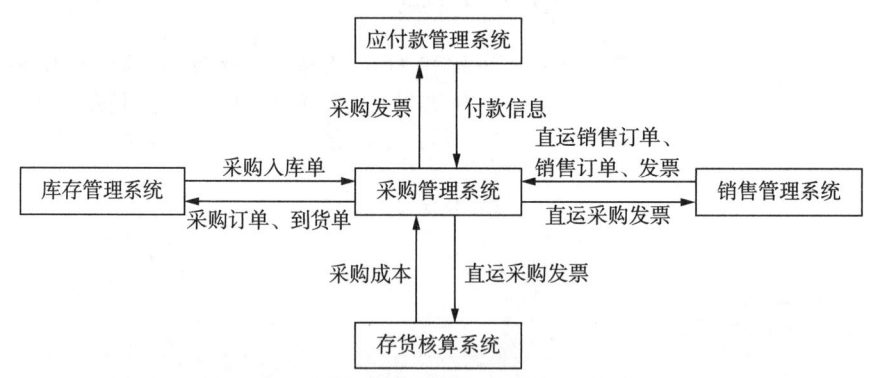

图 7-1 采购管理系统与其他系统的主要关系

采购管理系统可参照销售管理系统的销售订单生成采购订单,在直运业务必有订单模式下,直运采购订单必须参照直运销售订单生成,直运采购发票必须参照直运采购订单生成,如果在直运业务非必有订单模式下,直运采购发票和直运销售发票可相互参照。

库存管理系统可以参照采购管理系统的采购订单、采购到货单生成采购入库单,并将入库情况反馈到采购管理系统。采购管理系统与库存管理系统集成使用,可以随时掌握存货的现存量信息,减少盲目采购,避免库存积压。

采购发票在采购管理系统录入后,在应付款管理系统中审核登记应付明细账,进行制单生成凭证。在应付款管理系统进行付款并在核销相应应付单据后回写付款核销信息。

采购发票在存货核算系统进行记账、登记存货明细表并进行制单生成凭证。采购结算单在存货核算系统进行制单生成凭证,存货核算系统为采购管理系统提供采购成本。采购管理系统与存货核算系统集成使用,可以准确核算采购入库成本,便于财务部门及时掌握存货采购成本。

7.1.3 采购业务处理

7.1.3.1 采购管理的类型

采购管理一般可分为四种业务类型:普通采购业务、直运采购业务、受托代销业务、代管采购业务。

(1) 普通采购业务处理适合于大多数企业的日常采购业务,可提供对采购请购、订购、到货、入库处理、采购发票、采购结算全过程的管理。这也是下面要详细介绍的内容。

(2) 直运采购业务是指产品无须入库即可完成的购销业务,由供应商直接将商品发给企业的客户,没有实物的入库处理,财务结算由供销双方通过直运销售发票和直运采购发票分别与企业结算。直运业务适用于大型电器、汽车和设备等产品的购销,通常有普通直运业务和必有订单直运业务两种类型。

(3) 受托代销业务是一种先销售后结算的采购模式,是指商业企业接受其他企业的委托,为其代销商品,代销商品售出后,本企业与委托方进行结算,开具正式的销售发票,商品的所有权实现转移。处理流程如下:受托方接收货物,填制受托代销入库单;受托方售出代销商品后,开具代销商品清单交委托方;委托方开具发票;受托方进行"委托代销结算",计算机自动生成"受托代销发票"和"受托代销结算单"。只有在建账时选择企业类型为"商业",才能处理受托代销业务。对于受托代销商品,必须在存货档案中选中"是否受托代销"复选框,并把存货属性设置为"外购""销售"。

(4) 代管采购业务是一种新的采购模式。企业替供应商保管其提供的物料,先使用物料,然后根据实际使用情况定期汇总、挂账,最后根据挂账数与供应商进行结算、开票以及后续的财务支付。代管采购既类似于普通采购,又不同于普通采购。它的实际业务流程与普通采购相似,也有订货、到货、入库、开票、结算等环节。不同之处主要体现在结算上,即"先使用后结算"。

7.1.3.2 普通采购业务全流程

(1) 采购请购

采购请购是指企业内部各部门向采购部门提出采购申请,或采购部门汇总企业内部采购需求列出采购清单。请购是采购业务的起点,可以依据审核后的采购请购单生成采购订单。在采购业务流程中,请购环节是可省略的。

(2) 订货

订货是企业与供应商签订采购合同或采购协议,确定要货需求。供应商根据采购订单组织货源,企业依据采购订单进行验收。在采购业务流程中,订货环节是可选的。

(3) 到货

采购到货是采购订货和采购入库的中间环节,一般由采购业务员根据供方通知或送货单填写到货单,确定对方所送货物的数量、价格等信息,并传递到仓库作为保管员收货的依据。在采购业务流程中,到货处理是可选的。

(4) 入库处理

采购入库是指对供应商提供的物料进行检验并确定合格后,放入指定仓库的业务。当采购管理系统与库存管理系统集成使用时,入库业务在库存管理系统中进行处理。在采购业务流程中,入库处理是必需的。采购入库单是仓库管理员根据采购到货签收的实收数量填制的入库单据。采购入库单既可以直接填制,也可以通过辅助采购订单或采购到货单生成。

(5) 采购发票

采购发票是供应商开出的销售货物的凭证,采购管理系统根据采购发票确定采购成本,并据以登记应付账款。采购发票按业务性质可分为蓝字发票和红字发票。采购发票即可以直接填制,也可以从"采购订单""采购入库单"生成。

(6) 采购结算

在手工业务中,采购结算的过程是采购业务员拿着主管审批过的采购发票和仓库确定的入库单到财务部门,由财务人员确定采购成本。在采购管理系统中,采购结算根据采购入库单和采购发票确定采购成本。采购结算的结果是生成采购结算单,它是记载采购入库单与采购发票对应关系的结算对照表。采购结算分为自动结算和手工结算两种方式。

自动结算时由计算机系统自动将相同供货单位的、存货相同且数量相等的采购入库单和采购发票进行结算。

手工结算可以进行正数入库单与负数入库单结算、正数发票与负数发票结算、正数入库单与正数发票结算,以及费用发票单独结算。手工结算时可以先结算入库单中的部分货物,未结算的货物可以在今后取得发票后再结算,也可以同时对多张入库单和多张发票进行报账结算。

在实际工作中,有时费用发票在货物发票已经结算后才收到,为了将该笔费用计入对应存货的采购成本,需要采用费用发票单独结算的方式。

7.1.3.3 普通采购业务的三种类型

按货物和发票到达的先后,可将采购入库业务分为单货同行、货到票未到(暂估入库)、票到货未到(在途存货)三种类型,不同的业务类型对应的处理方式也不同。

(1) 单货同行

当采购管理、库存管理、存货核算、应付款管理、总账集成使用时,单货同行的采购业务处理流程如图7-2所示。

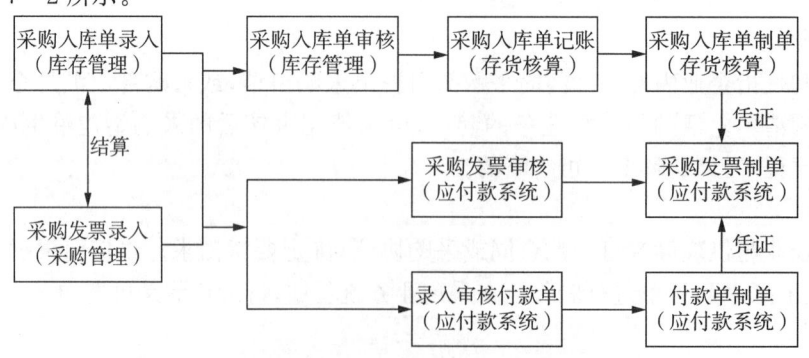

图7-2 单货同行的业务处理流程

(2) 货到票未到(暂估入库)

暂估入库是指本月存货已经入库,但采购发票尚未收到,不能确定存货的入库成本。月底为了正确核算企业的库存成本,需要将这部分存货暂估入账,形成暂估凭证。对暂估入库业务,系统提供了三种不同的处理方法。

a. 月初回冲

进入下月后,存货核算系统自动生成与暂估入库单完全相同的"红字回冲单",同时登记相应的存货明细账,冲回存货明细账中上月的暂估入库。对"红字回冲单"制单,冲回上月的暂估凭证。收到采购发票后,录入采购发票,对采购入库单和采购发票进行采购结算。结算完毕后,进入存货核算系统,执行"暂估处理"命令,系统根据发票自动生成一张"蓝字回冲单"制单,生成采购入库凭证。

b. 单到回冲

下月初不作处理,采购发票收到后,先在采购管理中录入并进行采购结算,再到存货核算系统中进行"暂估处理"。系统自动生成一张"红字回冲单""蓝字回冲单",同时登记存货明细账。"红字回冲单"的入库金额为上月暂估金额,"蓝字回冲单"的入库金额为发票上的报销金额。在存货核算系统生成凭证时,选择"红字回冲单""蓝字回冲单"制单。以单到回冲为例,暂估业务的处理流程如图 7-3 所示。

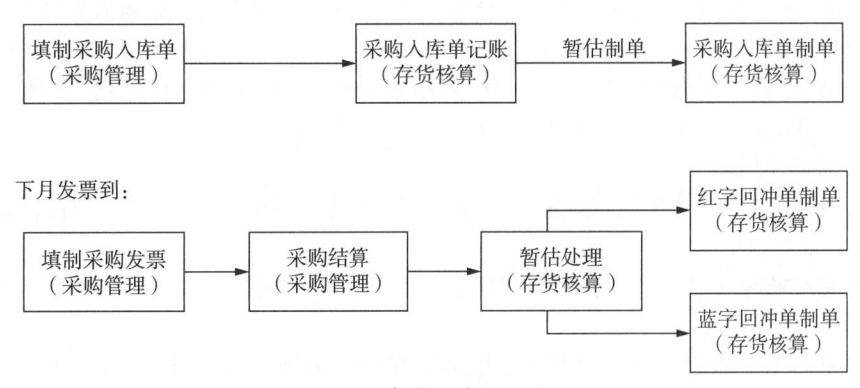

图 7-3 暂估业务处理流程

c. 单到补差

下月初不作处理,采购发票收到后,先在采购管理系统中录入并进行采购结算,再到存货核算系统中进行"暂估处理"。如果报销金额与暂估金额有差额,则产生调整单,一张采购入库单生成一张调整单,用户确定后,自动记入存货明细账;如果没有差额,则不生成调整单。最后对调整单制单,生成凭证,传递到总账。

对于暂估业务,在月末暂估入库单记账前,要对所有的没有结算的入库单填入暂估单价,然后才能记账。

(3) 票到货未到(在途存货)

如果先收到供货单位的发票,而没有收到供货单位的货物,可以对发票进行压单处理,待货物到达后,再一起输入计算机做报账结算处理。

7.1.3.4 现付业务

现付业务是指当采购业务发生时立即付款,由供货单位开具发票。现付业务处理流程如图7-4所示。

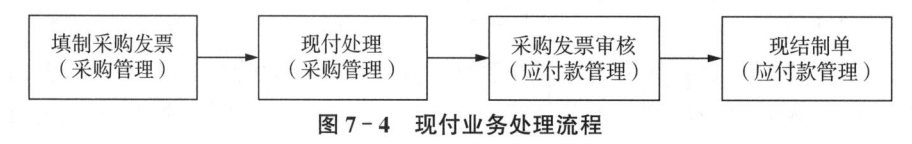

```
填制采购发票  →  现付处理  →  采购发票审核  →  现结制单
（采购管理）    （采购管理）   （应付款管理）    （应付款管理）
```

图7-4 现付业务处理流程

7.1.3.5 采购退货处理

由于货物质量不合格原因,企业可能发生退货业务。针对退货业务发生的不同时间,系统采用了不同的解决方案。

(1) 货虽收到,但未作入库手续。

如果尚未录入采购入库单,则只要把货退还给供应商即可,系统不作任何处理。

(2) 已录入入库单,从入库单记账与否角度分为两种情况。

a. 入库单未记账

入库单未记账即已经录入"采购入库单",但尚未记入存货明细账。如果尚未录入"采购发票",在全部退货的情况下可删除"采购入库单",部分退货的情况下可直接修改"采购入库单";如果已经录入"采购发票"但尚未结算,在全部退货的情况下可删除"采购入库单"和"采购发票",部分退货的情况下可直接修改"采购入库单"和"采购发票";如果已经录入"采购发票"并执行了采购结算,若结算后的发票没有付款,可取消采购结算,再删除或修改"采购入库单"和"采购发票",若结算后的发票已经付款,则必须录入退货单。

b. 入库单已记账

无论是否录入"采购发票"、"采购发票"是否结算、结算后的"采购发票"是否付款,都需要录入退货单。

(3) 已录入采购发票,从采购发票付款与否角度分为两种情况。

a. 采购发票未付款

当入库单尚未记账时,可直接删除"采购入库单"和"采购发票",已结算的"采购发票"需先取消结算再删除。当入库单已经记账时,必须录入退货单。

b. 采购发票已付款

无论入库单是否记账,都必须录入退货单。

退货业务处理流程如图7-5所示。

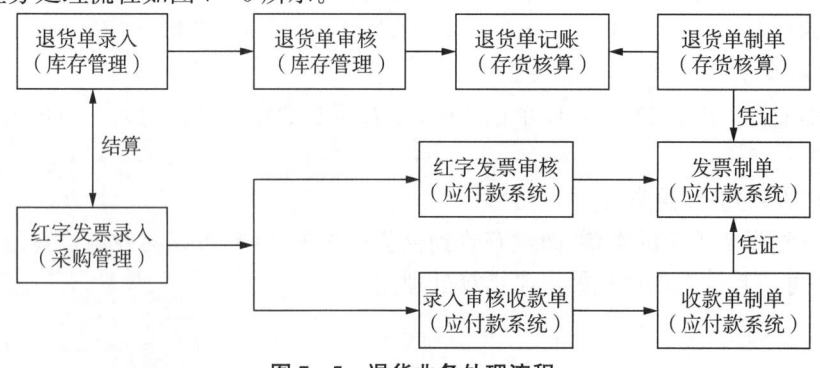

图7-5 退货业务处理流程

实验任务

一、实验准备

1. 建立"项目七\采购管理系统业务处理"文件夹。
2. 将系统日期修改为"2021年1月31日"。
3. 引入"项目六\供应链管理系统初始化\Uferpact.lst"的备份数据。
4. 以操作员"005 邓明"的身份注册进入企业应用平台,进行采购管理系统的业务操作,操作日期根据下面业务日期而定;"004 曾丽"填制付款单;"008 李超"填制入库单,生成存货核算凭证;"003 王强"审核发票、生成应付款管理系统凭证。

二、实验资料

(一)普通采购业务

1. 1月13日,向广东光阳公司订购女式风衣300件,不含税单价为200元,要求到货日期1月14日。
2. 1月14日,收到所订购的女式风衣300件,填制到货单。
3. 1月14日,收到广东光阳公司专用发票一张,票号CG0114,价款67 800元,款项未付,在采购管理系统根据订单填制发票。
4. 1月14日,商品验收入库,在库存管理系统中根据到货单填制并审核采购入库单。
5. 1月14日,将采购发票与入库单结算。
6. 1月14日,业务部门将采购发票交给财务部门,财务部门确定此次业务所涉及的应付账款67 800元及采购成本60 000元,税费7 800元。在应付款管理系统中审核发票并制单。(转12)
   借:在途物资　60 000
   　　应交税费——应交增值税(进项税额)　7 800
   　　贷:应付账款——一般应付款(广东光阳公司)　67 800
7. 1月14日在存货核算系统生成入库凭证。(转13)
   借:库存商品　60 000
   　　贷:在途物资　60 000
8. 1月15日,财务部门开出转账支票一张,票号ZZ006,金额67 800元,付清采购货款,手工核销应付款。(付10)
   借:应付账款——一般应付款(广东光阳公司)　67 800
   　　贷:银行存款——中行存款　67800

(二)采购现结业务

1. 1月15日,向山东远大公司订购男式夹克衫100件,不含税单价490元,购销合同已经签订,要求到货日期1月16日。
2. 1月16日,所订购男式夹克衫100件到货,采购管理系统填制到货单。
3. 1月16日,商品验收入库,在库存管理系统中填制并审核采购入库单。

4. 1月16日,收到山东远大公司专用发票一张,票号CG0116,价款55 370元,在采购管理系统根据入库单填制发票。

5. 1月16日,业务部门将发票交到财务部门,财务部门立即以电汇形式(DH001)支付货款,并将采购发票与入库单结算。

6. 1月16日,在应付款管理系统中审核发票并现结制单。(付11)
借:在途物资　49 000
　　应交税费——应交增值税(进项税额)　6 370
　　贷:银行存款——中行存款　55 370

7. 1月16日在存货核算系统生成入库凭证。(转14)
借:库存商品　49 000
　　贷:在途物资　49 000

(三) 采购运费处理

1. 1月17日,向山东远大公司订购男式夹克衫50件,不含税单价490元,购销合同已经签订,要求到货日期1月18日。

2. 1月18日,所订购男式夹克衫50件到货,采购管理系统填制到货单。

3. 1月18日,商品验收入库,在库存管理系统中填制并审核采购入库单。

4. 1月18日,收到山东远大公司专用发票一张,票号CG0118,价款27 685元,代垫运输费增值税专用发票由畅通运输公司开具,票号YF0118,发票载明运费200元,税率9%,税额18元。在采购管理系统根据入库单填制采购发票,并填制运费发票。

5. 1月18日,将采购发票、运费发票与入库单结算。

6. 1月18日,确认采购应付款。(转15)
借:在途物资　24 700
　　应交税费——应交增值税(进项税额)　3 203
　　贷:应付账款——一般应付款(山东远大公司)　27 903

7. 1月18日在存货核算系统生成入库凭证。(转16)
借:库存商品　24 700
　　贷:在途物资　24 700

(四) 账套备份

将账套备份到"项目七/采购管理系统业务处理"文件夹中。

三、拓展任务

1. 1月18日,采购部门收到广东光阳公司发来的女式针织衫200件,填写到货单,并办理验收入库手续,月底发票未收到,先确认该批库存商品的暂估成本为150元/件。
借:库存商品　30 000
　　贷:应付账款——暂估应付账款　30 000

四、操作指导

(一) 普通采购业务

以"005邓明"的身份注册进入企业应用平台,进行采购管理系统的业务操作,操作日期根据下面业务日期而定;"004 曾丽"填制付款单;"008 李超"填制入库单,生成存货核算凭证;"003 王强"审核发票、生成应付款凭证。

1. 在采购管理系统填制订购单。(005 邓明)

(1) 执行"供应链"|"采购管理"|"采购订货"|"采购订单"命令,进入"采购订单"窗口。如图 7-6 所示。

(2) 单击"增加",输入日期"2021-01-13",选择供应商"广东光阳公司",选择存货编码"02",输入数量"300",原币单价"200",修改计划到货日期"2021-01-14",单击"保存"。

(3) 单击"审核"按钮,审核结束后,单击"退出"按钮,退出"采购订单"窗口。

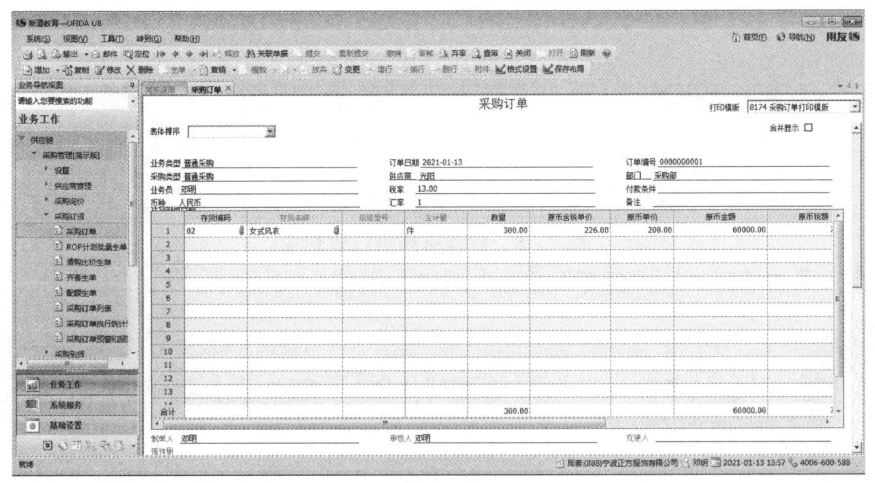

图 7-6 填制采购订单

2. 在采购管理系统填制到货单。(005 邓明)

(1) 执行"供应链"|"采购管理"|"采购到货"|"到货单"命令,进入"到货单"窗口。

(2) 单击"增加",单击"生单"按钮旁的下三角按钮打开可选列表,选择"采购订单",打开"查询条件选择-采购订单列表过滤"对话框。如图 7-7 所示。

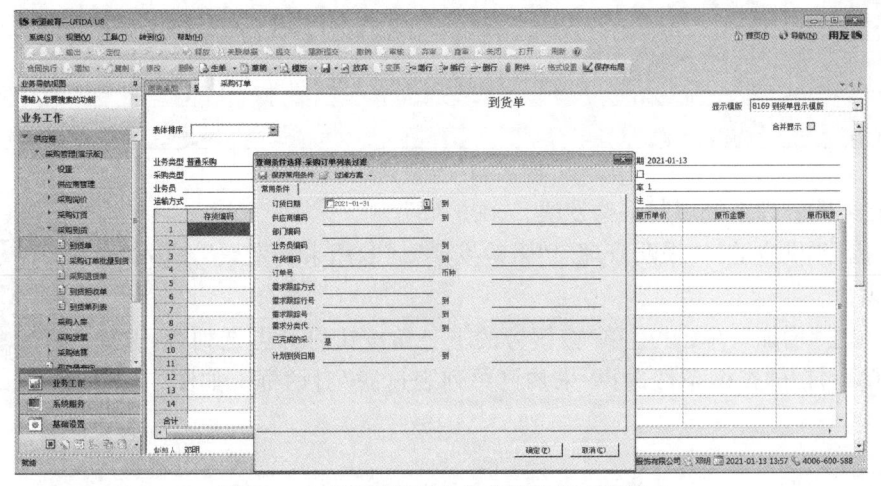

图 7-7 采购订单列表生成到货单过滤窗口

(3)单击"确定"按钮,弹出"拷贝并执行"窗口,选择需要参照的采购订单,单击"确定"按钮,将采购订单的信息带入到货单。如图7-8所示。

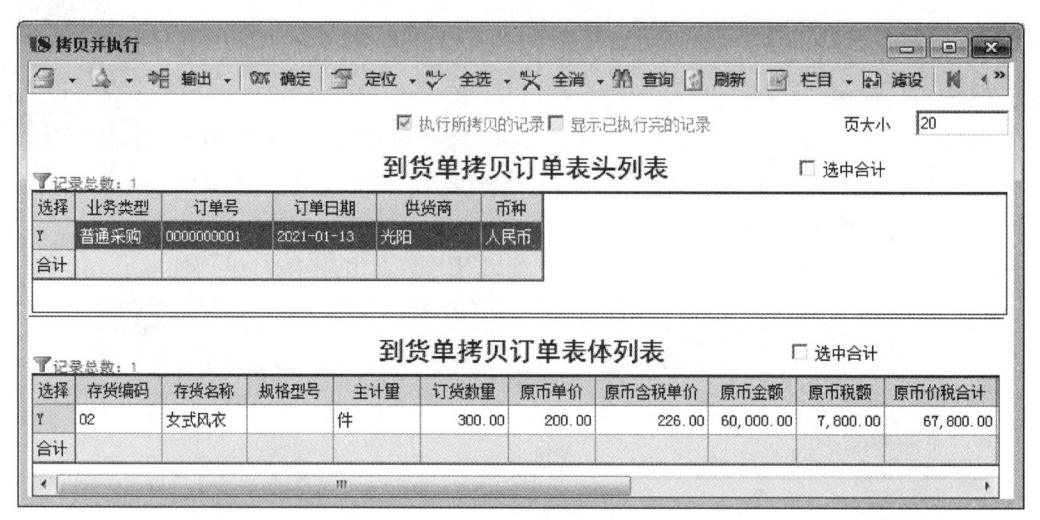

图7-8 到货单拷贝订单列表

(4)输入采购部门,单击"保存",单击"审核"。如图7-9所示。

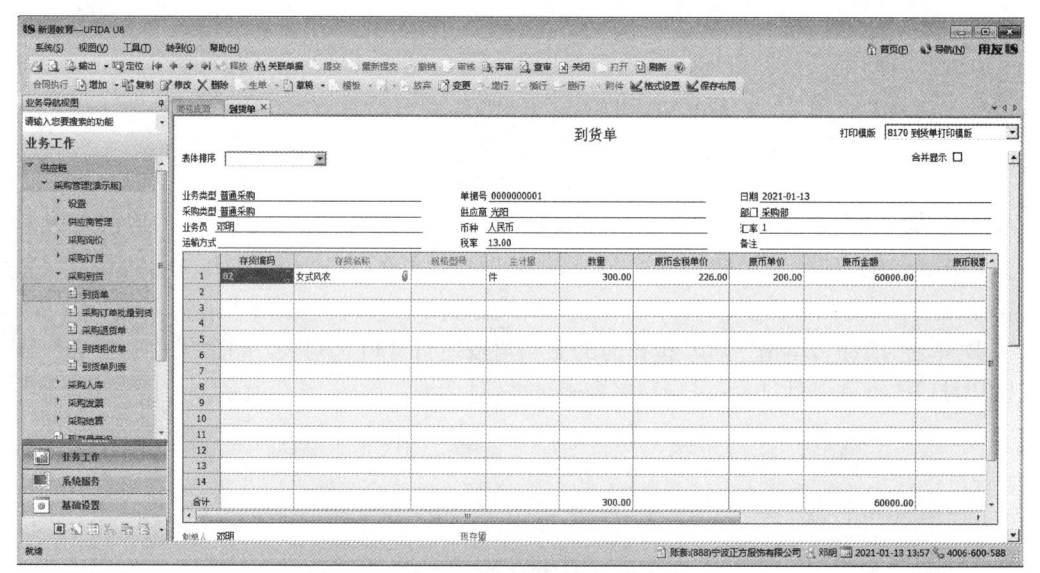

图7-9 生成到货单

3. 在采购管理系统填制采购发票。(005邓明)

(1)执行"供应链"|"采购管理"|"采购发票"|"专用采购发票",进入"专用发票"窗口。

(2)单击"增加",单击"生单"按钮旁的下三角按钮打开可选列表,选择"采购订单",打开"查询条件选择-采购订单列表过滤"对话框。如图7-10所示。

视频084 采购发票

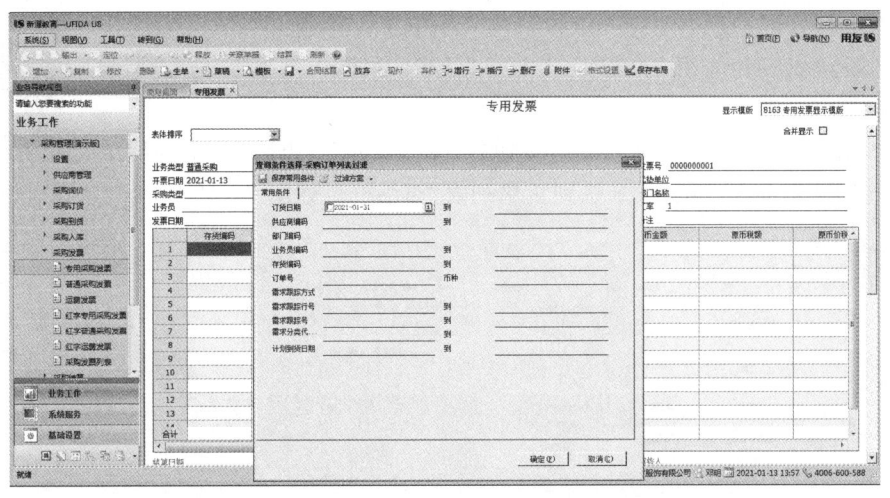

图 7-10 采购订单列表生成发票过滤窗口

（3）单击"确定"按钮，进入"拷贝并执行"窗口，选择需要参照的采购订单，单击"确定"按钮，将采购订单的信息带入采购专用发票。如图 7-11 所示。

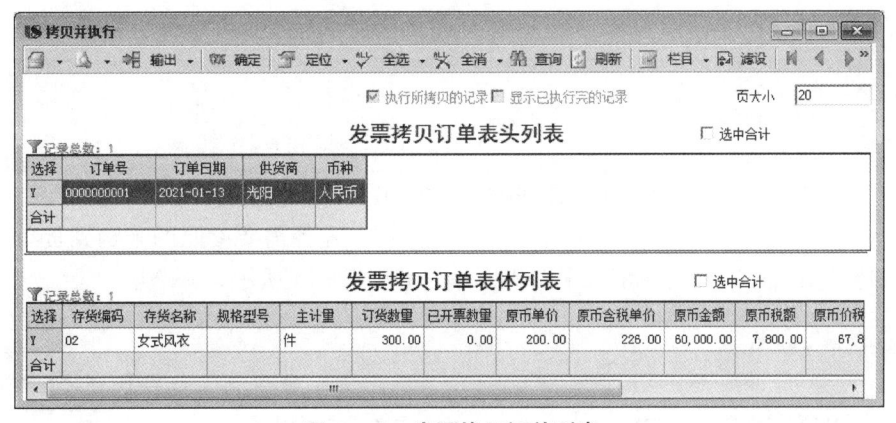

图 7-11 发票拷贝订单列表

（4）输入发票号"CG0114"，单击"保存"，单击"退出"。如图 7-12 所示。

图 7-12 生成采购发票

4. 在库存管理系统中填制并审核采购入库单。(008 李超)

(1) 执行"供应链"|"库存管理"|"入库业务"|"采购入库单",进入"采购入库单"窗口。

(2) 单击"生单"按钮旁的下三角按钮打开可选列表,选择"采购到货单(蓝字)",打开"查询条件选择-采购到货单列表"对话框。如图7-13所示。

视频085 采购入库单

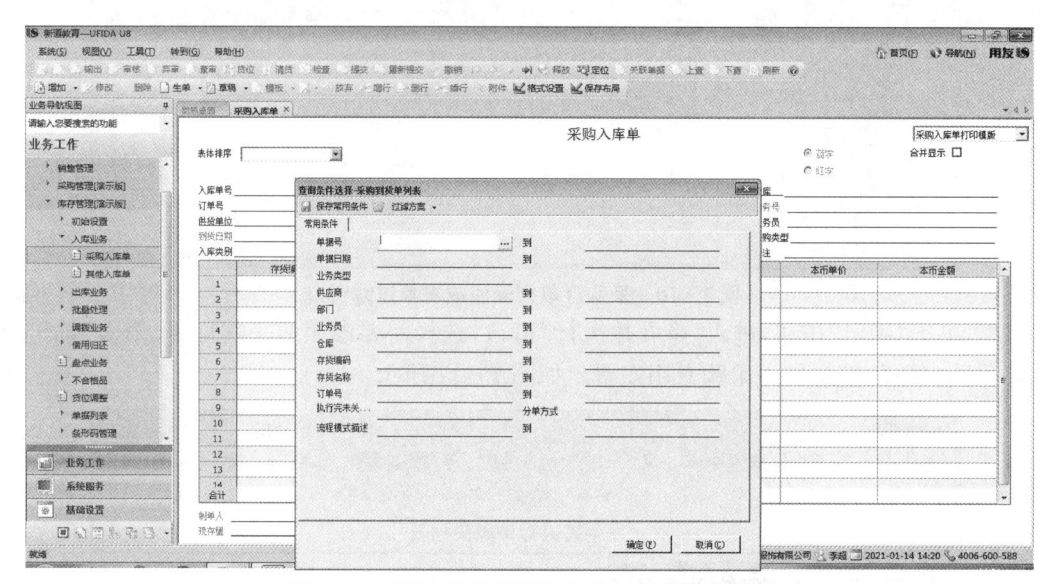

图7-13 采购到货单列表生成入库单过滤窗口

(3) 单击"确定"按钮,进入"到货单生单列表"窗口,选择需要参照的采购到货单,单击"确定"按钮,将采购到货单的信息带入采购入库单。如图7-14所示。

图7-14 到货单生单列表

(4) 输入仓库"女装仓库",单击"保存",单击"审核"。如图7-15所示。

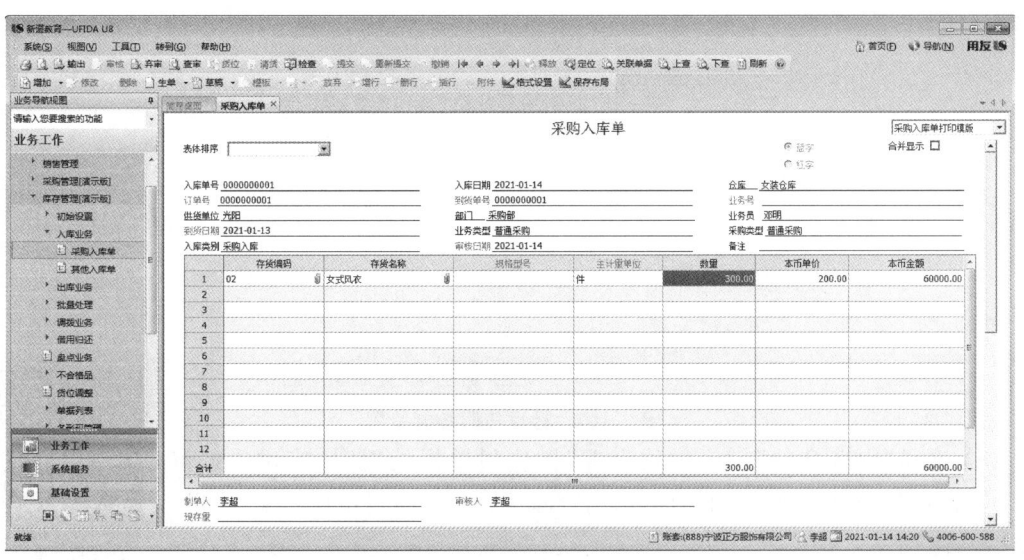

图 7-15 生成采购入库单

5. 在采购管理系统中执行采购结算。(005 邓明)

(1) 执行"供应链"|"采购管理"|"采购结算"|"自动结算",打开"查询条件选择-采购自动结算"对话框,选择结算模式"入库单和发票"。

(2) 单击"确定",系统自动进行结算,结算完成后弹出"结算成功"。如图 7-16 所示。

视频 086 采购结算

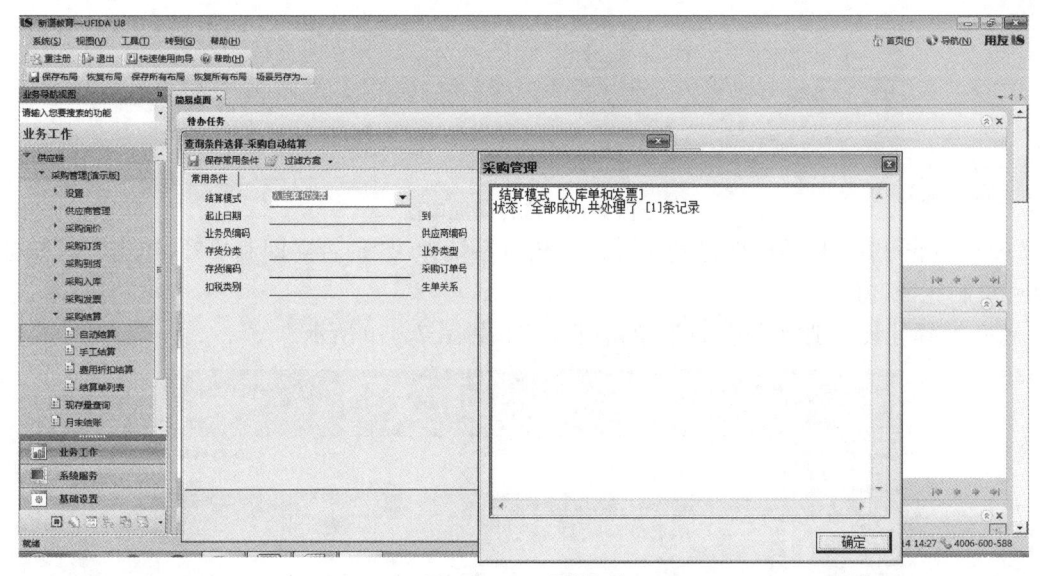

图 7-16 采购结算

6. 在应付款管理系统中审核采购专用发票,生成应付凭证。(以 001 曹华的身份登录企业应用平台,执行"系统服务"|"权限"|"数据权限控制设置",不勾选"用户"复选框,003 王强可进行应付单据的审核。)如图 7-17 所示。

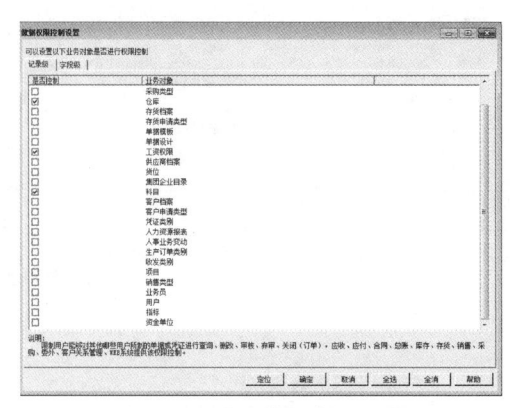

图 7-17 数据权限控制设置

(1) 选择"财务会计"|"应付款管理"|"应付单据处理"|"应付单据审核",打开"应付单查询条件"对话框,单击"确定",进入"应付单据列表"窗口。如图 7-18 所示。

视频 087 应付系统发票制单

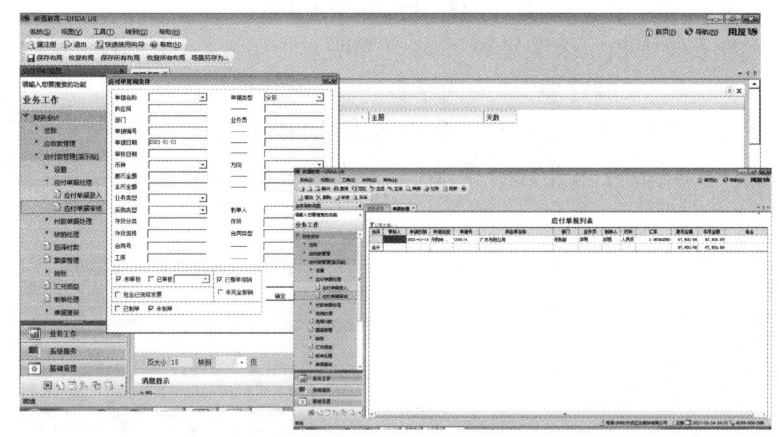

图 7-18 应付单据审核

(2) 选择需要审核的单据打开,单击"审核",系统弹出"是否立即制单?",单击"是"按钮,弹出"填制凭证"窗口。

(3) 选择凭证类别"转账凭证",单击"保存"。如图 7-19 所示。

图 7-19 应付单据生成凭证

7. 在存货核算系统中进行记账,生成入库凭证。(008 李超)

(1) 执行"供应链"|"存货核算"|"业务核算"|"正常单据记账",打开"查询条件选择"对话框。

(2) 单击"确定",进入"未记账单据一览表"窗口。

(3) 选择要记账的单据,单击"记账"按钮,系统弹出"记账成功",单击"确定"。如图 7-20 所示。

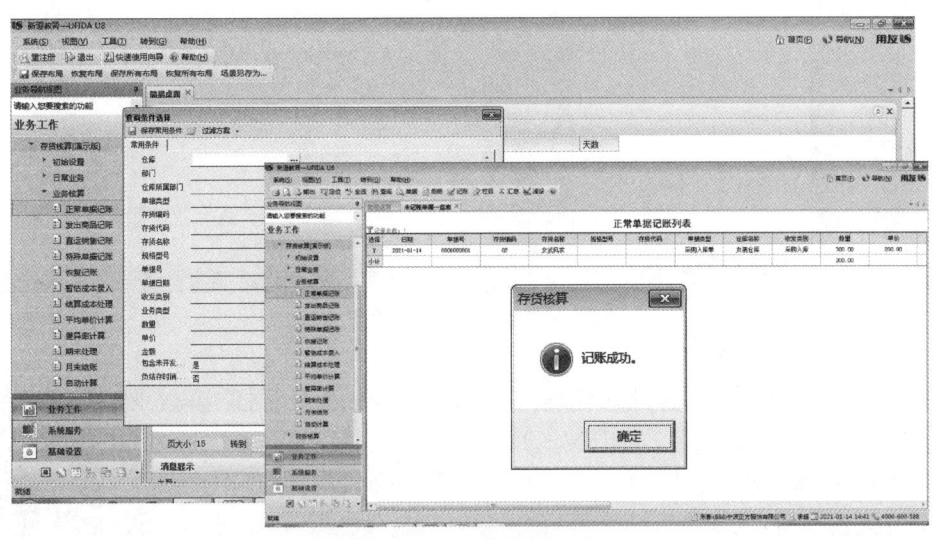

图 7-20 正常单据记账

(4) 执行"供应链"|"存货核算"|"财务核算"|"生成凭证",进入"生成凭证"窗口。

(5) 在工具栏上单击"选择"按钮,打开"查询条件"对话框,单击"确定",进入"选择单据"窗口。如图 7-21 所示。

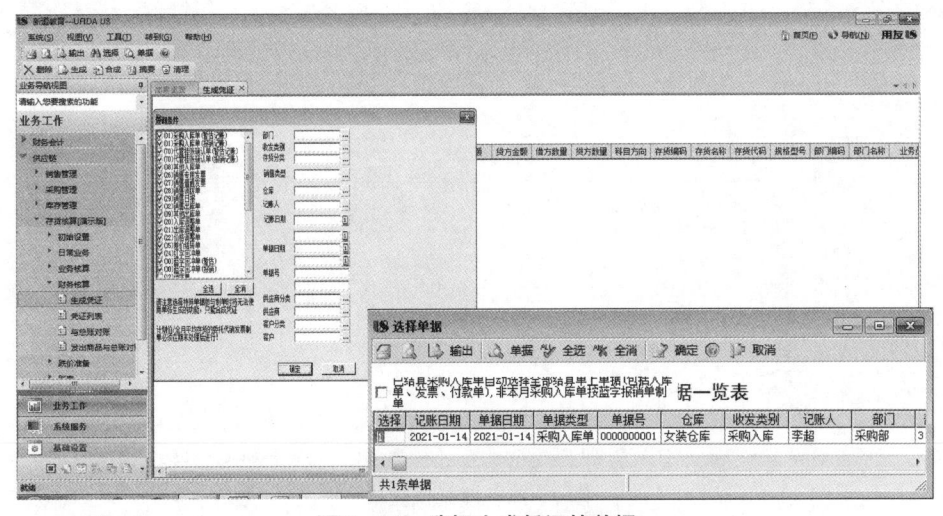

图 7-21 选择生成凭证的单据

(6) 选择要制单的记录行单击"确定",进入"生成凭证"窗口。

(7) 选择凭证类别"转账凭证",单击"生成"按钮,进入"填制凭证"窗口。

(8) 单击"保存"。如图 7-22 所示。

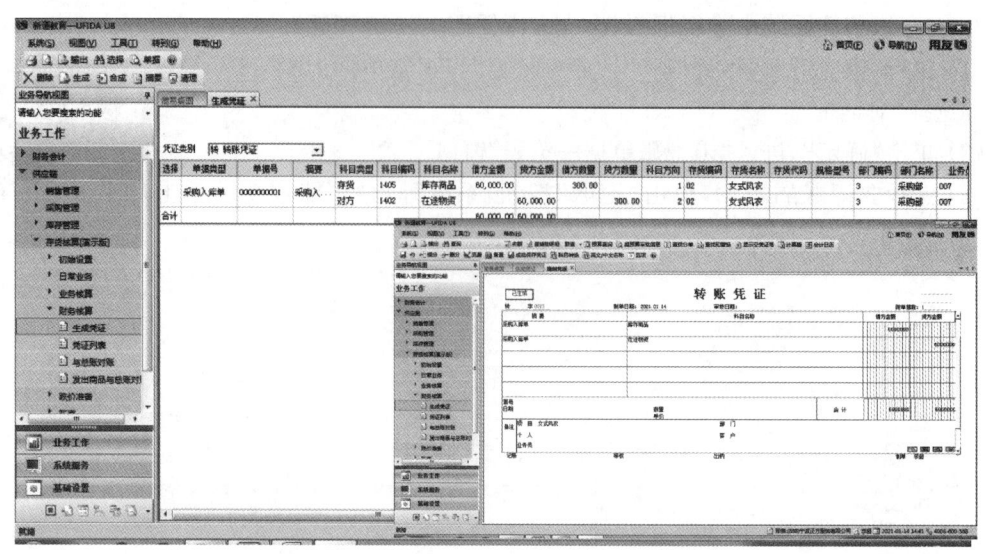

图7-22 生成入库凭证

8. 付款业务。（004 曾丽）

（1）执行"财务会计"|"应付款管理"|"付款单据处理"|"付款单据录入"，打开"收付款单录入"页签。如图7-23所示。

（2）单击"增加"，修改日期为"2021-01-19"，选择供应商"广东光阳公司"，结算方式选择"转账支票"，结算科目"100201"，金额栏录入"67 800"，票号"ZZ006"。

视频089 付款单录入

（3）在表体中第1行点击出现应付款金额为"67 800"，单击"保存"。

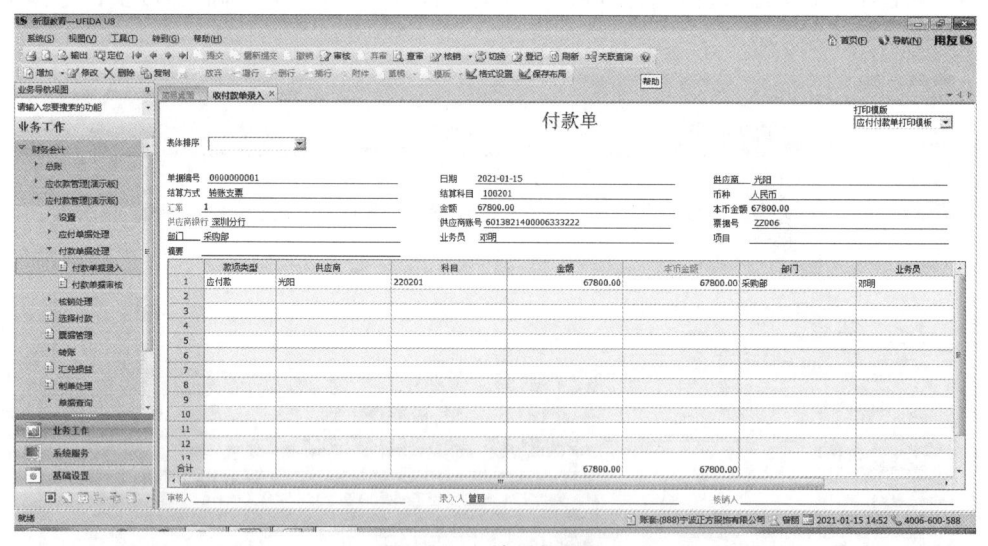

图7-23 填制付款单

（4）以003王强的身份登录系统，单击"付款单据审核"，打开"付款单"窗口，选择要审核的单据双击打开。如图7-24所示。

图 7-24 选择付款单据

（5）在打开的付款单中单击"审核"，系统提示"是否立即制单"，单击"是"按钮，生成记账凭证。如图 7-25 所示。

视频 090 付款单审核制单核销

图 7-25 审核付款单并生成付款凭证

（6）执行"财务会计"|"应付款管理"|"核销处理"|"手工核销"，打开"核销条件"窗口，选择"山东远大公司"，单击"确定"，打开"单据核销"界面，在第一行本次结算中分别录入"67 800"，单击"保存"按钮。如图 7-26 所示。

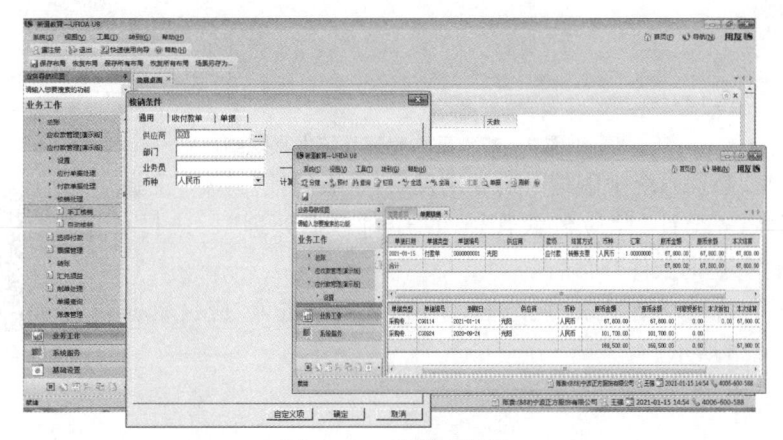

图 7-26 核销应付款

(二) 采购现结业务

1. 在采购管理系统填制并审核订购单,同普通采购业务。(005 邓明)
2. 在采购管理系统填制并审核到货单,同普通采购业务。(005 邓明)
3. 在库存管理系统中填制并审核采购入库单,同普通采购业务。(008 李超)
4. 在采购管理系统填制采购发票。(005 邓明)

(1) 执行"供应链"|"采购管理"|"采购发票"|"专用采购发票",进入"专用发票"窗口。

(2) 单击"增加",单击"生单"按钮旁的下三角按钮打开可选列表,选择"入库单",打开"查询条件选择-采购入库单列表过滤"对话框,单击"确定"按钮,进入"拷贝并执行"窗口。

(3) 选择需要参照的入库单,单击"确定"按钮,将采购订单的信息带入采购专用发票,修改发票号为"CG0116",税率修改为"13"。

(4) 单击"保存"。

5. 在采购管理系统将发票现结。(005 邓明)

(1) 单击"现付",打开"采购现付"对话框。

(2) 选择结算方式"5",输入结算金额"55370",票据号"DH001",单击"确定",发票左上角显示"已现付"标记。

(3) 单击"结算",自动完成采购结算,发票左上角显示"已结算"标记。如图 7-27 所示。

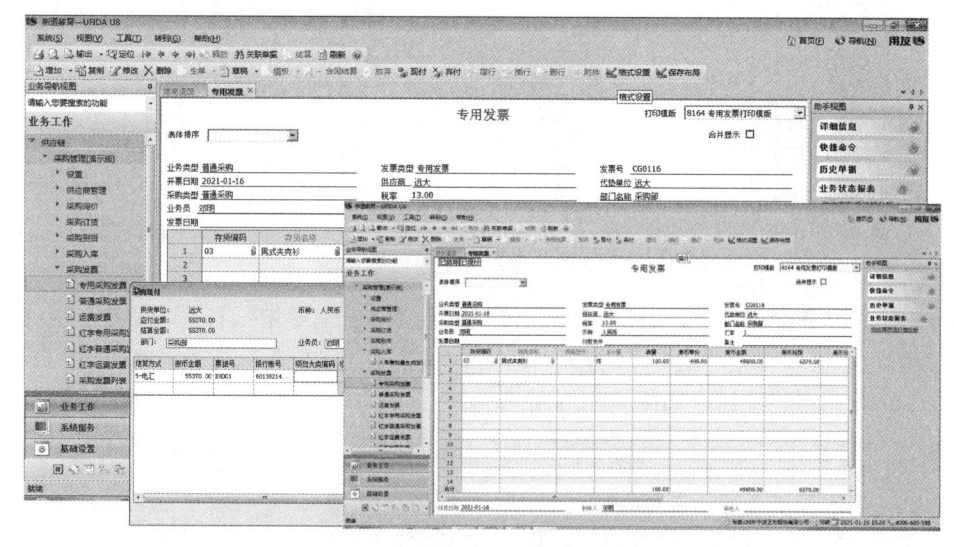

图 7-27 采购管理系统发票现结

6. 在应付款管理系统中审核采购专用发票,生成凭证。(003 王强)

(1) 选择"财务会计"|"应付款管理"|"应付单据处理"|"应付单据审核",打开"应付单查询条件"对话框。

(2) 选中"包含已现结发票"复选框,单击"确定",进入"应付单据列表"窗口。如图 7-28 所示。

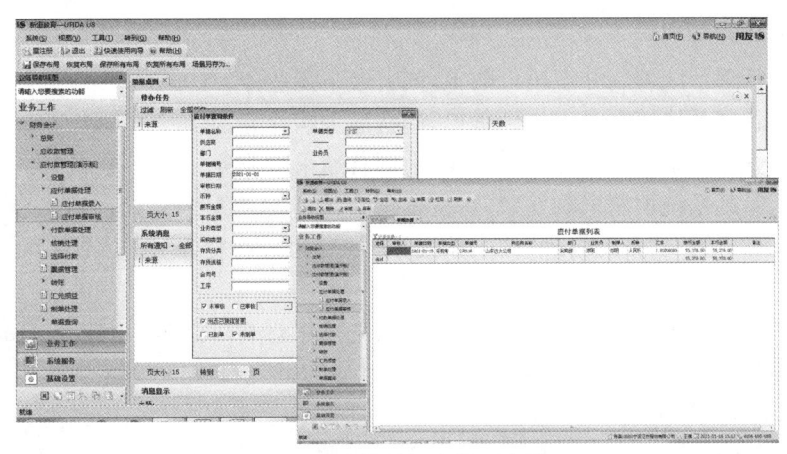

图7-28 应付单据审核列表窗口

（3）选择需要审核的单据双击打开，单击"审核"，系统弹出"是否立即制单?"，单击"是"按钮返回。选择凭证类别"付款凭证"，单击"保存"，凭证左上角出现"已生成"标志。如图7-29所示。

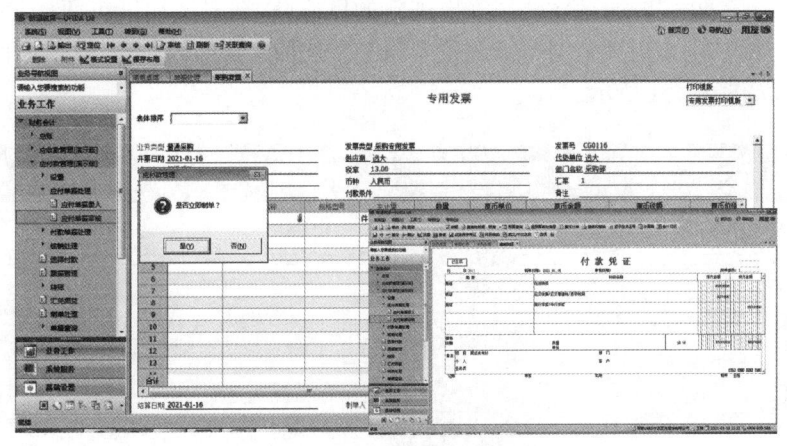

图7-29 审核发票并制单

7. 在存货核算系统中进行记账，生成入库凭证，同普通采购业务。如图7-30所示。（008 李超）

视频093 生成入库凭证

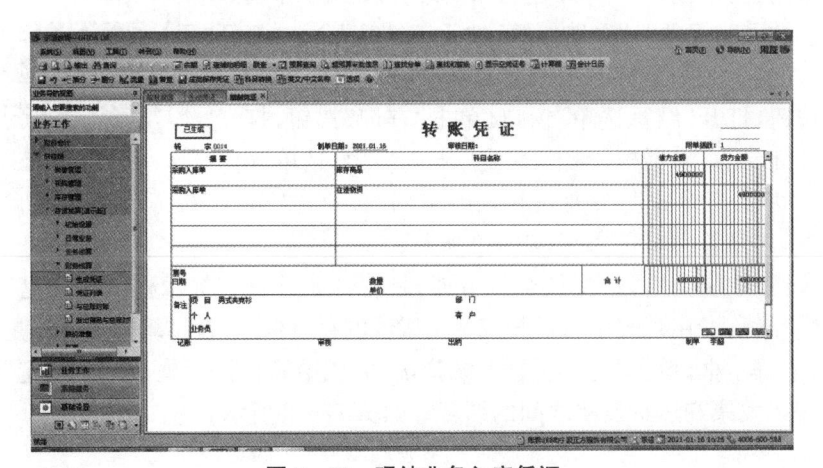

图7-30 现结业务入库凭证

(三) 采购运费处理

1. 在采购管理系统填制并审核订购单,同普通采购业务。(005 邓明)
2. 在采购管理系统填制并审核到货单,同普通采购业务。(005 邓明)
3. 在库存管理系统中填制并审核入库单,同普通采购业务。(008 李超)
4. 在采购管理系统填制采购发票、运费发票。(005 邓明)

(1) 执行"供应链"|"采购管理"|"采购发票"|"专用采购发票",进入"专用发票"窗口。

(2) 单击"增加",单击"生单"按钮旁的下三角按钮打开可选列表,选择"入库单",打开"查询条件选择-采购入库单列表过滤"对话框,单击"确定"按钮,进入"拷贝并执行"窗口。

(3) 选择需要参照的入库单,单击"确定"按钮,将采购订单的信息带入采购专用发票,修改发票号为"CG0118",单击"保存"。

(4) 在打开的"专用发票"窗口,单击"增加",修改发票号为"YF0118",开票日期为"2021-01-18",选择供应商为"畅通运输公司"(出现新的供应商,需先增加供应商档案"畅通运输公司")选择代垫单位"山东远大公司",修改税率为"9",选择存货编码"05",输入原币金额"200",单击"保存"。如图7-31所示。

视频094 填制采购、运费发票

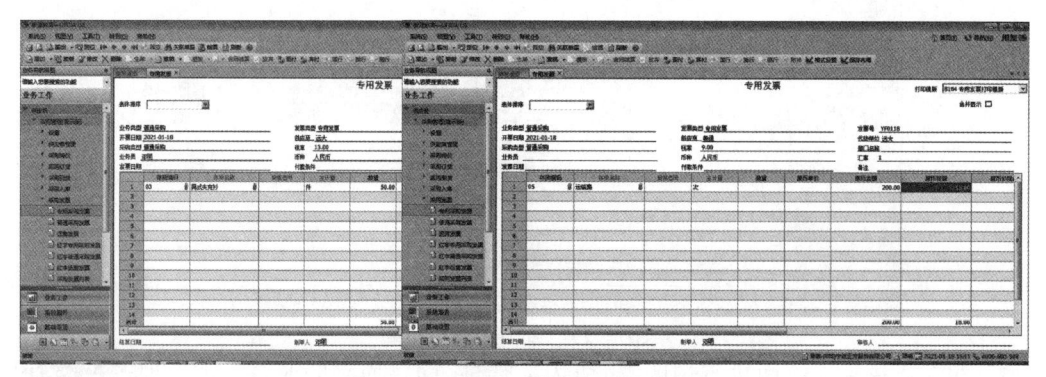

图7-31 填制采购发票运费发票

5. 将采购发票、采购运费发票与入库单进行采购结算。(005 邓明)

(1) 执行"供应链"|"采购管理"|"采购结算"|"手工结算"命令,打开"手工结算"窗口。

(2) 单击"选单"按钮,打开"结算选单"窗口,单击"查询"按钮,打开"查询条件选择——采购手工结算"对话框,单击"确定",打开"结算选单"窗口。

视频095 采购、运费发票与入库单结算

(3) 系统列出结算可供选择的发票列表和入库单列表,单击"全选"按钮,单击"确定",返回"手工结算"窗口。如图7-32所示。

(4) 单击"分摊"按钮,系统弹出"选择按金额分摊,是否开始计算?"提示框,单击"是"按钮,系统弹出"[商业版]结算:费用列表中有折扣或费用属性的存货信息,在结算前请确认是否进行了分摊,是否继续?"提示框,单击"是"按钮,系统弹出"完成结算!"提示框,单击"确定"按钮,完成采购入库单、采购发票和运费发票之间的结算。如图7-33所示。

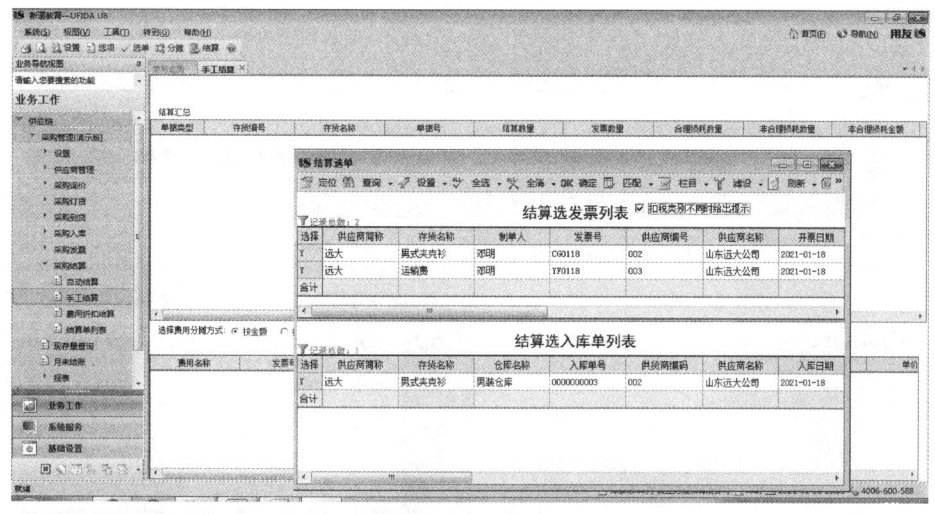

图 7-32 采购发票运费发票与入库单结算选单

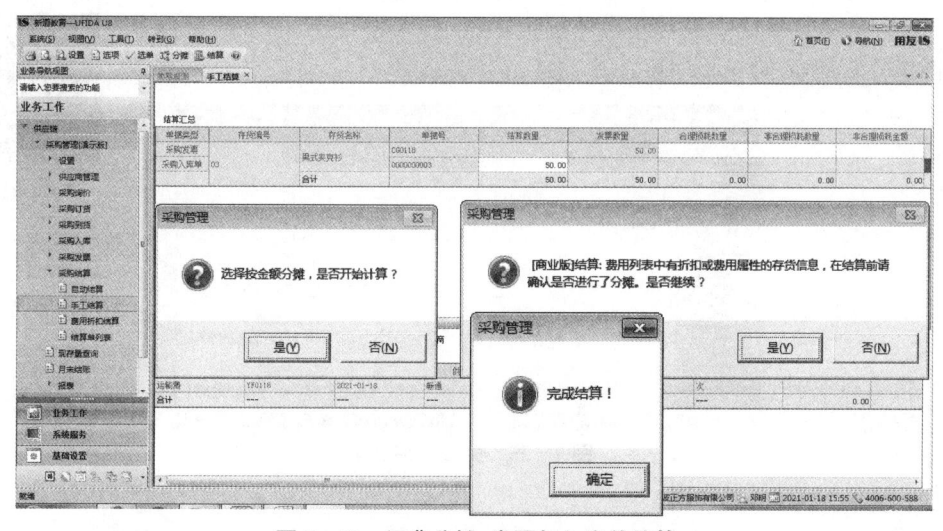

图 7-33 运费分摊、发票与入库单结算

6. 在应付款管理系统中审核采购发票、采购运费发票,生成应付凭证。(003 王强)

(1) 选择"财务会计"|"应付款管理"|"应付单据处理"|"应付单据审核",打开"应付单查询条件"对话框。

(2) 单击"确定",进入"单据处理"窗口。

(3) 选择需要审核的单据,单击"审核",系统弹出"审核成功",单击"确定"按钮返回。

视频 096 采购应付款凭证合并制单

(4) 执行"制单处理",打开"制单查询"对话框,选择"发票制单",单击"确定",进入"应付制单"窗口。

(5) 选择凭证类别"转账凭证",单击"全选",单击"合并",单击"制单",生成采购男式夹克衫的凭证。

(6) 单击"保存",凭证左上角出现"已生成"标志。如图 7-34 所示。

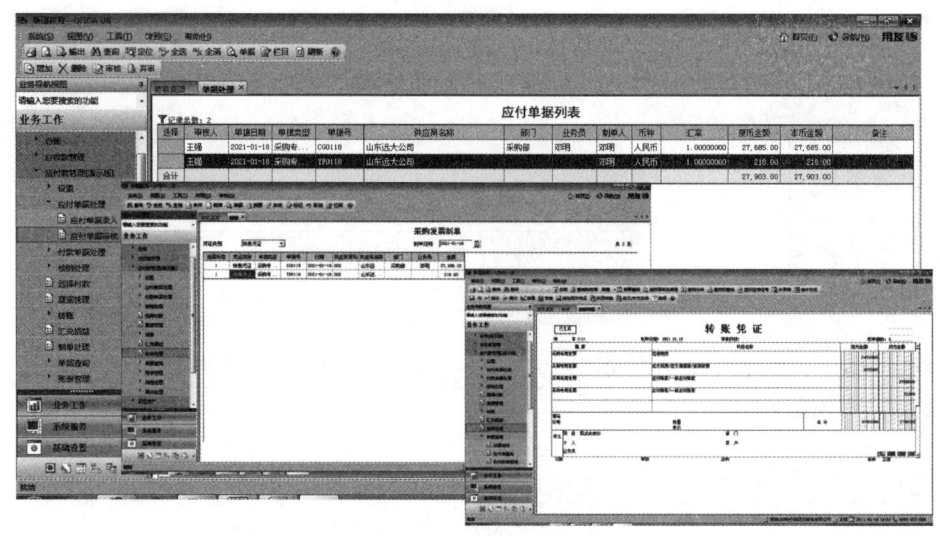

图7-34 发票审核、合并制单

7. 在存货核算系统中进行正常单据记账,生成入库凭证,同普通采购业务,如图7-35所示。(008李超)

视频097 生成存货入库凭证

图7-35 生成入库凭证

(四)暂估入库(拓展任务)

1. 执行"供应链"|"采购管理"|"采购到货"|"到货单"命令,打开"到货单"窗口。单击"增加"按钮,选择供应商"广东光阳公司",选择存货编码"01",输入数量"200",单击"审核"按钮进行审核,单击"退出"按钮,退出"到货单"窗口。

2. 执行"供应链"|"库存管理"|"入库业务"|"采购入库单"命令,打开"采购入库单"窗口。单击"生单"按钮右侧的下拉按钮,选择"采购到货单(蓝字)"选项,打开"查询条件选择-采购到货单列表"对话框,单击"确定"按钮,打开"到货单生单列表"窗口。在"到货单生单列表"窗口中,双击需要参照的采购到货单的"选择"栏,单击"确定"按钮,将采购到货单相关信息带入采购入库单,选择仓库为"女装仓库",单击"保存"按钮。单击"审核"按钮进行审核,系统弹出"该单据审核成功!"提示框。

3. 执行"供应链"|"存货核算"|"业务核算"|"暂估成本录入"命令,打开"查询条件选择"对话框,单击"确定"按钮,打开"暂估成本录入"窗口,输入单价"150",单击"保存"按钮,系统弹出"保存成功!"提示框。

4. 执行"供应链"|"存货核算"|"业务核算"|"正常单据记账"命令,打开"查询条件选择"

单击"确定"按钮,打开"未记账单据一览表"窗口。选择要记账的单据,单击"记账"按钮,系统弹出"记账成功。"提示框,单击"确定"按钮。

5. 执行"供应链"|"存货核算"|"财务核算"|"生成凭证"命令,打开"生成凭证"窗口。单击"选择"按钮,打开"查询条件"对话框,单击"确定"按钮,打开"选择单据"窗口,选择要生成凭证的单据,单击"确定"按钮。打开"生成凭证"窗口,选择凭证类别为"转账凭证",输入应付暂估科目代码"220202",单击"生成"按钮,系统生成记账凭证,单击"保存"按钮,凭证上出现"已生成"标志。

7.2 应付款管理系统

7.2.1 应付款管理系统的主要功能

应付款管理系统主要用于对企业与供应商往来账款进行核算与管理。在应付款管理系统中以采购发票、其他应付单等原始单据为依据,记录采购业务与其他业务形成的应付款项,处理应付款项的支付、核销等情况,提供票据处理的功能。

7.2.1.1 初始化设置

应付款管理系统初始化包括系统参数设置、基础信息设置和期初数据录入。

7.2.1.2 日常业务处理

应付款管理系统日常业务处理主要包括应付单据处理、付款单据处理、票据管理和转账处理等内容。

(1) 应付单据处理:应付单据包括采购发票和其他应付单,是确认应付账款的主要依据。应付单据处理包括单据录入和单据审核。

(2) 付款单据处理:付款单据主要指付款单。付款单据处理包括付款单据的录入、审核和核销。单据核销的主要作用是确定付款单与应付单之间的对应关系的操作,即指明每一次付款是付的哪几笔采购业务的款项,建立付款与应付款的核销记录,监督应付款及时核销,加强往来款项的管理。

(3) 票据管理:主要是对银行承兑汇票和商业承兑汇票进行管理。票据管理可以提供票据登记簿,记录票据的利息、贴现、背书、结算和转出等信息。

(4) 转账处理:是指在日常业务处理中经常发生的应付冲应收、应付冲应付、预付冲应付及红票对冲的业务处理。

7.2.1.3 单据查询和账表管理

单据查询包括发票查询、应付单查询、收付款单查询、凭证查询等。账表管理包括业务账表、统计分析和科目账查询。

7.2.1.4 期末处理

期末处理是指用户在月末进行的结算汇兑损益以及月末结账工作。如果企业有外币往来,在月末需要计算外币单据的汇兑损益并对其进行相应的处理。如果企业当月业务已全部处理完毕,需要执行月末结账处理,只有月末结账后,才可以开始下月工作。

7.2.2 应付款管理系统与其他系统的主要关系

对供应商应付款项核算和管理的程度不同,其系统功能、接口、操作流程等就不相同。应付款管理系统与其他系统的关系如图7-36所示。

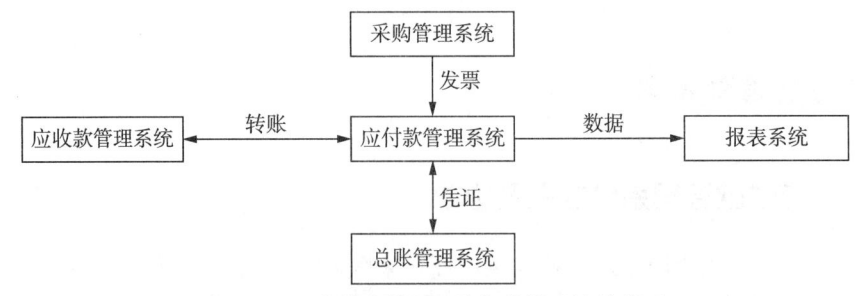

图 7-36 应付款管理系统与其他系统的关系

采购管理系统向应付款管理系统提供采购发票,在应付款管理系统中进行审核生成应付凭证,并对发票进行付款结算处理。应付款管理系统向采购管理系统提供采购发票的付款结算情况。应付款管理系统向总账系统传递凭证,并能够查询其所生成的凭证。应付款管理系统和应收款管理系统之间可以进行转账处理,如应付冲应收。

7.2.3 应付款管理系统的操作流程

应付款管理系统的操作流程如图7-37所示。

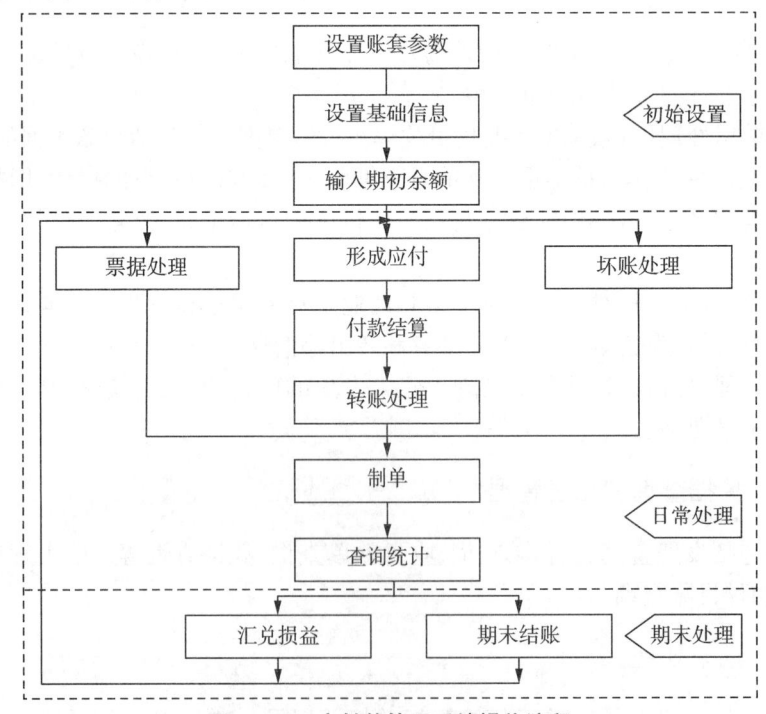

图 7-37 应付款管理系统操作流程

7.2.4 应付款管理系统日常业务处理

7.2.4.1 应付单据处理

应付单据处理包括单据输入和单据管理工作。应付单据处理是应付款管理系统处理的起点,在应付单据处理中可以输入采购业务中的各类发票以及采购业务之外的应付单据。在单据输入后,单据管理可查阅各种应付业务单据,完成应付业务管理的日常工作。

(1) 单据输入

单据包括采购发票及其他应付单据。如果和采购管理系统集成使用,采购发票在采购管理系统录入。

(2) 单据审核

单据审核是在单据保存后对单据的正确性进行审核确认。单据输入后必须经过审核才能参与结算。审核人和制单人可以是同一个人。单据被审核后,可以通过单据查询功能查看此单据的详细资料。

(3) 单据制证

单据制证可在单据审核后由系统自动编制凭证,也可以集中处理。在应付款管理系统中生成的凭证将由系统自动传送到账务系统中,并由有关人员进行审核和记账等账务处理工作。

(4) 单据查询

单据查询是对未审核单据的查询。通过"单据查询"功能可以查看全部单据。

7.2.4.2 付款单据处理

付款单据处理是对已付款的单据进行输入,并进一步核销的过程。单据结算功能是输入付款单、收款单,并对发票及应付单进行核销,形成预付款并核销预付款,处理代付款。

(1) 输入结算单据

应付款管理系统的付款单用来记录企业支付的供应商往来款项,款项性质包括应付款、预付款、其他费用等。其中应付款、预付款性质的付款单将与发票、应付单进行核销处理。应付款管理系统的收款单用来记录发生采购退货时,企业收到的供应商退付的款项。该收款单可与应付、预付性质的付款单、红字应付单、红字发票进行核销处理。

(2) 单据核销

单据核销是对往来已达账做删除处理的过程,即确定付款单与原始发票之间的对应关系后,进行自动冲销的过程。单据核销表明本业务已经结清,建立收付款与应付款的核销记录,监督应付款及时核销,加强往来款项的管理。

7.2.4.3 票据管理

可以在票据管理中对银行承兑汇票和商业承兑汇票进行管理,主要功能包括记录票据详细信息和记录票据处理情况。如果要进行票据登记簿管理,必须将应付票据科目设置为带有供应商往来辅助核算的科目。当开具银行承兑汇票或商业承兑汇票时,将该汇票在应付款管理系统的票据管理中录入,系统会自动生成一张付款单,用户可以对付款单查询,可以对应付单据进行核销钩对,冲减供应商应付账款。

7.2.4.4 转账处理

转账处理是指在日常业务处理中经常发生的应付冲应收、应付冲应付、预付冲应付及红票对冲的业务处理。

（1）应付冲应收

应付冲应收是指用某供应商的应付账款冲抵某客户的应收账款。系统通过应付冲应收功能将应付款业务在供应商和客户之间进行转账，实现应付业务的调整，解决应付债务与应收债权的冲抵。

（2）应付冲应付

应付冲应付是指将一家供应商的应付账款转到另一家供应商中。通过应付冲应付功能可将应付款业务在供应商之间进行转入、转出，实现应付业务的调整，解决应付款业务在不同供应商之间入错户或合并户的问题。

（3）预付冲应付

预付冲应付是指处理供应商的预付款和该供应商应付欠款的转账核销业务。即某一个供应商有预付款时，可用该供应商的一笔预付款冲其一笔应付款。

（4）红票对冲

红票对冲可实现某供应商的红字应付单与其蓝字应付单、付款单与收款单之间的冲抵。当发生退票时，用红字发票对冲蓝字发票。红票对冲通常可以分为系统自动冲销和手工冲销两种处理方式。自动冲销可同时对多个供应商依据红票对冲规则进行红票对冲，提高红票对冲的效率。手工冲销可对一个供应商进行红票对冲，并自行选择红票对冲的单据，提高红票对冲的灵活性。

7.2.4.5 制单处理

使用制单功能批量处理制单，可以快速、成批地生成凭证。制单类型包括应付单据制单、结算单制单、转账制单、汇兑损益制单等。企业可根据实际情况选取需要制单的类型。

7.2.4.6 信息查询和统计分析

应付款管理系统的一般查询主要包括单据查询、凭证查询及账款查询。通过凭证查询可以查看、修改、删除、冲销应付款管理系统传递到账务系统的凭证，同时还可查询凭证对应的原始单据。用户在各种查询结果的基础上可以进行各项统计分析。统计分析包括欠款分析、账龄分析、综合分析及付款预测分析等。

7.2.5 应付款管理系统期末业务处理

企业在期末主要完成计算汇兑损益和月末结账两项业务处理工作。如果供应商往来有外币核算，且在应付款管理系统中核算供应商往来款项，则在月末需要计算外币单据的汇兑损益并进行相应的处理。如果确认本月的各项业务处理已经结束，可以执行月末结账功能。如果启用了采购管理系统，采购管理系统结账后，应付款管理系统才能结账。结账后本月不能再进行单据、票据、转账等业务的增加、删除、修改等处理。如果结账有错误，可以取消月末结账。取消结账操作只有在该月账务系统未结账时才能进行。

实验任务

一、实验准备

1. 建立"项目七\应付款管理系统"文件夹。
2. 将系统日期修改为"2021年1月31日"。
3. 引入"项目七\采购管理系统业务处理\Uferpact.lst"的备份数据。
4. 以操作员"003 王强"的身份注册进入企业应用平台,进行应付款管理系统的业务操作,操作日期根据下面业务日期而定;"004 曾丽"填制付款单;"003 王强"审核付款单、生成应付款凭证。
5. 将采购与应付款管理系统生成的所有凭证出纳签字、审核、记账。

二、实验资料

(一) 付款业务

1月19日,开出转账支票一张,金额30 000元,票号ZZ007,支付山东远大公司货款27 903元,付清18日采购货款,余款转为预付款,并手工核销18日应付款。(付12)

借:应付账款——一般应付款(山东远大公司)   27 903
　　预付账款——山东远大公司   2 097
　　贷:银行存款——中行存款   30 000

(二) 预付冲应付

1月20日,支付给山东远大公司的预付款冲抵其部分应付款。(转17)

借:应付账款——一般应付款(山东远大公司)   2 097
　　贷:预付账款——山东远大公司   2 097

(三) 应付冲应付

1月20日,将2020年9月24日形成的应向广东光阳公司支付的款项转为向山东远大公司支付的应付账款101 700元。(转18)

借:应付账款——一般应付款(广东光阳公司)   101 700
　　贷:应付账款——一般应付款(山东远大公司)   101 700

(四) 账套备份

将账套备份到"项目七\应付款管理系统"文件夹中。

三、拓展任务

1. 1月21日,发现1月20日的应付冲应付有错误,取消操作。

四、操作指导

(一) 付款业务(004 曾丽)

1. 执行"财务会计"|"应付款管理"|"付款单据处理"|"付款单录入",打开"收付款单录入"页签。

2. 单击"增加",修改日期为"2021-01-19",选择供应商"山东远大公司",结算方式选择"转账支票",结算科目"100 201",金额栏录入"30 000",票号"ZZ007"。

视频 098 付款业务

3. 在表体中修改第 1 行金额为"27 903",将第 2 行款项类型选为"预付款",金额自动写为"2 097",单击"保存"。如图 7-38 所示。

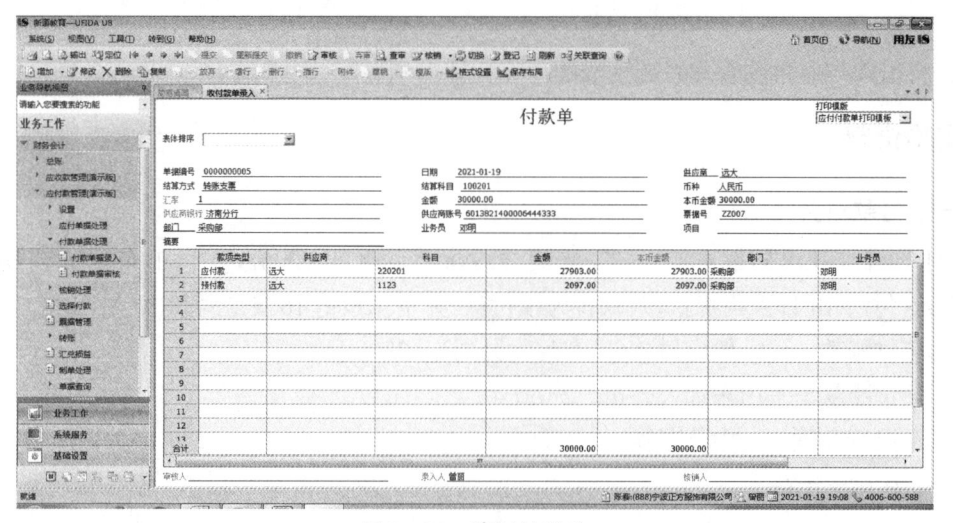

图 7-38 填制付款单

4. 以 003 王强的身份,单击"付款单据审核",显示"收付款单列表",打开"收付款单列表",双击打开所选单据,单击"审核",系统提示"是否立即制单",单击"是"按钮,生成记账凭证。如图 7-39 所示。

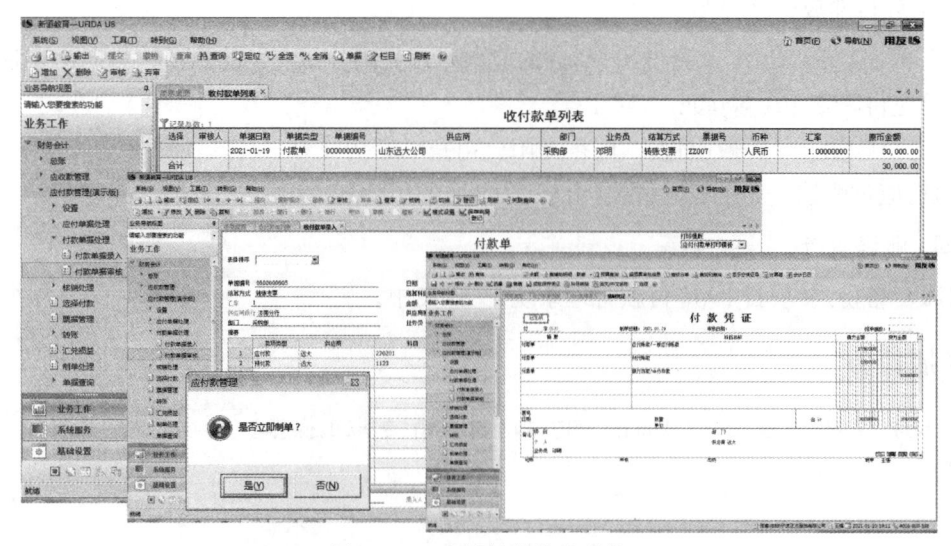

图 7-39 审核付款单并制单

5. 执行"财务会计"|"应付款管理"|"核销处理"|"手工核销",打开"核销条件"窗口,供应商选择"山东远大公司",单击"确定",打开"单据核销"界面,在本次结算中分别录入"27685""218",单击"保存"按钮,核销应付款。如图7-40所示。

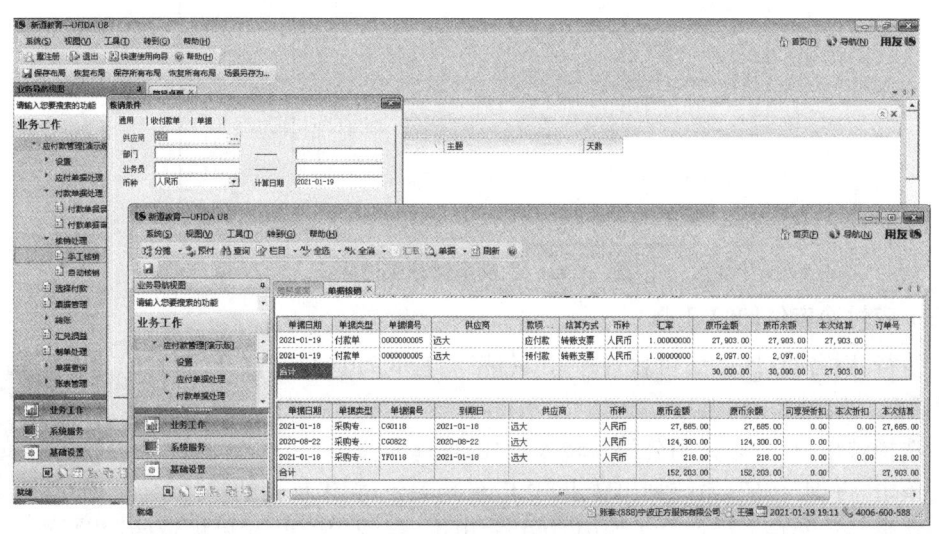

图7-40 核销应付款

(二) 预付冲应付(003 王强)

1. 执行"财务会计"|"应付款管理"|"转账"|"预付冲应付",打开"预付冲应付"对话框。如图7-41所示。

2. 单击"预付款"选项卡,选择供应商"山东远大公司",单击"过滤"按钮,系统列出该供应商的预付款,输入转账金额"2 097"。

视频099 预付冲应付

3. 单击"应付款"选项卡,单击"过滤"按钮,系统列出该供应商的应付款,输入转账金额"2097"。

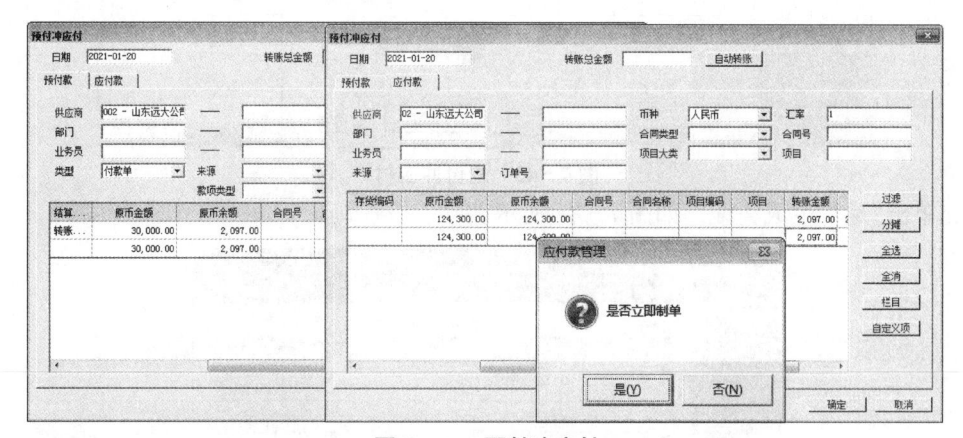

图7-41 预付冲应付

4. 单击"确定"按钮,立即制单。如图7-42所示。

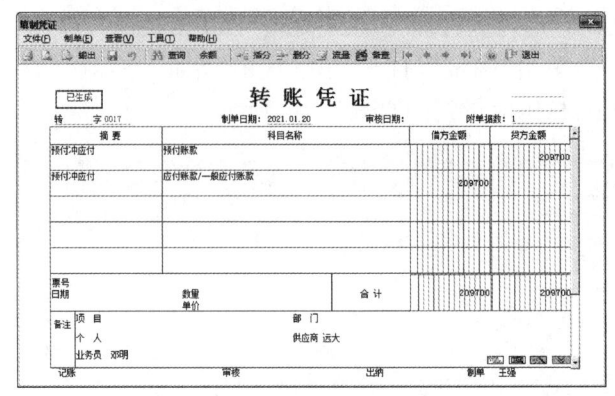

图7-42 生成预付冲应付凭证

(三) 应付冲应付(003 王强)

1. 执行"财务会计"|"应付款管理"|"转账"|"应付冲应付",打开应付冲应付对话框。如图7-43所示。

2. 选择转出户"广东光阳公司",转入户"山东远大公司"。

3. 单击"查询"按钮,系统列出转出户"广东光阳公司"未核销的应付款。

4. 在第一行并账金额栏录入"101 700"。单击"保存"按钮,弹出提示信息"是否立即制单"。

视频100 应付冲应付

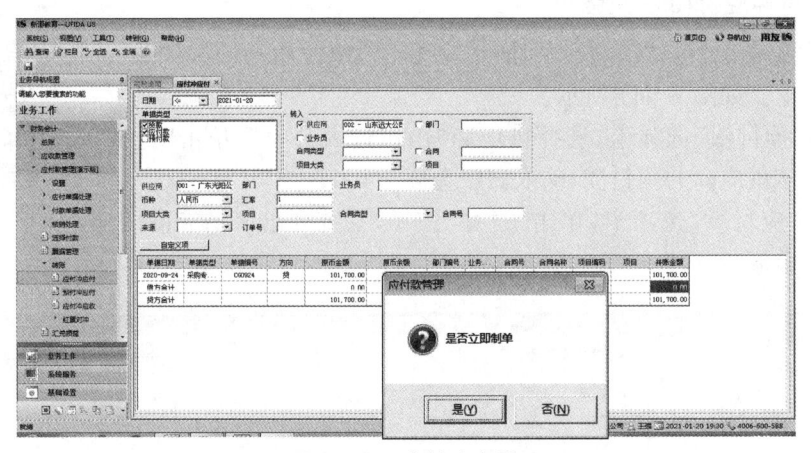

图7-43 应付冲应付

5. 单击"是",生成凭证。如图7-44所示。

图7-44 生成应付冲应付凭证

(四)删除应付冲应付(拓展任务)

1. "财务会计"|"应付款管理"|"单据查询"|"凭证查询",打开"凭证查询条件"对话框。

2. 单击"确定"按钮,进入"凭证查询"窗口。

3. 单击日期为"2021-01-20",业务类型为"并账"的记录行,单击"删除"按钮,系统弹出"确定要删除此凭证吗"信息提示框。单击"是"按钮,凭证行不再显示。

4. 在应付款管理系统中,执行"其他处理"|"取消操作"命令,打开"取消操作条件"对话框,选择操作类型"应付冲应付"。

5. 单击"确定"按钮,进入"取消操作"窗口。

6. 选中要取消操作的记录行,单击"确认"按钮,该操作即被取消。

项目小结

本项目主要介绍了企业普通采购业务的整个流程,包括订货、到货、入库、结算、发票、付款等全过程,在应付款管理中补充介绍了票据管理、转账处理等业务。

项目七基础练习

一、单项选择题

1. 在采购流程中,(　　)环节是必需的。
   A. 请购　　　　B. 订货　　　　C. 到货　　　　D. 入库

2. 采购管理、库存管理、存货核算、应付款管理、总账系统集成使用,采购入库单在(　　)系统录入。
   A. 采购管理　　B. 应付管理　　C. 库存管理　　D. 存货核算

3. "借:应付账款贷:银行存款"是根据(　　)制单生成的凭证。
   A. 采购发票　　B. 应付单　　　C. 付款单　　　D. 商业承兑汇票

二、多项选择题

1. 采购管理系统提供的业务类型有(　　)。
   A. 普通采购　　B. 代管采购　　C. 受托代销　　D. 直运采购

2. 暂估入库业务,系统提供的处理方法有(　　)。
   A. 月初回冲　　B. 月底回冲　　C. 单到回冲　　D. 单到补差

3. 应付款管理系统中(　　)操作可以取消。
   A. 单据审核　　B. 核销　　　　C. 票据结算　　D. 结账

销售与应收款管理系统　项目八

知识目标

1. 会描述销售管理系统的功能及与其他系统的数据关系。
2. 能阐述普通销售业务的处理流程。
3. 能阐述各类其他销售业务的处理流程。
4. 会描述应收款管理系统的功能及其他系统的数据关系。
5. 能阐述核销的意义。

能力目标

1. 能够进行销售订货、发货、开票、出库的处理。
2. 能够进行发票的审核、收款单据的录入及相关凭证的生成。
3. 能够进行坏账的处理。
4. 能够进行核销。

项目导入

宁波正方服饰有限公司启用了总账系统和销售管理系统的同时也启用了应收款管理系统。销售管理系统对订货、发货、开票进行管理,在应收款管理系统形成应收款或进行收款处理,将销售和收款处理贯穿。

8.1 销售管理系统

8.1.1 销售管理系统的主要功能

8.1.1.1 销售管理系统初始设置

销售管理系统初始设置包括设置销售管理系统业务处理所需要的各种业务选项、基础档案信息及销售期初数据。

8.1.1.2 销售业务管理

销售业务管理主要处理销售报价、销售订货、销售发货、销售开票、销售调拨、销售退回、发货折扣、委托代销、零售等业务,并根据审核后的发票或发货单自动生成销售出库单,处理随同货物销售所发生的各种代垫费用,及在货物销售过程中发生的各种销售支出。在销售管理系统中可以处理普通销售、委托代销、直运销售、分期收款销售、销售调拨及零售业务等类型。

8.1.1.3 销售账簿及销售分析

销售管理系统可以提供各种销售明细账、销售明细表及各种统计表,还可以提供各种销售分析及综合查询统计分析。

8.1.2 销售管理系统与其他系统的主要关系

销售管理系统与其他系统的关系如图 8-1 所示。

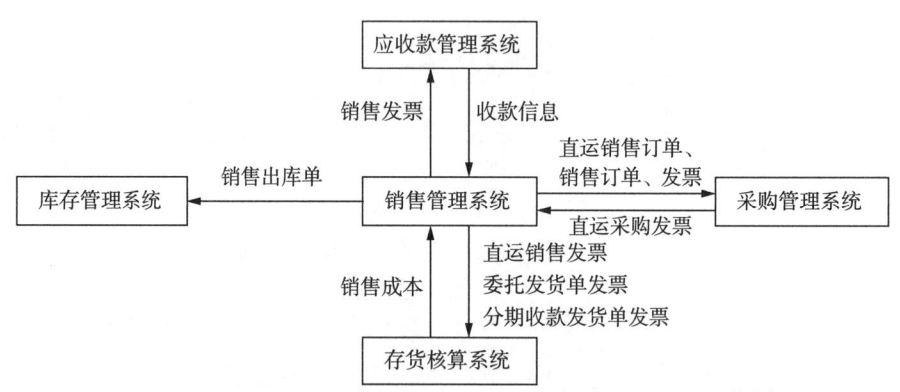

图 8-1 销售管理系统与其他系统的关系

采购管理系统可参照销售管理系统的销售订单生成采购订单。在直运业务必有订单模式下,直运采购订单必须参照直运销售订单生成,如果在直运业务非必有订单模式下,那么直运采购发票和直运销售发票可相互参照。

根据选项设置,销售出库单即可以在销售管理系统生成并传递到库存管理系统审核,也可以由库存管理系统参照销售管理系统的单据生成,库存管理系统为销售管理系统提供用于销售的存货的可用量。

销售发票、销售调拨单、代垫费用单在应收款管理系统中审核登记应收明细账,进行制单生成凭证,应收款管理系统进行收款并核销相应应收单据。

直运销售发票、委托代销发货单发票、分期收款发货单发票在存货核算系统登记存货明细账,并制单生成凭证,存货核算系统为销售管理系统提供销售成本。

8.1.3 销售业务处理

销售管理根据企业应用主要可分为四种业务类型:普通销售业务、直运业务、委托代销业务、分期收款业务。

8.1.3.1 普通销售业务

普通销售业务模式适用于大多数企业的日常销售业务,它与其他系统一起,提供对销售报价、销售订货、销售发货、销售出库、销售开票、销售收款结算、结转销售成本全过程的处理。

(1)先发货后开票的普通销售业务

普通销售业务支持两种模式,先发货后开票业务模式和开票直接发货业务模式。先发货后开票业务模式流程如图8-2所示。

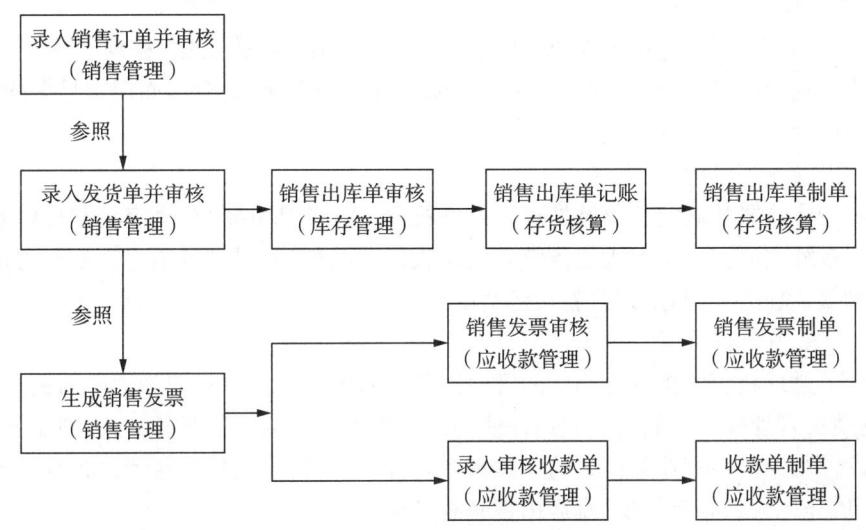

图8-2 先发货后开票业务模式流程

a. 销售报价

销售报价是指企业向客户提供货品、规格、价格、结算方式等信息,双方达成协议后,销售报价单可以转为有效力的销售合同或销售订单。在销售业务流程中,销售报价环节可以省略。

b. 销售订货

销售订货处理是指企业与客户签订销售合同,在销售管理系统中体现为销售订单。如果前面已对客户报价,可以参照报价单生成销售订单。在销售业务流程中,订货环节是可选的。

c. 销售发货

销售发货是企业执行与客户签订的销售合同或销售订单,将货物发往客户的行为,是销售业务的执行阶段。除了根据销售订单发货外,销售管理系统也有直接发货的功能,即无需事先录入销售订单而随时将产品发给客户。在销售业务流程中,销售发货处理是必须的。先发货后开票业务模式中发货单由销售部门根据销售订单填制或手工输入,客户通过发货单取得货物所有权。发货单审核后,可以生成销售发票和销售出库单。开票直接发货模式中发货单由销售发票自动生成,发货单只做浏览,不能进行修改、删除、弃审等操作,销售出库单根据自动生成的发货单生成。

d. 销售开票

销售开票是在销售过程中企业给客户开具销售发票及其所附清单的过程,是销售收入确定、销售成本计算、应交销售税费确定和应收账款确定的依据,是销售业务的必要环节。销售发票可以直接填制,也可以参照销售订单或销售发货单生成。参照发货单开票时,多种发货单可以汇总开票,一张发货单也可拆单生成多张销售发票。

e. 销售出库

销售出库是销售业务处理的必要环节。在库存管理系统中用于存货出库数量核算,在存货核算系统中用于存货出库成本核算。根据参数设置的不同,销售出库单可在销售管理系统生成,也可在库存管理系统生成。如果在销售管理系统生成出库单,只能一次销售全部出库,如果由库存管理系统生成销售出库单,可实现一次销售分次出库。

f. 出库成本确定

销售出库(开票)后要进行出库成本的确定,对于采用先进先出法、移动平均法、个别计价法等计价的存货,在存货核算系统进行单据记账时进行出库成本核算,而用全月平均、计划价/售价计价的存货在期末处理时进行出库成本核算。

g. 应收账款确定及收款处理

及时进行应收账款确定及收款处理是财务核算工作的基本要求,由应收款管理系统完成。应收款管理系统主要完成由销售业务转入的应收款项的处理,提供各项应收款项的相关信息,明确应收账款款项的来源,掌握收款核销情况。

(2) 以订单为中心的销售业务

销售订单是反映由购销双方确定的客户购货需求的单据。以订单为中心的销售业务是标准、规范的销售管理模式。如果企业选择使用以订单为中心的销售业务模式,则需要在销售管理系统中设置"必有订单"业务模式的相关参数,可以选择的模式有普通销售必有订单,委托代销必有订单、分期收款必有订单、直运销售必有订单。

(3) 现结业务

现结业务是指在销售货物的同时向客户收取货币资金的行为。在销售发票、销售调拨单和零售日报等销售结算单据中可以直接处理现结业务,其业务流程如图8-3所示。

填制销售发票并结算(销售管理) → 复核销售发票(销售管理) → 审核销售发票(应收款管理) → 现结制单(应收款管理)

图8-3 现结业务流程

(4) 销售退货业务

销售退货是指客户因质量、品种、数量不符合规定要求而将已购货物退回。

先发货后开票销售业务模式下的退货处理流程如图8-4所示。

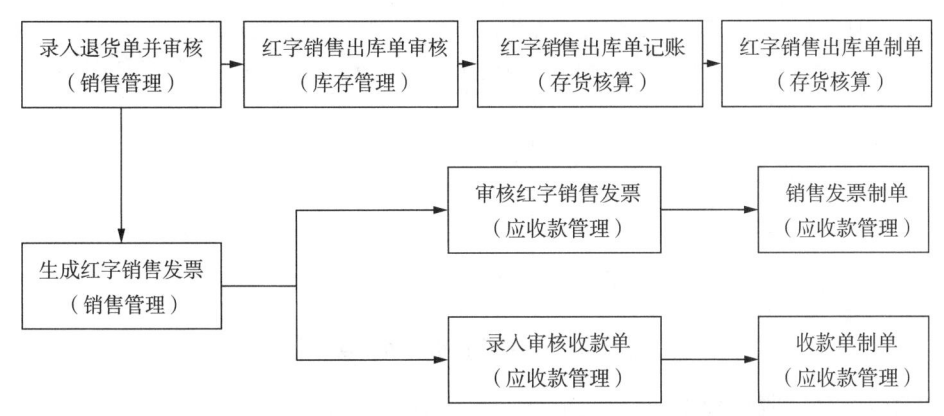

图 8-4　先发货后开票销售业务模式下的退货处理流程

开票直接发货销售业务模式下的退货处理流程：填制并审核红字销售发票，审核后的红字销售发票自动生成相应的退货单、红字销售出库单及红字应收账款，并传递到库存管理系统和应收款管理系统。

8.1.3.2　直运业务

直运业务是指产品无须入库即可完成的购销业务，由供应商直接将商品发给企业的客户，结算时，由供销双方分别与企业结算，企业赚取购销差价。直运业务包括直运销售业务和直运采购业务。直运业务没有实物的出入库，货物的流向是直接从供应商到客户，财务结算通过直运销售发票、直运采购发票解决。直运业务适用于大型电器、汽车、设备等产品的销售。直运业务流程如图 8-5 所示。

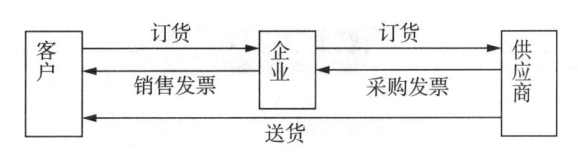

图 8-5　直运业务流程

直运销售业务分为两种模式：一种是只开发票不开订单称为普通直运销售业务（非必有订单）；另一种是先有订单再开发票称为必有订单直运销售业务。无论采用哪种模式，直运业务选项均在销售管理系统设置。

8.1.3.3　委托代销业务

委托代销业务是指企业将商品委托他人进行销售但商品所有权仍归本企业的销售方式。委托代销商品销售后，受托方与企业进行结算，并开具正式的销售发票，形成销售收入，商品所有权转移。企业存在委托代销业务，需要分别在销售管理系统和库存管理系统中进行参数设置。只有设置了委托代销业务参数后，才能处理委托代销业务，账表查询中才会增加相应的委托代销账表。为了便于系统根据委托代销业务类型自动生成凭证，需要在存货核算系统中进行委托代销相关科目的设置。委托代销业务流程如图 8-6 所示。

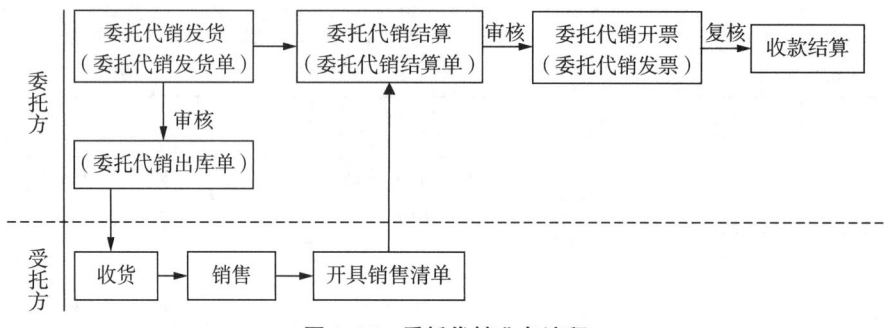

图 8-6 委托代销业务流程

8.1.3.4 分期收款业务

分期收款销售业务类似于委托代销业务,货物提前发给客户,分期收回货款,收入与成本按照收款情况分期确定。分期收款销售的特点是一次发货,当时不确定收入,分次确定收入,在确定收入的同时配比性的转入成本。在销售管理系统中进行分期收款销售业务的选项设置,在存货核算系统中进行分期收款销售业务的科目设置。分期收款销售业务的处理流程如图 8-7 所示。

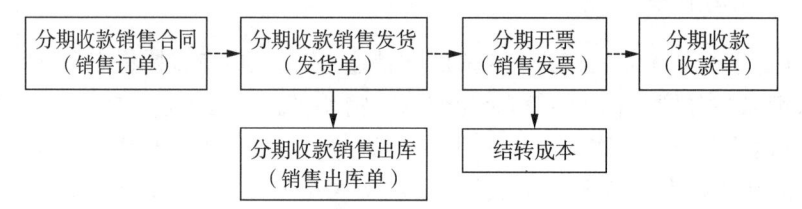

图 8-7 分期收款销售业务的处理流程

实验任务

一、实验准备

1. 建立"项目八\销售管理系统"文件夹
2. 将系统日期修改为"2021年1月31日"。
3. 引入"项目七\应付款管理系统\Uferpact.lst"的备份数据。
4. 以操作员"006 赵山"的身份注册进入企业应用平台,进行销售管理系统的业务操作,操作日期根据下面业务日期而定;"004 曾丽"填制收款单;"008 李超"填制入库单,生成存货核算凭证;"003 王强"审核发票、生成应收款凭证。

二、实验资料

(一)普通销售业务

1. 1月21日,广西华美公司要求订购260件女式风衣,不含税单价500元/件。发货日期2021-01-21,销售管理系统填制并审核销售订单。
2. 1月21日,从女装仓库库向广西华美公司发出其所订货物,销售管理系统填制并审核发货单。

3. 1月21日,销售部据此开具专用销售发票一张,发票号 XS0121,价款 146 900 元,款项未收到。销售管理系统填制并复核销售发票。

4. 1月21日,业务部门将销售发票交给财务部门,财务部门结转此业务的销售收入。应收款管理系统审核销售发票并制单。(转19)

借:应收账款——广西华美公司　146 900
　　贷:主营业务收入　130 000
　　　　应交税费——应交增值税(销项税额)　16 900

5. 1月21日,在库存管理系统审核出库单。

6. 1月21日,结转此业务的销售成本,在存货核算系统中对销售出库单记账并生成凭证。(转20)

借:主营业务成本　52 000
　　贷:库存商品　52 000

(二)销售现结业务

1. 1月22日,向山西永达公司销售男式夹克衫400件,不含税单价1 000元,货物从男装仓库发出。在销售管理系统填制发货单。

2. 1月22日,根据上述发货单开具销售专用发票一张,发票号 XS0122,价款 452 000 元,并执行现结,转账票号 ZZ008。

3. 1月22日,业务部门将销售发票交给财务部门,财务部门收到转账的货款,结转此业务的销售收入,在应收款管理系统中审核销售发票并现结制单。(收2)

借:银行存款——中行存款　452 000
　　贷:主营业务收入　400 000
　　　　应交税费——应交增值税(销项税额)　52 000

4. 1月22日,在库存管理系统中审核出库单。

5. 1月22日,财务部门结转此业务的销售成本。在存货核算系统中对销售出库单记账并生成凭证。(转21)

借:主营业务成本　196 068
　　贷:库存商品　196 068

(三)委托代销业务

1. 1月22日,与广西华美公司签订委托代销合同,合同号 WT001,视同买断方式委托广西华美公司代销女式风衣100件,不含税单价500元。

2. 1月22日,货物从女装仓库发出(该存货成本200元/件)。(转22)

借:发出商品　20 000
　　贷:库存商品　20 000

3. 1月23日,收到广西华美公司的委托代销清单一张,结算30件,不含税单价500元,立即开具销售专用发票给广西华美公司,发票号为 XS0123。

4. 1月23日,在应收款管理系统中,审核销售专用发票并生成销售收入凭证。(转23)

借:应收账款——广西华美公司　16 950
　　贷:主营业务收入　15 000
　　　　应交税费——应交增值税(销项税额)　1 950

5. 1月23日,在存货核算系统结转销售成本。(转24)

借：主营业务成本　6 000
　　贷：发出商品　6 000

（四）账套备份

将账套备份到"项目八\销售管理系统"文件夹中。

三、拓展任务

1. 1月24日，向山西永达公司销售男式夹克衫300件，不含税单价1 000元，货物从男装仓库发出。客户要求以分期付款的方式购买该商品。

借：发出商品　147 054
　　贷：库存商品　147 054

2. 经协商，客户分两次付款，并据此开具相应的专用发票，第一次开具的专用发票数量为200件，发票号为XS0124。业务部门将该业务所涉及的出库单及销售发票交给财务部门，财务部门据此结账收入及成本。

借：应收账款　226 000
　　贷：主营业务收入　200 000
　　　　应交税费——应交增值税（销项税额）　26 000
借：主营业务成本　98 036
　　贷：发出商品　98 036

四、操作指导

（一）普通销售业务(006 赵山)

1. 在销售管理系统中填制并审核销售订单。

（1）执行"供应链"|"销售管理"|"销售订货"|"销售订单"命令，进入"销售订单"窗口。

（2）单击"增加"按钮，销售类型"普通销售"，客户名称"广西华美公司"，销售部门"销售部"。

（3）选择货物名称"02 女式风衣"，输入数量"260"，无税单价"500"。

（4）单击"保存"，单击"审核"。如图8-8所示。

视频 101 填制销售订单

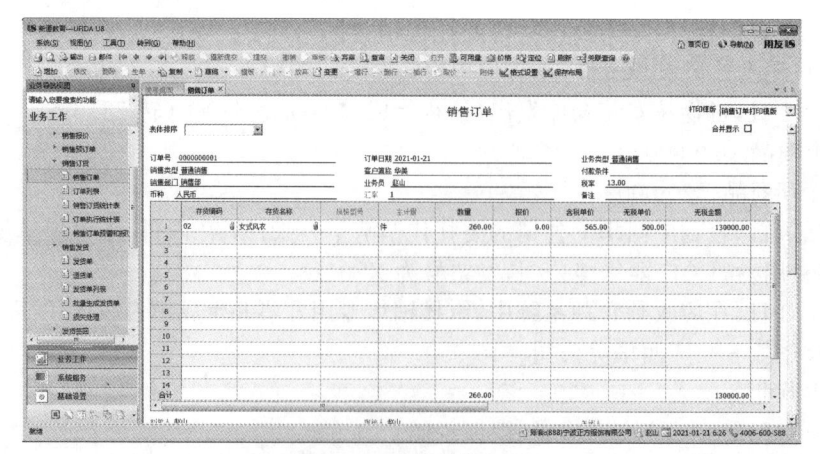

图8-8　填制销售订单

2. 在销售管理系统中填制并审核销售发货单。(006 赵山)

(1) 执行"供应链"|"销售管理"|"销售发货"|"发货单"命令,进入"发货单"窗口。

(2) 单击"增加"按钮,打开"查询条件选择-参照订单"对话框。

(3) 单击"确定"按钮,选择要参照的记录行,单击"确定",将销售订单带入发货单。仓库名称"女装仓库"。如图 8-9 所示。

视频 102 填制发货单

(4) 单击"保存",单击"审核"。

图 8-9 填制发货单

3. 在销售管理系统中填制并复核销售发票。

(1) 执行"供应链"|"销售管理"|"销售开票"|"销售专用发票"命令,进入"销售专用发票"窗口。

(2) 单击"增加"按钮,打开"查询条件选择-发票参照发货单"对话框,单击"确定"按钮,选择要参照的发货单,单击"确定",将发货单信息带入销售专用发票。如图 8-10 所示。

视频 103 填制销售发票

(3) 修改发票号"XS0121",单击"保存",单击"复核",复核销售专用发票。

图 8-10 填制并复核发票

4. 在应收款管理系统中,审核销售专用发票并生成销售收入凭证。(003 王强)

(1) 执行"财务会计"|"应收款管理"|"应收单据处理"|"应收单据审核",打开"应收单查询条件",单击"确定",进入"应收单据列表"窗口。如图8-11所示。

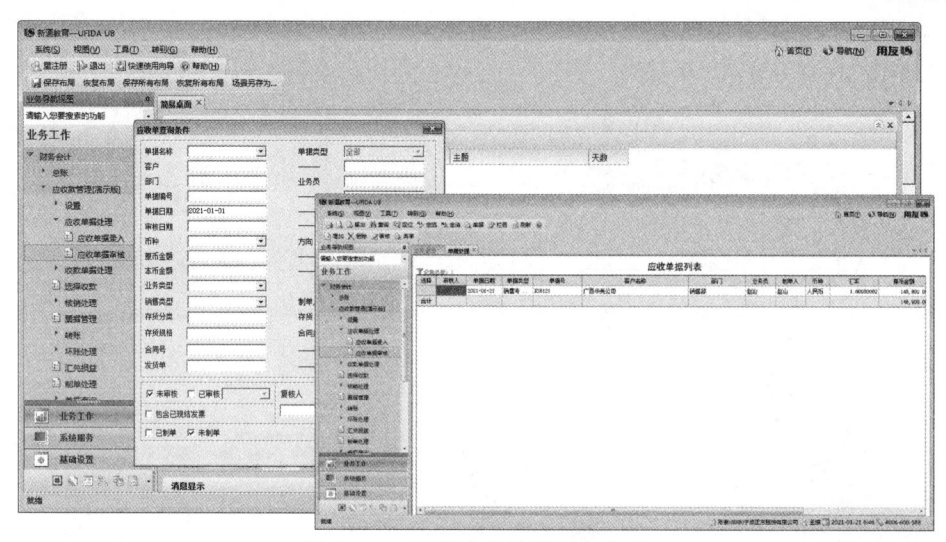

图 8-11 审核应收单据列表窗口

(2) 选择要审核的单据双击打开,单击"审核",系统提示"是否立即制单?",单击"是"。

(3) 选择凭证类别"转账凭证",单击"保存"。如图 8-12 所示。

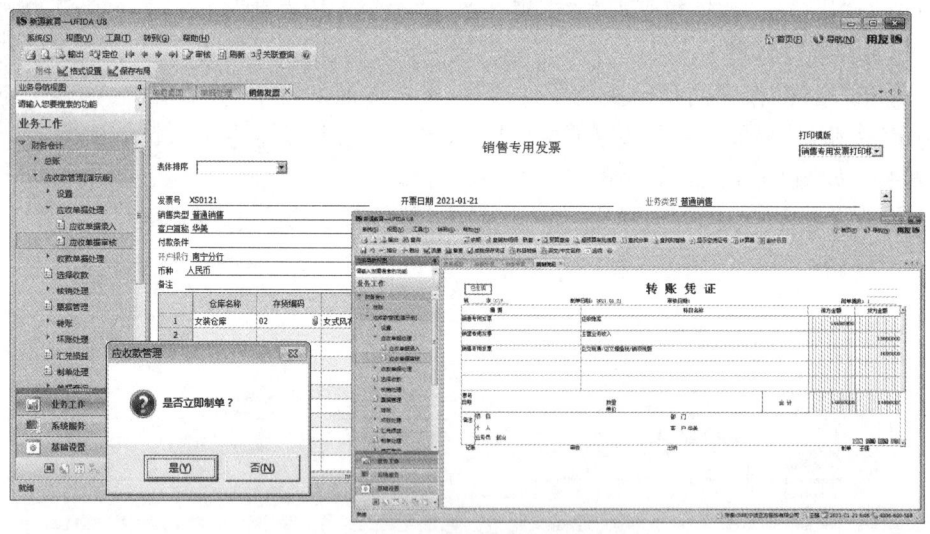

图 8-12 审核销售发票并制单

5. 在库存管理系统审核出库单。(008 李超)

(1) 执行"供应链"|"库存管理"|"出库业务"|"销售出库单"命令,进入"销售出库单"窗口。

(2) 找到要审核的销售出库单,单击"审核",系统提示"该单据审核成功",单击"确定"。如图 8-13 所示。

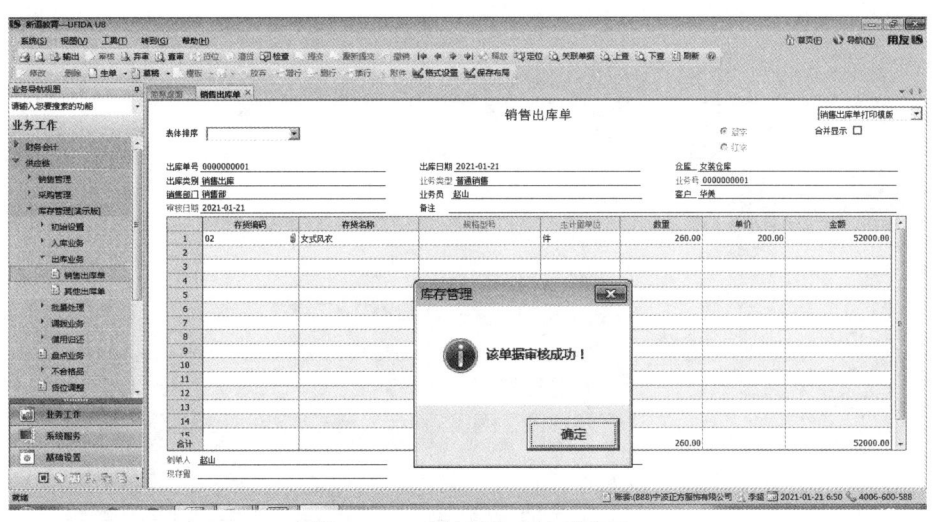

图 8-13 审核销售出库单窗口

6. 在存货核算系统对销售出库单记账并生成凭证。(008 李超)

(1) 执行"供应链"|"存货核算"|"业务核算"|"正常单据记账"命令,打开"查询条件选择"对话框。

(2) 选择仓库"女装仓库",选择"销售出库单",单击"确定",进入"正常单据记账列表"窗口。

(3) 单击需要记账的单据前的"选择"栏,出现"Y",单击工具栏的"记账"。系统开始记账,记账完成后单据不在窗口中显示。如图 8-14 所示。

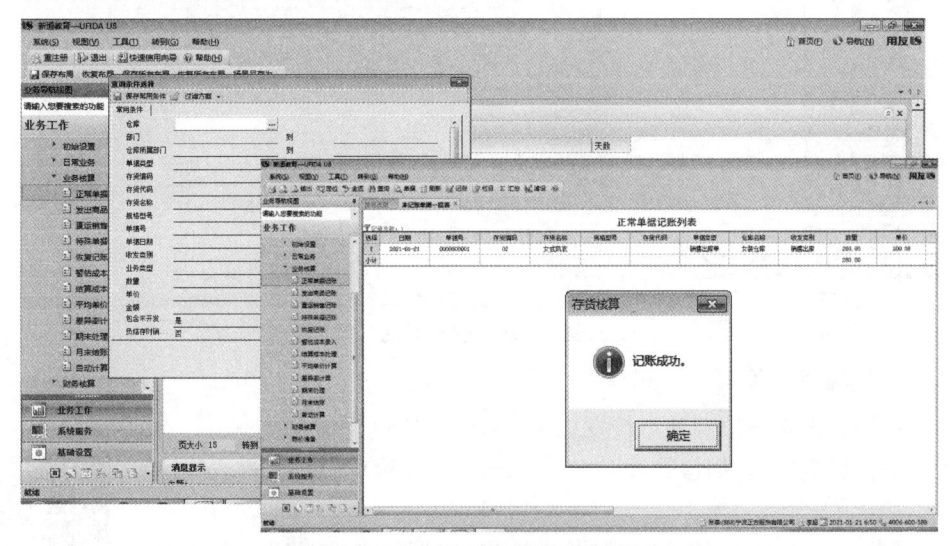

图 8-14 正常单据记账列表窗口

(4) 执行"供应链"|"存货核算"|"财务核算"|"生成凭证",进入"生成凭证"窗口。

(5) 单击"选择"按钮,打开"查询条件"对话框。选择"销售出库单",单击"确定",进入"选择单据"窗口。如图 8-15 所示。

(6) 选择需要生成凭证的单据,在工具栏单击"确定",进入"生成凭证"窗口。

(7) 选择凭证类别"转账凭证",单击"生成",系统显示生成的转账凭证,单击"保存"。如图 8-16 所示。

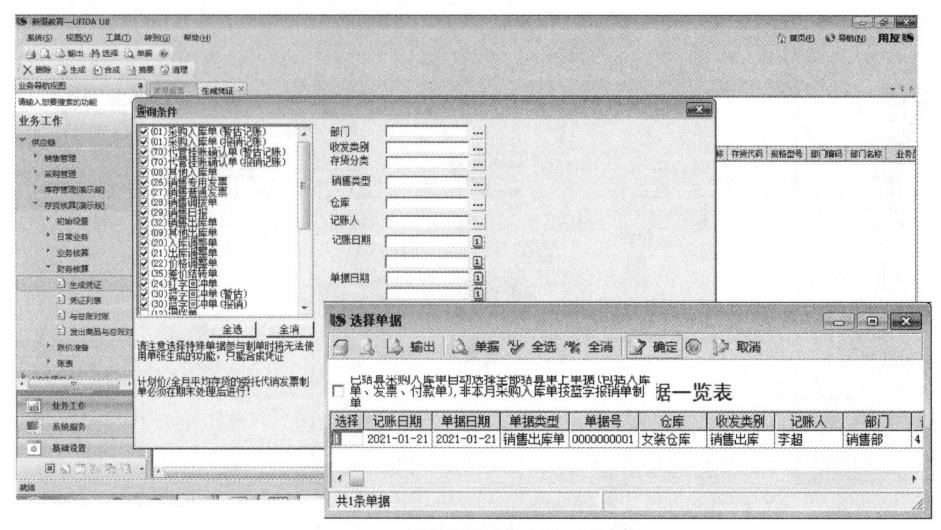

图 8-15 生成凭证的选择单据窗口

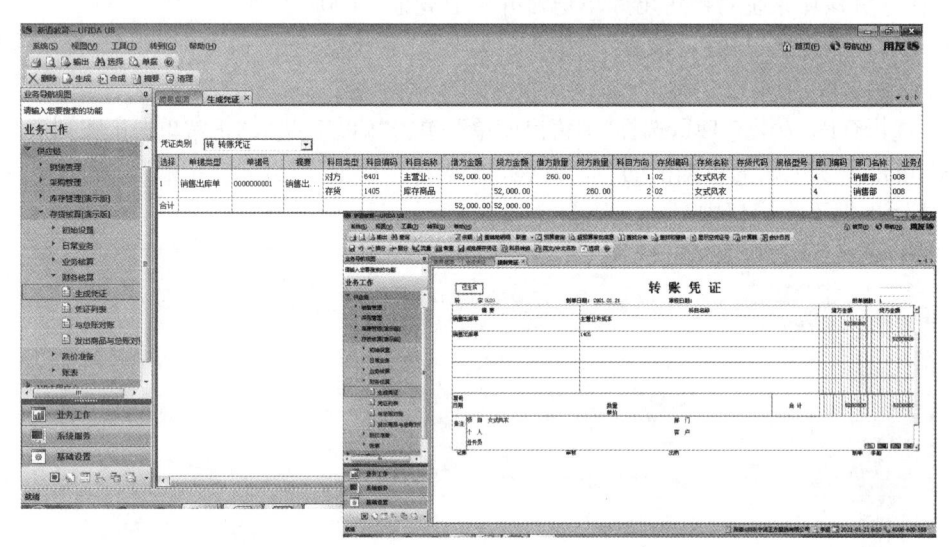

图 8-16 生成凭证

（二）销售现结业务

1. 在销售管理系统填制并审核发货单。（006 赵山）

（1）执行"供应链"|"销售管理"|"销售发货"|"发货单"命令，进入"发货单"窗口。

（2）单击"增加"按钮，打开"查询条件选择-参照订单"对话框，单击"取消"，进入"发货单"窗口。

（3）输入发货日期"2021-01-22"，客户"山西永达公司"，销售部门"销售部"。

（4）选择仓库"男装仓库"，输入存货名称"03 男式夹克衫"，数量"400"，无税单价"1 000"。

（5）单击"保存"，单击"审核"。如图 8-17 所示。

视频 106 销售现结业务发货单

图 8-17 填制发货单

2. 在销售管理系统根据发货单生成销售发票,并执行现结。(006 赵山)

(1) 执行"供应链"|"销售管理"|"销售开票"|"销售专用发票"命令,进入"销售专用发票"窗口。

(2) 单击"增加"按钮,打开"查询条件选择-发票参照发货单"对话框,单击"确定"按钮,选择要参照的发货单,单击"确定",将发货单信息带入销售专用发票。如图 8-18 所示。

(3) 修改发票号"XS0122",单击"保存"。

视频 107 填制销售发票并现结

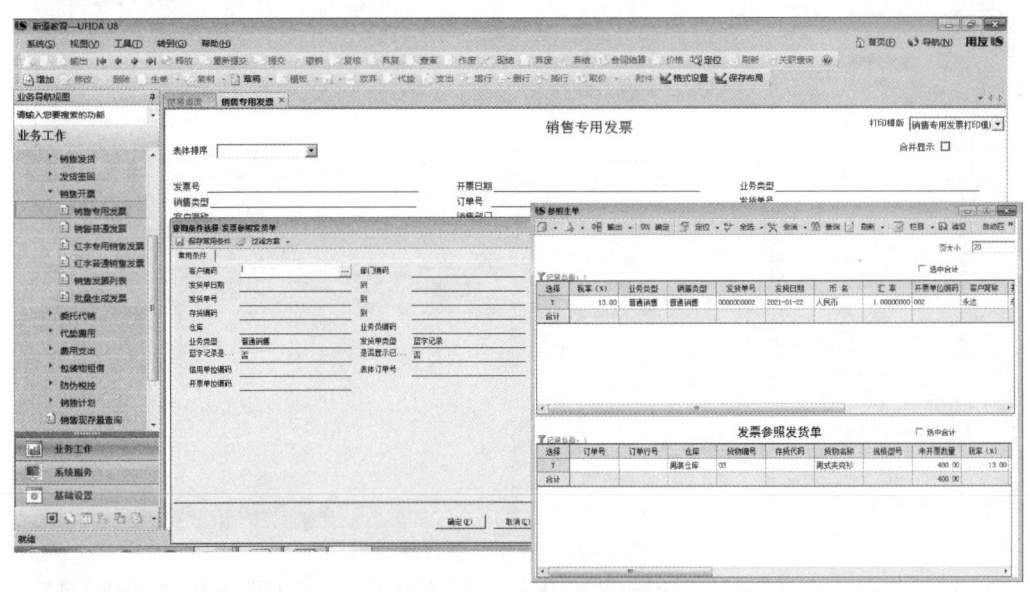

图 8-18 参照发货单生成发票

(4) 销售专用发票界面,单击"现结",打开"现结"对话框,选择结算方式"转账",输入结算金额为"452 000",票据号"ZZ008",单击"确定",销售发票左上角显示"现结"标志。

(5) 单击"复核"按钮,对现结发票复核。如图 8-19 所示。

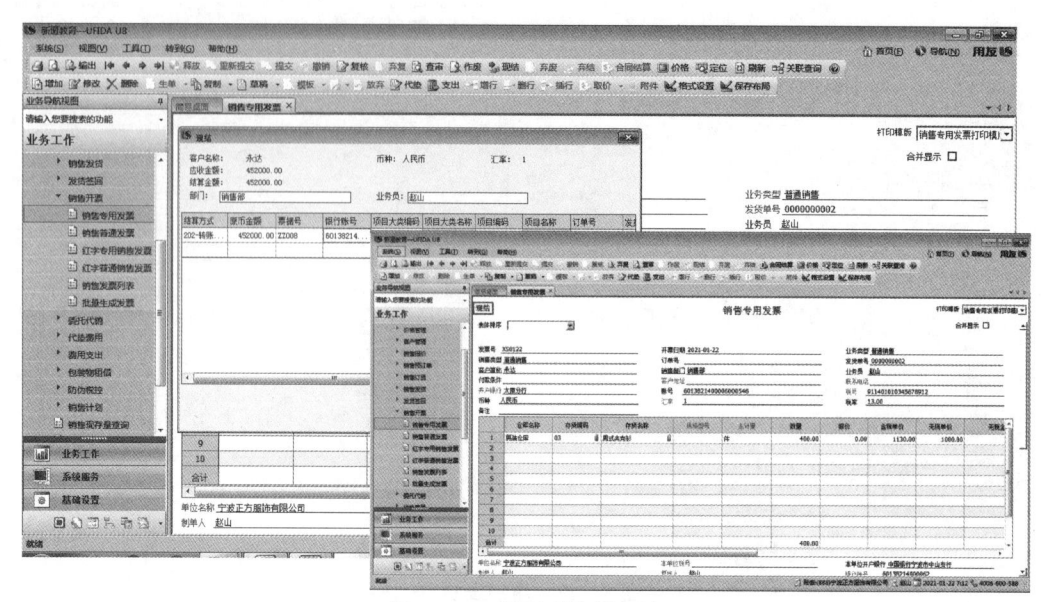

图 8-19 发票现结并复核

3. 在应收款管理系统中进行应收单据审核和现结制单。(003 王强)

(1) 执行"财务会计"|"应收款管理"|"应收单据处理"|"应收单据审核",打开"应收单查询条件"对话框。

(2) 选中"包含已现结发票"复选框,单击"确定",进入"应收单据列表"窗口。如图 8-20 所示。

视频 108 审核销售发票现结制单

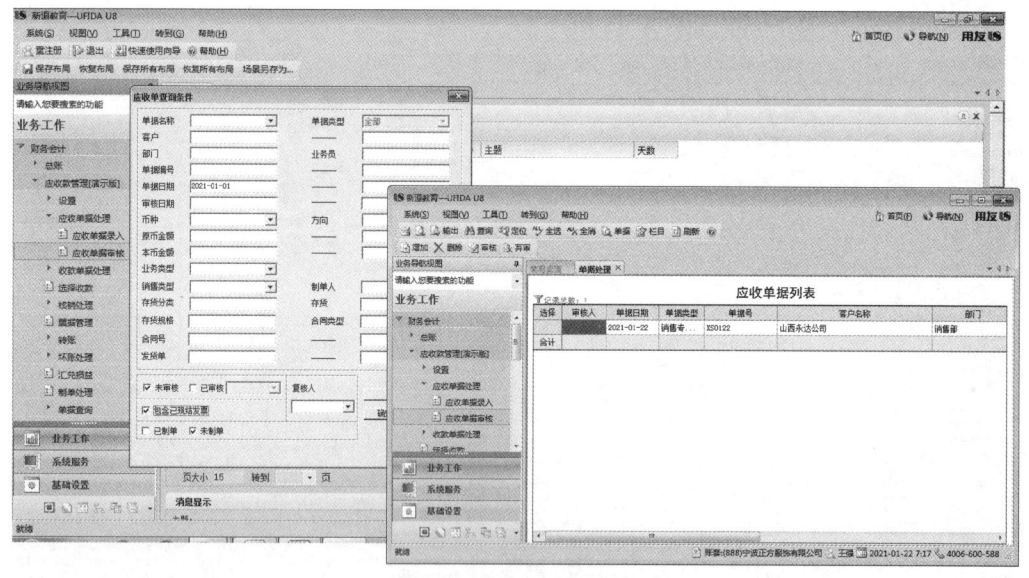

图 8-20 应收单据列表

(3) 选择要审核的单据双击打开,单击"审核",系统提示"是否立即制单?",单击"是"。

(4) 选择凭证类别"收款凭证",单击"保存"。如图 8-21 所示。

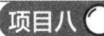

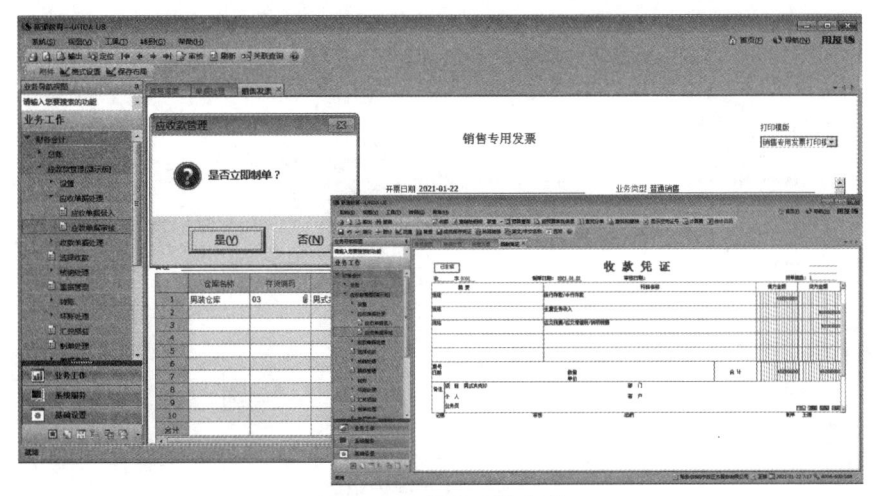

图 8-21　销售现结制单

4. 在库存管理系统中审核出库单。(008 李超)

(1) 执行"供应链"|"库存管理"|"出库业务"|"销售出库单"命令,进入"销售出库单"窗口。

(2) 找到要审核的销售出库单,单击"审核",系统提示"该单据审核成功",单击"确定"。如图 8-22 所示。

视频 109 审核出库单生成销售现结出库凭证

图 8-22　审核销售出库单

5. 在存货核算系统对销售出库单记账并生成凭证。(008 李超)

(1) 执行"供应链"|"存货核算"|"业务核算"|"正常单据记账"命令,打开"查询条件选择"对话框。

(2) 选择仓库"男装仓库",选择"销售出库单",单击"确定",进入"正常单据记账列表"窗口。

(3) 单击需要记账的单据前的"选择"栏,出现"Y",单击工具栏的"记账"。系统开始记账,记账完成后单据不在窗口中显示。如图 8-23 所示。

(4) 执行"供应链"|"存货核算"|"财务核算"|"生成凭证",进入"生成凭证"窗口。

(5) 单击"选择"按钮,打开"查询条件"对话框。单击"确定",进入"选择单据"窗口。如图 8-24 所示。

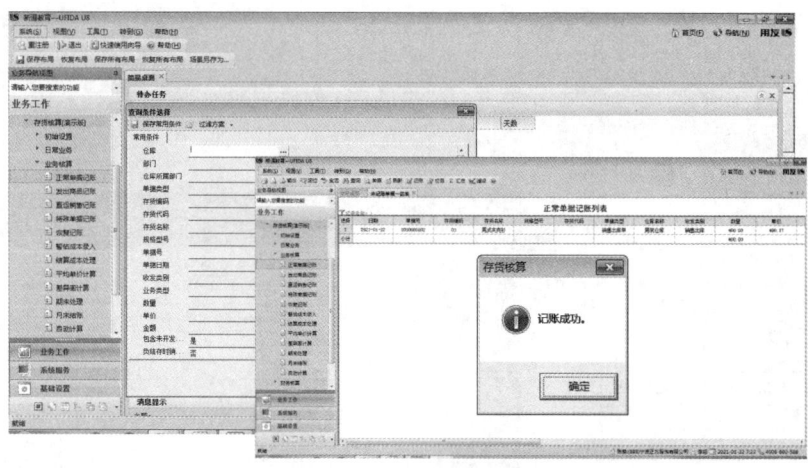

图 8-23 正常单据记账

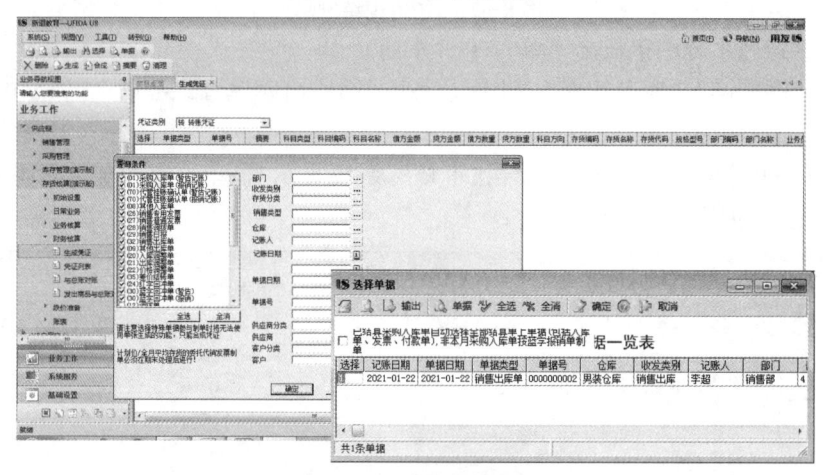

图 8-24 选择单据窗口

(6) 选择需要生成凭证的单据,在工具栏单击"确定",进入"生成凭证"窗口。

(7) 选择凭证类别"转账凭证",单击"生成",系统显示生成的转账凭证,单击"保存"。如图 8-25 所示。

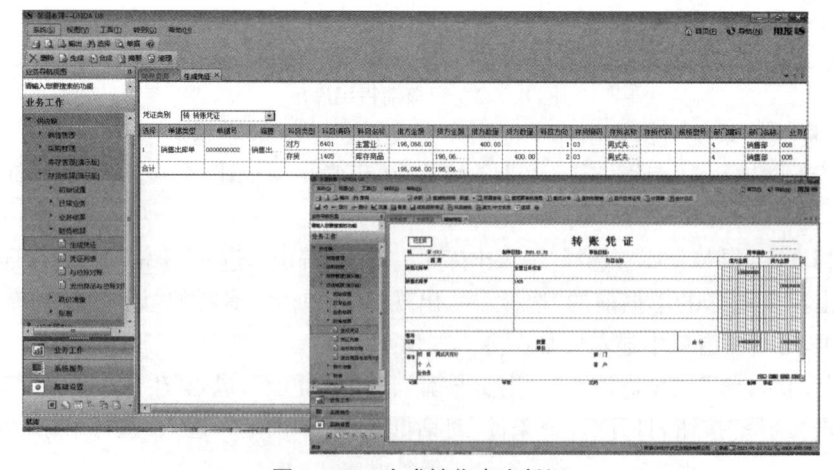

图 8-25 生成销售出库凭证

(三)委托代销业务

1. 签订销售合同,录入销售订单。(006 赵山)

(1)执行"供应链"|"销售管理"|"销售订货"|"销售订单"命令,进入"销售订单"窗口。

(2)单击"增加"按钮,修改订单号为"WT001",选择业务类型为"委托代销",销售类型为"普通销售",客户简称"华美",销售部门"销售部",业务员"赵山",在表体中选择存货名称"女式风衣",数量为"100",修改无税单价位"500",单击"保存"。

(3)单击"审核",将该销售订单审核。如图 8-26 所示。

图 8-26 填制委托代销商品订单

2. 发出委托代销商品。(006 赵山)

(1)执行"供应链"|"销售管理"|"委托代销"|"委托代销发货单"命令,进入"委托代销发货单"窗口。单击"增加"按钮,打开"查询条件选择-参照订单"窗口,单击"确定"按钮,进入"参照生单"窗口,选择订单号为"WT001"的订单,单击"确定"按钮,返回"委托代销发货单"窗口,仓库名称"女装仓库",单击"保存"按钮。

(2)单击"审核",将该委托代销发货单审核。如图 8-27 所示。

图 8-27 填制委托代销发货单

（3）执行"供应链"|"库存管理"|"出库业务"|"销售出库单"命令,进入"销售出库单"窗口,审核该张销售出库单。如图 8-28 所示。

图 8-28 审核销售出库单

（4）在存货核算系统中对委托代销发货单进行发出商品记账。如图 8-29 所示。

图 8-29 委托代销发出商品记账

（5）执行"供应链"|"存货核算"|"财务核算"|"生成凭证",进入"生成凭证"窗口。
（6）单击"选择"按钮,打开"查询条件"对话框。单击"确定",进入"选择单据"窗口。如图 8-30 所示。

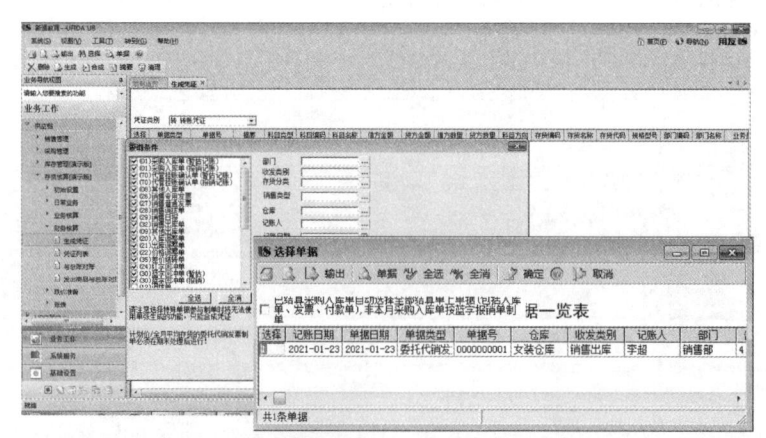

图 8-30 委托代销发出商品选择单据窗口

(7) 选择需要生成凭证的单据,在工具栏单击"确定",进入"生成凭证"窗口。

(8) 选择凭证类别"转账凭证",单击"生成",系统显示生成的转账凭证,单击"保存"。如图 8-31 所示。

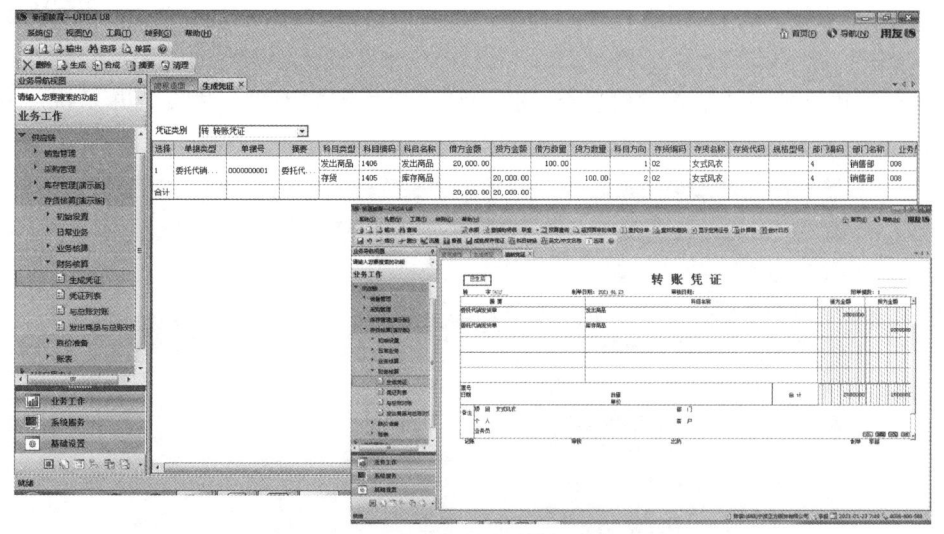

图 8-31 生成委托代销商品出库凭证

3. 委托代销结算。(006 赵山)

(1) 001 曹华执行"基础设置"|"单据设置"|"单据格式设置"|"销售管理"|"委托代销结算单"|"显示"|"委托代销结算单显示模板"命令,单击"表头项目"按钮,弹出"表头"窗口,选择"项目名称"为"31 发票号",单击"确定"按钮。

视频 112 委托代销结算单含发票号格式

(2) 将"发票号"项目的位置调整好,单击"保存"按钮,即在委托代销结算单格式中成功添加"发票号"项目。如图 8-32 所示。

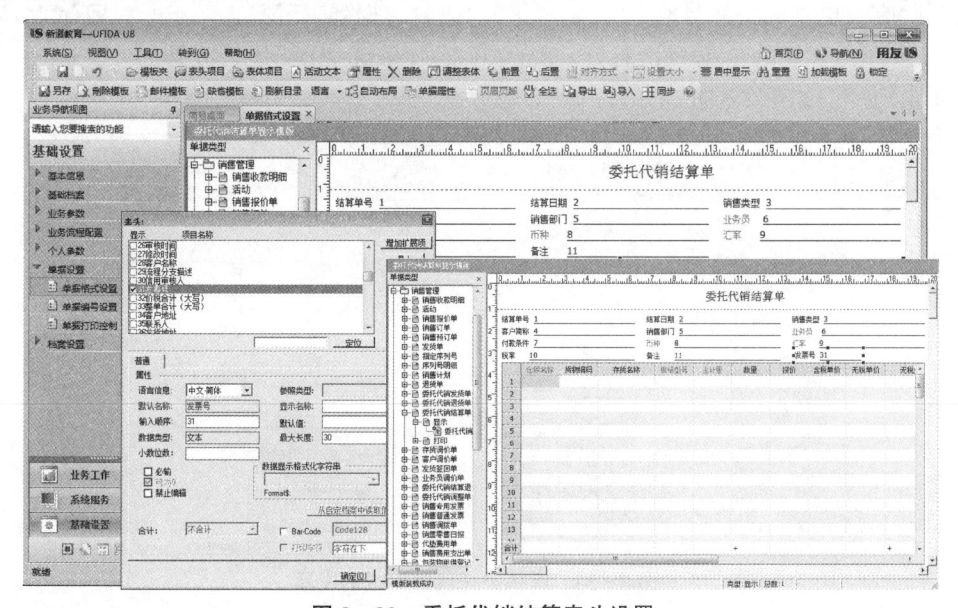

图 8-32 委托代销结算表头设置

(3) 执行"供应链"|"销售管理"|"委托代销"|"委托代销结算单"命令，进入"委托代销结算单"窗口。参照委托代销发货单生成委托代销结算单。输入发票号"XS0123"，修改委托代销结算数量"30"，单击"保存"。

(4) 单击"审核"，打开"请选择发票类型"对话框，选择"专用发票"，单击"确定"。

视频113 委托代销结算单生成发票

(5) 在销售管理系统中查看根据委托代销结算单生成的销售专用发票并复核。如图8-33所示。

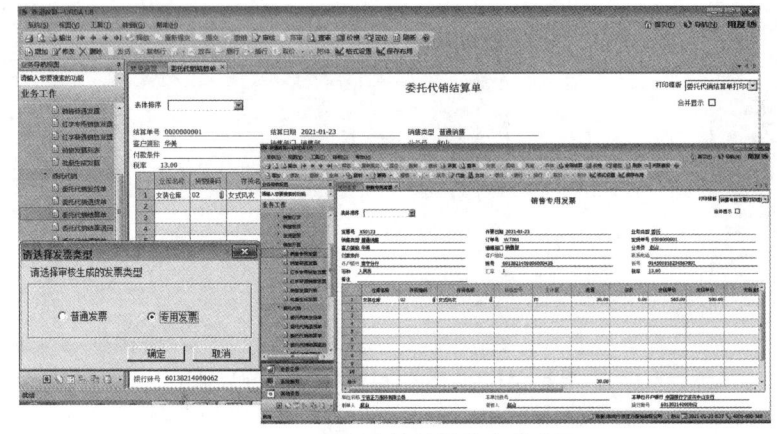

图8-33 委托代销结算单生成发票

注：委托代销结算单格式中必须设置发票号，否则由委托代销结算单自动生成的发票票号自动编号且不可更改。

4. 在应收款管理系统中，审核销售专用发票并生成销售收入凭证。（003王强）

(1) 执行"财务会计"|"应收款管理"|"应收单据处理"|"应收单据审核"，打开"应收单查询条件"，单击"确定"，进入"应收单据列表"窗口。

视频114 确认委托代销销售收入

(2) 选择要审核的单据双击打开，单击"审核"，系统弹出"是否立即制单？"，单击"是"。如图8-34所示。

图8-34 审核委托代销生成的发票

(3) 选择凭证类别"转账凭证"，单击"制单"，单击"保存"。如图8-35所示。

图 8-35 委托代销结算制单

5. 在存货核算系统结转销售成本。(008 李超)

(1) 执行"供应链"|"存货核算"|"业务核算"|"发出商品记账"命令,对单据类型是"销售发票"的发出商品记账。如图 8-36 所示。

视频 115 确认委托代销销售成本

图 8-36 委托代销结算发出商品记账

(2) 执行"供应链"|"存货核算"|"财务核算"|"生成凭证",进入"生成凭证"窗口。

(3) 单击"选择"按钮,打开"查询条件"对话框。单击"确定",进入"选择单据"窗口。如图 8-37 所示。

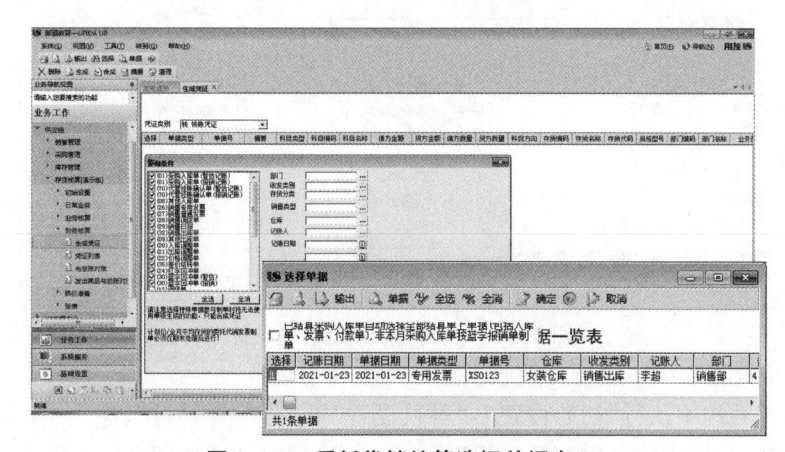

图 8-37 委托代销结算选择单据窗口

(4)对委托代销发出商品销售专用发票生成凭证。选择需要生成凭证的单据,在工具栏单击"确定",进入"生成凭证"窗口。

(5)选择凭证类别"转账凭证",单击"生成",系统显示生成的转账凭证,单击"保存"。如图8-38所示。

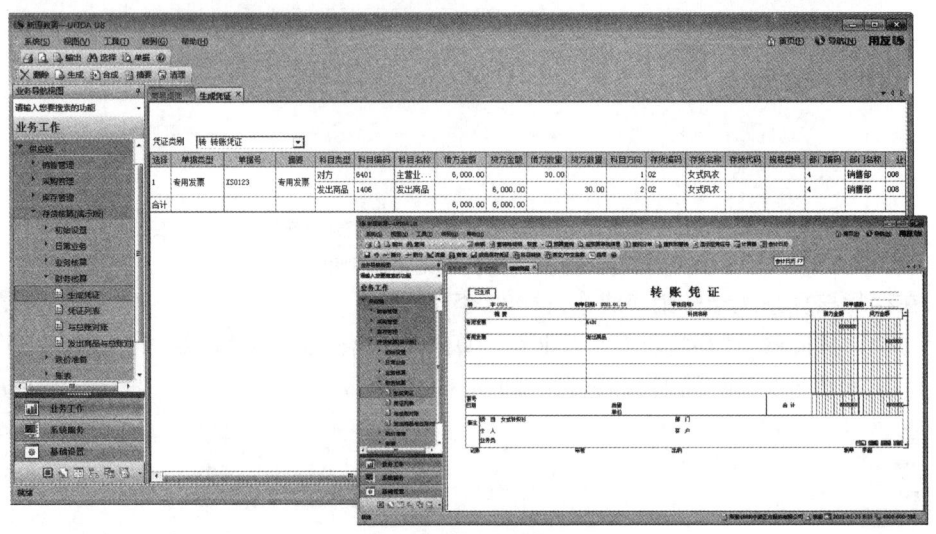

图8-38 委托代销结算生成凭证

(四)分期收款发出商品(拓展任务)

1. 分期收款发出商品

(1)在销售管理系统中修改相关选项设置。

在销售管理系统中执行"设置"|"销售选项",打开"销售选项"对话框。切换到"业务控制"选项卡,选中"有分期收款业务""销售生成出库单"复选框,单击"确定"。如图8-39所示。

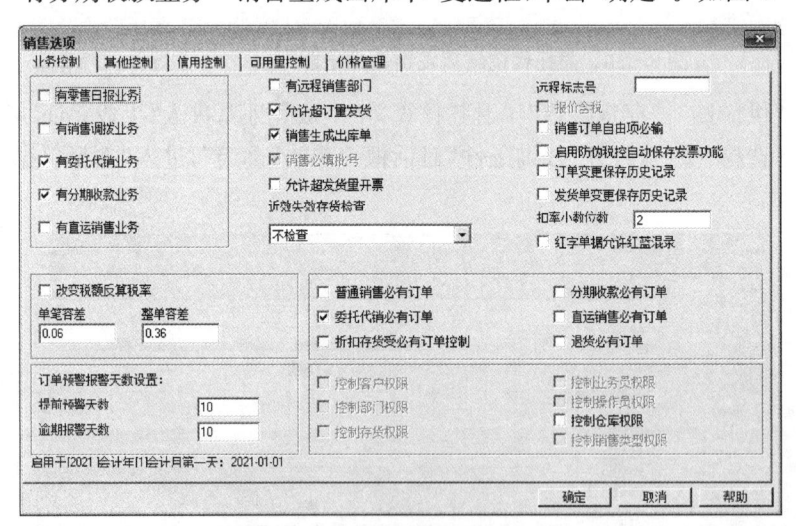

图8-39 销售管理系统选项设置

(2)在存货核算系统中进行分期收款业务相关科目设置。

在存货核算系统中执行"初始设置"|"科目设置"下的"存货科目",进入"存货科目"窗口,设置所有仓库的"分期收款发出商品科目"为"1406 发出商品"。如图8-40所示。

图 8-40 存货核算系统分期收款科目设置

（3）在销售管理系统中填制并审核发货单,选择业务类型为"分期收款",数量为"300"。如图 8-41 所示。

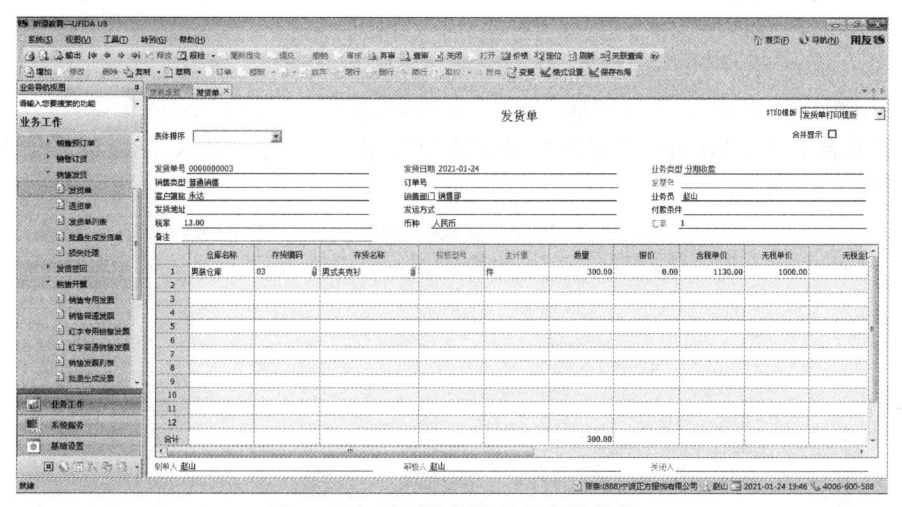

图 8-41 填制分期收款业务发货单

（4）执行"供应链"|"库存管理"|"出库业务"|"销售出库单"命令,进入"销售出库单"窗口,审核该张销售出库单。如图 8-42 所示。

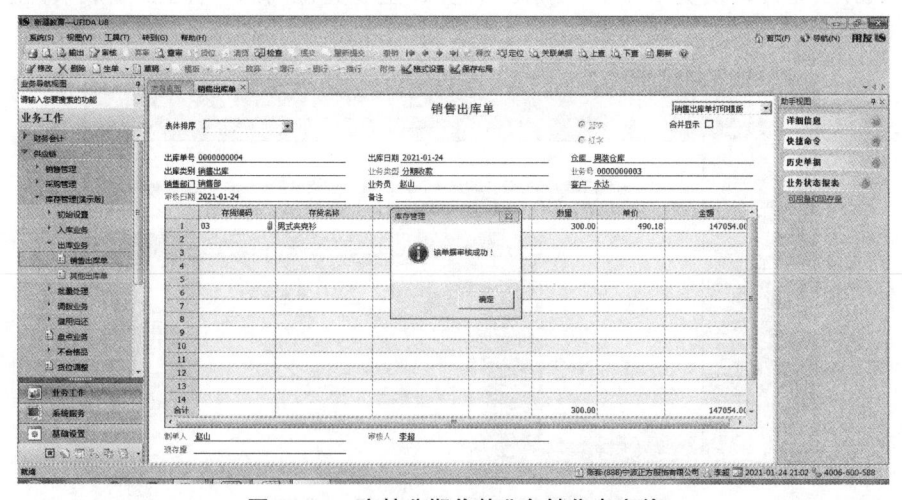

图 8-42 审核分期收款业务销售出库单

(5)在存货核算系统中,执行"业务核算"|"发出商品记账",打开"过滤条件选择"对话框。选择业务类型"分期收款",单据类型"发货单",仓库"成品库",单击"确定",进入"未记账发出商品一览表"窗口。选择要记账的单据,单击"记账"。如图8-43所示。

图8-43 分期收款发出商品记账

(6)执行"财务核算"|"生成凭证",进入"生成凭证"窗口,单击"选择"按钮,打开"查询"条件,在单据列表中选择"分期收款发出商品发货单",单击"确定",进入"未生成凭证单据一览表"。如图8-44所示。

图8-44 分期收款未生成凭证单据一览表

(7)选择要记账的发货单,单击"确定",进入"生成凭证"窗口,单击"生成"即生成凭证。如图8-45所示。

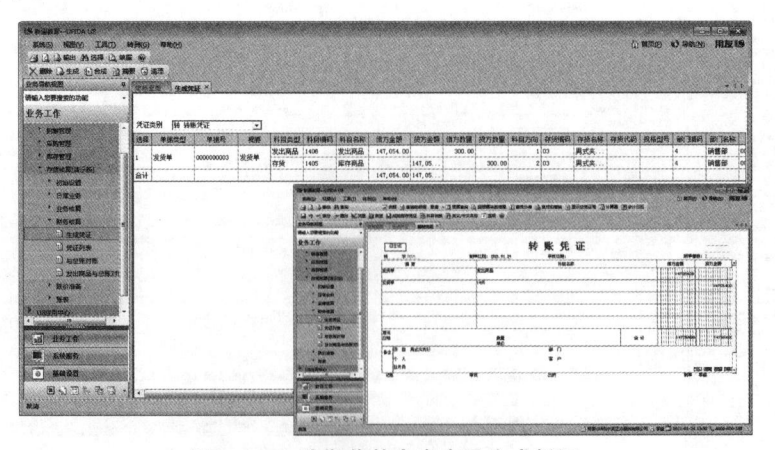

图8-45 分期收款发出商品生成凭证

2. 填制分期收款发票并确认收入和成本

(1) 执行"供应链"|"销售管理"|"销售开票"|"销售专用发票"命令,进入"销售专用发票"窗口。

(2) 单击"增加"按钮,选择业务类型"分期收款",选择生单参照发货单,选择要参照的发货单,单击"确定",将发货单信息带入销售专用发票,修改发票号"XS0124",修改开票数量为"200",单击"保存"。

(3) 单击"复核"按钮,对发票复核。如图 8-46 所示。

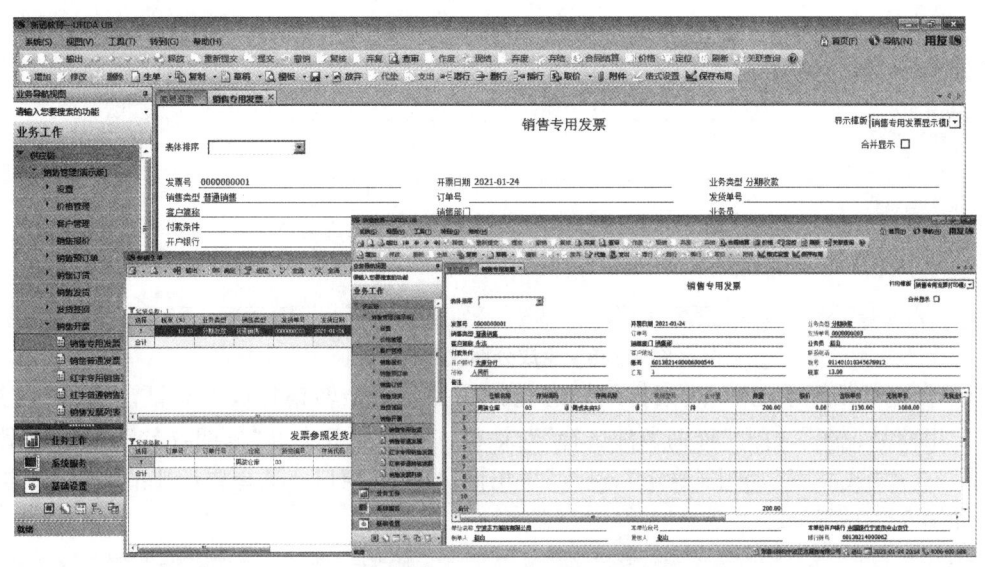

图 8-46　填制分期收款专用发票

(4) 在应收款管理系统中,审核销售专用发票,及生成应收凭证。执行"财务会计"|"应收款管理"|"应收单据处理"|"应收单据审核",打开"应收单查询条件",单击"确定",进入"应收单据列表"窗口。选择要审核的单据,打开后单击"审核",系统提示"是否立即制单?"。如图 8-47 所示。

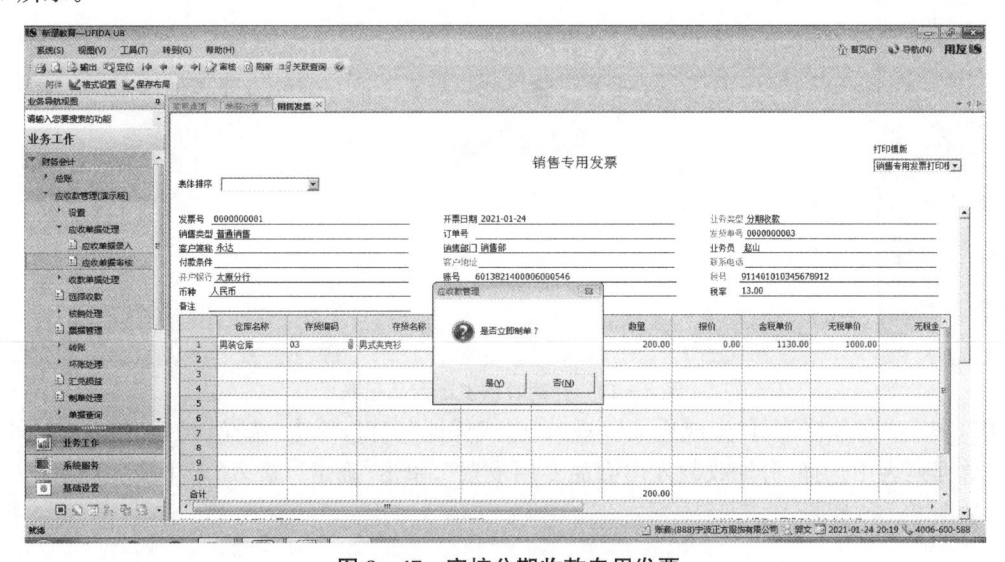

图 8-47　审核分期收款专用发票

(5) 单击"是",即生成凭证。如图8-48所示。

图8-48 生成分期收款收入凭证

(6) 在存货核算系统中,对销售发票进行记账并生成结转销售成本凭证。执行"业务核算"|"发出商品记账",打开"查询条件选择"对话框。选择业务类型"分期收款",单据类型"销售发票",仓库"成品库",单击"确定",进入"发出商品记账"窗口。选择要记账的单据,单击"记账"。如图8-49所示。

图8-49 分期收款发出商品记账

(7) 执行"财务核算"|"生成凭证",进入"生成凭证"窗口,单击"选择"按钮,打开"查询"条件,在单据列表中选择"分期收款发出商品专用发票",单击"确定",进入"未生成凭证单据一览表"。如图8-50所示。

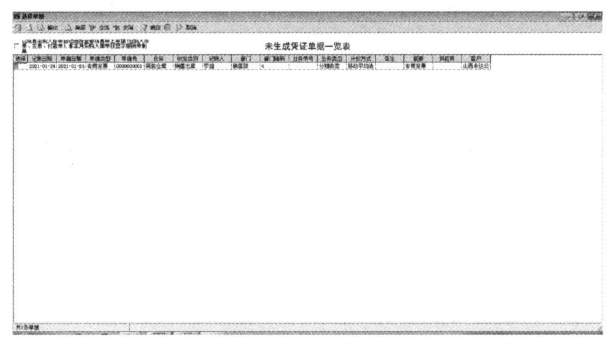

图 8-50 分期收款未生成凭证单据一览表

（8）选择需要的单据，单击"确定"，进入"生成凭证"窗口，单击"生成"即生成凭证。如图 8-51 所示。

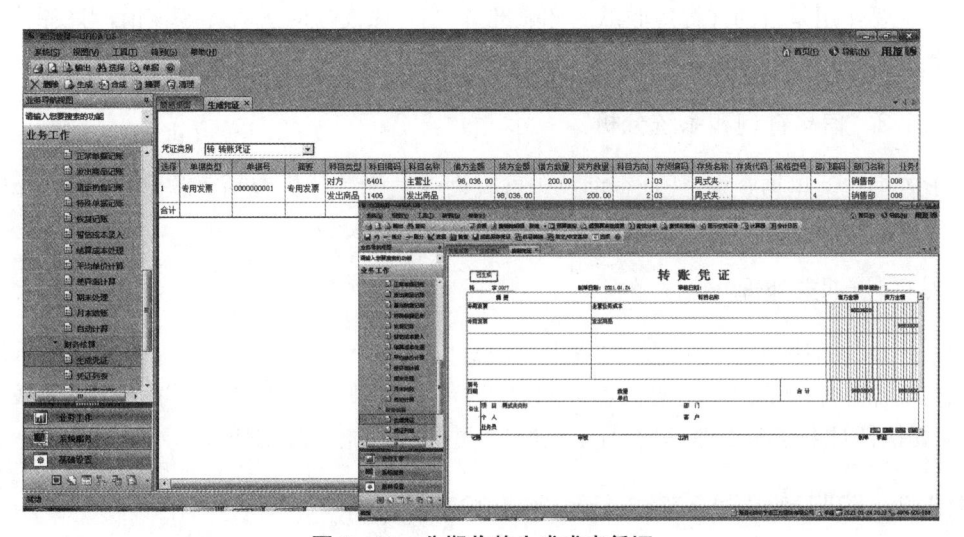

图 8-51 分期收款生成成本凭证

8.2 应收款管理系统

8.2.1 应收款管理系统的主要功能

应收款管理主要实现对企业与客户往来账款进行核算与管理。在应收款管理系统中以销售发票、其他应收单等原始单据为依据，记录销售业务及其他业务形成的应收款项，处理应收款项的收款、核销等情况，并提供票据处理的功能。

8.2.1.1 初始化设置

系统初始化包括系统参数设置、基础信息设置和期初数据录入。

8.2.1.2 日常业务处理

应收款管理系统日常业务处理工作主要包括应收单据处理、收款单据处理、票据管理、转账处理、坏账处理等内容。

（1）应收单据处理：应收单据包括销售发票和其他应收单，是确认应收账款的主要依据。应收单据处理包括单据录入和单据审核。

（2）收款单据处理：收款单据主要指收款单。收款单据处理包括收款单据的录入、审核和核销。单据核销的作用是建立收款与应收款的核销记录，监督应收款及时核销，加强往来款项的管理。

（3）票据管理：主要是对银行承兑汇票和商业承兑汇票进行管理。票据管理可以提供票据登记簿，记录票据的利息、贴现、背书、结算和转出等信息。

（4）转账处理：是在日常业务处理中经常发生的应收冲应付、应收冲应收、预收冲应收及红票对冲的业务处理。

（5）坏账处理：是指计提应收账款坏账准备的处理、坏账发生后的处理、坏账收回后的处理等。其主要作用是自动计提应收款的坏账准备，当坏账发生时进行坏账核销，当核销坏账后又收回款项时，进行相应处理。

8.2.1.3 信息查询和系统分析

一般查询包括单据查询、凭证查询及账款查询等。统计分析包括欠款分析、账龄分析、综合分析及收款预测分析等，便于加强对往来款项动态地监督管理。

8.2.1.4 期末处理

期末处理是指用户在月末进行结算汇兑损益以及月末结账工作。如果企业有外币往来，在月末需要计算外币单据的汇兑损益并对其进行相应的处理。如果当月业务已全部处理完毕，就需要执行月末结账处理，只有月末结账后，才可以开始下月工作。

8.2.2 应收款管理系统与其他系统的主要关系

应收款管理系统与其他系统的主要关系如图 8-52 所示。

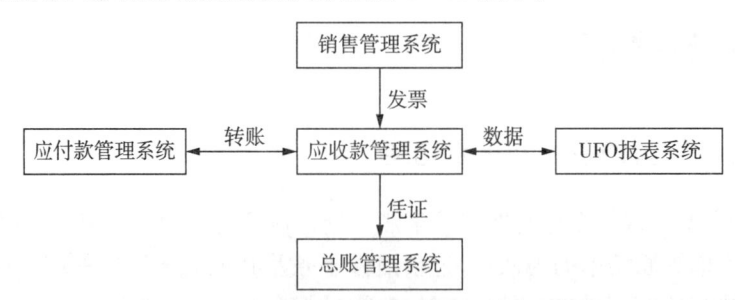

图 8-52 应收款管理系统与其他系统的主要关系

销售管理系统为应收款管理系统提供已审核的销售发票、销售调拨单及代垫费用单，在此生成凭证，并对发票进行收款结算处理。应收款管理系统为销售管理系统提供销售发票、销售调拨单的收款结算情况及代垫费用的核销情况。应收款管理系统向总账系统传递凭证，并能够查询其所生成的凭证。应收款管理系统和应付款管理系统之间可以进行转账处理，如应收冲应付。

8.2.3 应收款管理系统的操作流程

应收款管理系统的操作流程如图 8-53 所示。

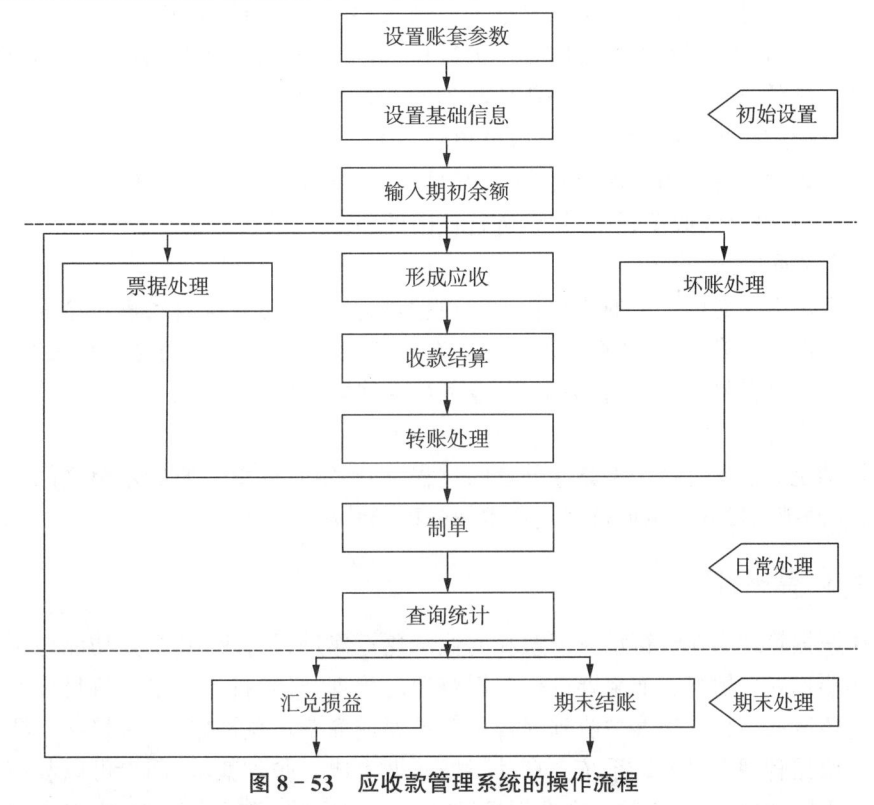

图 8-53 应收款管理系统的操作流程

8.2.4 应收款管理系统日常业务处理

8.2.4.1 应收单据处理

应收单据处理包括单据输入和单据管理工作。应收单据处理是应收款管理系统处理的起点，在应收单据处理中可以输入销售业务中的各类发票以及销售业务之外的应收单据。在单据输入后，单据管理可查阅各种应收业务单据，完成应收业务管理的日常工作。

(1) 单据输入

单据输入是对未收款项的单据进行输入，在输入前首先应确定单据名称、单据类型及方向，然后输入客户名称代码，与客户相关内容由系统自动显示，最后进行货物名称、数量和金额等内容的输入。

(2) 单据审核

单据审核是在单据保存后对单据的正确性进行审核确认。单据输入后必须经过审核才能参与结算。审核人和制单人可以是同一人。单据被审核后，将从单据处理功能中消失，但可以通过单据查询功能查看此单据的详细资料。

(3) 单据制证

单据制证可在单据审核后由系统自动编制凭证，也可以集中处理。在应收款管理系统中生成的凭证将由系统自动传送到总账系统。

8.2.4.2 收款单据处理

收款单据处理是对已收到款项的单据进行输入，并进一步核销的过程。单据结算功能包括输入收款单、付款单，并对发票及应收单进行核销，形成预收款并核销预收款，处理代付款。应收款管理系统的收款单用来记录企业所收到的客户款项，款项性质包括应收款、预收款、其他费用等。其中应收款、预收款性质的收款单将与发票、应收单进行核销处理。应收款管理系统的付款单用来记录发生销售退货时，企业开具的退付给客户的款项。该付款单可与应收、预收性质的收款单、红字应收单、红字发票进行核销处理。

（1）输入结算单据

输入结算单据是对已交来的应收款项的单据进行输入，由系统自动进行结算。在根据已收到应收款项的单据进行输入时，必须先输入客户的名称，系统会自动显示相关客户的信息，其次必须输入结算科目、金额和相关部门、业务员名称等内容。

（2）单据核销

单据核销是对往来已达账做删除处理的过程，即确定收款单与原始发票之间的对应关系后，进行自动冲销的过程。单据核销表示本业务已经结清。

8.2.4.3 票据管理

可以在票据管理中对银行承兑汇票和商业承兑汇票进行管理，其主要功能包括记录票据详细信息和票据处理情况。如果要进行票据登记簿管理，必须将应收票据科目设置为带有客户往来辅助核算的科目。当客户收到银行承兑汇票或商业承兑汇票时，应将该汇票在应收款管理系统的票据管理中录入。系统会自动根据票据生成一张收款单，用户可以与应收单据进行核销勾对，冲减客户应收账款。在票据管理中，可以对票据进行计息、贴现、转出、结算、背书等处理。

8.2.4.4 转账处理

转账处理是在日常业务处理中经常发生的应收冲应付、应收冲应收、预收冲应收及红票对冲的业务处理。

（1）应收冲应付

应收冲应付是指用某客户的应收账款冲抵某供应商的应付款项。系统通过应收冲应付功能将应收款业务在客户和供应商之间进行转账，实现应收业务的调整，解决应收债权与应付债务的冲抵。

（2）应收冲应收

应收冲应收是指将一家客户的应收款转到另一家客户中。通过应收冲应收功能可将应收款业务在客户之间进行转入、转出，实现应收业务的调整。

（3）预收冲应收

预收冲应收是指处理客户的预收款和该客户的应收欠款的转账核销业务。

（4）红票对冲

红票对冲可实现某客户的红字应收单与蓝字应收单、收款单与付款单之间的冲抵。当发生退票时,用红字发票对冲蓝字发票。红票对冲通常可以分为系统自动冲销和手工冲销两种处理方式。自动冲销可同时对多个客户依据红票对冲规则进行红票对冲,提供效率。手工冲销可对一个客户进行红票对冲,并自行选择红票对冲的单据,提高红票对冲的灵活性。

8.2.4.5 坏账处理

坏账是指购货方因某种原因不能付款,造成货款不能收回的信用风险。坏账处理包括计提坏账准备、坏账发生、坏账收回等。

(1) 计提坏账准备

计提坏账准备的方法有销售收入百分比法、应收账款余额百分比法、账龄分析法。

a. 销售收入百分比法

由系统自动算出当年销售收入总额,并根据计提比率计算出本次计提金额。初次计提时,应先进行初始设置。设置的内容包括提取比率和坏账准备期初余额。销售总额的默认值为本年度发票总额,企业可根据实际情况进行修改,但计提比率不能在此修改,只能在初始设置中修改。

b. 应收账款余额百分比法

由系统自动算出当年应收账款余额,并根据计提比率计算出本次计提金额。初次计提时,应先进行初始设置。设置的内容包括提取比率和坏账准备期初余额。应收账款余额的默认值为本年度最后一天的所有未结算完的发票和应收单据余额之和减去预收款数额的差值。企业可根据实际情况进行修改,但计提比率不能在此修改,只能在初始设置中修改。

c. 账龄分析法

账龄分析法是根据应收账款入账时间的长短来估计坏账损失的方法。由系统自动算出各区间应收账款余额,并根据计提比率计算出本次计提金额。初次计提时,应先进行初始设置。各区间余额由系统自动生成,企业可根据实际情况进行修改,但计提比率不能在此修改,只能在初始设置中修改。

(2) 坏账发生

发生坏账损失业务时,一般需输入客户名称、发生坏账的日期、业务员及部门名称等。

(3) 坏账收回

处理坏账收回业务时,一般需输入客户名称、收回坏账的日期、收回的金额、业务员、部门名称、币种、结算单号,系统将调出该客户所有未经过处理的并且金额等于收回金额的收款单,可选择该次收回业务所形成的收款单。

8.2.4.6 制单处理

使用制单功能批量处理制单,可以快速地、成批地生成凭证。制单类型包括应收单据制单、结算单制单、坏账制单、转账制单、汇兑损益制单等。企业可根据实际情况选取需要制单的类型。

8.2.4.7 信息查询和统计分析

(1) 凭证查询

通过凭证查询可以查看、修改、删除、冲销应收款管理系统传递到账务系统的凭证。还可以查询凭证对应的原始单据。

（2）单据查询

单据查询包括对发票、应收单及结算单的查询。可以查询已经审核的各类型应收单据的收款情况、结余情况。

（3）账表查询

账表查询可以进行业务总账、明细账、余额表和对账单的查询，并可以实现总账、明细账、单据之间的联查。可以查看客户、客户分类、地区分类、部门、业务员、客户总公司、主管业务员、主管部门在一定期间所发生的应收、收款及余额情况。

（4）账表分析

账表分析是应收款管理系统的一项重要功能，对于资金往来比较频繁、业务量和业务金额比较大的企业，账表分析功能能更好的满足企业的需要。账表分析功能主要包括应收账款的账龄分析、收款账龄分析、欠款分析、收款预测等。

8.2.5 应收款管理系统期末处理

期末处理是指用户在月末进行的结算汇兑损益以及月末结账工作。如果客户往来有外币核算，且在应收款管理系统中核算客户往来款项，则在月末需要计算外币单据的汇兑损益并对其进行相应的处理。在计算汇兑损益之前，应先在系统初始设置中选择汇兑损益的处理方法，即选择月末计算汇兑损益还是单据结清时计算汇兑损益。如果当月业务已全部处理完毕，就需要执行月末结账处理。结账后本月不能再进行单据、票据、转账等任何业务的增加、删除、修改等处理。如果月末结账有错误，可以取消月末结账，但取消结账只有在该月总账系统未结账时才能进行。如果启用了销售管理系统，销售管理系统结账后，应收款管理系统才能结账。结账时本月的单据（发票和应收单）在结账前应该全部审核；若本月的结算单还有未核销的，不能结账；如果结账期间是本年度最后一个期间，则本年度进行的所有核销、坏账、转账等处理必须制单，否则不能向下一个年度结转。

实验任务

一、实验准备

1. 建立"项目八\应收款管理系统"文件夹。
2. 将系统日期修改为"2021年1月31日"。
3. 引入"项目八\销售与应收款管理系统\Uferpact.lst"的备份数据。
4. 以操作员"003 王强"的身份注册进入企业应用平台，进行应收款管理系统的业务操作，操作日期根据下面业务日期而定；"004 曾丽"填制收款单；"003 王强"审核收款单、生成应收款管理系统凭证。
5. 将销售与应收款管理系统生成的所有凭证出纳签字、审核、记账。

二、实验资料

（一）应收款管理系统填制收款单并生成凭证

1月23日，收到广西华美公司转账支票一张，金额146 900元，票号ZZ009，填制收款单并

制单。(收3)

借:银行存款——中行存款　146 900
　　贷:应收账款——广西华美公司　146 900

(二) 应收票据贴现

1月23日,将2020年8月28日收到的山西永达公司签发的商业承兑汇票进行贴现,贴现率6%。(收4)

借:银行存款——中行存款　67 393.2
　　财务费用　406.8
　　贷:应收票据——商业承兑汇票(山西永达公司)　67 800

(三) 计提坏账准备

1月31日,按应收账款余额0.5%计提坏账准备。(转25)

借:信用减值损失　84.75
　　贷:坏账准备　84.75

(四) 账套备份

将账套备份到"项目八\应收款管理系统"文件夹中。

三、拓展任务

(本拓展任务需引入"项目八\销售与应收款管理系统\Uferpact.lst"的备份数据。)

1. 1月28日,收到广西华美公司签发承兑的商业承兑汇票一张,金额146 900元,票号SY001,签发日期2021-01-28,到期日2021-07-28。

借:应收票据——商业承兑汇票　146 900
　　贷:应收账款——广西华美公司　146 900

2. 1月28日,将应收山西永达公司前欠货款33 900元转为坏账。

借:坏账准备　33 900
　　贷:应收账款——山西永达公司　33 900

3. 1月31日,已作为坏账的山西永达公司前欠货款33 900元全部追回,票号ZZ010。

借:应收账款——山西永达公司　33 900
　　贷:坏账准备　33 900

借:银行存款——中行存款　33 900
　　贷:应收账款——山西永达公司　33 900

四、操作指导

(一) 应收款管理系统填制收款单并生成凭证

1. 004曾丽执行"财务会计"|"应收款管理"|"收款单据处理"|"收款单据录入",打开"收付款单录入"页签。

2. 单击"增加",修改日期为"2021-01-28",选择客户"广西华美公司",结算方式选择"转账支票",结算科目"100201",金额栏录入"146 900",票据号"ZZ009",摘要"收到销售产品款",单击第1行任意栏,出现相关信

视频116 收到前期货款

息,单击保存。如图8-54所示。

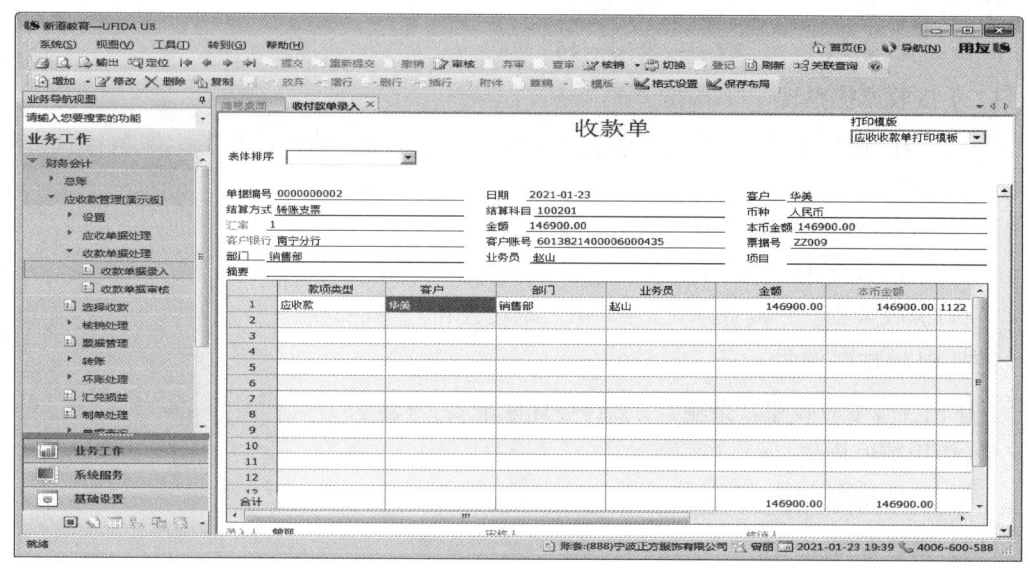

图8-54 填制收款单

3. 003王强执行"财务会计"|"应收款管理"|"收款单据处理"|"收款单据审核",显示"收付款单列表",双击打开后单击"审核",系统提示"是否立即制单?"。如图8-55所示。

图8-55 审核收款单

4. 单击"是"按钮,生成记账凭证,保存后退出。如图8-56所示。
5. 执行"财务会计"|"应收款管理"|"核销处理"|"手工核销",打开"核销条件"对话框。
6. 单击"确定"按钮,打开"单据核销"页签。
7. 在"单据核销"页签下半部分第一行的"本次结算"栏录入"146 900"。如图8-57所示。
8. 单击"保存"按钮,保存后已核销的上半个窗口中的数据行消失。

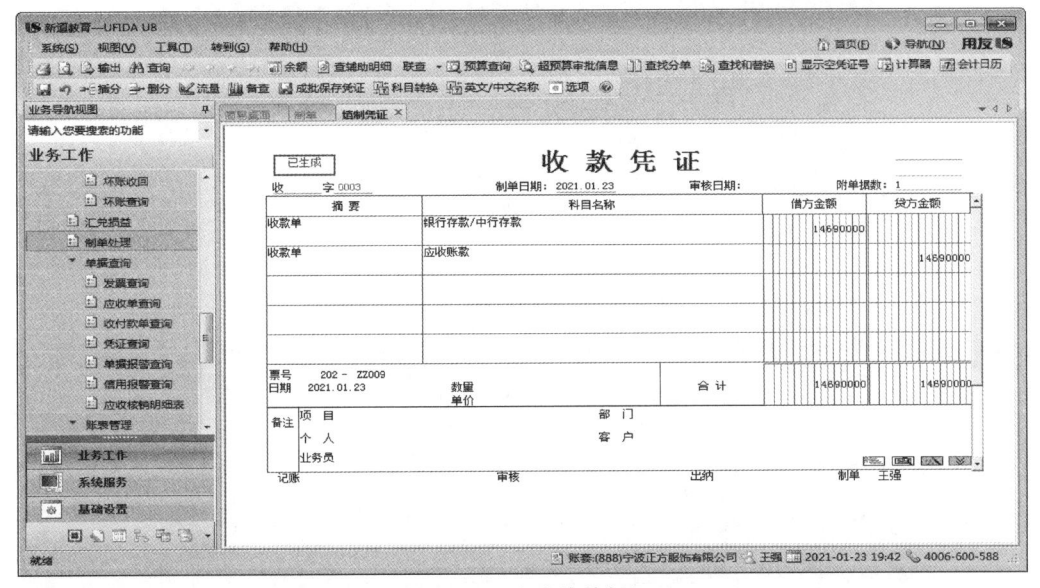

图 8-56 生成收款凭证

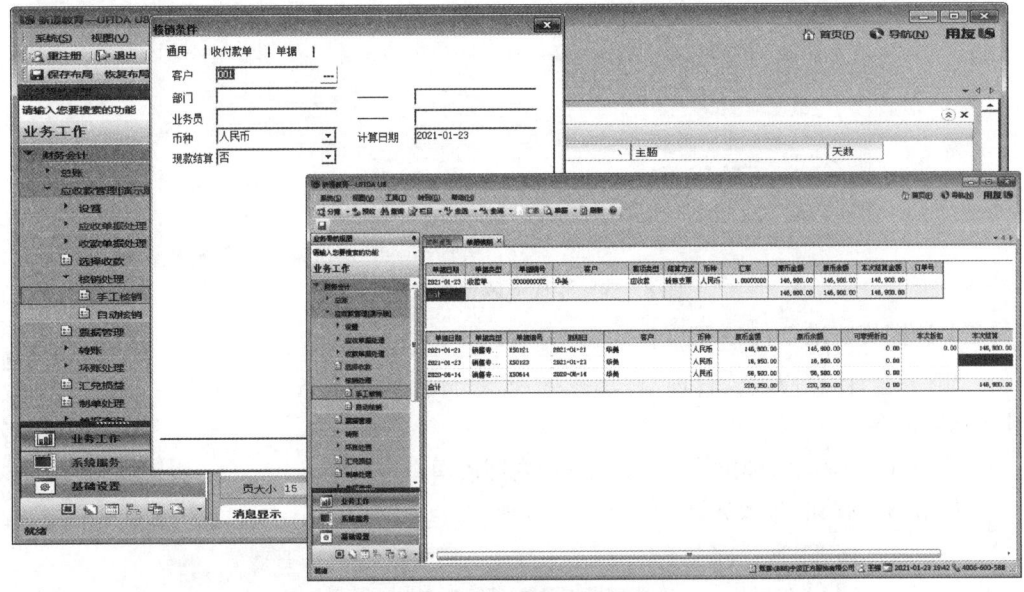

图 8-57 核销应收账款

(二) 应收票据贴现(003 王强)

1. 执行"财务会计"|"应收款管理"|"票据管理",打开"查询条件选择"对话框,单击"确定"按钮,打开"票据管理"窗口,系统显示票据记录。

2. 双击"2020 年 8 月 28 日商业汇票"所在行,单击"贴现"按钮,打开"票据贴现"对话框,输入贴现日期"2021-01-23",输入贴现率"6",选择结算科目"100201",单击"确定"按钮,弹出信息"是否立即制单"。如图 8-58 所示。

视频 117 应收票据贴现

图8-58 应收票据贴现

3. 单击"是"按钮,生成凭证。如图8-59所示。

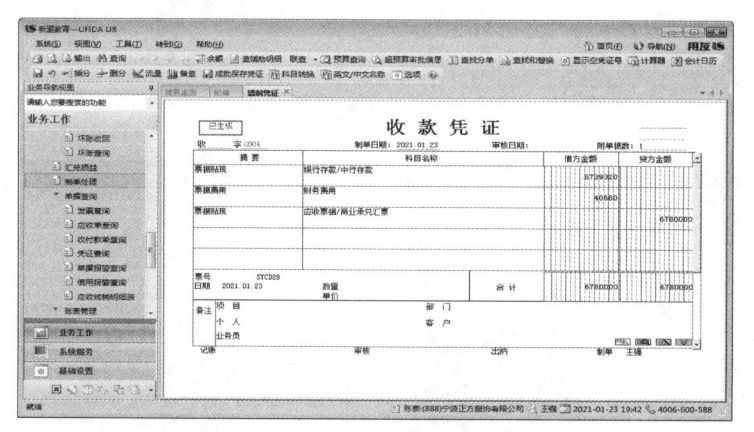

图8-59 生成应收票据贴现凭证

(三) 计提坏账准备(003王强)

1. "财务会计"|"应收款管理"|"坏账处理"|"计提坏账准备",系统自动计提坏账准备。

2. 单击"OK确认",弹出提示信息"是否立即制单"。

3. 单击"是"按钮,生成凭证。如图8-60所示。

视频118 计提坏账准备

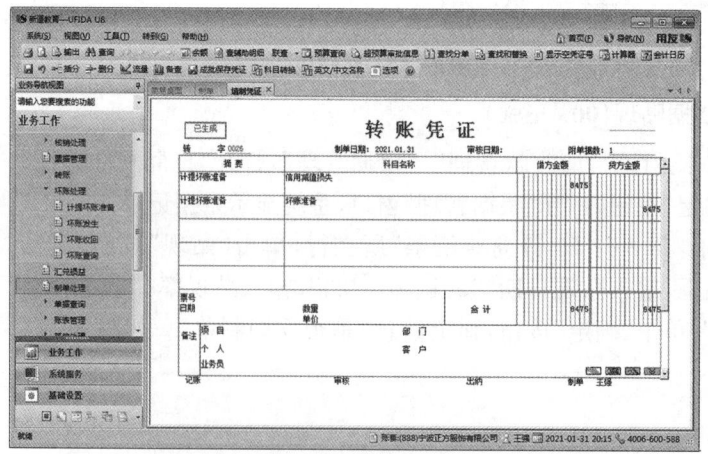

图8-60 计提坏账准备并生成凭证

(四) 商业承兑汇票(拓展任务)

1. 执行"财务会计"|"应收款管理"|"票据管理",打开"查询条件选择"对话框。
2. 单击"确定"按钮,打开"票据管理"窗口。
3. 单击"增加"按钮,进入"商业汇票"界面,录入票据类型"商业承兑汇票"、方向"收款"、票据编号"SYCD001"、结算方式"商业承兑汇票"、收到日期"2021-01-28"、出票日期"2021-01-28"、到期日"2021-07-28"、出票人"广西华美公司"、币种"人民币"、金额"146 900"。
4. 单击"确定"按钮,弹出信息"是否立即制单",单击"是"按钮,生成凭证。

(五) 坏账发生

1. 执行"财务会计"|"应收款管理"|"坏账处理"|"坏账发生",打开"坏账发生"对话框。
2. 修改日期为"2021-01-28",选择客户"山西永达公司"。
3. 单击"确定",打开"发生坏账损失"页签。
4. 在单据日期"2020-11-25"这一行的本次发生坏账金额栏录入"33 900"。
5. 单据"OK"确认,弹出信息"是否立即制单",单击"是",生成坏账的凭证。

(六) 坏账收回

1. 录入收款单据

(1) 执行"财务会计"|"应收款管理"|"收款单据处理"|"收款单据录入",打开"收付款单录入"页签。

(2) 单击"增加",修改日期为"2021-01-31",选择客户"山西永达公司",结算方式选择"转账",结算科目"100201",金额栏录入"33 900",摘要"已做坏账处理的应收账款又收回",单击第1行任意栏,出现相关信息,单击保存。

2. 坏账收回操作

(1) 执行"财务会计"|"应收款管理"|"坏账处理"|"坏账收回",打开坏账收回对话框。
(2) 选择客户"山西永达公司",选择"结算单"。
(3) 单击"确定",弹出信息"是否立即制单"。
(4) 单击"是",生成凭证。

项目小结

本项目首先介绍了企业普通销售业务的整个流程,涉及订货、发货、出库、发票、收款全过程;其次介绍了分期收款、委托代销等销售业务的处理;最后介绍了应收款管理中的票据管理、转账处理等内容。

项目八基础练习

一、单项选择题

1. 在销售全流程中,(   )环节不是必需的。
   A. 订货　　　　B. 发货　　　　C. 出库　　　　D. 收款

2. 销售管理、库存管理、存货核算、应收款管理、总账系统集成应用,则销售发票在( )系统录入。

  A. 销售管理   B. 库存管理   C. 存货核算   D. 应收款管理

二、多项选择题

1. 销售管理系统提供的业务类型有( )。

  A. 普通销售   B. 分期收款   C. 委托代销   D. 直运销售

2. 对坏账处理,系统提供的处理方法有( )。

  A. 应收余额百分比法   B. 销售收入百分比法

  C. 账龄分析法   D. 直接转销法

3. 应收款管理系统中可以取消的操作是( )。

  A. 单据审核   B. 核销   C. 票据结算   D. 结账

库存管理与存货核算系统

项目九

知识目标

1. 会描述库存管理系统的功能及与其他系统的数据关系。
2. 会描述存货核算系统的功能及与其他系统的数据关系。
3. 能阐述材料领用、产品入库的业务流程。

能力目标

1. 能够进行采购入库、销售出库的业务处理。
2. 能够进行其他入库、其他出库的业务处理。

项目导入

宁波正方服饰有限公司要管理存货出入库及结存的数量,需要启用库存管理系统,并要生成出入库的凭证,这些需在存货核算系统中完成。

9.1 库存管理系统

9.1.1 库存管理系统的主要功能

9.1.1.1 收发存业务处理

库存管理系统的主要功能是对采购管理系统、销售管理系统及库存管理系统填制的各种出入库单据进行审核,并对存货的出入库数量进行管理。除了管理采购、销售形成的入库和出库业务外,还可以处理仓库间的调拨业务、盘点业务、组装拆卸业务、形态转换业务等。

9.1.1.2 库存控制

库存管理系统支持批次跟踪、保质期管理、委托代销商品管理、不合格品管理、现存量管理、安全库存管理,对超储、短缺、呆滞积压、超额领料等情况进行报警。

9.1.1.3 库存账簿及统计分析

库存管理系统可以提供出入库流水账、库存台账、受托代销商品备查簿、委托代销商品备查簿、呆滞积压存货备查簿供用户查询,同时提供各种统计表。

9.1.2 库存管理系统与其他系统的关系

库存管理系统可以和采购管理、销售管理、存货核算系统集成使用,库存管理系统与其他系统的关系如图 9-1 所示。

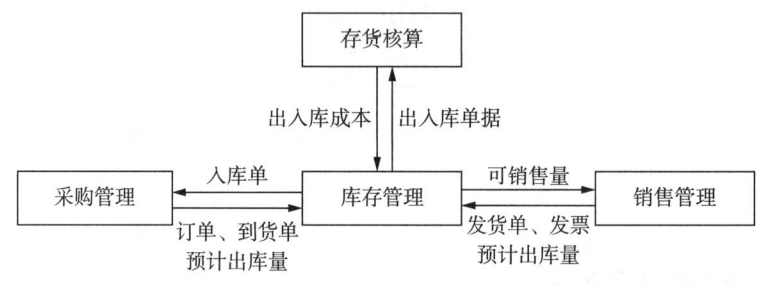

图 9-1 库存管理系统与其他系统的关系

库存管理系统可以参照采购管理系统的采购订单、采购到货单生成采购入库单,库存管理系统将入库情况反馈到采购管理系统。采购管理系统向库存管理系统提供预计入库量。

销售出库单可以在库存管理系统填制、生成,也可以在销售管理系统生成后传递到库存管理系统,再由库存管理系统审核。如果在库存管理系统生成,则需要参照销售管理系统的发货单、销售发票。销售管理系统为库存管理系统提供预计出库量。库存管理系统为销售管理系统提供可用于销售的存货可用量。

库存管理系统是从实物的角度对存货进行管理,而存货核算系统是从资金角度进行管理的。库存管理系统为存货核算系统提供各种出入库单据,所有出入库单据均由库存管理系统填制,存货核算系统只能填写出入库单的单价、金额,并可对出入库进行记账操作,核算出入库成本。

9.1.3 库存管理系统日常业务处理

9.1.3.1 入库业务处理

库存管理系统主要是对各种入库业务进行单据的填制和审核。库存管理系统中的审核即可表示通常意义上的审核,也可用单据是否审核代表实物的出入库行为,即在入库单上的所有存货均办理了入库手续后,对入库单进行审核。

(1) 采购入库

采购业务员将采购的存货交到仓库,仓库保管员对其所购存货进行验收确定,填制采购入库单。采购入库单生成的方式有:参照采购订单生成、参照采购到货单生成、直接填制。采购入库单的审核相当于仓库保管员对采购的实际到货情况进行质量、数量的检验和签收。

(2) 产成品入库

产成品入库单是管理工业企业的产成品入库、退回业务的单据。工业企业对原材料及半成品进行一系列加工后,形成可销售的商品,然后验收入库。只有工业企业才有产成品入库单。一般在入库时是无法确定产成品的总成本和单位成本的,因此在填制产成品入库单时,一般只有数量,没有单价和金额。产成品入库的业务流程如图9-2所示。

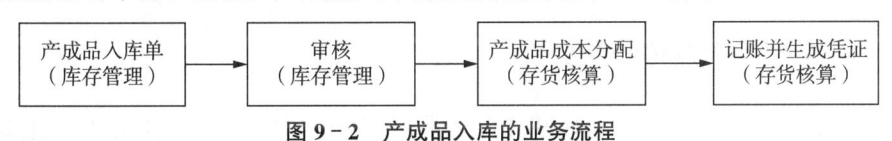

产成品入库单（库存管理）→ 审核（库存管理）→ 产成品成本分配（存货核算）→ 记账并生成凭证（存货核算）

图9-2 产成品入库的业务流程

(3) 其他入库

其他入库指除了采购入库、产成品入库之外的入库,如调拨入库、盘盈入库、组装拆卸入库、形态转换入库等业务形成的入库单。调拨入库、盘盈入库、组装拆卸入库、形态转换入库等业务可以自动形成相应的入库单,其他入库单由用户填制。

9.1.3.2 出库业务处理

(1) 销售出库

启用了销售管理系统,在销售管理系统中填制的销售发票、发货单、销售调拨单、零售日报,经复核后均可以参照生成销售出库单。根据选项设置,销售出库单可以在库存管理系统填制、生成,也可以在销售管理系统生成后传递到库存管理系统,再由库存管理系统进行审核。

(2) 材料出库

材料出库单是工业企业领用材料时所填制的出库单据,材料出库单也是进行日常业务处理和记账的主要原始单据之一。只有工业企业才有材料出库单,商业企业没有此单据。

(3) 其他出库

其他出库是指除了销售出库、材料出库之外的出库业务,如维修、办公耗用、调拨出库、盘亏出库、组装拆卸出库、形态转换出库等。调拨出库、盘亏出库、组装拆卸出库、形态转换出库等业务可以自动形成相应的出库单,其他出库单由用户填制。

9.1.3.3 其他业务

(1) 库存调拨

库存管理系统提供了调拨单用于处理仓库之间存货的转库业务或部门之间的存货调拨业务。如果调拨单上的转出部门和转入部门不同，就表示是部门之间的调拨业务；如果转出部门和转入部门相同，但转出仓库和转入仓库不同，就表示是仓库之间的转库业务。

(2) 盘点

库存管理系统提供了盘点单用来定期对仓库中的存货进行盘点。存货盘点报告表是证明企业存货盘盈、盘亏和毁损并据以调整存货实存数的书面凭证，经企业领导批准后，即可以作为原始凭证入账，盘亏盘盈的结果可自动生成出入库单。

9.1.3.4 综合查询

(1) 单据查询

通过单据列表可以对采购入库单列表、产成品入库单列表、其他入库单列表、销售出库单列表、材料出库单列表、其他出库单列表、限额领料单列表、盘点单列表等进行查询。

(2) 账表查询

通过查询库存管理系统提供的库存账、批次账、统计表，实现对库存业务的实时管理，通过储备分析提供存货的超储、短缺、呆滞积压等管理信息。

9.1.4 库存管理系统月末处理

库存管理系统月末处理包括对账和月末结账。对账，即对库存与存货对账、库存账与货位账对账；月末结账，是指将当月的单据数据封存，结账后不允许再对该会计期的库存单据进行增加、修改和删除处理。

9.2 存货核算系统

9.2.1 存货核算系统的主要功能

存货核算系统主要针对企业存货的收发存业务进行核算，掌握存货的耗用情况，及时准确地把各类存货成本归集到各成本项目和成本对象上，为企业的成本核算提供基础数据。存货核算系统的主要功能包括存货出入库成本的核算、暂估入库业务处理、出入库成本的调整、存货跌价准备的处理等。

9.2.2 存货核算系统与其他系统的关系

存货核算系统与其他系统的关系如图9-3所示。

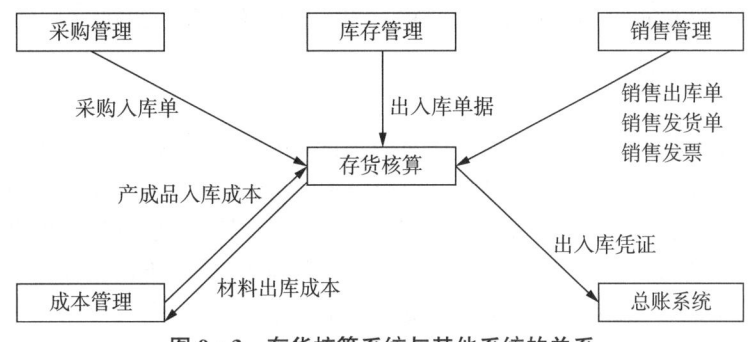

图 9-3 存货核算系统与其他系统的关系

存货核算系统可对采购管理系统生成的采购入库单进行记账,对采购暂估入库单进行暂估报销处理。存货核算系统可对库存管理系统生成的各种入库单据进行记账核算。企业发生的正常销售业务的销售成本可以在存货核算系统根据所选的计价方法自动计算;企业发生分期收款业务和委托代销业务时,存货核算系统可以对销售管理系统生成的发货单和发票进行记账并确认成本。在存货核算系统,进行了出入库成本记账的单据可以生成一系列的物料凭证传入总账系统,实现财务和业务一体化。成本管理系统可以将存货核算系统中材料出库单的出库成本自动读取出来,作为成本核算的材料成本;成本管理系统完成成本计算后,存货核算系统可以从成本管理系统读取其计算的产成品成本并且分配到未记账的产成品入库单中,作为产成品入库单的入库成本。

9.2.3 存货核算系统日常业务处理

9.2.3.1 入库业务处理

入库业务包括采购入库、产成品入库和其他入库。采购入库单在库存管理系统中录入,在存货核算系统中可以修改采购入库单上的入库金额,采购入库单上"数量"的修改只能在该单据填制的系统中进行。产成品入库单在填制时一般只填写数量,单价与金额即可以通过修改产成品入库单直接填入,也可以由存货核算系统的产成品成本分配功能自动计算填入。其他入库单可以由相关业务直接生成。

9.2.3.2 出库业务处理

出库单据包括销售出库、材料出库和其他出库。在存货核算系统修改出库单据上的单价和金额。

9.2.3.3 单据记账

单据记账是指将所输入的各种出入库单据记入存货明细账、差异明细账、受托代销商品明细账等。单据记账应注意以下几点:

(1) 无单价的入库单据不能记账,因此记账前应对暂估入库的成本、产成品入库单的成本进行确认或修改。

(2) 各个仓库的单据应该按照实际顺序记账。

(3) 已记账单据不能修改和删除。如果发现已记账单据有误,在本月未结账状态下可以取消记账。如果记账单据已生成凭证,需先删除相关凭证才能取消记账。

9.2.3.4 调整业务

出入库单据记账后,如果发现单据金额录入错误,通常采用修改的方式进行调整。如果遇到由于暂估入库后发生零出库业务等原因所造成的出库成本不准确或库存数量为零而仍有库存金额的情况,就需要利用调整单据进行调整。调整单据包括入库调整单和出库调整单。都只针对当月存货的出入库成本进行调整,并且只调整存货的金额,不调整存货的数量。出入库调整单保存即记账,因此已保存的单据不可修改、删除。

9.2.3.5 暂估处理

存货核算系统对采购暂估入库业务提供了月初回冲、单到回冲、单到补差三种处理方式,暂估处理方式一旦选择不可修改。无论采用哪种方式,都要等采购发票到达后,在采购管理系统填制发票并进行采购结算,然后在存货核算系统中完成暂估入库业务成本处理。

9.2.3.6 生成凭证

在存货核算系统中,可以将各种出入库单据中涉及存货增减和价值变动的单据生成凭证传递到总账。在存货核算系统的初始设置中可以事先设置好凭证的存货科目和对方科目,系统将自动采用这些科目生成相应的出入库凭证,并传递到总账。

9.2.3.7 综合查询

存货核算系统提供了存货明细账、总账、出入库流水账、入库汇总表、出库汇总表等多种分析统计账表。

9.2.4 存货核算系统月末处理

存货核算系统月末处理包括期末处理、对账、结算。

9.2.4.1 期末处理

存货核算系统日常业务全部完成后,进行期末处理。系统自动计算全月平均单价及本月出库成本,自动计算差异率及本月的分摊差异,并对已完成日常业务的仓库/部门做处理标志。

9.2.4.2 与总账系统对账

为保证业务与财务数据的一致性,需要进行对账,即将存货核算系统记录的存货明细账数据与总账系统存货科目和差异科目的结存金额和数量进行核对。

9.2.4.3 月末结账

存货核算系统期末处理完成后,就可以进行月末结账。在采购管理、销售管理、库存管理系统全部结账后,存货核算系统才能结账。

实验任务

一、实验准备

1. 建立"项目九\库存管理与存货核算"文件夹。
2. 将系统日期修改为"2021年1月31日"。
3. 引入"项目八\应收款管理系统\Uferpact.lst"的备份数据。
4. 以操作员"008 李超"的身份注册进入企业应用平台,进行库存管理与存货核算的业务操作,生成相关凭证,操作日期"2021-01-31";"002 郭文"审核存货核算系统生成的凭证。

二、实验资料

(一) 盘点业务

1月31日,公司对存货进行了清查,女式风衣账面数量640件,实际盘点数量637件,盘亏3件女式风衣,单位成本200元。其他库存商品账实相符。(转26)

借:待处理财产损溢——待处理流动资产损溢　678
　　贷:库存商品　600
　　　　应交税费——应交增值税(进项税额转出)　78

(二) 账套备份

将账套备份到"项目九\库存管理与存货核算"文件夹中。

三、拓展任务

1月31日,将女装仓库中的100件女式风衣调拨到材料仓库中。

四、操作指导

(一) 盘点业务

1. 库存管理系统增加盘点单

(1) 执行"供应链"|"库存管理"|"盘点业务"命令,进入"盘点单"窗口。

(2) 单击"增加"按钮,输入日期"2021-1-31",选择盘点仓库"女装仓库",出库类别"盘亏出库",入库类别"盘盈入库"。

(3) 在表体中选择"02 女式风衣",账面数量显示"640",输入盘点数量"637",单击"保存",单击"审核",系统弹出"该单据审核成功!"如图9-4所示。

(4) 执行"供应链"|"库存管理"|"出库业务"|"其他出库单"命令,打开系统自动生成的"其他出库单"。单击"审核",系统弹出"该单据审核成功!"。如图9-5所示。

视频119 填制盘点单

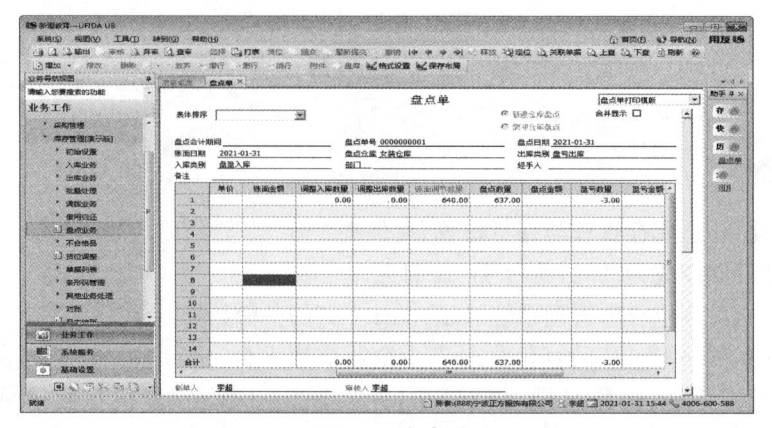

图 9-4 盘点单

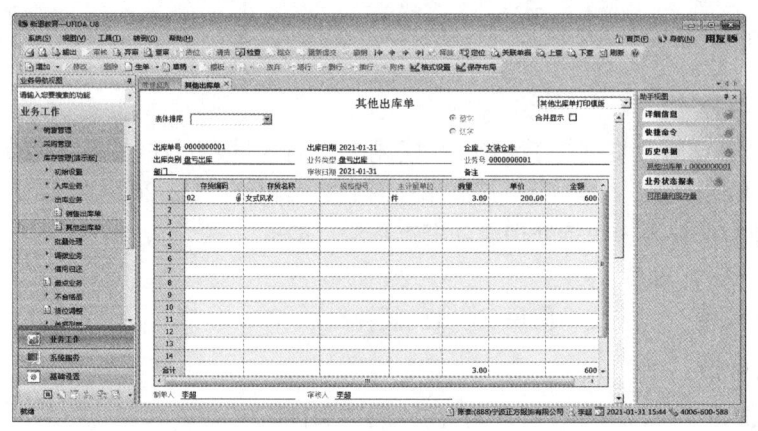

图 9-5 其他出库单

2. 在存货核算系统对其他出库单记账并生成凭证

(1) 执行"供应链"|"存货核算"|"业务核算"|"正常单据记账"命令,打开"查询条件选择"对话框。单击"确定",打开"未记账单据一览表"窗口,选择要记账的单据,单击"记账",系统弹出"记账成功"。如图 9-6 所示。

视频 120 生成盘亏凭证

图 9-6 其他出库单记账

(2) 执行"供应链"|"存货核算"|"财务核算"|"生成凭证"命令,打开"生成凭证"窗口。单击"选择"按钮,打开"查询条件"对话框,单击"确定",打开"选择单据"窗口。如图 9-7 所示。

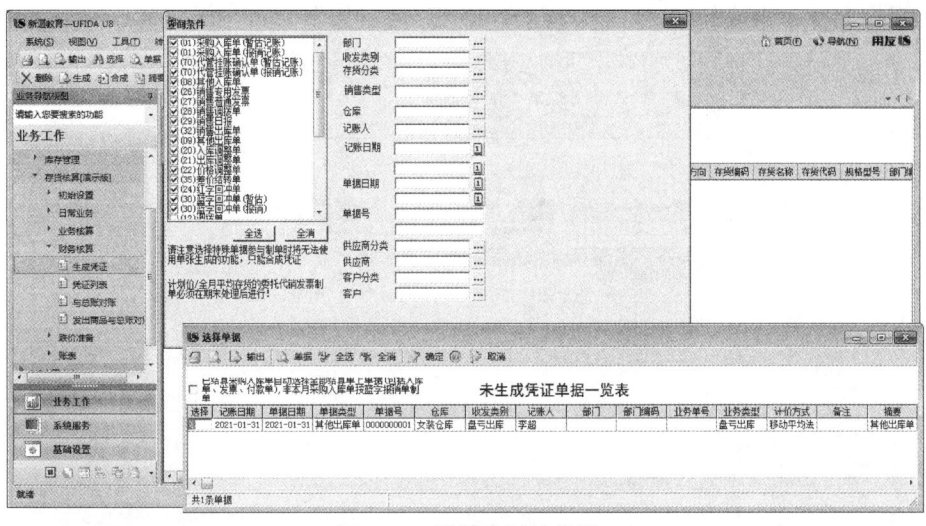

图9-7 选择盘亏的单据

(3) 选择要生成凭证的单据,单击"确定",打开"生成凭证"窗口,选择凭证类别"转账凭证",单击"生成"按钮,生成凭证,补充库存商品的项目辅助项信息为"女式风衣",在摘要栏输入"进项税额转出",在科目名称栏中选择"22210102 进项税额转出",在贷方金额栏输入"78",并修改借方金额为"678",单击"保存",系统生成库存商品盘亏的记账凭证。如图9-8所示。

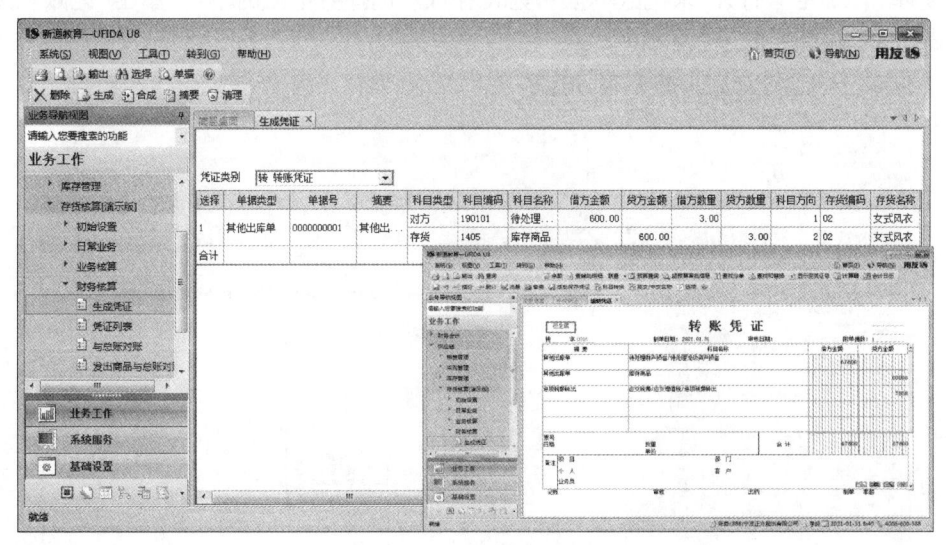

图9-8 生成盘亏凭证

(二) 调拨业务(拓展任务)

1. 库存管理系统填制调拨单

(1) 执行"供应链"|"库存管理"|"调拨业务"|"调拨单"命令,进入"调拨单"窗口。

(2) 单击"增加"按钮,输入调拨日期"2021-1-31",选择转出仓库"女装仓库",转入仓库"材料仓库",出库类别"调拨出库",入库类别"调拨入库"。

(3) 在表体中选择"02 女式风衣",数量"100",单击"保存",单击"审核",系统弹出"该单据审核成功!"。

(4) 执行"供应链"|"库存管理"|"入库业务"|"其他入库单"命令,进入"其他入库单"窗

口,找到根据调拨单生成的"其他入库单",单击"审核"。如图9-9所示。

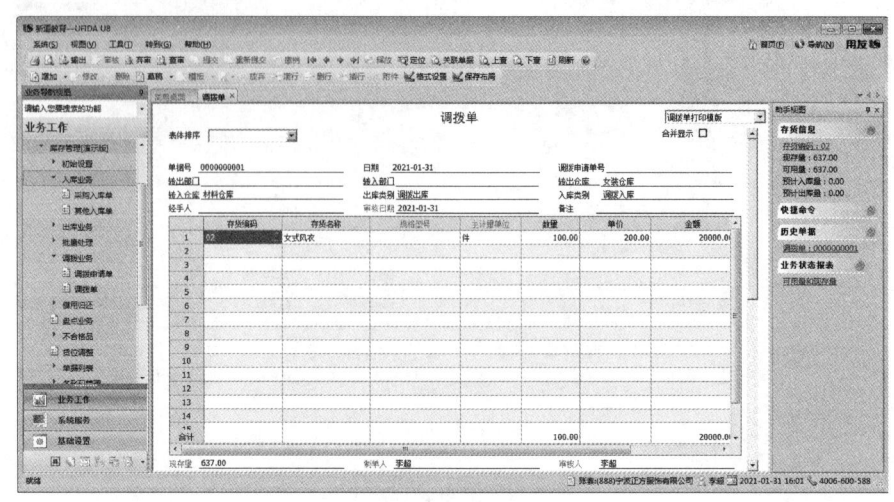

图9-9 调拨单

2. 在存货核算系统对其他出入库单记账

(1)执行"供应链"|"存货核算"|"业务核算"|"特殊单据记账"命令,打开"查询条件选择"对话框。

(2)单击"确定",打开"未记账单据一览表"窗口,选择要记账的单据,单击"记账",系统弹出"记账成功"。如图9-10所示。

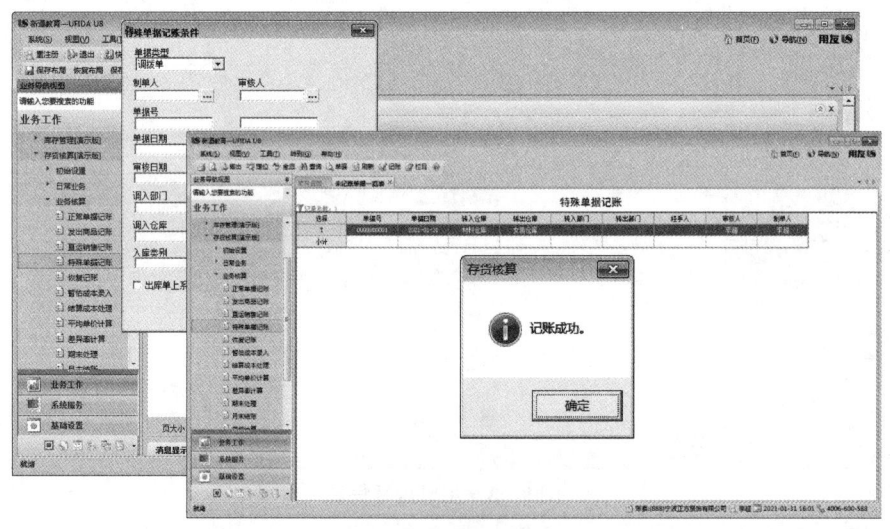

图9-10 特殊单据记账

注:库存调拨业务不涉及账务处理,对库存调拨业务生成的其他出入库单不进行制单处理。

项目小结

存货核算系统和库存管理系统都是对企业的存货进行管理,库存管理系统侧重管理存货出入库的数量,存货核算系统侧重管理存货出入库的成本,存货核算系统对各种出入库业务、出入库价格进行调整。

项目九基础练习

一、单项选择题

1. 产成品入库单上,只有存货属性为( )的才可以被参照出来。
   A. 自制　　　　　B. 内销　　　　　C. 采购　　　　　D. 生产耗用
2. 库存管理和采购管理集成使用时,库存可以参照( )单据生成采购入库单。
   A. 采购请购单　　　　　　　　　　B. 未审核的采购订单
   C. 采购发票　　　　　　　　　　　D. 采购到货单

二、多项选择题

1. 其他入库单是指除采购业务、产成品入库之外的其他入库业务,包括( )。
   A. 调拨入库　　　　　　　　　　　B. 盘盈入库
   C. 组装拆卸入库　　　　　　　　　D. 形态转换入库
2. 关于入库调整单,以下说法正确的有( )。
   A. 只能对存货的入库数量进行调整
   B. 只能对存货的入库金额进行调整
   C. 只能针对当月存货进行调整
   D. 可以针对单据进行调整也可以针对存货进行调整

期末会计处理

项目十

知识目标

1. 能阐述总账系统期末处理的主要功能。
2. 会描述银行对账的相关内容。
3. 会定义各类转账凭证的内容。
4. 能阐述转账生成的顺序及意义。

能力目标

1. 能够进行银行对账单录入和银行对账工作。
2. 能够根据企业的实际情况定义各类转账凭证。
3. 能够熟练完成每月的转账生成工作。

项目导入

宁波正方服饰有限公司分析期末处理的工作内容,对比原手工处理方式,找出具有较强规律性的、可以由系统辅助生成的期末业务,每个会计期末由系统自动提取数据,以提高工作效率。

期末会计处理是指会计人员将本月所发生的日常经济业务全部登记入账后，在每个会计期末都需要完成的一些特定的会计工作，主要包括银行对账、期末的摊销、计提、结转等工作。由于各会计期间的许多期末业务均具有较强的规律性，因此由计算机处理期末会计业务，不但可以规范会计业务的处理，还可以大大提高工作效率。

10.1 银行对账

由于企业的银行存款收付业务比较频繁，而且企业与银行之间的账务处理和入账时间不一致，会发生双方账目记录不一致的情况，产生未达账项。为了防止记账发生差错，准确掌握银行存款的实际金额，了解企业可以运用的货币资金余额，企业必须定期将企业的银行存款日记账和银行对账单进行核对，并编制银行存款余额调节表，这就是银行对账。

为辅助企业出纳人员完成银行对账工作，总账系统提供了银行对账功能，即将系统登记的银行存款日记账和银行对账单进行核对。凡在会计科目设置时设置为"银行存款"的会计科目均可以进行银行对账。为了保证银行对账的正确性，在使用"银行对账"功能进行对账之前，必须在开始对账的月初先将银行存款日记账与银行对账单的未达账项录入系统，即将总账系统进行对账前手工对账所编制的最后一张银行存款余额调节表录入电算化系统。

银行对账工作一般包括录入银行对账期初数据、录入银行对账单、进行银行对账、编制银行存款余额调节表。

10.1.1 银行对账期初录入

为了保证银行对账的准确性和连续性，第一次使用银行对账功能之前，系统要求先进行初始对账，即在开始对账的月初先将企业的银行存款日记账与银行对账单的未达账项录入系统，以实现手工对账与计算机对账的衔接，期初调整结束后余额平衡。录入的银行对账单、单位日记账的期初未达账项的发生日期不能大于或等于此银行科目的启用日期。系统默认银行对账单的余额方向为借方，单击"方向"按钮可调整银行对账单的余额方向。银行对账单的余额方向为借方时，借方发生表示银行存款增加，贷方发生表示银行存款减少；反之，借方发生表示银行存款减少，贷方发生表示银行存款增加。

10.1.2 录入银行对账单

为了实现计算机自动对账，在每月月末对账前，将银行出具的银行对账单输入计算机，录入的银行对账单包括业务日期、结算凭证类型、凭证号、业务金额等内容，录入时只需录入发生日期、结算方式、票号和借方与贷方金额，系统自动计算余额。录入必须仔细，防止因录入错误而使系统出现对账异常状况。

10.1.3 银行对账

银行对账是指将企业的银行存款日记账与银行出具的对账单进行核对，银行与企业间由于记账时间不同或其他原因形成一方已记账另一方未记账的款项称为未达账项。银行对账采用自动对账与手工对账相结合的方式。自动对账由计算机自动寻找完全相同的经济业务进行核对或勾销。对账依据通常是"结算方式＋结算号＋方向＋金额"或"支票号＋金额"。对于已核对成功的银行业务,系统将自动在银行存款日记账和银行对账单上生成两清标志,并视为已达账项,否则视为未达账项。手工对账是对自动对账的补充。采用自动对账后,可能还有一些特殊的已达账项没有对出来,被视为未达账项,为了保证对账的完全正确,可人工进行调整勾销。

10.1.4 编制银行存款余额调节表

在对银行进行两清核对与勾销后,计算机自动整理汇总未达账项和已达账项,生成银行存款余额调节表,以检查对账是否正确。如果余额调节表显示账目余额不平,应检查"银行期初录入"中的相关项目是否平衡、"银行对账单"录入是否正确、"银行对账"中的核对与勾销是否正确、对账是否平衡,如不正确应进行调整。

10.2 自动转账

10.2.1 转账的分类

转账分为内部转账和外部转账。外部转账是指将用友软件其他系统自动生成的凭证转入到总账系统,例如工资系统有关工资费用分配的凭证,固定资产管理系统有关固定资产增加变动及计提折旧的凭证,应收款管理系统有关应收账款发生、收回及坏账准备的凭证,应付款管理系统有关应付账款发生及偿还的凭证等。内部转账就是这里讲的自动转账,是在总账系统内部通过设置凭证模板而自动生成相应的记账凭证。一些期末业务具有较强的规律性,而且每个月都会重复发生,如费用的分配、税金的计算、成本费用的结转、期间损益的结转等。这些业务的凭证分录是固定的,金额来源和计算方法也是固定的,因而可以利用自动转账功能将处理这些经济业务的凭证模板定义下来,期末通过调用这些模板来自动生成相关凭证。

10.2.2 自动转账设置

10.2.2.1 自动转账凭证取数函数

期末自动转账分录金额基本来源于总账系统或凭证本身,因此计算公式设置过程中主要运用账务函数从总账系统中获取数据。账务取数函数的基本格式:函数名(科目编码,会计期间,方向,辅助项1,辅助项2)。

(1) 函数名。主要账务取数函数如表10-1所示。

表10-1 主要账务取数函数

函数名	函数名称	功能
QC()	期初余额函数	取某科目的期初余额
QM()	期末余额函数	取某科目的期末余额
FS()	借(贷)方发生额函数	取某科目结转月份的发生额

续 表

函数名	函数名称	功能
JE()	净额函数	取某科目借贷发生额的差额
JG()	取对方科目计算结果函数	取对方一个或多个科目结果
常数		取某个指定的数字

（2）科目编码。科目编码用于确定取哪个科目的数据，它必须是总账系统中已定义的会计科目编码。如果转账凭证的科目栏科目与公式中的科目编码相同，则公式中的科目编码可省去不写。例如：QM()表示取当前分录科目栏定义的科目月末余额。

（3）会计期间。会计期间可输入"年""月"或数字"1～12"。如果输入"年"则按当前会计年度取数，如果输入"月"，则按结转月份取数。当输入"1""2"等数字，则表示取此会计月的数据。会计期可以为空，为空时默认为"月"。例如：QM(100201,)表示取100201科目结转月份的月末余额。

（4）方向。发生额函数的方向用"借"表示借方，用"贷"表示贷方，其含义为取该科目所选方向的发生额。例如：FS(410101,月,贷)表示取410101科目的结转月份贷方发生额。余额函数的方向表示方式同上，但允许为空，其含义为取该科目所选方向的余额。若余额在相同方向，则返回余额，若余额在相反方向，则返回0；若方向为空，则根据科目性质返回余额。例如：1001库存现金科目为借方科目，若余额在借方，则正常返回其余额，若余额在贷方，则返回负数。

（5）辅助项。当科目为辅助核算科目（即科目账类设为辅助核算）时，可以指定辅助项取数。如果科目有两种辅助核算，则可输入两个末级辅助项。辅助项可输入编码，可输入名称，也可输入"＊"，还可以不输入。如果输入辅助项，则按所输入的辅助项取数；如果输入"＊"，则取科目总数；如果不输入，则按当前分录各辅助项栏中定义的辅助项取数。例如：660201为部门、项目辅助核算科目，则 QM(660201,月,,部门编码,项目编码)表示取该部门编码、项目编码下 660201 科目的期末余额。QM(660201,月,,＊,＊)表示取 660201 科目的各部门、各项目期末余额的总和。QM(660201,月,,部门编码,＊)表示取 660201 科目的该部门编码下各项目期末余额的总和。QM(660201,月,,＊,项目编码)表示取 660201 科目的该项目编码下各部门期末余额的总和。QM(660201,月)表示取当前分录所定义的转账发生部门、项目的期末余额。

10.2.2.2 自动转账定义设置

转账凭证的定义系统提供了自定义转账、对应结转、销售成本结转、汇兑损益结转、期间损益结转等多种方式。要利用自动转账功能自动生成记账凭证，应先定义凭证模板。先设置凭证类别、摘要、借贷会计科目及其金额，最关键的是金额公式的设置，要利用账务系统提供的账务函数来提取账户数据，如期初余额函数、期末余额函数、发生额函数、累计发生额函数、净发生额函数等。定义转账凭证时要注意凭证的生成顺序。例如，定义结转销售成本、结转期间损益、计提所得税、结转所得税自动转账凭证时，因为销售成本是期间损益的一部分，所以要先生成结转销售成本的凭证并审核记账后，才能生成结转期间损益的凭证，在期间损益的凭证审核记账后才能生成计提所得税的凭证，在计提所得税的凭证审核记账后才能生成结转所得税的凭证。凭证模板只需定义一次即可，凭证生成需每月月末进行。

（1）自定义转账设置

自定义转账是系统中最灵活的结转设置方式，任何期末摊销、计提、结转业务均可进行定义,此项功能可以完成的转账业务主要有费用的分配、税金的计算、各项费用的计提等。自定义转账设置时首先进行转账目录设置,录入转账序号、转账说明、选择凭证类别;其次进行分录设置,录入科目编码、选择方向、录入金额公式。

（2）对应结转设置

对应结转可进行两个科目一对一结转,也可以进行科目的一对多结转。对应结转的科目可以为末级,也可以为非末级,如果为非末级,则其下级科目的科目结构必须一致。如果有辅助核算,那么两个科目的辅助账类也必须一一对应。对应结转只能结转期末余额,如果要结转发生额,需要在自定义结转中设置。对应结转设置时首先录入编号,选择凭证类别,录入摘要;其次录入转出科目、转入科目;最后录入结转系数,全额结转系数为1。

（3）销售成本结转设置

销售成本结转是指在月末按一定的方法计算出库存商品的平均单价的基础上,将月末库存商品销售数量乘以库存商品的平均单价计算出各类商品的销售成本并进行结转。销售成本结转设置时需要指定库存商品、主营业务收入、主营业务成本科目且要求这三个科目具有相同的明细科目结构,同时均设置为数量核算。如果科目带有辅助核算,对此类科目结转成本,需要通过自定义结转方式进行定义。

（4）汇兑损益结转设置

该功能用于期末自动计算外币账户的汇兑损益,并在转账生成中自动生成汇兑损益转账凭证。汇兑损益只处理外汇存款账户、外币现金账户和外币结算的各项债权、债务,不包括所有者权益类账户、成本类账户和损益类账户。进行汇兑损益设置时首先选择凭证类别、汇兑损益入账科目;其次选中是否计算汇兑损益栏。汇兑损益的入账科目不能是辅助账科目或有数量外币核算的科目。若启用了应收款、应付款管理系统,计算汇兑损益的外币科目不能是带客户或供应商往来核算的科目。

（5）期间损益结转设置

期间损益结转用于一个会计期间终了,将损益类科目的余额转入本年利润科目,从而及时反映企业利润的盈亏情况。进行期间损益结转设置时选择凭证类别、本年利润科目后单击损益科目结转表空白处,系统自动刷新界面,在该表中显示所有损益类科目。如果希望某损益类科目参与期间损益的结转,则应在该科目所在行的"本年利润科目名称"栏中填写相应的"本年利润"科目,如果不填"本年利润"科目,则将不结转该损益类科目的余额。

10.2.3 自动转账生成

凭证模板定义好之后,当每月发生相关经济业务时,不必再通过手工录入凭证,而可以直接调用已定义好的凭证模板自动生成相关的记账凭证。利用凭证模板生成记账凭证需要每月重复进行。利用自动转账生成凭证时,一定要相关凭证已经全部记账后,才能保证数据被取出并且是完整的。利用自动转账生成的凭证仍然需要审核记账。

10.2.3.1 自定义转账凭证的生成

首先打开转账生成窗口,然后选择结转月份,选择"自定义转账",选中要结转的凭证,系统自动生成相关的转账凭证。

10.2.3.2 对应结转凭证的生成

首先打开转账生成窗口,然后选择结转月份,选择"对应结转",选中要结转的凭证,系统自动生成相关的转账凭证。

10.2.3.3 销售成本结转凭证的生成

首先打开转账生成窗口,然后选择结转月份,选择"销售成本结转",在右边列表框中显示出已设置好的成本科目编码、成本科目名称以及计量单位等,确定后系统自动生成相关的转账凭证。

10.2.3.4 汇兑损益结转凭证的生成

首先输入期末的调整汇率,然后打开转账生成窗口,选择结转月份,选择"汇兑损益结转",在右边列表框中显示出需要结转的科目编码、科目名称、币种、是否结转等,选择全选后进行确定,系统进入"汇兑损益试算表"窗口,该窗口显示科目编码、外币余额、本币余额、月末汇率、调整后本币余额、差额等,确定后系统自动生成相关的转账凭证。

10.2.3.5 期间损益结转凭证的生成

首先打开转账生成窗口,然后选择结转月份,选择"期间损益结转",在右边列表框中显示出所有损益类会计科目,选择类型为"收入"或"支出"或"全部"后,单击"全选"按钮,确定后系统自动生成相关的转账凭证。

10.3 对账和结账

10.3.1 对账

对账就是对账簿数据进行核对,检查记账是否正确、是否账账相符。对账包括总账与明细账、总账与辅助账的核对。试算平衡时系统会将所有账户的期末余额按会计平衡公式"借方余额＝贷方余额"进行平衡检验,并输出科目余额表。

10.3.2 结账

每月月末都要进行结账。结账后当月不能再填制凭证,并终止各账户的记账工作。系统会自动计算当月各账户发生额合计及余额,并将其转到下月月初。本月结账时,系统会进行下列检查工作:

(1) 检查本月业务是否已全部记账,有未记账的凭证不能结账。
(2) 检查上月是否已结账,上月未结账,本月不能结账。
(3) 核对总账与明细账、总账与辅助账,账账不符不能结账。
(4) 对科目余额表试算平衡,不平衡不能结账。
(5) 损益类账户是否已结账至本年利润。
(6) 总账系统必须在其他各系统结账后才能结账。

实验任务

一、实验准备

1. 建立"项目十\期末会计处理"文件夹。
2. 将系统日期修改为"2021年1月31日"。
3. 引入"项目九\库存管理与存货核算\Uferpact.lst"的备份数据。
4. 以操作员"004 曾丽"的身份注册进入企业应用平台,进行银行对账。
5. 以操作员"003 王强"的身份注册进入企业应用平台,进行期末业务处理。

二、实验资料

(一) 银行对账

1. 2020年12月31日中行存款余额调节表(表10-2)

表10-2 中行存款余额调节表

项目	结算号	金额	项目	结算号	金额
日记账余额		365 000.00	对账单余额		385 000.00
加:银收企未收 (2020-12-30)	转账支票 ZZ1230	20 000.00	加:企收银未收		
减:银付企未付			减:企付银未付		
调整后的存款余额		385 000.00	调整后的存款余额		385 000.00

2. 2021年1月31日中行存款对账单(表10-3)

表10-3 中行存款对账单

日期	结算方式	结算号	借方金额	贷方金额
2021-01-04	现金支票	XJ001		5 000
2021-01-05	委托收款			53 898.4
2021-01-05	转账支票	ZZ001		52 328.8
2021-01-06	转账支票	ZZ002		12 000
2021-01-06	转账支票	ZZ003		2 800
2021-01-09	转账支票	ZZ004		67 646.6
2021-01-12	转账支票	ZZ005		5 424
2021-01-15	转账支票	ZZ006		67 800
2021-01-16	电汇	DH001		55 370
2021-01-19	转账支票	ZZ007		30 000
2021-01-22	转账支票	ZZ008	452 000	
2021-01-23	转账支票	ZZ009	146 900	
2021-01-23	商业承兑汇票	SYCD28	67 393.2	

3. 期末银行对账

自动银行对账:截止日期为2021-01-31;日期相差在12天以内;对账标准:双方的"金额+结算号+结算方式+方向"必须相同。

(二) 期末凭证转账定义

1. 自定义转账设置

(1) 盘亏(表10-4)

转账序号:0001　　转账说明:盘亏　　凭证类型:转账

表10-4　盘亏自定义转账设置

摘要	科目编码	方向	金额公式
盘亏	6711	借	JG()
盘亏	190101	贷	FS(190101,月,借)

(2) 计算应交增值税(表10-5)

转账序号:0002　　转账说明:计算应交增值税　　凭证类型:转账

表10-5　应交增值税

摘要	科目编码	方向	金额公式
计算应交增值税	22210102	借	FS(22210102,月,贷)
计算应交增值税	22210103	借	FS(22210103,月,贷)
计算应交增值税	22210101	贷	FS(22210101,月,借)
计算应交增值税	22210106	贷	CE()

(3) 计算城建税、教育费附加(表10-6)

转账序号:0003　　转账说明:计算城建税、教育费附加　　凭证类型:转账

表10-6　城建税、教育费附加

摘要	科目编码	方向	金额公式
计算城建税、教育费附加	6403	借	JG()
计算城建税、教育费附加	222105	贷	QM(222102,月)*0.07
计算城建税、教育费附加	222106	贷	QM(222102,月)*0.03

(4) 计算应交所得税(表10-7)

转账序号:0004　　转账说明:计算应交所得税　　凭证类别:转账

表10-7　应交所得税

摘要	科目编码	方向	金额公式
计算应交所得税	6801	借	(FS(4103,月,贷)－FS(4103,月,借))*0.25
计算应交所得税	222103	贷	JG()

2. 对应结转设置:转出未交增值税(表 10-8)

表 10-8 结转转出未交增值税

编号	凭证类别	摘要	转出科目	转入科目	结转系数
0001	转账	转出未交增值税	22210106	222102	1

3. 期间损益结转设置

凭证类别:转账;本年利润科目:4103。

(三) 期末凭证转账生成

1. 1月31日,公司领导批示,盘亏的3件女式风衣678元作为非常损失,转入营业外支出。(转27)

借:营业外支出 678
　　贷:待处理财产损溢——待处理流动资产损溢 678

2. 1月31日,计算应交增值税。(转28)

借:应交税费——应交增值税(进项税额转出) 78
　　应交税费——应交增值税(销项税额) 70 850
　　贷:应交税费——应交增值税(进项税额) 17 997
　　　　应交税费——应交增值税(转出未交增值税) 52 931

3. 1月31日,结转转出未交增值税。(转29)

借:应交税费——应交增值税(转出未交增值税) 52 931
　　贷:应交税费——未交增值税 52 931

4. 1月31日,计算应交城市维护建设税、教育费附加。(转30)

借:税金及附加 5 293.10
　　贷:应交税费——城市维护建设税 3 705.17
　　　　　　　　——教育费附加 1587.93

5. 1月31日,期间损益结转,将收入类、支出类科目结转本年利润。(转31)

借:主营业务收入 545 000
　　贷:本年利润 135 237.15
　　　　主营业务成本 254 068
　　　　税金及附加 5 293.10
　　　　销售费用 33 926.2
　　　　管理费用 113 806
　　　　财务费用 1 906.8
　　　　信用减值损失 84.75
　　　　营业外支出 678

6. 1月31日,计算企业所得税。(转32)

借:所得税费用 33 809.29
　　贷:应交税费——所得税 33 809.29

7. 1月31日,将所得税结转本年利润。(转33)

借:本年利润　33 809.29

　贷:所得税费用　33 809.29

（四）账套备份

将账套备份到"项目十\期末会计处理"文件夹中。

三、拓展任务

结账反结账

四、操作指导

（一）银行对账

1. 录入银行对账期初数据

（1）执行"财务会计"|"总账"|"出纳"|"银行对账"|"银行对账期初录入",打开"银行科目选择"对话框。

（2）系统默认要对账的科目为"中国银行宁波市中山支行",单击"确定",打开"银行对账期初"设置窗口。

视频121 银行对账期初录入

（3）在单位日记账"调整前余额"栏中输入"365 000",在银行对账单"调整前余额"栏中输入"385 000"。

（4）单击"对账单期初未达项",打开"银行方期初"窗口,点击"增加",录入日期"2020-12-30"、结算方式"202 转账支票"、票号"ZZ1230"、借方金额"20 000",单击"保存"后,单击"退出",在"银行对账期初"窗口显示调整后余额。如图10-1所示。

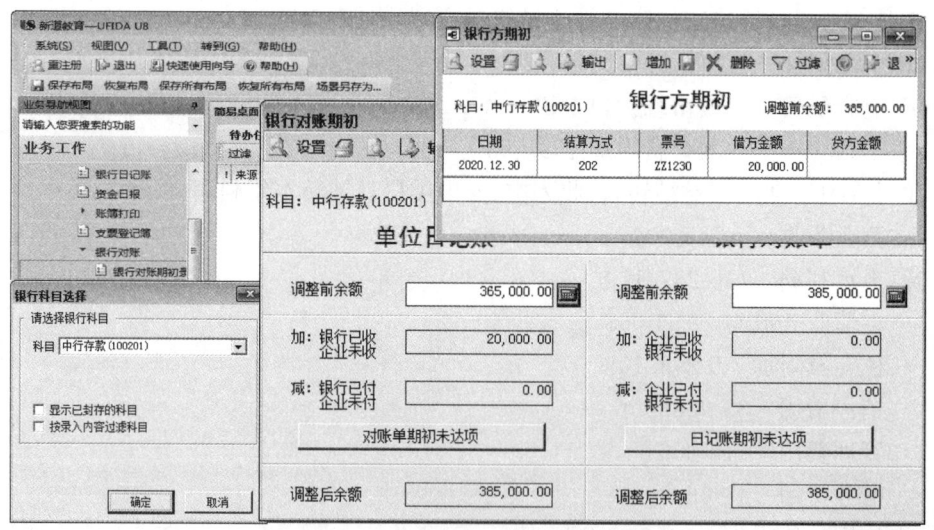

图10-1　录入银行对账期初数据

2. 录入银行对账单

（1）执行"财务会计"|"总账"|"出纳"|"银行对账"|"银行对账单",打开"银行科目选择"对话框。

（2）选择对账科目、对账月份,单击"确定",打开"银行对账单"对话框。

视频122 银行对账单

(3) 单击"增加",输入银行对账单记录,一行内容输入完毕,按回车键继续输入下一行,全部输入完成后,单击"保存"。如图 10-2 所示。

图 10-2 银行对账单

注:第一条记录是期初未达账项,无需输入,系统自动带出;余额无需输入,由系统自动生成。

3. 进行银行对账

(1) 执行"财务会计"|"总账"|"出纳"|"银行对账"|"银行对账",打开"银行科目选择"对话框,单击"确定",打开"银行对账"窗口。

(2) 单击"对账"按钮,打开"自动对账"窗口,输入截止日期、选择对账条件,单击"确定",系统进行自动勾对,并做出勾对符号。如果对账单中有与日记账相对应但却未选中的已达账项记录,可进行手工对账,分别双击银行对账单和单位日记账金额行的"两清"栏,标上两清标准"Y"。

视频 123 银行对账

(3) 对账完毕后,单击"检查",可查看检查平衡结果。如图 10-3 所示。

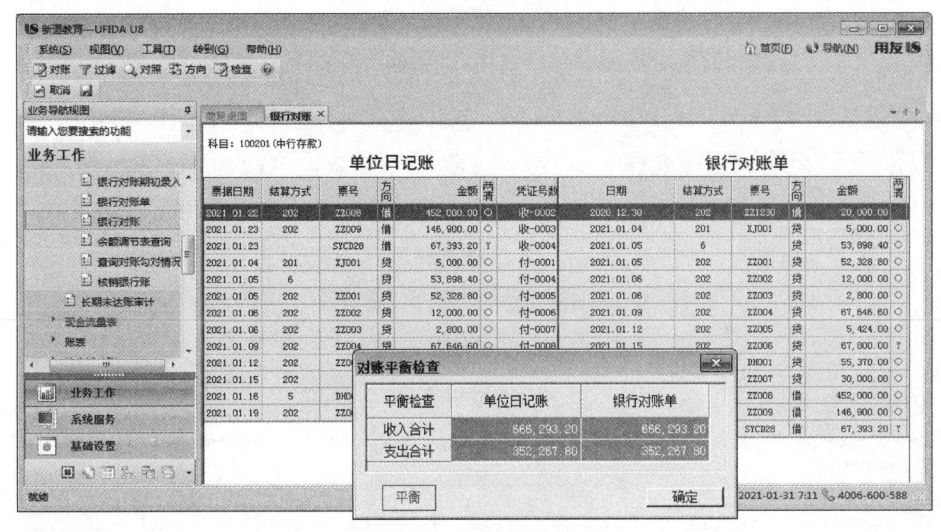

图 10-3 银行对账

4. 查询余额调节表

(1) 执行"财务会计"|"总账"|"出纳"|"银行对账"|"余额调节表查询",打开"银行存款余额调节表"窗口。

(2) 单击"查看"按钮,或直接双击改行,系统即显示出生成的"银行存款余额调节表"。如图 10-4 所示。

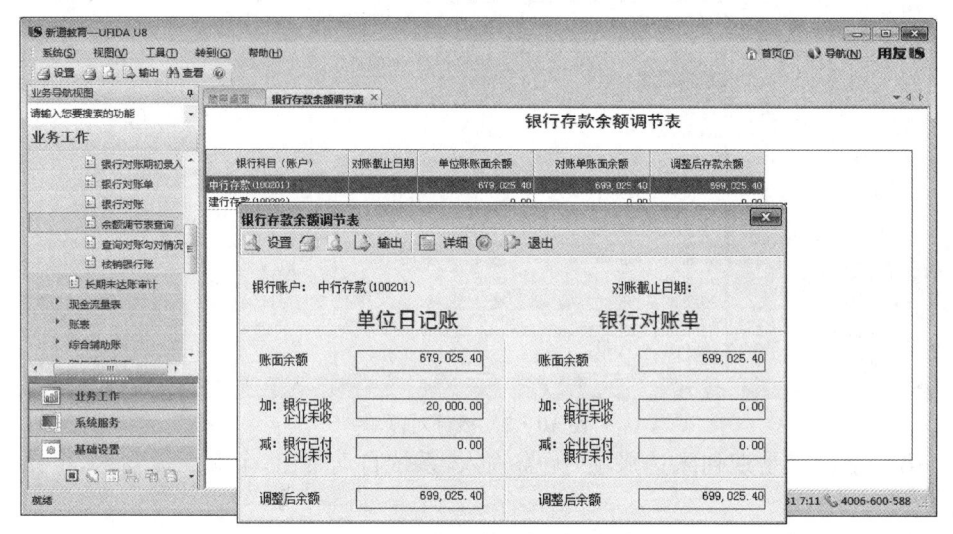

图 10-4　银行存款余额调节表

(二) 期末凭证转账定义

1. 自定义转账设置(以盘亏业务为例)

(1) 执行"财务会计"|"总账"|"期末"|"转账定义"|"自定义转账"命令,打开"自定义转账设置"窗口。

(2) 单击"增加"按钮,打开"转账目录"对话框,录入转账序号"0001",录入转账说明"盘亏",选择凭证类别"转账凭证",单击"确定"按钮,返回到"自定义转账设置"窗口。如图 10-5 所示。

视频 124 自定义转账设置盘亏

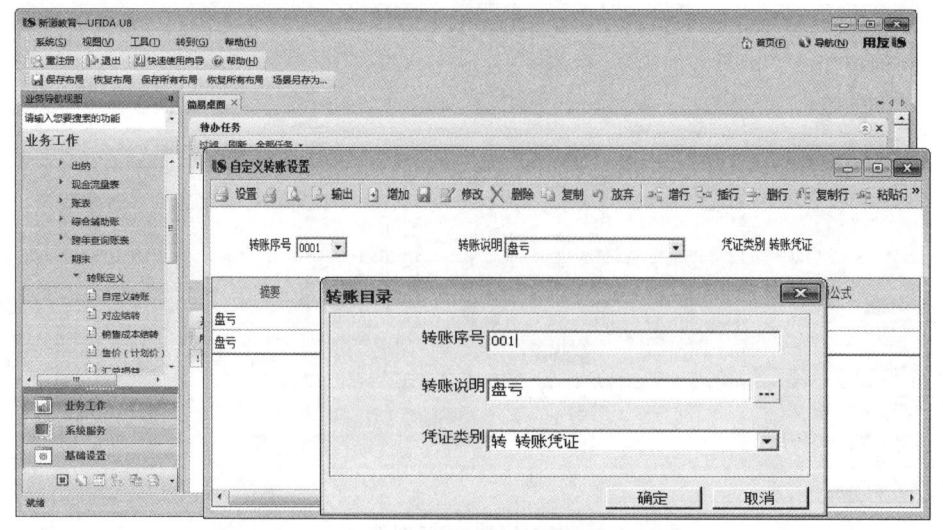

图 10-5　自定义转账凭证转账目录设置

(3) 单击"增行"按钮,录入科目编码"6711",方向"借",双击金额公式栏,输入金额公式"JG()"。

(4) 单击"增行"按钮,录入科目编码"190101",方向"贷",双击金额公式栏,单击参照按钮,打开"公式向导"对话框,选择公式名称"借方发生额",函数名"FS()",单击"下一步"按钮,录入科目名称"190101",期间选择"月",单击"完成",返回到"自定义转账设置"窗口,金额栏显示定义好的公式"FS(190101,月,借)",单击"保存"按钮。如图 10-6 所示。

图 10-6 盘亏业务自定义转账设置

(5) 同样操作,完成计算应交增值税、计算城市维护建设税和教育费附加、计算企业所得税的设置。

2. 对应结转(结转转出未交增值税)

(1) 执行"财务会计"|"总账"|"期末"|"转账定义"|"对应结转",打开"对应结转设置"窗口。

(2) 单击"增加"按钮,录入编号"0001",凭证类别选择"转账凭证",录入摘要"转出未交增值税"。在转出科目录入"22210106"。

(3) 单击"增行"按钮在转入科目编码栏录入"222102",结转系数录入"1"。

(4) 单击"保存"按钮。如图 10-7 所示。

视频 125 自定义转账设置计算应交增值税

视频 126 自定义转账设置计算城建税教育费附加

视频 127 对应结转设置转出未交增值税

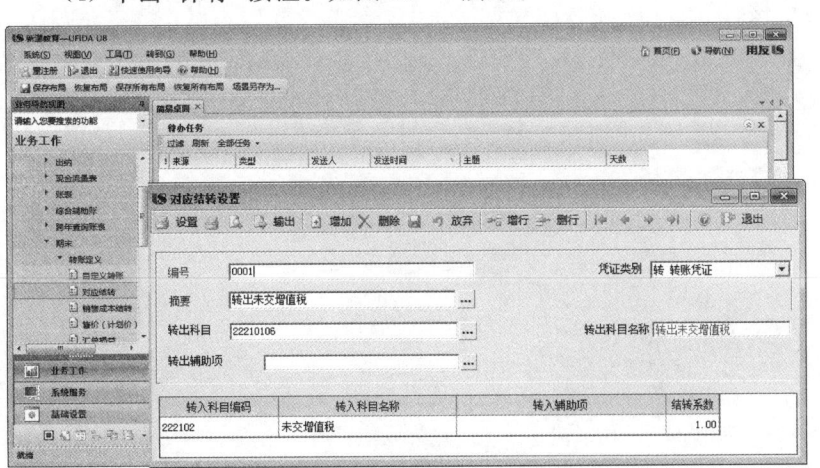

图 10-7 转出未交增值税的对应结转设置

(5) 同样操作,完成计算应交增值税、计算城市维护建设税和教育费附加、计算企业所得税的设置。

3. 期间损益结转设置

(1) 执行"财务会计"|"总账"|"期末"|"转账定义"|"期间损益结转",打开"期间损益结转设置"窗口。

(2) 凭证类别选择"转账凭证",本年利润科目文本框中输入科目编码"4103",单击"确定"按钮。如图10-8所示。

视频128 期间损益设置

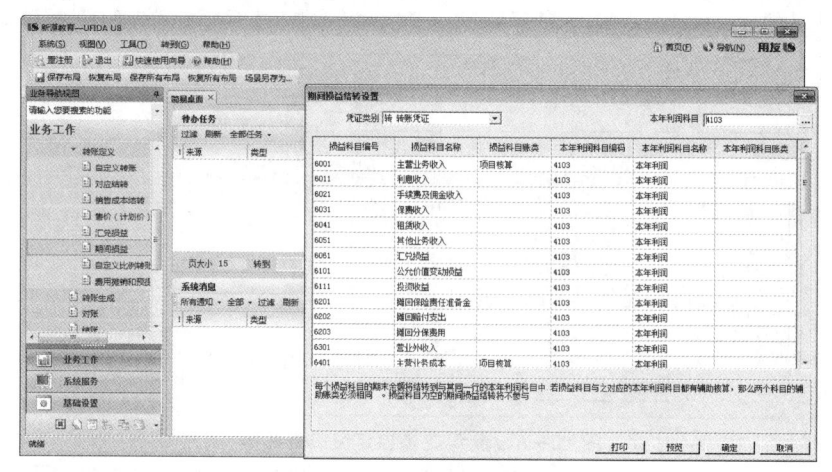

图10-8 期间损益结转设置

(三)期末凭证转账生成

1. 生成盘亏的凭证

(1) 执行"财务会计"|"总账"|"期末"|"转账生成",打开"转账生成"对话框。

(2) 单击"自定义结转"选项,双击"是否结转栏",选择要生成凭证的转账项目"0001盘亏",出现"Y"标志。如图10-9所示。

(3) 单击"确定",系统自动生成转账凭证,单击"保存"按钮,凭证上出现"已生成"标志。如图10-10所示。

视频129 转账生成盘亏凭证

(4) 对该张凭证进行审核、记账。

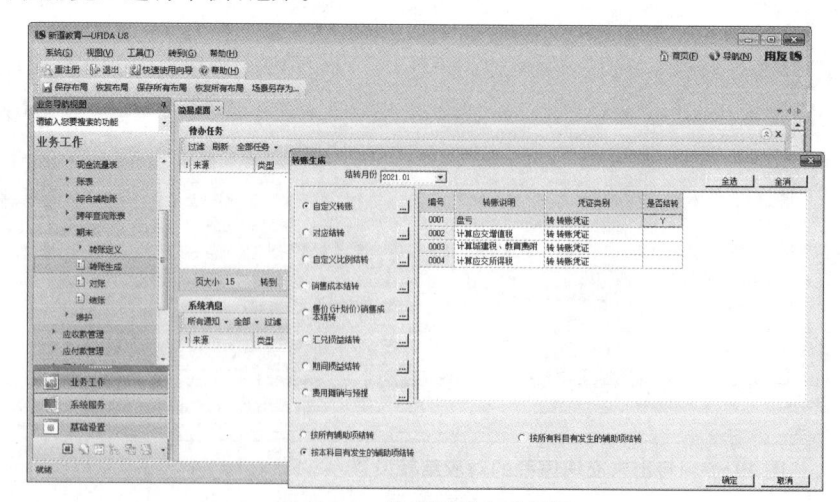

图10-9 期末转账生成凭证

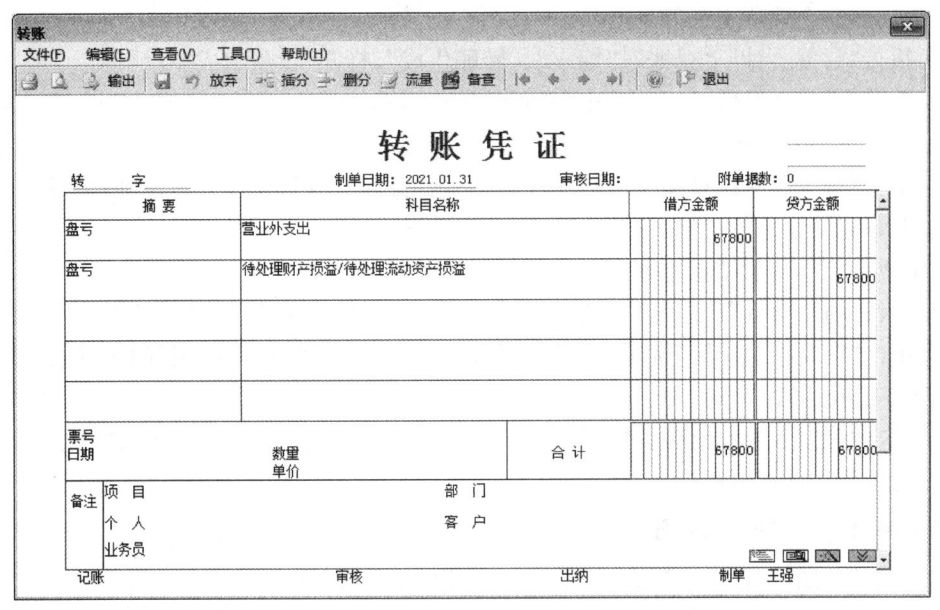

图 10-10 盘亏凭证

2. 生成应交增值税的凭证

(1) 执行"财务会计"|"总账"|"期末"|"转账生成",打开"转账生成"对话框。

(2) 单击"自定义结转"选项,双击"是否结转栏",选择要生成凭证的转账项目"0002 计算应交增值税",出现"Y"标志。

(3) 单击"确定",系统自动生成转账凭证,单击"保存"按钮,凭证上出现"已生成"标志。

(4) 对该张凭证进行审核、记账。

3. 生成结转转出未交增值税的凭证

(1) 执行"财务会计"|"总账"|"期末"|"转账生成",打开"转账生成"对话框。

(2) 单击"对应结转"选项,双击"是否结转栏",选择要生成凭证的转账项目"0001 结转转出未交增值税",出现"Y"标志。

(3) 单击"确定",系统自动生成转账凭证,单击"保存"按钮,凭证上出现"已生成"标志。

(4) 对该张凭证进行审核、记账。

4. 生成应交城建设税、教育费附加的凭证

(1) 执行"财务会计"|"总账"|"期末"|"转账生成",打开"转账生成"对话框。

(2) 单击"自定义结转"选项,双击"是否结转栏",选择要生成凭证的转账项目"0003 计算城建税、教育费附加",出现"Y"标志。

(3) 单击"确定",系统自动生成转账凭证,单击"保存"按钮,凭证上出现"已生成"标志。

(4) 对该张凭证进行审核、记账。

5. 生成期间损益结转凭证

(1) 执行"财务会计"|"总账"|"期末"|"转账生成",打开"转账生成"对话框。

(2) 单击"期间损益结转"选项,在右边列表框中显示所有的损益类会计科目,单击"全选"。

(3) 单击"确定",系统自动生成损益类结转的凭证,单击"保存"按钮,凭证上出现"已生成"标志。

(4) 对该张凭证进行审核、记账。

6. 生成应交企业所得税凭证

(1) 执行"财务会计"|"总账"|"期末"|"转账生成",打开"转账生成"对话框。

(2) 单击"自定义结转"选项,双击"是否结转栏",选择要生成凭证的转账项目"0004 计算企业所得税",出现"Y"标志。

(3) 单击"确定",系统自动生成转账凭证,单击"保存"按钮,凭证上出现"已生成"标志。

(4) 对该张凭证进行审核、记账。

7. 生成企业所得税结转凭证

(1) 执行"财务会计"|"总账"|"期末"|"转账生成",打开"转账生成"对话框。

(2) 单击"期间损益结转"选项,再选中损益科目名称为"所得税费用"的记录行,双击"是否结转"栏,显示为"Y"。

(3) 单击"确定",生成所得税费用结转凭证,单击"保存"按钮,凭证上出现"已生成"标志。

(4) 对该张凭证进行审核、记账。

(四) 结账与反结账(拓展任务)

1. "总账"|"期末"|"结账",打开"结账——开始结账"对话框。

2. 单击"下一步"按钮,打开"结账——核对账簿"对话框。

3. 单击"对账"按钮,系统进行对账,对账完毕,单击"下一步"按钮,打开"结账——月度工作报告"对话框。

4. 单击"下一步"按钮,弹出"可以结账"的提示。

5. 单击"结账"按钮,完成结账工作。

6. 以账套主管"001 曹华"重注册,在"结账"窗口,选择要取消结账的月份"2021.01",按"Ctrl+Shift+F6"组合键,打开"确认口令"对话框。

7. 单击"确定"按钮,取消了"2021.01"的结账标志。

注:需要先进行各业务系统月末结账,总账系统才能结账。

> **项目小结**
>
> 期末会计处理是指会计人员将本月所发生的日常经济业务全部登记入账后,在每个会计期末都要完成的一些特定工作,包括进行银行对账、编制银行存款余额调节表以及期末的摊销、计提结转、对账、结账等。

项目十 基础练习

一、单项选择题

1. 下面不是自动对账的依据通常是( )。
   A. 结算方式   B. 凭证号   C. 方向   D. 金额

2. 关于月末结账处理,下列描述中不正确的是( )。

A. 结账前必须将所有凭证登记入账　　B. 某月结账后,将不能再输入该月凭证
C. 某月结账后该月不能再记账　　　　D. 每月可以多次结账

二、多项选择题

1. 银行对账工作一般包括(　　)。
A. 录入银行对账期初数据　　　　　　B. 录入银行对账单
C. 银行对账　　　　　　　　　　　　D. 编制银行存款余额调节表

2. 以下说法正确的是(　　)。
A. 对账一般是在月末发生,一个月只做一次
B. 期末转账业务通常是企业在每个会计期间结账前都要进行的固定业务
C. 自动转账是期末借贷方会计科目不变,发生金额的来源相同,凭证处理固定的业务
D. 期间损益结转需要将所有未记账凭证审核记账后进行

UFO 报表系统设置与应用   项目十一

知识目标

1. 会描述 UFO 报表系统的基本功能,熟悉报表系统的操作流程。
2. 能阐述 UFO 报表系统基础设置的内容。
3. 会设计 UFO 报表系统格式的基本内容。
4. 会运用 UFO 报表系统数据处理的基本方法。

能力目标

1. 能够进行货币资金表报表格式设计和数据处理。
2. 能够利用报表模板生成资产负债表、利润表,根据企业的实际情况对报表进行修改。
3. 能制作报表进行财务分析和预测。

项目导入

宁波正方服饰有限公司为了集中地反映会计期末公司的财务状况和会计期间的经营活动、财务收支的全貌,需要设计、编制财务报表。公司启用 UFO 报表系统,可以用系统提供的模板生成财务报表,也可以自定义报表。

11.1 UFO 报表系统概述

11.1.1 UFO 报表系统的功能

11.1.1.1 报表格式设计

报表可以拆分为相对固定的内容和相对变动的内容两部分。相对固定的内容包括报表的标题、表格部分、表中的项目、表中数据的来源等；相对变动的内容主要包括报表中的数据。报表格式设计就是在系统中建立一张报表中相对固定的部分，也就是建立一个报表模板，供以后编制此类报表时调用。

11.1.1.2 报表数据处理

报表数据处理是根据预先设置的报表格式和报表公式进行数据采集、计算、汇总等，以生成会计报表，UFO 报表系统还提供了排序、审核、舍位平衡等功能。

11.1.1.3 图表处理功能

UFO 报表系统的图表处理功能能够方便地对报表数据进行图形组织，制作直方图、立体图、圆饼图、折线图等多种分析图表，还能编辑图表的位置、大小、标题、字体、颜色等，并打印输出各种图表。

11.1.1.4 文件管理功能

利用文件管理功能可以方便地完成报表文件的创建、保存等操作，进行不同文件格式的转换，导入和导出标准财务数据。

11.1.2 UFO 报表系统与其他系统的关系

UFO 报表系统主要是从其他系统提取编制报表所需的各种数据。总账、薪资管理、固定资产管理、应收款管理、应付款管理、财务分析、采购管理、销售管理、库存管理、存货核算等系统均可向 UFO 报表系统传递数据，以生成财务部门所需的各种会计报表。其他系统是 UFO 报表系统发挥其强大表格和数据处理功能的基础，而 UFO 报表系统是对其他系统数据进行综合反映的载体。

11.1.3 UFO 报表系统的基本概念

11.1.3.1 格式状态

报表的格式是指报表中每月相对固定不变的内容。报表的格式在格式状态下定义，在格式状态下确定表尺寸、行高列宽、单元格属性、组合单元、关键字、报表中的各种项目、各类公式等。在格式状态下所做的操作对本报表所有的表页都发生作用。在格式状态下不能进行报表数据的输入、计算等操作。

11.1.3.2 数据状态

在数据状态下主要完成报表数据的管理,如输入数据、增加或删除表页、审核、舍位平衡、作出图形、汇总和合并报表等。在数据状态下不能编辑修改报表的格式。在数据状态下看到的是报表的全部内容,包括格式和数据。财务中报表的格式和数据是分开管理的,建立报表格式,不能对数据进行操作,处理数据时不能编辑报表格式。格式和数据状态的转换可单击系统界面右下角的"格式/数据"按钮进行切换。

11.1.3.3 单元

单元是组成报表的最小单位,单元名称由所在行、列标识。单元中行号用数字 1~9999 表示,列标用字母 A~IU 表示。

11.1.3.4 单元属性

单元属性包括单元类型、对齐方式、字体颜色等。单元类型有数值型、字符型、表样型。

(1) 数值单元

数值单元是报表的数据,在数据状态下输入。数值型数据可以直接输入或由单元公式运算生成。建立一个新表时,所有单元的类型默认为数值型。

(2) 字符单元

字符单元是报表的数据,在数据状态下输入,字符单元的内容可以是汉字、字母、数字及各种键盘可以输入的符号组成的一串字符,一个单元最多可输入 63 个字符或 31 个汉字。字符单元的内容也可由单元公式生成。

(3) 表样单元

表样单元是报表的格式,是定义一个没有数据的空表所需要的所有文字、符号或数字。一旦单元被定义为表样,在其中输入的内容对所有表页都有效。表样在格式状态下输入和修改,在数据状态下不允许修改。

11.1.3.5 组合单元

组合单元是指由相邻的两个或更多的单元组合而成的单元,这些单元必须是同一种单元类型(表样、数值、字符),财务在处理报表时将组合单元视为一个单元。可以组合同一行相邻的几个单元,也可以组合同一列相邻的几个单元,还可以把一个多行多列的平面区域设为一个组合单元。组合单元的名称可以用区域的名称或区域中单元的名称来表示。

11.1.3.6 区域

区域是由一张表页上的相邻单元组成的,自起点单元至终点单元是一个完整的长方形矩阵。在财务报表中,区域是二维的,最大的区域是一个二维表的所有单元(整个表页),最小的区域是一个单元。区域的表示方法是"开始区域:结束区域",如 A4:B36,表示第 4 行第 1 列至第 36 行第 2 列为一个区域。区域主要可分为固定区和可变区两大类。

固定区是指组成一个区域的行数和列数的数量是固定的数目。一旦设定好以后,在固定区域内其单元总数是不变的。可变区是指屏幕显示一个区域的行数或列数是不固定的数字。可变区的最大行数或最大列数是在格式设计中设定的。在一个报表中只能设置一个可变区,或是行可变区或是列可变区。行可变区是指可变区中的行数是可变的;列可变区是指可变区中列数是可变的。设置可变区后,屏幕只显示可变区的第一行或第一列,其他可变行、列隐藏在表体内。在以后的数据操作中,可变行、列数随着数据处理的需要而增减。有可变区的报表称为可变表;没有可变区的报表称为固定表。

11.1.3.7 关键字

关键字是游离于单元之外的特殊单元,,可以唯一标识一个表页,用于在大量表页中快速选择表页。在格式状态下,可以对关键字进行设置、取消,关键字的值在数据状态下输入。每个报表可以定义多个关键字,UFO报表共提供了以下六种关键字:

(1) 单位名称:字符型,为该报表表页编制单位的名称。
(2) 单位编号:字符型,为该报表表页编制单位的编号。
(3) 年:数字型,该报表表页反映的年度。
(4) 季:数字型,该报表表页反映的季度。
(5) 月:数字型,该报表表页反映的月份。
(6) 日:数字型,该报表表页反映的日期。

11.1.4 报表基本操作流程

在UFO报表系统中,编制报表主要有两类方法。对于各企业标准的对外财务报告,一般调用系统预置的报表模板,微调后快速生成;对于企业内部用各种管理报表,需要自行完成报表定义。结合以上两种情况,编制报表的工作流程如图11-1所示。

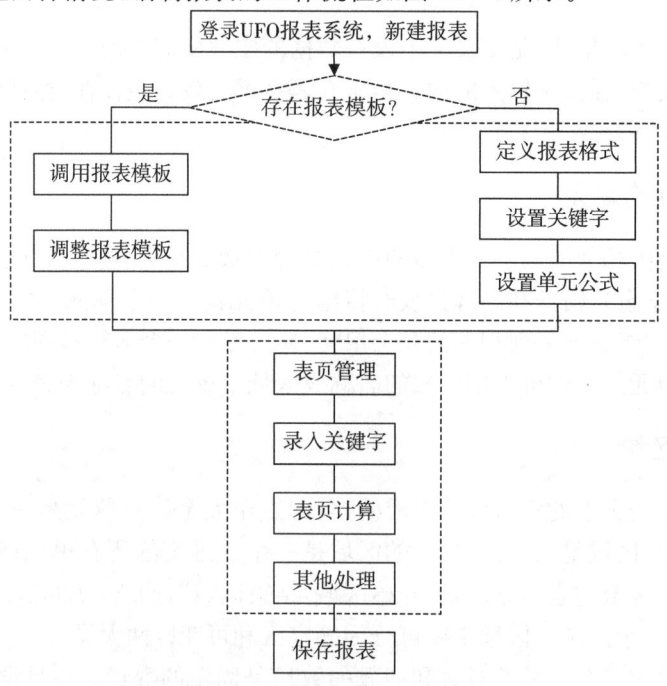

图 11-1 报表编制工作流程

11.1.4.1 新建报表

在 UFO 报表系统中新建报表时,系统自动建立一张空表,默认表名为 report1,并自动进入"格式"设计状态。在保存文件时按照文件命名的基本规定为这张报表命名。

11.1.4.2 设计报表的格式

在格式状态下进行报表的格式设计,格式对整个报表都有效,包括以下操作:
(1) 设置表尺寸:定义报表的大小即设定报表的行数和列数。
(2) 定义行高和列宽。
(3) 画表格线。
(4) 设置单元属性:把固定内容的单元如"项目""行次""期初数""期末数"等定为表样单元;把需要输入数字的单元定为数值单元;把需要输入字符的单元定为字符单元。
(5) 设置单元风格:设置单元的字型、字体、字号、颜色、图案、折行显示等。
(6) 定义组合单元:即把几个单元作为一个单元使用。
(7) 设置可变区:即确定可变区在表页上的位置和大小。
(8) 确定关键字在表页上的位置,如单位名称、年、月等。
(9) 录入表内文字:包括表头、表体和表尾(关键字值除外)。在格式状态下定义了单元内容的自动默认为表样型,定义为表样型的单元在数据状态下不允许修改和删除。

11.1.4.3 定义各类公式

UFO 报表系统中有三类公式即单元公式、审核公式、舍位公式,公式的定义在格式状态下进行。单元公式可定义报表数据间的运算关系,在报表数值单元中输入"="就可以直接定义计算公式;审核公式用于审核报表内或报表间的勾稽关系是否正确,需要用"审核公式"菜单项定义;舍位公式用于对报表数据进位或小数取整后重新调整平衡关系,需要用"舍位平衡公式"菜单项定义。

11.1.4.4 报表数据处理

报表格式和报表中的各类公式定义好后,就可以录入数据并进行处理了。报表数据处理在数据状态下进行。数据处理主要包括以下内容:
(1) 追加表页。因为新建的报表只有一张表页,所以需要追加多个表页。
(2) 录入关键字。如果报表中定义了关键字,则录入每张表页上关键字的值。
(3) 录入数据。在数值单元或字符单元中录入数据。
(4) 如果报表中有可变区,可变区初始只有一行或一列,需要追加可变行或可变列,并在可变行或可变列中录入数据。随着数据的录入,当前表页的单元公式将自动运算并显示结果。如果报表中有审核公式和舍位平衡公式,则执行审核和舍位平衡。

11.1.4.5 报表图形处理

选取报表数据后可以制作各种图形,如直方图、圆饼图、折线图、面积图、立体图。图形可以随意移动;图形的标题、数据组可以按照需要进行设置。图形设置好之后可以打印输出。

11.1.4.6 打印报表

可以通过报表打印功能将报表通过打印机向外输出。打印机可控制打印方向,进行横向或纵向打印;可控制行、列打印顺序;可以设置页眉和页脚,还可以设置财务报表的页首和页尾缩放打印;可以预览打印效果。

11.2 自定义报表

11.2.1 报表格式设计

报表格式是一张报表的框架。报表的格式在格式状态下设计,整个报表文件的所有表页格式都相同。报表格式设计主要包括报表尺寸定义、单元格属性、组合单元定义和关键字设置等内容。

11.2.1.1 设置表尺寸

设置表尺寸就是定义报表的行数和列数。

11.2.1.2 输入报表标题

标题用来描述报表的名称,标题会采用大一些的字号以及与表中项目不同的字体,且居中显示,这需要通过设置单元风格、组合单元来实现。

11.2.1.3 定义表头和关键字

表头用来描述报表的编制单位的名称、报表的编制日期等辅助信息和报表栏目。如果报表的编制单位是固定的,可以作为表样型数据处理。报表的编制日期是从账务系统及其他系统采集数据的依据,需要定义关键字。

11.2.1.4 定义表体

表体是报表的核心内容,主要包括各种项目和数据。各种项目一般作为表样型数据输入,数据部分根据编报日期不断变化,一般由函数从账务系统或其他系统采集或汇总计算得到,属于数值型数据。因此定义表体的关键内容是对表中项目的数据来源的定义。表中项目数据的来源有以下几种:

(1) 从账务系统或其他系统中取得。如利润表中的管理费用取自于账务系统"管理费用"的本期借方发生数。

(2) 通过表中项目的计算得到。如利润表中净利润等于利润总额减所得税费用。

(3) 从本表其他表页取数得到。如利润表中"本年累计"一列等于本表的"本月数"加上上个月的"本年累计"。如果用同一个报表文件存放全年 12 个月的利润表,那么就涉及到本表他页取数问题。

(4) 从其他报表中取数。在报表编制的过程中有时会涉及到从其他报表中获取数据,这种取数方式可通过建立报表文件之间的 RELATION 关联关系而获取或通过 SELECT 函数来获取。

针对以上种种情况，UFO 报表系统中提供了多种函数供定义数据公式使用。

11.2.1.5 定义表尾

表尾是表体以下的辅助说明信息，如制表人、审核人等。

11.2.1.6 保存报表

报表格式设计完成后，应及时保存，以备下次调用。

11.2.2 报表公式设置

11.2.2.1 单元公式

单元公式的设置是为了定义报表数据之间的运算关系。对于小部分最基本、最原始的报表数据，必须通过手工直接输入的方法获取；对于报表内小计、合计等数据，通过建立单元公式自动计算的方法获取；对于需要从其他报表中提取的数据，通过建立表与表之间的数据连接公式的方式来获取；对于需要从账簿中提取的数据，通过建立账中取数公式，自动从账务处理系统或其他会计核算系统中获取。根据报表中数据的来源，报表单元公式取数主要分为 4 类：从报表内部取数、从账务系统取数、表表之间取数、从其他报表文件中取数。

(1) 表页内取数公式的定义。报表中的小计、合计等单元数据没有必要手工填入，应根据数据间的关系建立单元公式，系统自动根据单元公式计算出数据填入相应的单元中。表页内取数公式可以用单元名称的加、减、乘、除等运算方式定义，也可以通过函数方式定义，例如 C6 单元的数据来源为 C4 单元的数据与 C5 单元的数据之和，则 C6 单元的取数公式可以定义为 C6＝C4＋C5，也可以定义为 C6＝PTOTAL(C4:C5)。

(2) 账务处理系统取数公式的定义

在许多报表中，报表数据并不一定来自报表本身，更多的来源于账务处理系统、薪资管理系统等。在会计报表系统中一般都提供了账务函数，账务函数是 UFO 报表系统与账务处理系统之间数据传递的桥梁。

a. 账务函数的基本格式。函数名(科目编码,会计期间,[方向],[账套号],[编码 1],[编码 2])

科目编码也可以是科目名称，必须用双引号引起来；会计期间可以是"年""季""月"等变量；方向即"借"或"贷"，可以省略；账套号为数字，默认为当前账套；编码 1、编码 2 与科目编码的核算账类有关，可以取科目的辅助账，无则省略。

b. 账务取数函数。在 UFO 报表系统中提供了 24 种账务取数函数，最常用的账务取数函数如表 11-1 所示。

表 11-1 主要用友账务函数表

总账函数的名称	公式
期初余额函数	QC()/SQC()/WQC()
期末余额函数	QM()/SQM()/WQM()
发生额函数	LFS()/SLFS()/WLFS()

续 表

总账函数的名称	公式
累计发生额函数	TFS()/STFS()/WTFS()
条件发生额函数	DFS()/SDFS()/WDFS()
对方科目发生额函数	FS()/SFS()/WFS()
净额函数	JE()/SJE()/WJE()

注:"S"和"W"表示数量和外币核算。

(3) 本表他页取数公式的定义。是指同一报表文件不同表页之间通过数据链接获取数据。本表他页取数主要有两种情况,即取确定页号表页的数据或按一定关键字取数。

a. 取确定页号表页的数据

当所取数据所在的表页页号已知时,用以下格式可以方便地取得本表他页的数据:

＜目标区域＞=＜数据源区域＞@＜页号＞

例如,B2＝C5@1 的含义为各页 B2 单元取当前表第 1 页 C5 单元的值。

b. 按一定关键字取数

可用 SELECT()函数按一定关键字从本表他页取得数据。SELECT()函数最常用在利润表中求累计值。

例如:D＝C＋SELECT(D,年@年 and 月@月＋1)表示当前表的 D 列等于当前表的 C 列加上同年上个月 D 列的值。

SELECT()函数中,@前的年和月代表目的表的年关键字值和月关键字值;@后的年和月代表源表的年关键字值和月关键字值。

(4) 他表取数公式的定义。他表取数是指目的表和源表不在一个表文件中,他表取数主要有两种情况,即取确定页号表页的数据或按一定关键字取数。

a. 取他表确定页号表页的数据

当所取数据所在的表页页号已知时,用以下格式可以方便地取得他表的数据。

＜目标区域＞="＜他表表名＞"－＞＜数据源区域＞[@＜页号＞]

例如,B2="LRB"－＞C5@1 的含义为各页 B2 单元取表"LRB"第 1 页 C5 单元的值。

b. 按一定关键字取数

从他表取数时,已知条件并不是页号,而是按照年、月、日等关键字的对应关系取他表数据,就必须用到关联条件:

RELATION＜单元|关键字|变量|常量＞ WITH"＜他表表名＞"－＞＜单元|关键字|变量|常量＞

例如,A1="FYB"－＞A1 FOR ALL RELATION 月 WITH"FYB"－＞月,意为取 FYB 表与当前表页月相同的月的 A1 单元的值。

11.2.2.2 审核公式

财务报表中的数据存在一定的勾稽关系,如资产负债表的资产合计应等于负债及所有者权益合计。在实际工作中,为了确保报表数据的准确性,可以利用报表之间或报表内的勾稽关系对报表编制的正确性进行检查,用于该种用途的公式称为审核公式。

审核公式格式：

＜算术表达式＞＜关系表达式＞＜算术表达式＞ MESS"＜提示信息＞"

例如，资产负债表中的"资产总计"期末数应等于"负债及所有者权益总计"期末数，可以定义审核公式如下：

D42＝H42　MESS"资产总计期末不等于负债及所有者权益总计期末"

D42 表示"资产总计"期末数，H42 表示"负债及所有者权益总计"期末数，MESS 后面的字符串是当其前面的条件不成立时，在屏幕上出现的提示信息。整个公式的含义是：D42 单元的值必须等于 H42 单元的值，否则在屏幕上显示"资产总计期末不等于负债及所有者权益总计期末"。

11.2.2.3　舍位平衡公式

有的报表中数据位数很多，需要把以"元"为单位的报表转换为以"千元""万元"为单位的报表。在转换过程中，原报表的平衡关系可能会被破坏，因此需要进行调整，使之符合指定的平衡关系。报表经过舍位后，用于重新调整平衡关系的公式称为舍位平衡公式。定义舍位平衡公式时首先录入舍位表名，然后确定舍位范围、舍位位数、最后录入平衡公式。公式中只能使用"＋""－"运算符，等号左边只能有一个单元，一个单元只能在右边出现一次，每个公式间用"，"隔开，最后一条公式不用写逗号，公式需要在英文状态下输入。

11.2.3　报表数据处理

在格式设计完成以后，就可以进行报表数据处理了。报表数据处理主要包括报表数据生成、报表审核、报表舍位平衡、图表处理、报表输出等内容。

11.2.3.1　打开报表文件

打开已定义好表样格式及公式的报表文件。一个报表文件可能包含多个表页，每个表页用来存放不同会计期间的数据。如果没有存放当期数据的表页，需要插入或追加表页。

11.2.3.2　输入关键字

不同会计期间企业经营的数据有所不同，系统通过设置关键字来判定本表页数据取自哪个单位和哪个会计期间。因此生成报表数据前的重要步骤就是录入关键字的值。

11.2.3.3　输入基本数据

某些报表单元的数据每月不同，且无法从机内的账簿文件中获取，与其他数据之间也不存在关联关系，因此只能在报表编制时临时输入。

11.2.3.4　生成报表

在完成基本数据输入和关键字录入后，系统将自动根据计算公式从账务系统或其他系统中采集数据，然后进行计算，生成报表。在生成报表的过程中，系统将对公式的格式进行检查，如有错误，系统将给予提示。

11.2.3.5 报表审核

报表数据生成后,如果设置了审核公式,系统将根据审核公式中设定的逻辑关系进行检查。如果报表数据不符合勾稽关系,系统会给出预先设定的提示信息。用户应按照系统提示修改报表数据,并重新进行审核,直到审核通过。每次对报表数据进行修改后,都应该重新进行审核,以保证报表各项勾稽关系正确。

11.2.3.6 舍位平衡处理

设置舍位平衡公式后,可以进行舍位平衡,生成舍位表。

11.2.4 表页管理

表页管理主要包括增加表页、交换表页、删除表页、表页排序等内容。

11.2.4.1 增加表页

在实际工作中,有时需要进行增加表页操作。增加表页有两种方式:一是插入表页,即在当前表页前面增加新的表页;二是追加表页,指在最后一张表页后面增加新的表页。增加表页后报表的表页数据增加,增加表页必须在数据状态下进行,插入表页时必须先选定需要插入表页的表页页标,使其成为当前表页,然后再执行"插入"命令,在对话框中输入要插入的表页数,即可在当前表页前增加新表页。追加表页操作时不需选择当前表页,可在进入数据状态后直接执行"追加"命令,在对话框中输入要追加的表页数,即可在最后一张表页后增加新表页。

11.2.4.2 交换表页

交换表页是将指定的任何表页中的全部数据进行交换。交换表页可实现表页数据的快速交换,交换表页后报表的表页数量不变动。交换表页必须在数据状态下进行,执行"交换"命令,输入"源页号"和"目标页号",确认后即可一次交换多个表页的数据。

11.2.4.3 删除表页

删除表页是将指定的整个表页删除。删除表页后报表的表页数量相应减少。删除表页必须在数据状态下进行,执行"删除"命令,若不指定表页号,确认后系统自动删除当前表页;若指定删除表页号,确认后系统则删除指定表页。

11.2.4.4 表页排序

UFO 报表系统提供表页排序功能,以实现不同的统计要求。操作时可以按照关键字的值或按照报表中任何一个单元的值重新排列表页。按照表页关键字值排序时,关键字值为空值的表页在按"递增"方式排序里排在最前面。表页排序必须在数据状态下进行,输入第一关键值"年"和排序方式"递增",输入第二关键值"月"和排序方式"递增",确认后系统即按关键字年和月的递增顺序自动完成表页的排序。

11.3 利用报表模板制作报表

11.3.1 常用财务报表

企业对外提供的财务报表包括资产负债表、利润表、现金流量表、所有者权益变动表等。

11.3.1.1 资产负债表

资产负债表是反映企业在某一特定日期的财务状况的会计报表。其目的在于提供财务状况信息资料,通过资产、负债、所有者权益的构成及相互关系反映企业的财务状况。资产负债表中的数据主要分为两种:财务取数得到的或是表内计算得到的。资产负债表中的数据主要是期初数和期末数。

11.3.1.2 利润表

利润表是反映企业一定期间生产经营成果的会计报表。利润表把一定时期的营业收入与其同一会计期间相关的营业费用进行配比,计算企业一定时期的净利润。利润表中主要有两列数据:一列数据为"本月数",取自于损益类科目的本月发生数;另一列数据为"本年累计数"。

11.3.1.3 现金流量表

现金流量表是反映企业一定会计期间内有关现金和现金等价物流入和流出情况的报表。它以现金的流入和流出反映企业在一定会计期间的经营活动、投资活动和筹资活动的动态情况。编制现金流量表有两种方法:利用总账系统中的项目管理功能和 UFO 报表系统完成现金流量表的编制;利用现金流量表模块完成现金流量表的编制。

11.3.2 利用报表模板编制报表

11.3.2.1 报表模板

UFO 报表系统中提供 16 个行业的各种标准的报表格式,用户根据本单位具体情况进行局部修改,即可快速完成报表定义工作。

11.3.2.2 利用报表模板编制资产负债表和利润表

在"格式"状态下,执行"格式"|"报表模板"命令,选择对应行业及财务报表,就可调出系统内预置的报表模板,然后检查各个项目的公式是否正确,保存即可。

11.3.2.3 利用总账系统与 UFO 报表系统编制现金流量表

总账系统提供了部门核算、个人往来、客户往来、供应商往来、项目核算 5 种辅助核算,其中以项目核算的运用最为灵活。利用总账系统与 UFO 报表系统编制现金流量表的流程如下:

(1) 在项目目录里建立"现金流量项目"项目大类。
(2) 在会计科目中指定现金流量科目。

（3）在总账系统中设定相关选项，即在选项设置中取消"现金流量科目必录现金流量项目"。

（4）涉及现金流量项目的日常业务处理，在业务发生时就确定应归入现金流量表中的哪一个项目。

（5）利用 UFO 报表系统编制现金流量表。与资产负债表和利润表不同，现金流量表报表模板中只列出了有关表内计算的几个单元公式。因此还需要进行单元公式定义，在用友账务函数分类中提供了现金流量项目金额函数，用于从总账现金流量项目核算中取得现金流量项目数据。

实验任务

一、实验准备

1. 建立"项目十一\UFO 报表系统设置与应用"文件夹。
2. 将系统日期修改为"2021 年 1 月 31 日"。
3. 引入"项目十\期末会计处理\Uferpact.lst"的备份数据。
4. 以操作员"002 郭文"的身份注册进入企业应用平台，进行会计报表编制。

二、实验资料

（一）自制货币资金表

表 11－2 货币资金表

编制单位：宁波正方服饰有限公司　　　　2021 年 1 月 31 日　　　　　　　　　　　单位：元

项目	行次	期初数	期末数
库存现金	1		
银行存款	2		
合计	3		

制表人：郭文

1. 建立一张 7 行 4 列的新报表，行高默认，列宽为 40 毫米。
2. 将 A1:D1 按行组合单元，A3:D6 画细实线的网线。
3. 定义关键字：在 A2 设置关键字"单位名称"；在 B2 设置关键字"年"；在 C2 设置关键字"月""日"，将"月"向左偏移 90 个单位，将"日"向左偏移 60 个单位。
4. 设置单位公式：
库存现金期初数：C4＝QC（"1001"，月）
库存现金期末数：D4＝QM（"1001"，月）
银行存款期初数：C5＝QC（"1002"，月）
银行存款期末数：D5＝QM（"1002"，月）
期初数合计：C6＝C4＋C5
期末数合计：D6＝D4＋D5

5. 录入关键字的值"宁波正方服饰有限公司""2021年1月31日",并进行整表重算。
6. 另存为"货币资金表",另存到"项目十一\UFO报表系统设置与应用"文件夹中。

(二) 设置舍位平衡公式

1. 打开"货币资金表",设置舍位平衡公式,将以"元"表示的货币资金表转换为"千元"表示的报表,舍位后使 C6＝C4＋C5,D6＝D4＋D5。
2. 另存为"SWB",另存到"项目十一\UFO报表系统设置与应用"文件夹中。

(三) 利用报表模板生成资产负债表

1. 利用报表模板生成资产负债表,所在行业为"2007年新会计制度科目"。
2. 录入关键字的值"宁波正方服饰有限公司""2021年1月31日",并进行整表重算。

(四) 设置审核公式

1. 设置审核公式,C38＝G38(资产总计期末数不等于负债和所有者权益总计期末数)。
2. 将报表另存为"资产负债表",保存到"项目十一\UFO报表系统设置与应用"文件夹中。

(五) 利用报表模板生成利润表

1. 利用报表模板生成利润表,所在行业为"2007年新会计制度科目"。
2. 录入关键字的值"宁波正方服饰有限公司""2021年1月",并进行整表重算。
3. 将报表另存为"利润表",保存到"项目十一\UFO报表系统设置与应用"文件夹中。

(六) 财务分析(表11-3)

1. 编制2021年1月"企业主要财务指标分析表",录入关键字的值"宁波正方服饰有限公司""2021年1月",并进行整表重算。
2. 将报表另存为"企业主要财务指标分析表",保存到"项目十一\UFO报表系统设置与应用"文件夹中。

表11-3 企业主要财务指标分析表

单位名称:宁波正方服饰有限公司　　　　2021年1月

项目	指标	数值
偿债能力	流动比率	
	速动比率	
	资产负债率	
营运能力	应收账款周转率	
	总资产周转率	
盈利能力	资产利润率	
	销售净利率	
成长能力	总资产增长率	
	资本积累率	

制表人:郭文

(七) 销售预算(表 11-4)

预计 2 月份销售的商品种类与 1 月份相同,女式风衣的销量比 1 月份增加 10%,男式夹克衫比 1 月份增加 20%,销售单价维持不变,1 月份客户所欠货款 2 月份将全部收回,2 月份的货款扣除已预收的货款外,预计可在当月收回 70%,余款在次月全部收回,2 月份预收款预计与 1 月份相同,编制 2 月份销售预算表,将报表另存为"商品销售预算表",保存到"项目十一\UFO 报表系统设置与应用"文件夹中。

表 11-4 商品销售预算表

项目	2 月份
销售收入(含税,单位:元)	
期初应收款项(1 月末)	
期初预收款项(1 月末)	
期末应收款项	
期末预收款项	
现金收入合计	

制表人:郭文

(八) 账套备份

将账套备份到"项目十一\UFO 报表系统设置与应用"文件夹中。

三、拓展任务

在资产负债表中插入两张表页,在第 1 张表页录入关键字的值"宁波正方服饰有限公司""2021 年 3 月 31 日",不重算表页,在第 2 张表页录入关键字的值"宁波正方服饰有限公司""2021 年 2 月 28 日",不重算表页,对表页按月递增排序。

四、操作指导

(一) 自制货币资金表

1. 执行"财务会计"|"UFO 报表",打开"UFO 报表"窗口,点击"新建",新建一张空白表格。

2. 在格式状态下,选择菜单栏"格式"|"表尺寸",打开"表尺寸"对话框,设置表格的行数 7,列数 4,建立一张 7 行 4 列的报表。如图 11-2 所示。

3. 在格式状态下,选定"A1:D1"单元区域,单击"格式"|"组合单元",单击"整体组合"按钮,将第一行组合为一个单元。选定"A3:D6"单元区域,单击"格式"|"区域画线",打开"区域画线"对话框,画线类型选择"网线",样式选择"细实线",单击"确认"按钮。

4. 在格式状态下,选中 A2 单元格,单击"数据"|"关键字"|"设置",弹出"设置关键字"窗口,选择"单位名称"单击"确定"。"年""月"等其他关键字设置参照"单位名称"设置。如图 11-3 所示。

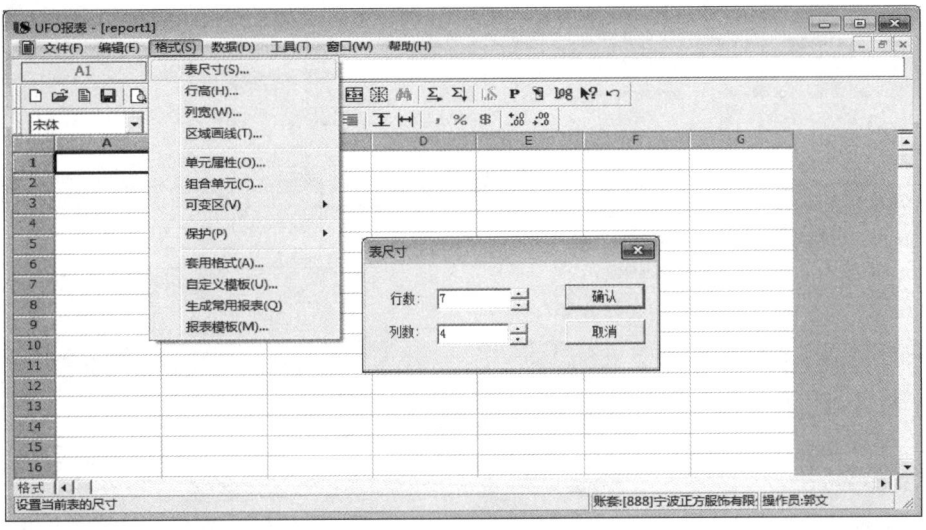

图 11-2 设置表尺寸

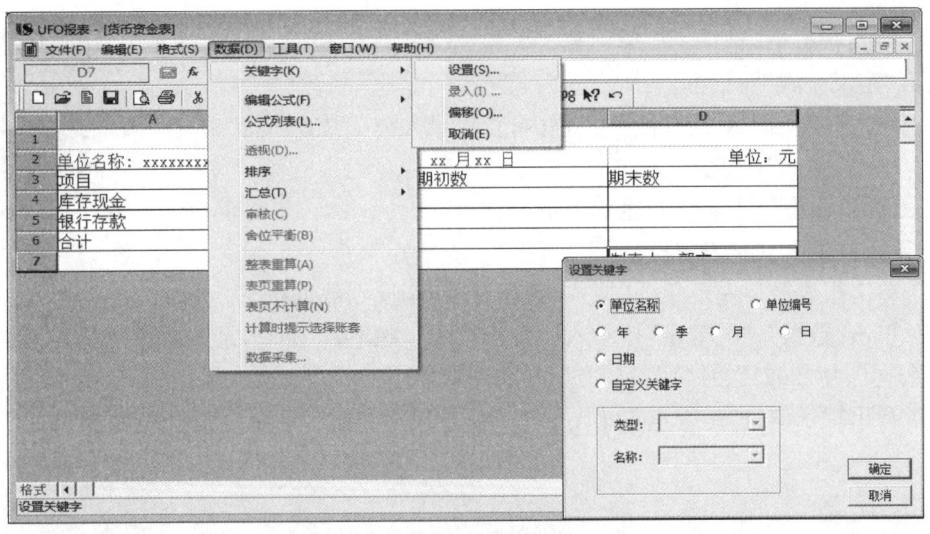

图 11-3 设置关键字

5. 定义"C4=QC("1001",月,,,,,,,,,)"单元公式。

(1) 在格式状态下,选中 C4 单元格,单击"数据"|"编辑公式"|"单元公式",打开"定义公式"对话框,在"定义公式"对话框内,单击"函数向导"按钮,打开"函数向导"对话框。如图 11-4 所示。

(2) 选择函数分类"用友账务函数",函数名"期初(QC)",点击"下一步",弹出"用友账务函数"窗口,点击"参照"按钮,弹出"账务函数"窗口,选择科目"1001",其它参数设置为默认值。

(3) 点击"确定",返回到"用友账务函数"窗口。点击"确定",返回到"定义公式"窗口,单击"确认"按钮,C4 单元格显示"公式单元"字样。

(4) D4、C5、D5 单元格公式参照上述方法录入。

视频 130 货币资金表格式设置

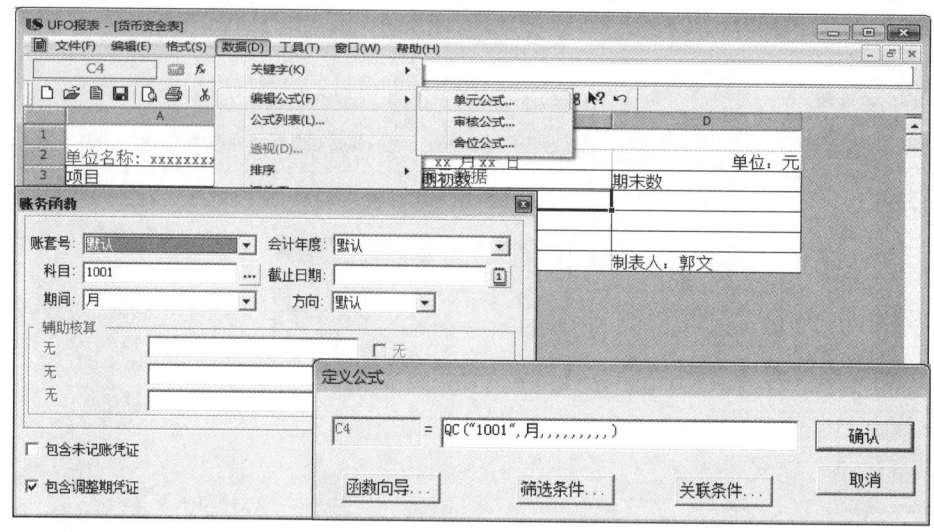

图 11-4 定义 C4 单元公式

6. 定义"C6＝C4＋C5"单位公式。

(1) 格式状态下,选中 C6 单元格,单击"数据"|"编辑公式"|"单元公式",打开"定义公式"对话框。

(2) 在"定义公式"对话框的公式栏内,直接录入公式"C4+C5"。

(3) 单击"确认"按钮。

(4) D6 单元格公式参照上述方法录入。

视频 131 货币资金表公式设置数据生成

7. 录入关键字并整表重算。

(1) 单击报表窗口左下角的"格式/数据"按钮切换到数据状态。

(2) 单击"数据"|"关键字"|"录入",弹出"录入关键字"窗口,录入单位名称"宁波正方服饰有限公司"、年"2021"、月"1"、日"31",单击"确认"。

(3) 弹出提示信息"是否重算第 1 页?",单击"是"按钮。系统自动计算数据。如图 11-5 所示。

图 11-5 货币资金表

8. 单击"文件"|"另存为",打开对话框,选择路径"项目十一\UFO 报表系统设置与应用"文件夹,另存为"1月货币资金表"。

(二) 设置舍位平衡公式

1. 在格式状态下,单击"数据"|"编辑公式"|"舍位公式",弹出"舍位平衡公式"窗口。

2. 输入舍位表名"SWB",舍位范围为"C4:D6",舍位位数为"3",平衡公式为"C6=C4+C5,D6=D4+D5",单击"完成"。如图11-6所示。

视频 132 舍位平衡表

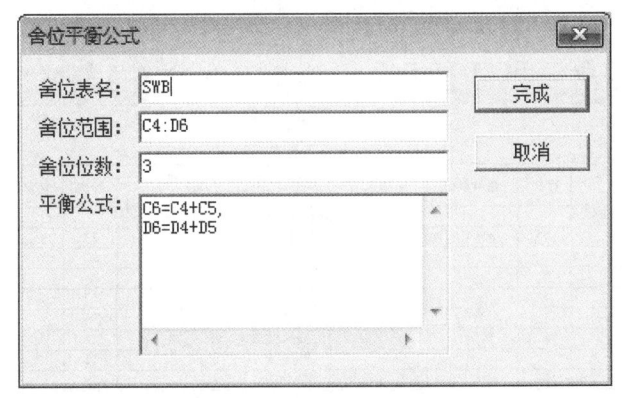

图 11-6 舍位平衡公式

3. 切换到数据状态下,单击"数据"|"舍位平衡",生成货币资金表的舍位表,单击保存,结果如图 11-7 所示。

图 11-7 货币资金表舍位表

(三) 利用报表模板生成资产负债表

1. 执行"财务会计"|"UFO报表",打开"UFO报表"窗口,点击"新建",新建了一张空白表格。

2. 点击"格式"|"报表模板",弹出"报表模板"窗口,所在的行业选择"2007年新会计制度科目",财务报表选择"资产负债表",单击"确认",系统弹出"模板格式将覆盖本表格式!是否继续?",单击"确定",显示"资产负债表"窗口。

视频 133 资产负债表

3. 在格式状态下,选中 A3 单元格,单击"数据"|"关键字"|"设置",弹出"设置关键字"窗口,选择"单位名称",单击"确定"。"年""月""日"等其他关键字设置参照"单位名称"设置。

4. 在数据状态下,单击"数据"|"关键字"|"录入",弹出"录入关键字"窗口,录入单位名称"正方科技有限公司"、年"2021"、月"1"、日"31",单击"确认"。

5. 弹出提示信息"是否重算第1页?",单击"是"按钮。系统自动计算数据。结果如图11-8所示。

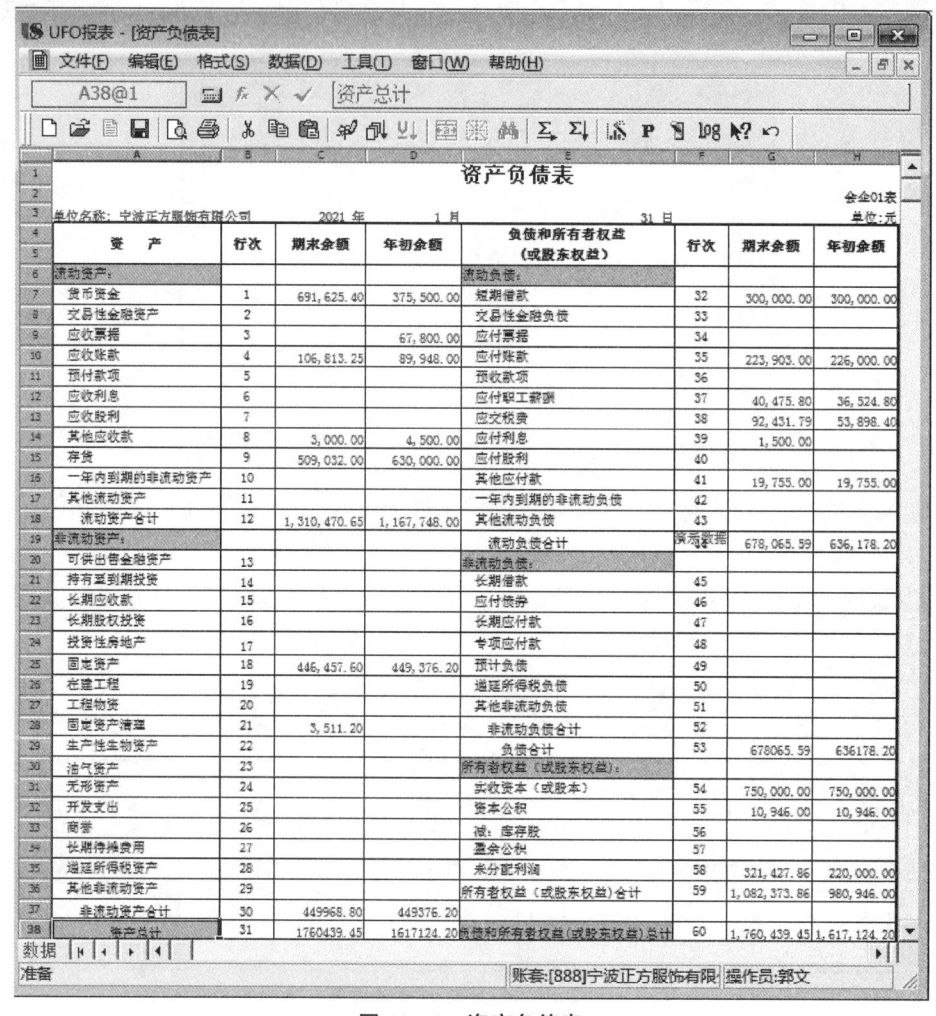

图11-8 资产负债表

（四）设置审核公式

1. 在格式状态下,单击"数据"|"编辑公式"|"审核公式",弹出"审核公式"窗口。

2. 输入审核公式:

C38＝G38

MESS"资产总计期末数不等于负债和所有者权益总计期末数"。如图11-9所示。

视频134 审核公式

3. 单击"确定",切换到数据状态,执行"数据"|"审核"命令,报表显示"完全正确！"。

4. 单击"文件"|"另存为",打开对话框,选择路径"项目十一\UFO报表系统设置与应用"文件夹,另存为"资产负债表"。

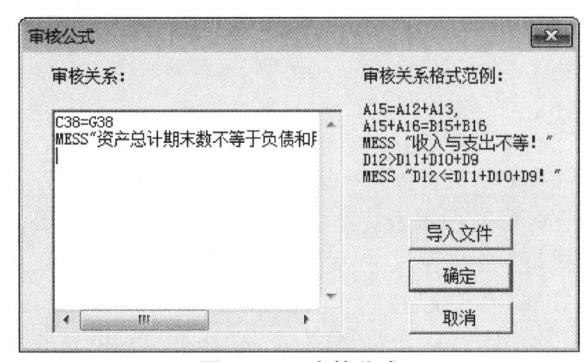

图 11－9　审核公式

注：

（1）同一提示信息的审核公式有多行时，以逗号分隔。

（2）审核公式使用的字母和符号均在英文"半角"状态下输入，且字母不区分大小写。

（五）利用报表模板生成利润表

1. 执行"财务会计"|"UFO 报表"，打开"UFO 报表"窗口，点击"新建"，新建了一张空白表格。

2. 点击"格式"|"报表模板"，弹出"报表模板"窗口，所在的行业选择"2007 年新会计制度科目"，财务报表选择"利润表"，单击"确认"，系统弹出"模板格式将覆盖本表格式！是否继续？"，单击"确定"，显示"利润表"窗口。

视频 135 利润表

3. 在格式状态下，选中 A3 单元格，单击"数据"|"关键字"|"设置"，弹出"设置关键字"窗口，选择"单位名称"，单击"确定"。"年""月"等其他关键字设置参照"单位名称"设置。选中 A11 单元格，将"资产减值损失"修改为"信用减值损失"，选中 C11 单元格，将单元公式修改为"FS(6702,月,"借",,年)"。

4. 在数据状态下，单击"数据"|"关键字"|"录入"，弹出"录入关键字"窗口，录入单位名称"宁波正方服饰有限公司"、年"2021"、月"1"，单击"确认"。

5. 弹出提示信息"是否重算第 1 页？"，单击"是"按钮。系统自动计算数据。结果如图 11－10 所示。

图 11－10　利润表

6. 单击"文件"|"另存为",打开对话框,选择路径"项目十一\报表系统设置与应用"文件夹,另存为"利润表"。

(六) 财务分析

1. 执行"财务会计"|"UFO 报表"命令,进入 UFO 报表管理系统。执行"文件"|"新建"命令,建立一张空白报表。

2. 在格式状态下,执行"格式表尺寸"命令,打开"表尺寸"窗口。输入"行数"为 13,"列数"为 3,单击"确认"按钮。

3. 选中 A1:C1 单元格,执行"格式"|"组合单元"命令,打开"组合单元"窗口,单击"整体组合"或"按行组合"按钮,该单元即合并成一个单元格。同理将 A4:A6 单元格、A7:A8 单元格、A9:A10 单元格、A11:A12 单元格合并。

4. 选中 A3:C12 单元格。执行"格式"|"区域画线"命令,打开"区域画线"窗口。选择"网线",单击"确认"按钮,将所选区域画上表格线。

5. 在表中对应单元格输入报表文字项目内容。

6. 选中需要输入关键字的单元 A2。执行"数据"|"关键字"|"设置"命令,打开"设置关键字"对话框。选中"单位名称"单选按钮,单击"确定"按钮完成设置。同理,设置"年""月"关键字。

7. 选中需要定义公式的单元格 C4,即"流动比率"的数值。执行"数据"|"编辑公式"|"单元公式"命令,打开"定义公式"对话框。单击"关联条件"按钮,打开"关联条件"窗口,将"当前关键值"修改为"年","关联关键值"修改为"年",单击"关联表名"右侧的参照按钮,选择"D:\项目十一\报表系统设置与应用\资产负债表.rep",单击"打开"按钮,返回"关联条件"窗口,单击"确认"按钮,返回"定义公式"窗口,系统生成公式"Relation 年 with"D:\项目十一\报表系统设置与应用\资产负债表.rep"—>年",修改系统生成的公式为""D:\项目十一\报表系统设置与应用\资产负债表.rep"—>C18@1/"D:\项目十一\报表系统设置与应用\资产负债表.rep"—>G19@1",单击"确认"按钮。同理,完成 C5~C12 单元格计算公式的录入,单元格公式的定义见表 11-5。

表 11-5 企业财务分析表中单元格的公式定义

指标	公式	单元格公式
流动比率	流动资产/流动负债	"资产负债表"—>C18@1/"资产负债表"—>G19@1
速动比率	(流动资产—存货—预付账款)/流动负债	("资产负债表"—>C18@1—"资产负债表"—>C15@1—"资产负债表"—>C11@1)/"资产负债表"—>G19@1
资产负债率	负债总额/资产总额	"资产负债表"—>G29@1/"资产负债表"—>C38@1
应收账款周转率	营业收入/(期初应收账款+期末应收账款)/2	2*"利润表"—>C5@1/("资产负债表"—>C10@1+"资产负债表"—>D10@1)
总资产周转率	营业收入/(期初资产总额+期末资产总额)/2	2*"利润表"—>C5@1/("资产负债表"—>C38@1+"资产负债表"—>D38@1)

续 表

指标	公式	单元格公式
资产利润率	利润总额/(期初资产总额＋期末资产总额)/2	2＊"利润表"—＞C19@1/("资产负债表"—＞C38@1＋"资产负债表"—＞D38@1)
销售净利率	净利润/营业收入	"利润表"—＞C21@1/"利润表"—＞C5@1
总资产增长率	本年总资产增长额/年初资产总额	"资产负债表"—＞C38@1－"资产负债表"—＞D38@1/"资产负债表"—＞D38@1
资本积累率	本年所有者权益增长额/年初所有者权益	"资产负债表"—＞G36@1－"资产负债表"—＞H36@1/"资产负债表"—＞H36@1

8. 单击报表底部左下角的"格式/数据"按钮,使当前状态为"数据"状态。执行"数据"|"关键字"|"录入"命令,弹出"录入关键字"对话框。输入关键字:单位名称为"宁波正方服饰有限公司",年为"2021",月为"01"。单击"确认"按钮,弹出"是否重算第1页?"提示框。单击"是"按钮,系统会自动根据单元公式计算1月份数据。结果如图11-11所示。

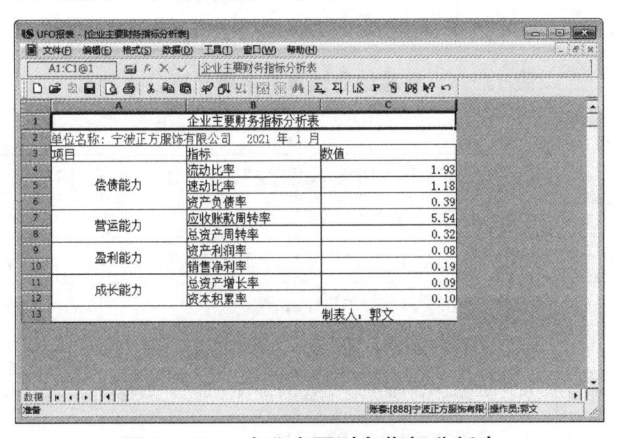

图 11-11 企业主要财务指标分析表

9. 执行"文件"|"保存"命令,打开对话框,选择路径"项目十一\报表系统设置与应用"文件夹,另存为"企业主要财务指标分析表"。

(七) 销售预算

1. 执行"财务会计"|"UFO报表"命令,进入UFO报表系统。执行"文件"|"新建"命令,建立一张空白报表。

2. 执行"格式"|"表尺寸"命令,打开"表尺寸"窗口。输入行数为"9",列数为"2",单击"确认"按钮。

3. 选中A1:B1单元格,执行"格式"|"组合单元"命令,打开"组合单元"窗口,单击"整体组合"或"按行组合"按钮,该单元即合并成一个单元格。

4. 选中A2:B8单元格,执行"格式"|"区域画线"命令,打开"区域画线"窗口。选择"网线",单击"确认"按钮,将所选区域画上表格线。

5. 选中需要定义公式的单元格B3,即"销售收入"的数值。执行"数据"|"编辑公式"|"单元公式"命令,打开"定义公式"对话框。单击"函数向导"按钮,打开"函数向导"对话框,选择"函数分类"为"用友账务函数",选择函数名为"发生(FS)"函数,单击"下一步"按钮。

6. 在打开的"用友账务函数"编辑窗口,单击"参照"按钮,打开"账务函数"对话框,系统显示:账套号默认、会计年度默认、期间修改为"1",方向"贷",会计科目修改为"6001",辅助核算项目为"女式风衣",单击"确定"按钮,返回"用友账务函数"编辑窗口,单击"确定"按钮。返回定义公式窗口,输入"*1.1*1.13"以及"＋",继续单击"函数向导"按钮,完成辅助核算项目为"男式夹克衫"的2月份预计含税销售收入录入。如图11-12所示。

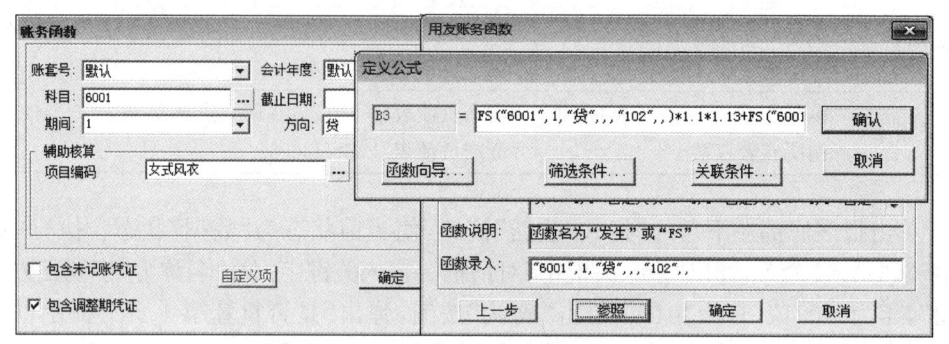

图 11-12 预计 2 月份含税销售收入公式设置

7. 完成 B4～B8 单元格计算公式的录入,单元格公式的定义见表 11-6。

表 11-6 商品销售预算表中单元格公式定义

项目	2月份
销售收入(含税,单位:元)	FS("6001",1,"贷",,,"102",,) * 1.1 * 1.13 ＋ FS("6001",1,"贷",,,"201",,) * 1.2 * 1.13
期初应收款项(1月末)	QM("1121",1,,,,"",,,,,)＋QM("1122",1,,,,"",,,,,)
期初预收款项(1月末)	QM("2203",1,,,,"",,,,,)
期末应收款项	(B3－B5)*0.3
期末预收款项	B5
现金收入合计	(B3－B5)*0.7＋B4＋B7

8. 切换到"数据"状态,执行"数据|"表页重算"命令,系统弹出"是否重算第 1 页?"提示框。单击"是"按钮,生成商品销售预算表。结果如图 11-13 所示。

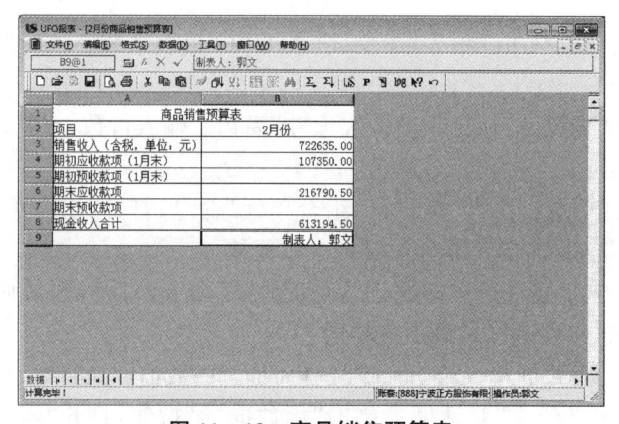

图 11-13 商品销售预算表

9. 执行"文件"|"保存"命令,打开对话框,选择路径"项目十一\报表系统设置与应用"文件夹,另存为"商品销售预算表"。

(八) 表页管理(拓展任务)

1. 插入表页:在数据状态下,执行"编辑"|"插入"|"表页",打开"插入表页"对话框。在"插入表页数量"栏录入"2",单击"确认"按钮。如图 11-14 所示。

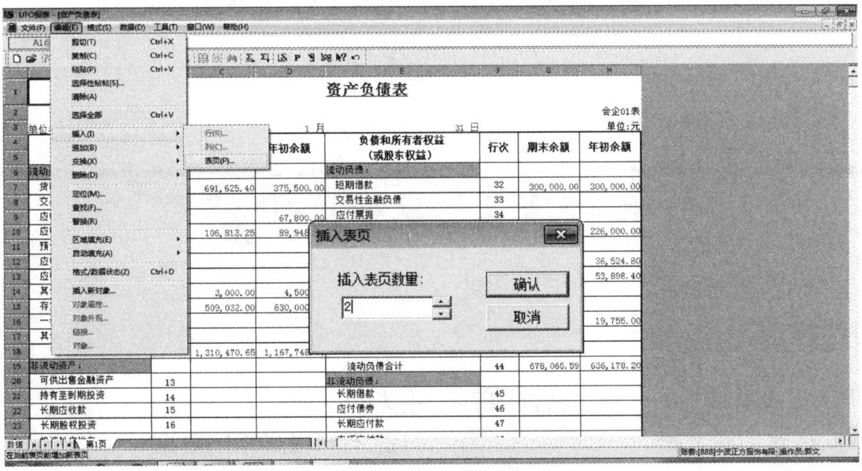

图 11-14 插入表页

2. 表页排序:

(1)选定第 1 张表页,单击"数据"|"关键字"|"录入",弹出"录入关键字"窗口,录入单位名称"宁波正方服饰有限公司"、年"2021"、月"3"、日"31",单击"确认"。

(2)弹出提示信息"是否重算第 1 页?",单击"否"按钮。

(3)同样第 2 张表页录入关键字的值为年"2021"、月"2"、日"28",不重算表页。

(4)第 3 张表页录入关键字的值为年"2021"、月"1"、日"31",重算表页。

(5)单击"数据"|"排序"|"表页",弹出"表页排序"对话框。

(6)在"第一关键字"栏的下拉列表框中选择"月",选定"递增"单选项,单击"确认"按钮。如图 11-15 所示。

图 11-15 表页排序

(7) 执行"文件"|"另存为",打开对话框,选择路径"项目十一\UFO 报表系统设置与应用"文件夹,另存为"1-3月资产负债表"。

项目小结

UFO 报表系统是灵活的报表生成工具,该项目主要介绍了报表系统的主要功能、操作流程、自定义报表格式的设计、公式的定义、报表数据的生成,以及使用报表模板生成报表的方法。

项目十一基础练习

一、单项选择题

1. UFO 报表系统中同一报表文件的表页可以是(　　)。
   A. 不同格式不同数据　　　　　　　B. 不同格式相同数据
   C. 相同格式不同数据　　　　　　　D. 相同格式相同数据
2. 在 UFO 报表系统的数据处理中能够完成的(　　)任务。
   A. 格式排版　　　B. 舍位平衡　　　C. 修改单元公式　　　D. 设置关键字
3. UFO 报表系统能从总账中取数的前提是(　　)。
   A. 总账正确填制凭证后即可　　　　B. 总账必须结账后
   C. 总账必须记账后　　　　　　　　D. 总账正确填制凭证且审核后
4. UFO 报表系统中提供的关键字中不包括(　　)。
   A. 单位名称　　　B. 年　　　C. 月　　　D. 制表人

二、多项选择题

1. UFO 报表的单元类型包括(　　)。
   A. 字符型　　　B. 表样型　　　C. 数值型　　　D. 逻辑型
2. UFO 报表系统中,下列说法正确的是(　　)。
   A. 在格式状态下向单元格输入的数据是表样型数据
   B. 对于字符型单元只能在数据状态下输入数据
   C. 需要设置组合的单元必须具有相同的单元类型
   D. 各表页同样位置上的表样单元的内容和显示方式都相同
3. 下列必须在数据状态下完成的操作是(　　)。
   A. 审核操作　　　B. 设置列宽　　　C. 表页重算　　　D. 单元组合

基础练习参考答案

项目一

一、单项选择题
1. B 2. B 3. D

二、多项选择题
1. BD 2. ACD 3. ABCD 4. AC

项目二

一、单项选择题
1. B 2. C

二、多项选择题
1. ABC 2. ABCD 3. ABC

项目三

一、单项选择题
1. D 2. D 3. C 4. D 5. A 6. D 7. D 8. C

二、多项选择题
1. BD 2. ABCD 3. BCD 4. AD 5. AD 6. BC 7. ABD

项目四

一、单项选择题
1. B 2. A 3. C 4. A 5. D 6. B

二、多项选择题
1. ABC 2. BD 3. ABCD 4. AB

项目五

一、单项选择题
1. A 2. B 3. A 4. D 5. B 6. C

二、多项选择题
1. AB 2. BCD 3. AC 4. ACD 5. AB 6. CD

项目六

一、单项选择题
1. D 2. A

二、多项选择题
1. AC 2. AD 3. ABD

项目七

一、单项选择题
1. D 2. C 3. C

二、多项选择题

1. ABCD 2. ACD 3. ABCD

项目八

一、单项选择题

1. A 2. A

二、多项选择题

1. ABCD 2. ABCD 3. ABCD

项目九

一、单项选择题

1. A 2. D

二、多项选择题

1. ABCD 2. BCD

项目十

一、单项选择题

1. B 2. D

二、多项选择题

1. ABCD 2. BCD

项目十一

一、单项选择题

1. C 2. B 3. C 4. D

二、多项选择题

1. ABC 2. ABCD 3. AC

参考文献

[1] 王新玲,刘春梅,王大山.会计信息化应用教程(用友 ERP-U8 8.72 版)[M].北京:清华大学出版社,2014.

[2] 王新玲,殷云飞.用友 U8V10.1 财务业务一体化应用[M].北京:人民邮电出版社,2016.

[3] 王珠强,陶克三,牛永芹.会计电算化——用友 ERP-U8V10.1 版(附微课视频第 2 版)[M].北京:人民邮电出版社,2018.

[4] 张莉莉,武刚.企业财务业务一体化实训教程(用友 U8V10.1 微课版)[M].北京:人民邮电出版社,2019.

[5] 财政部,税务总局,海关总署.关于深化增值税改革有关政策的公告[EB/OL].[2019-3-20]http://www.chinatax.gov.cn/n810341/n810755/c4160283/content.html.